অন্ত্যকলির কথকতা

সিতাংশু ঘোষ

First Published in April 2023

ISBN: 978-93-5704-690-9

BLUEROSE PUBLISHERS

www.BlueRoseONE.com
info@bluerosepublishers.com
+91 8882 898 898

Cover Design:
Muskan Sachdeva

Typographic Design:
Pooja Sharma

Distributed by: BlueRose, Amazon, Flipkart

শ্রী মাধব

(১৯২১-১৯৮৭)

কৃতজ্ঞতা স্বীকার

'অন্ত্যকলির কথকতা' রচনায় যে সকল মাধব ভক্ত, শিষ্য, অনুরাগীগণের মৌখিক ও মুদ্রিত আকারে যে সহায়তা আমি পেয়েছি, — তা স্মরণ ও শিরোধার্য করে তাঁদের সকলের কাছে আমি সশ্রদ্ধ চিত্তে কৃতজ্ঞ।

— লেখক

সূচীপত্র

শ্রী

(বয়স ১-১১)

(সময়কাল — ১৯২১-১৯৩১)

আমরা দেখি, গাছের মূল মাটীতে প্রোথিত; কাণ্ড-শাখা-প্রশাখা, পত্র-পুষ্প ইত্যাদি মাটীর ওপরে বিস্তৃত। এমনটাই দেখতে আমরা অভ্যস্ত। যখনই কোন গাছের প্রসঙ্গ আসে, তখন এমন ছবিই চিত্তপটে ভেসে ওঠে। কিন্তু এর বিপরীত একটি ছবিও আছে, যার গুরুত্ব ও প্রাসঙ্গিকতা একদিকে যেমন অপরিমেয় তেমন তার রূপও অসাধারণ। আলোচনা প্রসঙ্গে গুরুদেব শ্রীমাধব কল্পবৃক্ষ বা কল্পতরুর বর্ণনা করে বলেছেন, "এই বৃক্ষের মূল মহা-শূণ্যে ঊর্ধমুখী, কাণ্ড, শাখা-প্রশাখা পত্র-পল্লব-পুষ্প ইত্যাদি নিম্নাভিমুখী। আমাদের পরিচিত বৃক্ষরূপের ঠিক বিপরীত।" সাধারণ বৃক্ষ ও কল্পবৃক্ষ — এই দুই যেমন বিপরীতধর্মী তেমনই জাগতিক ও আধ্যাত্মিক ধারণা ও বোধও বিপরীতধর্মী।

এই যে কল্পবৃক্ষ বা কল্পতরু — এটি গুরুর স্বরূপ। গুরুর কোন রূপ নেই; গুরু অরূপ, নিরাকার। তাঁর লীলার প্রয়োজনে তিনি রূপ পরিগ্রহ করেন চতুর্যুগের শেষে। চতুর্যুগের শেষে রূপ পরিগ্রহ করার কারণ হল গুরুরূপে জীবের কাছে নিজেকে উপস্থাপনা করে জীবকে গুরুর গুরুত্ব ধরানো এবং জীবের চতুর্যুগ পরিমিত সাধনার ফল কলির অন্তে দান করে তার মোক্ষ-মুক্তির ব্যবস্থা করা। কল্পতরু-রূপে তাঁর যে স্বরূপের কথা বলা হয়েছে, তা মূলতঃ সৃষ্টি-সম্পৃক্ত। কল্পতরুর মূল মহাশূণ্যে ঊর্ধমুখী বলা হয়েছে। এই মূলই সত্যযুগ। যেহেতু এই মূল মহাশূণ্যে বিস্তৃত ও ঊর্ধমুখী তাই জড়জগতের জীবের পক্ষে সেই যুগ সম্বন্ধে প্রকৃষ্ট ধারণার অধিকারী হওয়া সম্ভব নয়। এরপর মূল হতে নিম্নাভিমুখী শাখা-প্রশাখার পূর্ব পর্যন্ত কাণ্ডটি বলা হয় ত্রিধা বিভক্ত — তিন গুণের আধার; এটি ত্রেতা যুগ।

শাখা-প্রশাখা, পত্র, পল্লব, পুষ্প ইত্যাদি — বৃক্ষের এই অংশটি দ্বাপর যুগ; আর ফল ও ফলের পরিপক্কতা হল কলিযুগ। পরিপক্ক হলে ফল বৃন্তচ্যুত হয়ে বৃক্ষ হতে বিচ্যুত হয়; — সেটাই চরম প্রাপ্তি, পরম ধন। তা হলে দেখা যাচ্ছে, অনন্ত বিশ্ব, অনন্ত সৃষ্টি, অনন্ত জীবজগৎ গুরুর স্বরূপে বিধৃত। তাই সৃষ্টিতে পরিণতির পথে আকর্ষণের জন্য তিনি অন্তঃকলিতে লীলার অবতারণা করেন। তাঁর সেই লীলায় তিনি এমন কিছু বৈশিষ্ট্য প্রদর্শন করেন যার দ্বারা তিনি যে অনন্য, তা জ্ঞানে অবশ্য ধরা পড়ে।

শ্রীমাধবের আবির্ভাব ঢাকা জেলার কুশুরা নামক একটি গ্রামে, এক হত দরিদ্র সাহা পরিবারে। তাঁর পিতামহ অধর সাহা তেমন একটা বৈষয়িক বুদ্ধি-সম্পন্ন ছিলেন না। তিনি সাজ দিতে ভালবাসতেন। সাজ দিয়ে মানুষকে আনন্দ দিয়ে নিজে আনন্দ পেতেন। স্ত্রী মহামায়া ও পাঁচটি সন্তান নিয়ে তিনি একান্নবর্তী পরিবারে কোনরকমে দিন যাপন করতেন। অধর ও মহামায়ার পাঁচ সন্তানের মধ্যে তৃতীয় সন্তান বিশ্বম্ভর শ্রীমাধবের পিতা। মাত্র সতের বছর বয়সে বিশ্বম্ভরের পিতৃবিয়োগ ঘটে। মা মহামায়াকে নিয়ে কঠিনতর হয় তাঁর জীবনসংগ্রাম। ক্রমে ক্রমে তাঁর বয়স বাড়তে থাকে, বাড়তে থাকে মায়ের মনের দুর্ভাবনাও; হেতু, তিনি অর্থাভাবে পুত্রের বিবাহ দিতে পারছেন না। অবশেষে, দূর সম্পর্কের এক আত্মীয় ধানকোড়া গ্রামের বিপিন সাহা এব্যাপারে উদ্যোগী হয়ে রঘুকুচ গ্রামের বনবিহারী সাহার মধ্যম কন্যা কৌশল্যার সঙ্গে বিয়ের ব্যবস্থা করেন; তখন বিশ্বম্ভরের বয়স আটাশ বছর। এই বিয়েতে কন্যাপণ বাবদ তিনশো পঁচিশ টাকাও বিপিন সাহাই দেন। কথা থকে যে বিশ্বম্ভর ঘরজামাই থাকবেন এবং ধীরে ধীরে কন্যাপণের দরুণ বিপিন সাহার ঋণও শোধ করবেন।

কিন্তু মজার কথা, তিনি ঘরজামাই থাকেন নি। বিয়ের পর নববধূকে নিয়ে নিজ গৃহেই ফিরে আসেন; আর বিপিন সাহার ঋণও শোধ করেন নি। উপরন্তু কিছু ঋণের ব্যবস্থা করে লবণ ও শুখনো লঙ্কার ব্যবসা দ্বারা সংসার চালাতে থাকেন। এদিকে সময় এগিয়ে চলে। ক্রমে ক্রমে বিপিন সাহার শেষ সময় উপস্থিত হয়। অসুস্থ বিপিনকে বিশ্বম্ভর দেখতে যান। তখন বিপিন

সাহা বিশ্বম্ভরকে বলেন যে, তাঁর তো কেউ নেই; বিশ্বম্ভরকে ঋণের টাকা আর শোধ করতে হবে না। আরও বলেন যে, তিনি স্বপ্নে দেখেছেন, বিশ্বম্ভরের ঘরে এক মহামানব আসছেন।

কিন্তু বিপিন সাহার আশ্বাস ও মাতা মহামায়ার আগ্রহ সত্ত্বেও বিশ্বম্ভরের ঘরে কৌশল্যার কোলে কোন সন্তান আসে না। এটি একটি পারিবারিক মনোকষ্টের কারণ হয়ে ওঠে। এক সময়ে কৌশল্যা ধুল্যা গ্রামে তাঁর দিদি অহল্যার বাড়ী বেড়াতে গিয়ে সেখানকার বেণী মন্দিরে শিব চতুর্দশীতে মানত করেন যে, তাঁর গর্ভে সন্তান এলে তিনি শিবের পূজো দেবেন। এদিকে আবার শ্বাশুড়ী মহামায়া ধামরাই-এর মাধবের কাছে রথযাত্রার দিন মানত করেন যে, "বিশ্বম্ভরের ছেলে হলে সাত রকমের নাচ, গান দিয়ে তোমার মন্দিরে পূজো দেব, আর তোমার প্রসাদ দিয়ে ছেলের অন্নপ্রাশন দেব।"

সেই বছরেই ১৩২৮ সালের ৮ই আষাঢ় বুধবার, রথদ্বিতীয়া তিথিতে রাত্রি ৯-২০ মিঃ মাধব ভূমিষ্ঠ হন। ইংরেজী তারিখ ২২শে জুন, ১৯২১ সাল।

শিশুর নামকরণ নিয়ে শ্বাশুড়ী ও পুত্রবধূর মধ্যে মত পার্থক্য দেখা দিল। শ্বাশুড়ীর ইচ্ছা — মাধবের মন্দিরে মানত করে পৌত্রকে পাওয়া গেছে, অতএব শিশু মাধব নামে পরিচিত হবে; অন্যদিকে, পুত্রবধূর যুক্তি — তিনি বেণী মন্দিরে মানত করে পুত্র লাভ করেছেন; অতএব পুত্রের নাম হবে বেণী। শ্বাশুড়ী ও পুত্রবধূর মতদ্বৈধতা বেশীদূর গড়ানোর আগেই দুজনের সম্মতিতে ঠিক হয় যে, শিশুর নাম হবে বেণীমানব। তবে, তখন শিশু বেণী নামেই পরিচিত ছিল। মাধব শব্দটি মধ্যনাম হিসাবে অব্যবহৃতই থাকত। উত্তর কালে নতুন পরিবেশে নতুন পরিচয়ে পরিচিত হয়ে তিনি মাধব অভিধায় অভিহিত হয়েছেন।

এদিকে নবজাতকের অন্নপ্রাশনের পূর্বেই পিতামহী মহামায়া ইহলোক ত্যাগ করেন। আবার, পিতা বিশ্বম্ভর ব্যবসার প্রয়োজনে লবণ বোঝাই নৌকা নিয়ে নারায়ণগঞ্জ যাওয়ার পথে ধলেশ্বরী নদীতে নৌকাডুবি হয়। বাড়ীতে ছনের

ছাওয়া ঘর আগুনে ভস্মীভূত হয়ে যায়। যে পরিবারকে মাধ্যম করে মাধব তাঁর লীলার সূচনা করলেন, সেই পরিবারের হাল জাগতিক বিচারে এতটাই খারাপ হল।

কিন্তু কেন?

দেখা যায়, যে পরিবারে পরম পুরুষ বা ঈশ্বর লীলার প্রয়োজনে আবির্ভূত হন, সাধারণভাবে সেই পরিবারকে নানাপ্রকার দুঃখ কষ্টের মধ্য দিয়ে চলতে হয়। এর অন্যতম কারণ, জাগতিক দুঃখ কষ্টের কারণে ঈশ্বর বা সত্য সম্বন্ধে সেই পরিবারের পরিজনগণ যেন বিশেষভাবে সচেতন থাকেন। কোনরকম মোহবশতঃ যেন সত্যের পথ হতে বিচ্যুত না হন। এছাড়া একটি অন্য দিকও আছে। ঈশ্বর যখন দেহ ধারণ করে লীলা করেন, তিনি তা করেন ষড়ৈশ্বর্যপূর্ণ ভগবানরূপেই। তাঁর লীলায় ছয়টি ঐশ্বর্যের প্রকাশ অভাবের শূণ্যতার মধ্যে সহজ ও মধুর হয়। মাধবের ক্ষেত্রেও এধারার ব্যতিক্রম হয়নি।

মাধবের আবির্ভাবকালে ও তার পরেও তাঁর পরিবারের দারিদ্র্য কোন অংশেই কম ছিল না। বংশগত কৌলিন্যও তাঁর কিছু ছিল না। তবুও এই দরিদ্র পরিবারটিকে আশ্রয় করে তিনি তাঁর লীলা বিস্তার করতে থাকেন এবং একই সঙ্গে তাঁর ঈশ্বরীয় ঐশ্বর্যকে প্রকাশ করতে থাকেন। ঐশ্বর্য মোট ছয়টি — শ্রী, বীর্য, ঐশ্বর্য, যশঃ,জ্ঞান ও বৈরাগ্য। লক্ষ্য করলে দেখা যাবে যে, প্রতি এগারো বছরে তিনি এক একটি করে ঐশ্বর্যের প্রকাশ করেছেন এবং ছটি ঐশ্বর্যকে মোট ৬৬ বছরে প্রকাশ করেছেন।

পূর্বেই বলা হয়েছে যে, ভগবতীয় ঐশ্বর্য ছ'টি; প্রথম হল শ্রী। ষড়রাগের প্রথম রাগও শ্রী। আবার দেখা যায়, মাঙ্গলিক কর্মের পূর্বেও শ্রীকে আবাহন করা হয়। বিবাহ ইত্যাদি শুভকর্মে নিরবয়ব শ্রী-র একটি মূর্তি তৈরী করে বরণডালায় স্থাপন করা হয়; উদ্দেশ্য, জীবনে, কর্মে, চিন্তায় শ্রী যেন প্রথম স্থান পায়। সেই জন্য প্রথম ঐশ্বর্য শ্রী এবং প্রথম রাগও শ্রী। শ্রী অর্থে সৌন্দর্য, সুষমা, কান্তি ইত্যাদি। আলোচ্য ক্ষেত্রে অবশ্য প্রধানতঃ সৌন্দর্য ও সুষমা অর্থেই ব্যবহৃত। শৈশব হতে যতদিন তিনি গ্রামে ছিলেন, ততদিন তো বটেই

তারও কিছু পর পর্যন্ত তিনি বেণী নামেই অভিহিত হয়েছেন। শিশু বেণী মুক্ত বিহঙ্গের মতই গ্রাম্য পরিবেশে শত দারিদ্রের মধ্যেও সানন্দে বন্ধু-বান্ধবের সঙ্গে বিহার করেছেন। দুষ্টুমী করেছেন। কখনো কখনো বড়দের বকুনিও খেয়েছেন। কিন্তু কখনোই তা তাঁর আনন্দ সম্ভোগে বাধা হয়ে দাঁড়ায় নি বা কোন ঘটনা অথবা কোন আচরণও শ্রীহীন বলে প্রতিপন্ন হয়নি। সেই বয়সকালে তিনি যা যা করেছেন, তার সব কিছুই এতটা শ্রীযুক্ত বা শ্রীময় ছিল যে, আত্মীয়-স্বজন, প্রতিবেশী, গ্রামস্থ গৃহস্থগণ সকলেই বেণীকে ভালবাসতেন, আদর-যত্ন করতেন, সময়ে অসময়ে খাওয়াতেন।

আনন্দময় শিশু বেণী অনেকখানি বয়স পর্যন্ত দিগম্বর হয়েই গ্রামে ঘোরাফেরা করতেন। সেই ঘটনায় কেউ কিছু মনে করেন নি। সেই সময়ে অবশ্য একখানি পরিধেয় তাঁর বগলে বা কাঁধে থাকত। নিতান্ত প্রয়োজনে কিছু সময়ের জন্য পরে আবার সেটি খুলে ফেলা হত। এর বাহ্যিক কারণ দু'টি — একটি হল অত্যধিক দারিদ্রের কারণে একটির বেশী পরিধেয় সংগ্রাহ করার সঙ্গতি ছিল না। দ্বিতীয়তঃ বাল্যে বেণী প্রায়ই পেটের গোলমালে ভুগতেন এবং যে কোন সময়ে পরিধেয় মলিন হয়ে যেতে পারত; সেই অবস্থায় দ্বিতীয় আর একটির সংস্থান ছিল না। অতএব, যেটি আছে সেটিকে সকল সময়ের জন্য ব্যবহারযোগ্য করে রাখার দরকার ছিল বৈ কি।

একবার তাঁর এক কাকা বায়স্কোপ দেখানোর জন্য বেণীকে ঢাকায় নিয়ে যান। সেখানে গিয়ে হলের মধ্যে ভাইপোকে বসিয়ে দিয়ে অল্প সময়ের জন্য তিনি বইরে যান কোন জরুরী বৈষয়িক কাজে। ছবি সুরু হতে বেশ কিছু সময় বাকী ছিল। ঐ কাকা ছিলেন উকিলের মুহুরী। এমন হতে পারে যে, কোন মামলা সংক্রান্ত কিছু কথার্বাতা বলার ছিল।

কাজ সেরে কাকা এসে দেখেন বেণী নেই। কাকার তো বয়োস্কোপ দেখা মাথায় উঠল। ঢাকা শহর ৮/৯ বছরের বেণীর কাছে অচেনা। কোথায় সে যেতে পারে, — এই চিন্তায় অস্থির কাকা আশপাশের সমস্ত রাস্তায় খোঁজাখুঁজির পর থানায় সংবাদ দিয়ে পরিশ্রান্ত হয়ে অনেক রাত্রে বাসায় ফিরে দেখেন ভাইপো কাকার অপেক্ষায় দিগম্বর হয়ে বসে আছে।

কি হয়েছে, জানতে চাইলে বেণীর জবাব হল হলের মধ্যে বসার পরেই পেটে মোচড় দিতে থাকে। কাছাকাছি শৌচাগারের সন্ধান জানা ছিল না; কাকাও কাছে নেই। কাউকে কিছু বলাও যাচ্ছে না। অতএব হল থেকে বেরিয়ে যেতে হল। হলে বসে থাকলে চরম অস্বস্তিকর অবস্থার মধ্যে পড়তে হত। বাসায় এসে কাকার জন্য অপেক্ষা করা ছাড়া গত্যন্তর ছিল না।

ছোটবেলায় বেণী পেটের গণ্ডগোলে তো বটেই অন্যান্য অসুখ-বিসুখেও ভুগতেন। একবার বছর সাতেক বয়সে তাঁর কালাজ্বর ও সঙ্গে আমাশয় হয়। গরীব গৃহস্থের ঘরে চিকিৎসার কোন সুবন্দোবস্ত হয়নি। ক্রমে ক্রমে বেণী শীর্ণ ও দুর্বল হতে থাকেন। এমন সময়ে তাঁর মাসীমা তাঁকে নিজের কাছে নিয়ে যান। সেখানে এক দরবেশিনী মাধুকরী করতে এসে বেণীকে দেখেই বলেন যে, এর তো দেখি কালাজ্বর আর আমাশয় হয়েছে; যাক আমি ওযুধ দিচ্ছি তাতেই সেরে যাবে।” এই বলে কাছের একটি জঙ্গল থেকে একটি গাছের শিকড় এনে বেণীকে খাইয়েছেন এবং তা খেয়েই বেণী সেরে যান। বেণী কিন্তু জঙ্গলে খুঁজে গাছটিকে চিহ্নিত করেন — গাছের নাম উপথলাঙ্গা বা বিড়াল আঁচড়া।

এই ঘটনার বেশ কিছুদিন পরে বেণীর অত্যন্ত বেশী রকমের পাঁচড়া হয়। তিনি যথেষ্ট কষ্টও পান। হঠাৎ একদিন মাধুকরী করতে আসা আর এক দরবেশিনীর নজরে তা পড়ে। এই দরবেশিনীও জঙ্গল থেকে একটি শিকড় এনে তা বেটে প্রলেপ লাগাতে বলেন এবং তাই করতে পাঁচড়া সেরে যায়। আর কখনো হয়নি। এবারেও ওষধি সেই বিড়াল আঁচড়া বা উপথলাঙ্গা।

ছোটবেলায় মাছ ছাড়া বেণী খেতে পারতেন না। একদিন তাঁর পিসেমশাই “জোতী দিয়ে” একটা মাছ মেরে নিয়ে এসে বেণীকে ভয় দেখাতে শুরু করলেন এই বলে যে, মাছ খেলে শকুন হয়ে যায়। ভীত বেণী মাছ খেতে নারাজ। পিসিমা বলছেন, — “বেণী, মাছ খেয়ে নে।”

উত্তরে বেণীর আকুল জিজ্ঞাস, — “পিসিমা মাছ খেলে নাকি শকুন হয়ে যায়?”

পিসিমা উত্তরে বলেন — "আরে তা কেউ দেখলে তো শকুন হবি। কেউ তো আর দেখছে না। দরজা বন্ধ করে দিচ্ছি।"

বেণীর সংশয় তবু যেতে চায় না। সন্দিগ্ধ বেণী প্রশ্ন করেন, "পিসি, তুমি যে দেখবে।"

পিসিমার ত্বরিত উত্তর — "আমি দেখলে কিছু হবে না।" পিসিমার আশ্বাসে বেণীর ভয় কাটে।

এই রকম বয়সেই অর্থাৎ বেণীর বছর সাতেক মত বয়সে একদিন তাঁর পিতার গুরুদেব তাঁদের বাড়ীতে আসেন। উৎফুল্ল বিশ্বম্ভর গুরুদেবকে এক কলসী দুধ ও কিছু ফলমূল প্রণামী দেন। দুধের কলসীটি ও অন্যান্য বস্তুগুলি একা গুরুদেবের পক্ষে বয়ে নিয়ে যাওয়া সম্ভব নয় দেখে বিশ্বম্ভর প্রস্তাব দেন যে, বালক বেণী দুধের কলসীটি মাথায় নিয়ে চার/পাঁচ মাইল দূরে গুরুদেবের বাড়ীতে পৌঁছে দিয়ে আসবে। অতএব গুরুদেবের সঙ্গে বেণী গেলেন তাঁর বাড়ী। উঠানে কলসী মাথা থেকে নামিয়ে বেণী দেখেন যে, পাশে একটি ঘরে গোপাল মূর্তি। মূর্তির সৌন্দর্যে আকৃষ্ট হয়ে বেণী সেই ঘরে গিয়ে ভক্তিভরে গোলাপকে ভূমিষ্ঠ হয়ে প্রণাম করেন। ঘটনাটি গুরুদেবের নজরে পড়ে যায়।

তিনি চীৎকার করে ওঠেন, — "ওরে বেণী, তুই করলি কি? কাল যে আমার এক বাড়ীতে দীক্ষা দেবার কথা। অপবিত্র গোপালকে দিয়ে তো আর দীক্ষার পূজো করা যাবে না। পঞ্চগব্য দিয়ে পবিত্র করে নিলে তবে দীক্ষার পূজো হবে। কালকের মধ্যে তো তা হওয়া সম্ভব নয়। এখন সে বাড়ীতে খবর দোবই বা কি করে?" — ইত্যাদি বলে তিনি আক্ষেপ করতে থাকেন।

এসব দেখে শুনে বেণীর বোধগম্য হল যে, সাহা-বংশজাত বেণী ঠাকুরঘরে ঢুকে গোপালকে প্রণাম করায় গোপাল অপবিত্র হয়ে গেছে। কাজটা যে বিশেষ ভাল হয়নি সেটা বুঝতেও বাকী রইল না। এখন বেণী আত্মরক্ষার্থে গুরুদেবের বাড়ীর উঠানে নীরবে দাঁড়িয়ে থাকা অবস্থায় একটু একটু করে

পিছু হঠতে থাকেন। এক সময়ে ক্ষণেকের তরে গুরুদেবের দৃষ্টি অন্যদিকে যেতেই বেণী মাঠ পার হয়ে বাড়ীর দিকে দৌড় লাগালেন।

পিছনে গুরুদেব 'বেণী' 'বেণী' বলে ডেকে ফেরাতে চেষ্টা করেন। কিন্তু কে শোনে কার কথা।

পরদিন বিশ্বম্ভরের সঙ্গে দেখা করে গুরুদেব সমস্ত ঘটনা বিবৃত করেন এবং বেণীর কপালে পিতার হতে কিছু শারিরীক নিগ্রহও জোটে।

আবার দেখা যায়, দুষ্টুমির জন্য তো বটেই দৈব দুর্বিপাকে বেণী মৃত্যুর গ্রাস থেকে ফিরে আসেন মোট পাঁচবার। প্রথম ঘটনাটি হল — তাঁর পিসেমশাই একটি ঘোড়ায় চড়ে একবার তাঁদের বাড়ীতে আসেন। তখন বেণীর বয়স আট। শিশু বেণীর ইচ্ছা হল ঘোড়াটার সঙ্গে ভাব জমানোর। তিনি মাথায় পেটে ও লেজে হাত বুলিয়ে দেখলেন, ঘোড়া কিছু বলে না। মনে হল, হয়তো বা ঘোড়ার সঙ্গে ভাব হয়ে গেছে। অতএব সেই ধারণায় তিনি ঘোড়ার লেজ ধরে ঝুলে পড়লেন এবং ঘোড়াও তার কর্তব্যে ক্রুটি রাখলো না; দু' পা দিয়ে আলতোভাবে ছিটকে ফেলে দিল। তাতেই বেণীর অজ্ঞান হবার অবস্থা; ভয়ে চোখও খুলছেন না। অবশ্য বাড়ীর লোকজন এসে সেবা শুশ্রূষা করে তাঁকে সুস্থ করে তোলেন।

দ্বিতীয় ঘটনার কথা তাঁর নিজের মুখেই শোনা যাক, — "জলের মধ্যে একটা মোটা বাঁশ পুঁতছি। দেখি বগ্ বগ্ করে ওঠে ওপরে, অর্থাৎ বাঁশটা কাদার মধ্যে ঢুকে বগ্ বগ্ করছে আর কি। আমি এতে বেশ মজা পাচ্ছি। হঠাৎ বাঁশটা কাদার মধ্যে ঢুকে যেয়ে আর যখন ভেসে উঠছে না, তখন নৌকা থেকে জলের মধ্যে মুখ দিয়ে দেখতে গেছি যে, বাঁশটা কোথায় গেল। আর সঙ্গে সঙ্গে বাঁশটা ঠেলে ওপরে উঠে আমার কপালে দিল এক ধাক্কা। ব্যস, আমার কপাল কেটে রক্তে বুক ভেসে গেল। আর আমি অজ্ঞান হয়ে পড়লাম।" "আমার জ্যাঠামশাই দেখে বলছে — বেণীটা গেল। কিন্তু তাতেও মরলাম না।"

এরপরের ঘটনাটি তাঁর মাসীর বাড়ীর। মাসীর বাড়ীতে বেণী গেছেন বেড়াতে। সেখানে পুকুরে জলের ধারে পেয়ারা গাছের মগডালে পাকা পেয়ারাটা আছে। সেটা পাড়তেই হবে। যেই গাছের ওপরের দিকে উঠে পেয়ারাটা পাড়তে গেছেন, অমনি টুপ করে সাঁতারজলে পড়ে গেলেন। তখনও সাঁতার শেখা হয়নি। ফলে, জলে তলিয়ে গেলেন। এদিকে মাসী আর মেসো সারা পাড়ায় ঘুরে বেড়াচ্ছেন বেণীর খোঁজে। বেণীকে পাওয়া গেল না, তবে খবর পেলেন, বেণী পেয়ারা গাছে উঠেছিল। গাছ থেকে জলে পড়ে যাওয়া সম্ভব ভেবে পুকুরে নেমে মেসো অনেক খোঁজাখুঁজির পর বেণীকে ওপরে তুলে নিয়ে আসেন। এদিকে জল খেয়ে তো বেণীর পেট ফুলে গেছে। তাঁকে ওপরে তুলে ঘুরিয়ে ঘুরিয়ে জল বের করা হল। বাড়ীর সকলেই তো কান্নাকাটিতে অস্থির। এমন কান্নার আসর দেখে বেণী ফিক করে হেসে ফেললেন।

আর একবার রাত্রে শোওয়ার সময়ে বেণীর হাতটা পড়ল একটা ইঁদুরের গর্তের ওপরে। ঐ গর্তের মধ্যে ছিল একটা গোখরো সাপ। গর্তের মুখে হাতটা পড়ায় হয়তো সাপটার শ্বাস নিতে কষ্ট হচ্ছিল। সে মুখটা বের করে দিল আঙ্গুলে কামড়ে। হাত ঝাড়া দিতে তুলতে সাপটাও উঠে ছিটকে পড়ে গেল। জ্যাঠামশাই স্পিরিট দিয়ে ক্ষতস্থান ধুয়ে হাতে শক্ত এক বাঁধন দিয়ে দেন। অবশ্য এতে কোন ক্ষতি হয়নি।

অন্য আর একটি ঘটনায় জাঠতুতো ভাইয়ের কথামত তারই সঙ্গে বাড়ীতে পাট শুকোতে দেওয়ার বাঁশের আড়ায় উঠেছেন। সেই ভাই ওপরে উঠে নাচতে লেগে গেল। তার নীচে বেণী। ওপরের বাঁশ দড়ি ছিঁড়ে পড়ল বেণীর ওপরে। কপাল কেটে গিয়ে দরদর করে রক্ত বের হয়ে বুক ভেসে গেল। জ্যাঠামশায় দৌড়ে এসে টেনে বাঁশটা সরিয়ে দিয়ে আক্ষেপ করতে থাকলেন — "বেণীকে বুঝি এবার আর বাঁচাতে পারলাম না।" কিন্তু সে যাত্রায় বেণী সুস্থ হয়ে উঠলেন।

সে সময়ে কুশুরা গ্রামে রাধা পাগলা নামে একজন ক্ষমতাসম্পন্ন সাধক মাঝে মাঝে আসতেন। তিনি নৌকায় থাকতেন, মেয়েদের মত শাঁখা, সিঁদূর

পরতেন এবং স্বপাক আহার করতেন। বিশ্বম্ভর বেণীকে নিয়ে মাঝে মাঝে তার কাছে যেতেন। বেণীকে দেখে একদিন তিনি বললেন, "বিশ্বম্ভর, তোর ছেলেকে দেখে তো অসাধারণ বলে মনে হয়, ওকে একরাত আমার নৌকায় রেখে যা — আমি একবার দেখি।"

রাধা পাগলার একশো আটটি গাঁট দেওয়া একটা মন্ত্রপুত দড়ি ছিল, তা দিয়ে তিনি ঝাড়ফুঁক করতেন। যদি কোন অপদেবতা ভর করে থাকে তবে ঐ মন্ত্রপুত দড়ি ভাঁজ করে বুকের ওপর দিলে সেটা পাশে পড়ে যাবে এবং অপদেবতার প্রভাব থেকে সে ব্যক্তি মুক্তি পাবে।

বিশ্বম্ভর সত্যসত্যই একদিন বেণীকে রাধা পাগলার নৌকায় দিয়ে এলেন। নৌকার ভেতরে বেণীকে শুতে দিয়ে তাঁর অন্যান্য ভক্তশিষ্যদের সকলকে ছইয়ের ওপরে পাঠিয়ে দিলেন। সেখানে তার গান-বাজনা, ভজন-কীর্তন সুরু করে দিল। নৌকায় একা শুয়ে থেকে বেণীর বেশ একটু ভয় ভয়ই করছিল। চোখ বুজে থাকলেও ঘুম আসে না। শুয়ে শুয়ে বেণী সবই টের পাচ্ছেন। রাধা পাগলা তাঁর সেই গাঁট দেওয়া দড়িটি ভাঁজ করে বেণীর বুকের ওপর আড়াআড়িভাবে রেখে দিলেন। দড়ি যেমন ছিল তেমনই রইল।

পরের দিন বিশ্বম্ভর এলে রাধা পাগলা বলেন, "তোর এই ছেলে খুবই অসাধারণ — আমি তো এর কূল-কিনারা পাচ্ছি না। ভবিষ্যতে মানুষজন হয়তো বুঝতে পারবে — একে।" বাড়ীতে ফিরে উৎফুল্ল বিশ্বম্ভর কৌশল্যাকে বলেন, — "আমাদের ঘরে যে ছেলে এসেছে, সে খুবই অসাধারণ — একদিন জগৎ জানতে পারবে যে এ কে।"

শৈশব থেকে বেণীকে যে দেখে, সেই তাঁকে ভালবাসতে চায়, আদর করতে চায়। তাঁর দেহগঠনেও কিছু কিছু বিশিষ্টতা ছিল; যেমন কাঁধ হতে কণুই পর্যন্ত তাঁর ঊর্ধ বাহু দুটি ছিল আনুপাতিকভাবে হ্রস্ব এবং একইভাবে হাঁটু হতে জঙ্ঘা পর্যন্ত জানুদ্বয়ও ছিল আনুপাতিকভাবে কম দৈর্ঘের। এই কারণে অন্যেয় তুলনায় বেণীকে খর্বকায় বলে মনে হত। শৈশবে বেণীর গায়ের রঙ কালোই ছিল; চেহারা ছিল রোগাটে। কিন্তু তাঁর দেহে দেখার বস্তু ছিল দুই

আয়ত চক্ষু, টানা-টানা, গভীর দৃষ্টি-সম্পন্ন যদিও তা সব সময় অনুধাবনযোগ্য ছিল না; তবে সেই চোখের মোহময় আকর্ষণ-শক্তির গুণেই বেণী সকলের কাছে এত আদরণীয় ছিলেন সেই শৈশবেও।

শিশু বেণী এদিক ওদিক ঘুরে বেড়ায়, পাড়া-প্রতিবেশীরা বেণীকে খাওয়ায়, আদর-যত্ন করে, ভালবাসে। এইভাবে দিন যায়। গ্রাম্য নিস্তরঙ্গ জীবনে বেণীর দিন ভালই কাটে। লেখাপাড়ার প্রসঙ্গ এলে বিশ্বম্ভর বলেন, "ও সবের দরকার নেই। হাটে যাবে, দোকান করবে, তবেই আমাদের যথেষ্ট — লেখাপড়া করে কি হবে?" শৈশবে বেণীর দিন ভালই কেটেছে, — একথা আমরা বললেও উত্তর কালে কখনও কখনও বর্ষণমুখর সন্ধ্যায় শৈশবে তাঁর দুর্ভোগের কথা মনে পড়েছে এবং সেকথা তিনি উপস্থিত জনেদের কাছে ব্যক্ত করেছেন এইভাবে : "দেখ, এই বৃষ্টির দিনে বড় লোকের কত আরাম। শুয়ে শুয়ে কত আরামে কাটায়। আর গরীব যারা তাদের এই বৃষ্টির মধ্যে ভিজে ভিজে কাজ করতে হয় পেটের দায়ে।"

"ছোট বেলায় আমাদের ছনের ঘরের চালা পচে যেত। বাবা ছাউনী দিতেন না। বৃষ্টি এলেই জল পড়ত আর মা কাঁথা দিয়ে আমাদের ঢেকে বসে থাকত। কাঁথায় কি বৃষ্টি মানায়? ঐ ভেজা কাঁথার তলায়ই শুয়ে থাকতাম। অভ্যাস হয়ে গেছিল।" এসব বলার পরে কৌতুকভরে প্রশ্ন করেছেন — "আচ্ছা, সেই মাধব, আর এই মাধব কি মিল করা যায়? কি বলিস?"

এইভাবে সুখে দুঃখে কিন্তু আনন্দে এগারো বছর বয়স পর্যন্ত বেণীর জীবনচর্যায় প্রথম ঐশ্বর্যের প্রকাশ ঘটেছিল।

বীর্য

(বয়স ১২-২২)

(সময়কাল ১৯৩২-১৯৪২)

বৈচিত্র্যহীন গ্রাম্য জীবনের গড্ডালিকা প্রবাহে একদিন ছন্দপতন ঘটল। বিশ্বম্ভরের এক খুড়তুতো দাদা রাধাবল্লভ সাহা বেণীর এ অবস্থা দেখে খুব রাগারাগি করেন ও বলেন, — "নিজেও মূর্খ, ছেলেটাকেও মূর্খ করে রাখছিস।" সেই থেকে পড়াশোনা করার জন্য বেণীরও আগ্রহ হয়। সমবয়সীরা সকলেই স্কুলে যায়, লেখাপড়া করে; তবে সেই বা করবে না কেন? অবশ্য বিশ্বম্ভর বই কিনে দিতে পারেন না। বই কেনার পয়সা কোথায়? তবে, বেণীর আগ্রহ দেখে পাড়ার ননীর দিদিমা তাঁর ঘরের পুরোনো একখানা বাল্যশিক্ষা ও স্কুলে ভর্তি হবার জন্য চার আনা পয়সা বেণীকে দেন। সেই বাল্যশিক্ষা ও চার আনা পয়সা সম্বল করে বেণীর লেখাপড়া শুরু হল গাড়াইল নিম্ন প্রাইমারী স্কুলে। সেখানকার মাস্টারমশাই শ্রীচরণ প্রামাণিকের কাছে শিশু শ্রেণীতে শিক্ষা শুরু হয়। পড়াশোনায় বেণীর ফল খুবই ভাল হয়।

এরপরে জাঠতুতো দাদা ও ভাইদের সঙ্গে হালুয়াপাড়া গণিয়া উচ্চ প্রাইমারী মাদ্রাসায় বেণী প্রথম শ্রেণীতে ভর্তি হন। এখনকার প্রধান শিক্ষক ছিলেন লালন বাদ্যকর ও সহকারী ছিলেন জলিল মুন্সী। উচ্চ মাদ্রাসায় ভর্তি হওয়ায় বেণীর দূর সম্পর্কীয় এক কাকা ননীমাধব সাহা এক টাকা পাঁচ আনা দেন বারো খানা বই কেনার জন্য। এমনভাবেই প্রথম শ্রেণীর পাঠ সমাপ্ত হল। এখানেও তিনি প্রথম স্থান অধিকার করে দ্বিতীয় শ্রেণীতে ওঠেন।

বই কেনার পর সেই বইগুলি আদ্যোপান্ত একবার পড়ে সেগুলি বেঁধে তুলে রেখে দিতেন। স্কুলেও বই নিয়ে যাওয়া প্রয়োজন মনে করতেন না। আর নিয়ে গেলেও বই খুলতেন না। একদিন প্রধান শিক্ষক মহাশয় বেণীকে

বইয়ের বিভিন্ন অংশ থেকে নানা রকম প্রশ্ন করেন। বেণী প্রত্যেকটি প্রশ্নেরই ঠিক ঠিক উত্তর দিয়ে মাষ্টারমশাইকে অবাক করে দেন। তাঁর মেধার পরিচয় পেয়ে প্রধান শিক্ষক লালন বাদ্যকর মশাই তাঁকে দিয়ে বৃত্তি পরীক্ষা দেওয়ান এবং সে পরীক্ষাতেও বেণী প্রথম স্থান অধিকার করেন। কিন্তু বৃত্তি পেয়েও বেণী পড়াশোনায় আর অগ্রসর হতে পারেননি কারণ পনের বছর বয়সে বেণীর পিতৃবিয়োগ হয়। পিতার মৃত্যুর জন্য সংসারের সব দায়ভার এখন বেণীর ওপরে।

স্কুলে পড়ার সময়ও পিতা বিশ্বম্ভরের সঙ্গে বেণী ধানতারা হাটে যেতেন।

একদিন হাটেই বিশ্বম্ভর বোনের কলেরার খবর পান এবং হাট থেকে বোনের বাড়ী চলে যান। যাবার সময় মুড়ি খাওয়ার জন্য বেণীকে দুটি পয়সা দিয়ে যান। বেণী সেই পয়সা নিয়ে মুড়ি কিনতে যাচ্ছেন এমন সময় এক ভিখারী বুড়ী এসে বলে, "বাবা, বড় খিদে পেয়েছে দুটো পয়সা দে বাবা।" অবাক বেণী ভাবতে থাকেন, — আমার কাছে যে দুটি পয়সা আছে, সে খবর বুড়ী জানল কি করে। বেণী পয়সা দুটি দান করে ক্ষুধার্ত অবস্থায় হাটের চালাঘরের এক কোণায় বসে থেকে ঘুমিয়ে পড়েন। কথা ছিল, গ্রামের লোকেদের সঙ্গে তিনি ফিরবেন। কিন্তু ফেরার সময় গ্রামের লোকজন অনেক ডাকাডাকি করেও বেণীর সাড়া পায় না। এদিকে বেণীর যখন ঘুম ভাঙলো তখন রাত্রি প্রায় এগারোটা। চারদিক নিঝুম, অন্ধকার। সেই অন্ধকারের মধ্যে একা তিন/চার মাইল পথ অতিক্রম করে বাড়ী পৌঁছানো; তার ওপর আবার বিরাট এক শ্মশানের মধ্য দিয়ে পথ।

নির্ভয় বেণীমাধব রওয়ানা হলেন সেই মাঠের পথ ধরেই। যদিও মধ্যপথে একটি শ্মশান আছে, তবুও বেণীর মনে ভয়ের সঞ্চার হল না। সেই নিরালা অন্ধকার পথে বস্তা মাথায় নিয়ে বেণী চলেছেন এমন সময়ে শুনতে পেলেন কেউ নাম ধরে তাঁকে ডাকছেন। সামনে, পিছনে, পাশে, উপরে — সব দিক থেকেই সেই আহ্বান শোনা যাচ্ছে, কিন্তু কাউকে দেখা যাচ্ছে না।

বেণী জিজ্ঞাসা করলেন — "কে তুমি আমায় ডাকছ?"

উত্তর এল — "আমি তোর মা।"

তখন বেণী বলেন, — "তুমি যদি আমার মা হও, তবে আমার সামনে এসে দাঁড়াও।"

একথা বলার পরেই বেণীর মনে হল, যেন তাঁর সামনে মাটী ভেদ করে এক জ্যোর্তিময়ী নারী মূর্তি আবির্ভুতা হলেন, — পরণে লাল শাড়ী এলো চুল। এই মূর্তি দেখে বেণী অচৈতন্য হয়ে পড়েন। কিছুক্ষণ পরে সংজ্ঞা ফিরলেও তখনও ঘোর কাটেনি। মাটীর ওপরেই এপাশ-ওপাশ করছেন। সেই সময়ে সেই লাবণ্যময়ী মূর্তি মাথায় সযত্নে ও সস্নেহে হাত বুলিয়ে দিতে দিতে বলেন, — 'বেণীমাধব, তোর কি চাই বল। ধন, মান, যশ সব তোকে আমি দেব।" কিন্তু বেণীমাধব কিছুই চাইলেন না; বললেন, "আমার ভাগ্যে যা আছে তা হোক।" তখন সেই মাতৃমূর্তি বেণীকে দশ বছরের জন্য শনির কোপে ফেলেন আর বলেন, "ইচ্ছে হলে বা ডাকলে আমার সাড়া পাবি এবং সব জানতে পারবি; — তবে একথা তুই এই দশ বছরের মধ্যে কাউকে বলতে পারবি না, বললে তোর মৃত্যু অনিবার্য।"

এদিকে পিতার মৃত্যুতে সংসারের দুঃখ-কষ্ট তীব্রতর হল: এর মধ্যে আবার পিতৃশ্রাদ্ধের ব্যবস্থা করা। কয়েকজন ঘনিষ্ঠ আত্মীয় বেণীকে পরামর্শ দেন যে, পাড়ার লোকজনদের কাছে অর্থসাহায্য চাইলে শ্রাদ্ধের ক্রিয়াকর্মের কিছু সুরাহা হতে পারে এবং সংসারও ভালভাবে চলতে পারে। বেণীকে সকলেই ভালবাসে; তার এই দুঃসময়ে সকলেই সাহায্য করতে এগিয়ে আসবে। প্রখর আত্মমর্যাদাবোধ সম্পন্ন বেণীর জবাব হল — "পিতৃশ্রাদ্ধে আমি ভিখিরী সাজতে পারব না, আমার যেমন সামর্থ্য সেইভাবেই আমি বাবার শ্রাদ্ধ করব।

পিতার মৃত্যুর পর বেণী হাটে যান, মহাজনদের সঙ্গে কথাবার্তা বলে পিতার ব্যবসা নিজেই চালাতে থাকেন। তবে, ছেলেমানুষ বলে অনেক মহাজনই মাল দিতে রাজী হয়না; একমাত্র কলিমুদ্দিন সরকার তাঁর উদ্যোগে খুশী হয়ে দেওয়ানজীকে মাল সরবরাহ করবার হুকুম দেন। সেখান থেকে মাল নিয়ে হাটে বিক্রী করে প্রথম দিনে লাভ হয় আট আনা। ধীরে ধীরে লাভ বাড়তে

থাকে। কয়েকদিন পরে বেণী লক্ষ্য করেন যে, মহাজনের গুদামে বিক্রি হবার পর অবশিষ্ট লঙ্কার বস্তার ওপরে ইঁদুর মাটী তুলে ঢেকে ফেলেছে। গুদাম পরিষ্কার করে ঐ লঙ্কার বস্তাগুলি কিনতে চাইলে মালিক বলেন, "ওসব তো পচে গেছে, নিয়ে কি করবে?"

বেণী বলেন, "ধুয়ে নিয়ে যা ভাল পাই, তা বাজারে বিক্রী করলে কটা পয়সা হবে, আর বাকীগুলো তো বাড়ীতে খাওয়াও চলবে।" বেণীর কথা শুনে মালিক একুশ টাকায় সেই বস্তাগুলি বেণীকে দিতে রাজী হন। শর্ত রইল মাল বিক্রী করে বেণী ঐ টাকা শোধ করবেন। সেই সব বস্তা একে একে বাড়ীতে এনে লঙ্কা ধুয়ে, শুকিয়ে আবার হাটে বিক্রী করে ঐ একুশ টাকা তো শোধ হলই, উপরন্তু বেণীর লাভ হল প্রায় ছয়/সাতশো টাকা। সেই টাকায় মহাসমারোহে বেণী পিতৃশ্রাদ্ধ সম্পন্ন করেন। আত্মীয়-স্বজন, পাড়ার লোকজন অবাক হয়ে বলাবলি করে যে, "বিশ্বম্ভর অনেক টাকা রেখে গেছে, তাই বেণী পিতার শ্রাদ্ধে গ্রামসুদ্ধ সবাইকে এত আদর-আপ্যায়ন করে খাওয়াতে পেরেছে।"

শ্রাদ্ধে মহাজন কলিমুদ্দিন সরকারও নিমন্ত্রিত ছিলেন। এসব কথাবার্তা শুনে তিনি অর্থসংগ্রহের ইতিহাস ব্যক্ত করেন। তা শুনে উপস্থিত সকলে বেণীর কর্মক্ষমতায় মুগ্ধ হয়ে তাঁর প্রশংশায় পঞ্চমুখ হন।

পনের বছর বয়সে পিতৃবিয়োগ হওয়ার পর থেকে সংসার চালানোর জন্য বেণীকে অনেক কষ্টই ভোগ করতে হয় এবং তার সঙ্গে সঙ্গে নানারকম অভিজ্ঞতাও হতে থাকে। বেণীর আঠারো বছর বয়স যখন, তখন কৌশল্যা বেণীকে একদিন বলেন তাঁর পিসিমাকে শেওড়াতলি গ্রামে দেখে আসতে। সেই গ্রাম কুশুরা থেকে দশ/বারো মাইল দূরে। যাবার আগে বেণীর জন্য রান্নার উদ্যোগ করতে দেখে বেণী মাকে বলেন, "পিসির বাড়ী যাব, সেখানেই তো খাব, তোমাকে আর রান্না করতে হবে না।" এই কথা বলে বেণী পিসিমার বাড়ীর দিকে যাত্রা করলেন। এতখানি পথ হেঁটে বেণী পিসির বাড়ী পৌঁছে শোনেন যে, পাঁচ-ছয় মাইল দূরে চাপাইর গ্রামে অসুস্থ মেয়েকে দেখার জন্য তিনি গেছেন। পাশের বাড়ীর লোকজন বেণীকে বলে, "বেণী,

তুই আমাদের বাড়ী থাক।” তাদের বাড়ীতে খাওয়া দাওয়ার কথায় বেণী লজ্জা পান। পিসির বাড়ীর দাওয়ায় বসে বেণী ভাবতে থাকেন, — এখন কি করা যায়, সেই সময় সতীশ সাহা সেখান দিয়ে যাচ্ছেন। তিনি বেণীকে দেখে বলেন, “বেণী, চল আমার বাড়ী।” তাঁর বাড়ী গিয়ে খাওয়ার কথায় বেণী সত্য গোপান করে বলেন, “আমি তো বাড়ী থেকে খেয়ে এসেছি।” তারপরে সতীশ সাহার সঙ্গে কথাবার্তা চলতে থাকে। কথা প্রসঙ্গে বেণী তাঁর সংসারের অনটনের কথা সবই বলেন। সব শুনে সতীশ সাহা প্রস্তাব দেন যে, তাঁর নৌকা গ্রাম থেকে পাট নিয়ে নারায়ণগঞ্জ যায়, সেখানে পাট বিক্রী করে আবার তিন-চার দিন পরে নৌকাগ্রামে ফিরে আসে। নৌকায় যে সব মাঝি মাল্লারা মাল নিয়ে যাতায়াত করে, তাদের খাওয়া দাওয়ার জন্য এক জন রান্নার লোকের দরকার — বেণী সেইভার নিলে তিনি তাঁকে সব খরচ ও খাওয়া দাওয়া দিয়ে তাঁর নৌকায় রাখবেন, তা ছাড়া মাসিক দুটাকা মাইনেও দেবেন। বেণী এই চাকুরী গ্রহণে সম্মত হন।

অভুক্ত অবস্থায় শেওড়াতলি থেকে দশ-বরো মাইল পথ অতিক্রম করে বেণী বাড়ী ফিরে এলে তাঁর চোখে জল আসার উপক্রম হল। তাঁকে দেখে কৌশল্যা বলে উঠলেন, “তোর মুখ যে একেবারে শুকিয়ে গেছেরে বেণী।” বেণী তখন সব কথা মাকে বলেন। সব শুনে মা বেণীকে বলেন, “যা হোক, তোর চাকুরীটা তো হল।”

এদিকে বেণীকে পেয়ে সতীশ সাহা ও নৌকার মাঝি মাল্লারা খুবই খুশী। নৌকায় রান্না করে বেণী সকলকে যত্ন করে খাওয়ান। এভাবে বেণীর একমাস চাকুরী হল। এরই মধ্যে ঘটল একটি ঘটনা। রান্না সেরে বেণী স্নান করতে গেছেন। এই সময়ে সতীশ সাহা ব্যাংকে টাকা জমা দেবেন বলে নৌকায় এসেছেন। নৌকায় পিছন দিকে লাকরির খোপে থলের মধ্যে টাকা রেখে গেছেন, যা কেউ জানে না কিন্তু টাকার থলি উধাও।

কোথায় গেল সেই টাকা? নৌকার একটি লোক বলে, “কে নেবে এতটাকা? কোন দিন তো এরকম হয়নি। এ বেণী ছাড়া আর কেউ নয়, অভাবী মানুষ

তো। অন্য সকলেও তার কথায় সায় দেয়; বলে, "তাই হবে, বেণীই তো নতুন এসেছে।"

স্নান সেরে বেণী ফিরে এলে সতীশ সাহা তাঁকে বলল, "দেখ বেণী, এখান থেকে থলে শুদ্ধ টাকা উধাও হয়ে গেল কি করে? সত্যি যদি তুমি নিয়ে থাক তবে বল কোথায় রেখেছ সেই টাকা।"

বেণী বলেন, "টাকা কোথায় তা আমি জানি না, তবে আপনার অর্থবল আছে, আপনি আমাকে মারধার করতে পারেন, পুলিশে ধরিয়ে দিতে পারেন অর্থাৎ আপনার প্রাণ যা চায়, আপনি তাই করতে পারেন, তবে, যাই করবেন, ভেবেচিন্তে করুন।"

একজন মাল্লা বলে ওঠে, "দেখেছেন বাবু, কেমন সাধুভাষা বলছে।" সতীশ সাহার সন্দেহ নৌকার সেই মাল্লাকেই। তিনি বলেন, "জান বেণী! আমি তোমাকে তক্তামোড়া করব, এখনও বলছি, ভাল চাও তো টাকা বার করে দাও।"

তারপর সবাই নৌকার বাইরে এল, বেণীও এলেন। বাইরে এসে সতীশ সাহা সেই মাল্লার চুলের মুঠি ধরে খুব চোটপাট করে বকাবকি করতে থাকেন। তখন মাল্লা বলে, "বাবু। আমি একবার খুঁজে দেখি।" সে হালের কাছে নৌকার নীচ থেকে থলিটি বার করে আনে। সতীশ সাহা রেগে টাকা রেখে থাপ্পড় দিয়ে মাল্লাকে জলে ফেলে দেন এবং তখনই টাকা মিটিয়ে দিয়ে তাকে বিদায় করেন।

এরপর তিন চার দিনে নৌকা দেশে ফিরে এল। মাসের দু'টাকা মাইনে নিয়ে বেণী বাড়ী ফিরে যাচ্ছেন। সতীশ সাহা জিজ্ঞাসা করেন, — "কবে ফিরে আসবে বেণী?"

বেণী জবাব দিলেন, — "আর আসব না।"

বাড়ীতে ফিরে এসে বেণী আবার তাঁর পুরোনো কাজ আরম্ভ করে দিলেন। লবন, শুখনো লঙ্কা আর হলুদের দোকানে বেণীর কাজ চলতে থাকল।

নৌকা থেকে এসব মাল গুদামে পৌঁছে দিলে মজুরী পাওয়া যেত বস্তা প্রতি এক আধলা এবং দুবেলাতে আয় হত দু'আনা থেকে দশ পয়সা। এই দিয়ে কোনরকমে তাঁর সংসার চলে।

পিতার মৃত্যুর পর সংসারের দায়িত্ব সামলিয়ে বেণী নিজের লেখাপড়ার কথা চিন্তা করার অবকাশ পাননি। তবে, গ্রামের লোকেদের আগ্রহে কুশুরা গ্রামে একটি উচ্চ প্রাথমিক অর্থাৎ চতুর্থ শ্রেণী পর্যন্ত পড়ানোর জন্য একটি স্কুল খোলা হয়। গ্রামের একজন গণ্যমান্য ব্যক্তি যাদব সাহা বলেন যে, বেণী এই স্কুলে পড়াবে। প্রতিদিন বেলা দশটা পর্যন্ত বেণী সেখানে শিক্ষকতা করেছেন তবে বিনা বেতনে। ছাত্র-ছাত্রীরা বেণীকে যেমন ভয় করত তেমন ভালও বাসত।

স্কুলের সুনাম শুনে একদিন সাব ইন্‌স্‌পেক্টর স্কুল পরিদর্শনে আসেন। ক্লাশ-টুর বিদ্যে নিয়ে ক্লাশ-ফোরের ছাত্র-ছাত্রীদের বেণী পড়ান শুনে ক্লাশ-ফোরের ছাত্রদের ডেকে তিনি নানারকম প্রশ্ন করেন এবং তাদের নির্ভুল উত্তরে খুশী সাব-ইন্‌স্‌পেক্টর যাদব সাহাকে বলেন, ‘‘বেণীমাধবকে মাইনর পাশ করাতে পারলেন না?’’

আর বেণীকে বললেন, ‘‘বুঝেছি, আল্লাহ্ তোমাকে রহম করেছেন : আমি তোমাকে একটা বাৎসরিক পুরস্কার দিতে পারি। কিন্তু সরকার থেকে কোন বেতন দেওয়া সম্ভব নয়, কেননা কাগজে, কলমে তোমার যে উপযুক্ত যোগ্যতা নেই। ভাল শিক্ষকতা করলেও কোন উপায় নেই।’’ বেণী অবশ্য সেই সরকারী পুরস্কার প্রত্যাখ্যান করেন।

হাটে ব্যবসা করে, গ্রামের স্কুলে পড়িয়ে, ছোট ছোট ছেলেমেয়েদের দিয়ে কৃষ্ণলীলা, ভজন, কীর্তন ইত্যাদি সংগঠিত করে বেণীর কুশুরা গ্রামে ভালই কাটে। এই প্রসঙ্গে পরবর্তী কালে মাধব বলছেন, ‘‘আমার বয়স তখন উনিশ। আমি ইঁচড়ে পেকে গেছি।’’ তাঁর ইঁচড়ে পাকার কাহিনী হল — একদিন গ্রামের মাতব্বরদের সমাবেশে প্রেসিডেন্ট যাদব সাহা বলছেন, আমি একটা কথা বলতে চাই। তোমরা দশজনের সেবার উপযুক্ত মনে

করেই আমাকে প্রেসিডেন্ট পদে বরণ করেছ। সেবার অনেক পথ আছে। দাস্যভাবে এবং প্রভুভাবে। তোমরা আমাকে গ্রামের প্রভু মনে করে সেবার সুযোগ দিয়েছ। দেখ, শৃঙ্খলা রাখা, এটা একটা মস্ত বড় সেবা। এখন আমার বয়স হয়ে গেছে। এখন যদি আমি এই পদে থাকি তবে অপরাধী হয়ে পড়ব। এমন একটি লোকের দরকার যে এই সেবার যোগ্য। তারপর তিনি আমাকে দেখিয়ে অন্যদের বললেন, — আমাদের গ্রামের একটি নাবালক ছেলের ওপর ভারটা ছেড়ে দিয়ে তোমরা নিশ্চিন্ত থাকতে পার। মাধব মনে মনে ভাবছেন, যাদব সাহা বুঝি তাঁকে পরিহাস করছেন। কিন্তু এদিকে যাদব সাহা বলছেন, — এই বেণী আমাদের ঠাকুরদাদা। এ যা কথা বলে তার যুক্তি আমরাও খুঁজে পাই না। সঙ্গে সঙ্গে আরো কয়েকজন বলছেন — হ্যাঁ, আপনার কাজ তো ওই চালায়।

যাক, দু-এক বছর তো দায়িত্বটা পালন করলাম। আইনতঃ মোড়ল হয়েও আমি তাদের এতভক্তি শ্রদ্ধা করতাম যে, আমি যে মোড়ল তা ভাবতেই দিতাম না তাদের। ভাবলাম — কেবল তো মোড়লী করলেই চলবে না, এমন কাজ করতে হবে যে, সবাই যেন মনে করে বেণী ঐ ঐ কাজ করে গেছে। দেশের লোক যাতে সৎ পথী হয়, সত্যাশ্রয়ী হয়, তার জন্য কতকগুলো কর্ম যদি না করি, তবে অকর্তব্য হয়। পিতা-মাতা যদি সন্তানকে সুশিক্ষা না দেয়, তবে তাদের অপরাধ হয়; কারণ সন্তান উচ্ছৃংখল হলে তার জন্য দায়ী পিতামাতা। আর দেশের লোক যদি উচ্ছৃংখল হয় তার জন্য দায়ী হয় দেশের নেতারা।

গ্রামে যদি ভগবৎ কথা, ভাগবত পাঠ এসব হয়, তবে ছেলেপিলেরা সৎপথী হতে পারে। একথা গ্রামের লোকেদের বললে তারা বলে — কি করে হবে এসব?

কয়েকজন আবার বলে — দেখ না, এ আবার কি মোড়লী করে। দাঁত ফোটেনি এখনও অথচ ফুট কড়াই ভাজা খেতে চায়।

হেসে বললাম, হ্যাঁ, এটা উপেক্ষা নয়, আপনারা আমাকে আশীর্বাদই করছেন। আমি যদি করে দেখাতে পারি যে, দাঁত না থাকলেও ফুটকড়াই ভাজা খাওয়াতে পারি তবে মন্দ কি? আপনারা ভাবছেন যে টাকা পয়সা দিতে পারবেন না। তবে এটা জেনে রাখুন এর জন্য আপনাদের কাছে পয়সা চাইব না; তবে আপনাদের সহযোগিতা চাই। অবশ্য কেউ যদি আমার পরিশ্রম দেখে পয়সা দিতে ইচ্ছা করেন, দিতে পারেন। আর, আমিও তো ভিখারী।

অনেকে বললেন— কিভাবে হবে? তাদের বললাম, সবই হবে; কেবল আপনাদের সহযোগিতা দরকার। যদি আমাদের পাখায় পানি না বাজে তবে উড়ে যেতে দোষ কি। নীল আকাশে ওড়াই তো স্বাভাবিক। তবে হ্যাঁ, পাখায় জল বাজলে মোড়লগিরি বের হয়ে যাবে।

তারা বলছে — বেশ তো, উৎসব হবে, গান হবে, বাজনা হবে, অথচ পয়সা লাগবে না, এটা কে না বলবে? আমরা সবাই রাজী? যদি বল যে ১০/১০ হাত গর্ত করে দাও, তাও করে দেব। কিন্তু পয়সা দিতে পারব না। বললাম — আমি তো তাই চাইছি আর চাইছি সবার অনুমতি।

আমার একটা দল ছিল। সবাইকে যে আদর করে, তার কাছেই তো সবাই ঘেঁষে। যাক, গ্রামের কাকীমা, মাসীমা, পিসিমা — সবার কাছেই এই কথা বললাম। তাদের বললাম, দেখ, গ্রামে যদি ভাগবৎ পাঠ, কীর্তন উৎসব ইত্যাদি হয় তবে কেমন হয়? তবে তোমাদের একটা কাজ করতে হবে। তোমাদের সবার বাড়ীতেই একটা করে হাঁড়ি দিয়ে যাব। রান্নার আগে এক মুঠো করে চাল তুলে রাখবে হাঁড়িতে। একথা যেন কাউকে বোল না। আমি পরে এসে চলে উঠিয়ে নিয়ে যাব। মেয়েদের সে কি উৎসাহ। বেণী বলে গেছে, সবাই চাল তুলে রাখছে হাঁড়িতে। পুরুষ মানুষরা কিন্তু এসব জানে না। গরীব যারা, তারা কেউ কেউ বলছে — বেণী। তুই তো জানিস অনেকসময় হাওলাত করে খাই। যদি তোর ঐ ভাণ্ড থেকে চাল নিই?

বললাম বেশতো। এটাও তো একটা সেবা। তোমাদের চালে তোমাদেরই সেবা হবে। কিন্তু দিতে হবে, মনে রেখো।

পুরুষ মানুষরা যখন হাটে চলে যেত তখন ছেলেদের নিয়ে আমি চাল আনতে যেতাম মাসের শেষে। বিশ্বাস করবে না, প্রত্যেক বাড়ী থেকে চার/পাঁচ সের করে চাল হতে লাগল। এসব চাল পরে বিক্রী করে দিতাম আড়াই টাকা মন দরে। আমরা অবশ্য বাজার থেকে দু'আনা করে কম নিতাম, — মুষ্ঠি চাল তো। সব চাল মিশে গেছে যে।

যাক দেখা গেল, তখনকার দিনে গ্রামের ঐ মুষ্ঠি চাল থেকে ৯০০/৯৫০ টাকা উঠল। অঘ্রানমাসে ক্ষেতে কোন কাজকর্ম থাকে না। ঝড় বৃষ্টিও থাকে না। অষ্ট প্রহর নাম কীর্তন আরম্ভ করলাম। তখন অনেকে বলছে — বেণী, তুমি এতবড় কাজ আরম্ভ করেছ, আমাদের থেকেও কিছু নাও।

তখন বললাম — ঝড়ে পানি তো পাখায় বাজবে। এবার পানিটা আমাদের পাখায়ই বাজুক। সব খরচপত্র করে ৩৫০ টাকা বেঁচে গেল। এতটাকা খরচ করা তখনকার দিনে সোজা ছিল না। .....জল ঘুটেও যে মাখন হয় এটা করে দেখলাম। বুদ্ধির দরকার, পরিশ্রম দরকার আর দশজনের অনুমতি দরকার। সবার যদি অনুমোদন থাকে তবে সেই কাজ হবেই হবে। এই অনুমোদন কথাটা ছোট নয়; অনুমোদনই সব। যেখানে তুমি বাস কর, তোমার ওপর যদি অনুমোদন থাকে তুমি একটা কিছু প্রবর্তন করতে পার। আর অনুমোদন না থাকলে তা হবে বালির ঘরের মত। বৃষ্টি যত দিন না হবে ততদিন থাকবে।

যাক এইভাবে গ্রামের মধ্যে সব কিছু প্রতিষ্ঠা হল।

এইবার মাধবের মোড়লীর আর একটি রূপ। তাঁর নিজের ভাষাতেই শোনা যাক।

গ্রামে চুরি হল। বললাম — চোর বের করতেই হবে। তাকে চুরি বিদ্যা থামাতেই হবে। একদিন গেলাম সেই চোরের বাড়ী। আমাকে দেখেই চমকে উঠেছে।

তাকে বললাম — এখন কাজ কর্ম কিছু কর না কাকা?

বলে — কি আর কাজ কর্ম করব বেণী। এই তামাক ভররে, এইভাবে আবোল-তাবোল বলে প্রসঙ্গান্তরে যাওয়ার প্রয়াস।

তাকে বললাম — হাটে তোমার একটা দোকানও তো আছে। দোকানটা কর। জানি তোমার টাকা নেই। আমাদের ফাণ্ডে তো ৯০০ টাকা জমে আছে। টাকা আমি দেব।

তখন মাথা চুলকে বলছে — বেণী বলছ? আমি পারমু?

বললাম — কেন পারবে না? এইভাবে বসে খেলে তো চুরি করার ইচ্ছা জাগবে।

বলছে — বেণী, তুই আমাকে বিশ্বাস করে টাকা দিবি?

বললাম — আপনাকে কাকা বলি। বাবার ভাই কাকা। আপনি যদি আমাকে বিশ্বাস করেন, আমি করব না কেন?

তখন আমাকে জড়িয়ে ধরে কাঁদতে লাগল। যাক, টাকা দিলাম। জিনিষপত্র ফেরি করতে লাগল।

টাকা দেওয়ার তিন-চারদিন পরে গেলাম। বললাম — কাকা ধরনীর বাড়ীতে চুরি হয়েছে। আপনিই তা করেছেন। বাক্সটা ভেঙেছেন। যাক তার বৌ-র হারটা কার কাছে দিয়েছেন?

বলে — বেণী। তুই কার কাছে শুনলি?

দেশের কর্মকারগুলোই চোরদের প্রশ্রয় দিত। যাক ওকে নিয়ে গেলাম গ্রামের কর্মকারের কাছে।

বললাম, কিছু গয়না করতে হবে। আচ্ছা, সোনার গয়নায় চার আনা মজুরী আর রূপোর গয়নায় দুআনা। কি করে আপনি বছর বছর জমি কেনেন? তবে আর অসুবিধা কি। কালী মায়ের গয়না থেকেও তো চুরি করেন।

যাক কাকা, এখন কথা হল, সোমবার সকালবেলায় পূর্ণ একটি হার দিয়ে গেছে। হারটা কি গলিয়ে ফেলেছেন?

বলে — বেণী, এসব কথা তুই কার কাছে শুনেছিস?

বললাম — দেখুন, আমার সঙ্গে পারবেন না। যদি হারটা না দেন তবে কাল পাড়ার ছেলেদের দিকে একটু মাত্র তাকাব। তাতেই কাজ হবে। সঙ্গে সঙ্গেই দেখি ভাব পালটে ফেলেছে।

বলছে — এই হারটা পূর্ণ কি চুরি করেছে রে?

বললাম — আমি বুঝি পূর্ণর সঙ্গে চুরি করতে গেছিলাম? হারটা যে ধরণীর বৌয়ের তা আপনি জানেন। আপনিই তা বানিয়ে দিয়েছেন। সাতভরির হার। দেখুন ছাপ্পান্ন টাকার জন্য একটা সংসার যাচ্ছে। হারটা দিয়ে দিন।

তখন বলে — টাকাটা?

বললাম — টাকা তো পাবেনই। সোজা করে তো পাবেন না। বাঁকা করে নিতে হবে।

কর্মকারের বৌ বলছে — দেখ বেণী, কত করে ওকে মানা করেছি যে চোরের সঙ্গ কোর না। চোরের সঙ্গে এসব কারবার ভাল নয়। তা কি শোনে আমার কথা।

কর্মকার বলছে — বেণী, তুই এসব জানলি কি করে?

বললাম — গ্রামের মধ্যে কী হয় না হয়, তা দেখার জন্যই তো আমাকে রেখেছেন। সব দিকেই আমার দৃষ্টি আছে।

যাক হারটা দিয়ে বলছে — বেণী টাকাটা তাড়াতাড়ি দিস যেন।

হারটা হাতে নিয়ে ভাবছি — এখন এই হার নিয়ে যদি ধরণীর বাড়ীর যাই তবে তো সবাই বলবে যে বেণীই চোর।

থানায় যেয়ে দারোগাকে বললাম — মাখনবাবু, আপনারা তো আছেন দেশের সেবার জন্য। এই বলে সব কথা তাকে খুলে বললাম।

দারোগা বলছে — বেণী, তোমার চরণধূলি নিতে ইচ্ছা করে। যেভাবে কাজটা তুমি করেছ, আমাদের দারোগার ওপরে তোমার মান। চল যাই, তোমাকে একটা পাশ করিয়ে দিই; তখন এই দারোগার ওপরও তোমার ক্ষমতা হবে।

তাকে বললাম — কোন উপাধির জন্য আসি নি। এই যে হারটি আমার পকেটে রয়েছে, আপনার কাছে তো ডাইরী দেওয়া আছে। এখন যদি হার নিয়ে ধরণীর বাড়ী যাই তখন তো আমাকেই বেঁধে আনবেন। তবে আমি চোরকে পুষে মানুষ করার চেষ্টা করছি। যদি না পারি তবে আপনার সহায়তা নেব।

হাটে ব্যবসা করে, ছোট ছোট ছেলেমেয়েদের সংগঠিত করে কৃষ্ণলীলা ইত্যাদি নাটক করে বা গ্রামে মোড়লী করেই শুধু দিন গেছে — তা নয়, অন্য রকম ঘটনাদিও ঘটেছে। গ্রামে বাস করতেন গ্রাম সম্পর্কে এক দিদিমা। সকলে তাঁকে ননী রাজী বলেই ডাকতেন। ননী রাজীর সঙ্গে থাকত তাঁর এক অল্প বয়সী ভাইপো। এই দুজনেই তাঁদের সংসার। প্রতিদিন শেষ রাতে এঁরা দুজনে ঘুম থেকে উঠে তার স্বরে "রাই জাগো" "রাই জাগো" বলে গান গেয়ে রাইয়ের ঘুম ভাঙানোর প্রয়াস পেতেন এবং পাড়ার লোকের যে সমস্ত ফুলের গাছ ছিল সমস্ত গাছ থেকেই ফুল তুলে আনতেন রাই আর রাখাল রাজার পূজোর জন্যে। চুরি যাওয়া ফুলের শোকের চেয়েও গ্রামের মানুষ জনদের শেষ রাত্রের ঘুমের আমেজটুকু নষ্ট হয়ে যাওয়ার শোক হল প্রবল। রাইকে জাগানোর জন্য তীক্ষ্ণ স্বরের 'রাই জাগো' শুনলে গ্রামের রাই ও রাখাল রাজারা তো বটেই ঘুমন্ত শিশুরাও ঘুম ভেঙে কান্না জুড়ে দিত। এই পরিস্থিতি হতে পরিত্রাণের জন্য গ্রামের লোকজন ননী রাজীকে বলে সুবিধে করাত পারেনি। উপরন্তু, ননী রাজীর মুখের দাপটের সামনে কেউ দাঁড়াতে পারত না। বলা হল বেণীকে। বেণী অনুরোধ করা সত্ত্বেও তার তোয়াক্কা না করে শেষ রাত্রে সেই গান ও ফুল তোলা চলতে থাকল। এদিকে বেণীকেও ভাবতে হল কি ভাবে এই উপদ্রব বন্ধ করা যায়। অতএব একদিন সকলের অলক্ষ্যে একটি বোলতার চাক একটা গাছের ডাল থেকে ভেঙে নিয়ে এসে

ফুলগাছের ডালে পাতার আড়ালে বেঁধে রাখা হল। শেষ রাতের অন্ধকারে গানের ঝোঁকে ননী রাজী ডাল ধরে ফুল পাড়তে গেলে ঝাঁকে ঝাঁকে বোলতা ননী রাজীকে কামড়িয়ে অস্থির করে তুলল। কোথায় গেল ফুল তোলা আর কোথায় গেল "রাই জাগো"। চীৎকার করে ননী রাজী নিজের ঘরে চলে গেলেন।

এদিকে সকাল থেকেই বেণী চিন্তিত। কী জানি, ননী রাজী কত কষ্টই না পেয়েছেন। সাত পাঁচ ভাবতে ভাবতে বিকাল হতেই বেণী গুটি গুটি পায়ে গেলেন ননী রাজীর বাজীতে। যেয়ে দেখেন ননী রাজী কাঁথা মুড়ি দিয়ে শুয়ে আছেন; গায়ে ধুম জ্বর। বোলতার কামড়ে সর্বাঙ্গ ফুলে গেছে; চোখ দুটো তো দেখাই যায় না।

বেণী বললেন — ঠাকুরের স্নান জল তো বাড়ীতে আছে। সেই জল সর্বাঙ্গে মাখলে জ্বালা, যন্ত্রণা, ফুলো সব চলে যাবে। সন্তুষ্ট ননী রাজী সামান্য হেসে বললেন, — বেণী। তুই কত কি জানিস।

কিছুদিন বাদে একদিন জ্যাঠামশাই এসে বলেন, "জ্ঞাতি বাড়ীর বিয়ের নিমন্ত্রণ আছে, বেণী চল আমার সঙ্গে।" জ্যাঠামশাই-এর কথা অমান্য করা যায় না, তাই বেণী তাঁর সঙ্গে রওনা হলেন। বিয়ে বাড়ী বেশ কিছু ক্রোশ দুরের পথ; সেখানে যেতে হলে পথে এক রাত কাটাতে হয়। তাই জ্যাঠামশাই ও বেণী দূর সম্পর্কের এক আত্মীয়ের বাড়ীতে শাহবাজপুরে রাত কাটাতে মনস্থ করেন।

সেই আত্মীয়ের বাড়ীতে যাবার সময় উঠল ঝড়। তাই এবাড়ী-ওবাড়ীর ওপর দিয়ে তাঁরা তাড়াতাড়ি পৌঁছাবার চেষ্টা করেন। সে সময়ে বেণী দেখেন ঝড় উঠেছে দেখে একটি কিশোরী ত্র্যস্তপদে বাড়ী ফিরে যাচ্ছে। কিশোরী লাবণ্যময়ী, তবে গায়ের রঙ শ্যামলা, বয়স বারো তের হবে। শাহবাজপুরের এই কিশোরীর নাম গঙ্গা। বাবা ললিত মোহন সাহা, মা শ্রীমতি ক্ষীরোদাসুন্দরী। ললিত মোহন ও ক্ষীরোদাসুন্দরীর কোন পুত্র সন্তান হয়নি। দুইটি কন্যা, গঙ্গা কনিষ্ঠা।

বিয়েবাড়ীতে বেণীকে দেখে জ্যাঠামশাই-এর কাছে বেণীর বিয়ের একটি প্রস্তাব আসে। জ্যাঠামশায়ের খুব আগ্রহ, কারণ মেয়ে ফর্সা এবং সুন্দরী। অবশ্য তিনি বলে এলেন, "দেখি ওর মায়ের সঙ্গে কথা বলে পরে জানাব।"

নিমন্ত্রণ রক্ষা করে শাহবাজপুর হয়ে ফিরবার পথে আত্মীয়ের বাড়ী থেকে আরও একটি বিয়ের প্রস্তাব আসে। পাত্রী ললিত সাহার পাশের বাড়ীতে থাকে। এটি আরও সুন্দরী, তাই জ্যাঠামশায়ের আগ্রহ আরও বেশী। পাত্রী রাধারমণ সাহার কন্যা, ডাক নাম ফুলি। সেখানেও জ্যাঠামশায় ঐ একই কথা বলে এলেন। বাড়ী ফিরে এসে কৌশল্যাকে তিনি বেণীর দুটি সম্বন্ধের কথাই বলেন এবং শাহবাজপুরের রাধারমণ সাহার কন্যার সঙ্গে সম্বন্ধ করাই স্থির হয়।

এদিকে ললিত সাহা কুশুরা গ্রামে তাঁর এক বোনের বাড়ীতে এসেছেন। কথা প্রসঙ্গে তিনি গঙ্গার বিয়ের কথা বলেন। তখন সেই বোন বেণীর খুব সুখ্যাতি করে বলেন, এমন কর্মঠ ও উপার্জনশীল ছেলে পাওয়া ভাগ্যের কথা। তা শুনে ললিত সাহা বলেন, 'দেখনা, দিদি, যদি গঙ্গার সঙ্গে বিয়ে দেওয়া যায়। ললিত সাহার ভগ্নীপতি আবার সম্পর্কে বেণীর মা কৌশল্যার মামা, তাই তাঁকে দিয়ে প্রস্তাব দেওয়া হয় এবং ললিত সাহাও তাঁর কন্যাকে বধূরপে গ্রহণ করার জন্য কৌশল্যাকে অনুরোধ করেন। তিনি বলেন, "ভাসুর ঠাকুরের সঙ্গে কথা না বলে তো কিছু বলতে পারি না।" কিন্তু মেয়ে কালো বলে তাঁর নিজেরই আপত্তি ছিল এবং ভাসুরের কাছে ঐ মেয়ের সঙ্গে সম্বন্ধের ব্যাপারে অমত প্রকাশ করেন। এর মধ্যে আবার কুশুরা হতে মাইল ছয়েক দূরের এক বর্ধিষ্ণু পরিবারের একটি মেয়ে কুশুরাতে বেড়াতে আসে। তার নাম কালীদাসী। অন্য সব ছেলে মেয়েদের সঙ্গে তাকেও বেণী "রাধাকৃষ্ণ লীলার" নানা পালায় অংশ নেওয়াতেন। কালীদাসীর দিদিও বেণীকে অনুরোধ করেন তাঁর বোনকে বিয়ে করার জন্য। বেণী বলেন, "যদি হবার হয়তো হবে, আমার আপত্তি নেই।" কিন্তু কালীদাসীর দাদা চন্দ্রমোহন সাহা বাড়ী এসে শুনলেন বেণী দ্বিতীয় শ্রেণীর ওপরে আর পড়াশোনা করেননি। তা শুনে তিনি দুঃখের সঙ্গে বলেন, "বড় বোনের ম্যাট্রিক পাশ

করা ছেলে দেখে বিয়ে দেওয়া হল, তা সেও তো কিছু করতে পারছে না, আর এ ছেলে তো লেখা পড়াই কিছু জানে না, — চুন খেয়ে মুখ পুড়েছে, দই দেখলেও ভয় করে।"

নিমন্ত্রণ বাড়ীতে যাওয়ার পর বিয়ের যে প্রস্তাব এসেছিল সেখানে কথাবার্তা বলার সময় দেখা গেল যে বংশমর্যাদায় তারা অনেক নীচু ঘর। সেখানে আর কথা এগোল না।

শাহবাজপুরের ললিত সাহার পাশের বাড়ীর সুন্দরী পাত্রীর বাবা রাধারমন সাহা যখন জানতে পারলেন যে, বেণীর লেখাপড়া দ্বিতীয় শ্রেণী পর্যন্ত তখন তিনিও পিছিয়ে গেলেন।

এদিকে বাল্যবন্ধু সুরেন্দ্র বেণীকে নিয়ে তার বোনের বাড়ী শাহবাজপুরে বেড়াতে গেছে। সেখানে বেণী দেখেন যে, কিশোরী গঙ্গা পুকুরঘাটে বসে বাসন মাজছেন। চোখাচোখি হতে গঙ্গা তাড়াতাড়ি বাড়ীর দিকে চলে যান। শাহবাজপুরে বেণীকে নিয়ে ললিত সাহার বোনের বাড়ীতে বেড়াতে যান। তাঁরা বেণীকে পেয়ে যথেষ্ট আদর আপ্যায়ন করে খাওয়ান এবং ললিত সাহার কন্যা গঙ্গাকে বিয়ে করার জন্য খুবই পীড়াপিড়ি করেন। উত্তরে বেণী বলেন, "জ্যাঠামশাই মত করলে আমার আপত্তি নেই।"

শাহবাজপুরের রাধারমণ সাহার মেয়ের সঙ্গে বেণীর বিয়ের কথা অনেকদূর এগিয়ে গেলেও শেষ পর্যন্ত তা ভেঙেও যায়। আবার, বেণীর লেখাপড়া বিষয়ে চন্দ্র মোহন সাহার মন্তব্য শুনে জ্যাঠামশাই তো রেগে আগুন; বলেন, "এই তারিখেই আমি ভাইপোর বিয়ে দেব।" তখন তিনি ললিত সাহার কন্যা গঙ্গার সঙ্গে বেণীর বিয়ে পাকা করে ফেলেন।

এদিকে খবর পেয়ে কালীদাসী বেণীকে জিজ্ঞাসা করে, "মাষ্টার মশাই, তোমার বিয়ে নাকি ঠিক হয়েছে?" বেণী স্বীকার করেন যে, বিয়ে ঠিক হয়েছে। কালীদাসী তখন অভিমান ভরে বলে যে "আমি আর বিয়েই করব না; তোমার এই বৌ মরে গেলে আমি তোমাকেই বিয়ে করব।"

তারপর আর কোন দিনই কালিদাসীর সঙ্গে বেণীর দেখা হয়নি।

অবশেষে ললিত সাহার কনিষ্ঠা কন্যা গঙ্গার সঙ্গে বেণীর শুভ পরিণয় সম্পন্ন হয় ৫ই শ্রাবণ, ১৩৪৮ সাল। সেই সময়কার রেওয়াজ অনুযায়ী ছেলেমানুষ মেয়ে বিয়ের পরে পিত্রালয়ে একবছর থাকত। শ্রীমতী গঙ্গাও একবছর বাপের বাড়ীতে ছিলেন। বিয়ের মাসখানেকের মধ্যে একটি মজার ঘটনা ঘটে। বেণী গেছেন শ্বশুরবাড়ী। যেদিন সেখান থেকে বাড়ী ফিরে আসবেন হঠাৎ ঐ পাড়ারই একটি ছেলে বেণীর কাছে এসে বলছে — 'শুনুন মশাই, আপনি বাড়ী যাচ্ছেন? তবে আপনার স্ত্রীকেও সঙ্গে করে নিয়ে যান। এখানে রেখে যাবেন না; কারণ আপনার স্ত্রীর চরিত্র তো ভাল নয়। তাই সঙ্গে করে নিয়ে যান।

ছেলেটির এহেন কথা শুনে চট্ করে বেণীর তো মাথা গরম হয়ে গেল। কয়েক মিনিট গুম হয়ে থাকার পর বেণী ভাবতে থাকলেন — তাই তো তিনি লোকের কথায় এতটা বিচলিত হচ্ছেন কেন?

ছেলেটিকে বেণী তখন বললেন — আমার স্ত্রীর যে চরিত্র খারাপ তা এখন আমাকে বলতে কে আপনাকে পাঠাল? যদি চরিত্র খারাপই হবে, তবে আপনি আগে কোথায় ছিলেন? বিয়ে করে ফেলেছি, এখন আপনি বলতে এসেছেন এই কথা?

বেণী একটু চোট পাট করে উঠতে ছেলেটি ঘাবড়ে গিয়ে আমতা আমতা করে চলে গেল। বেণীও বাড়ী চলে এসেছেন। কিন্তু ছেলেটির ঐ কথা মনে খচখচ করতে থাকল। কেন সে এই কথা বলল জানতে হবে।

পরে একদিন ধানতারার হাটে ঐ ছেলেটির সঙ্গে দেখা হয়ে গেল। সঙ্গে সঙ্গে এক পয়সা দিয়ে দুটো সিগারেট কিনে একটা সিগারেট ছেলেটাকে দিয়ে ভাব জমিয়ে ফেলে কথাবার্তা সুরু করে দিলেন, — আপনাদের সব খবর কি? ইত্যাদি। আচ্ছা সেদিন যে বলেছিলেন, আমার স্ত্রীর চরিত্র খারাপ, তা বলার পিছনে কি রহস্য বলুন তো?

ছেলেটি বেশ মৌজ করে সিগারেটে টান দিয়ে বলল — ও সেই কথা। তবে বসুন বলছি। এই বলে ধপ করে বসে পড়ে সে বেণীকে বলতে সুরু করল

— আরে আপনার স্ত্রীর সঙ্গেই তো আমার বিয়ের কথা হচ্ছিল। তবে বিয়েটা হল না আমারই দোষে। আমার একটা কথাই কাল হয়ে উঠল। মুখ ফসকে বলে ফেলেছিলাম যে মূর্খের মেয়ে বিয়ে করব? আর কি করে যেন এই কথাটা আপনার শ্বশুরের কানে গেল। এরপর আর আমার সঙ্গে বিয়ের কথা পর্যন্ত বলল না।

তখন বেণী তাকে বললেন — ও, এই কথা।

এরপরে অশ্বিন মাসে দুর্গাপূজা উপলক্ষ্যে জামাই বেণীমাধব শ্বশুরবাড়ী যান, আর সেই কার্তিক মাসেই গঙ্গা কলেরায় আক্রান্ত হন; অবশ্য ধীরে ধীরে সুস্থও হয়ে ওঠেন।

বিবাহের বৎসরান্তে গঙ্গা কুশু রায় আসেন। কিন্তু গ্রামে থেকে ক্রমে ক্রমে সংসার যাত্রা নির্বাহ করা কঠিন হয়ে পড়ায় অর্থোপার্জনের চেষ্টায় বেণী স্থির করেন গ্রাম ত্যাগ করে কোলকাতায় যাত্রা করার। সেই উদ্দেশ্যে বেণী গঙ্গাকে কুশুরা গ্রামেই তাঁর এক কাকার বাড়ীতে রেখে আসেন। ছোট ভাই মরণকে তাঁর মাসীমা অহল্যার কাছে রাখার ব্যবস্থা হয়। আর মাতা কৌশল্যা ঢাকায় এক আত্মীয়ের বাড়ী রান্নাবান্নার কাজ নেন। এইভাবে সংসারের পরিজনদের ব্যবস্থা করে বেণী কোলকাতার উদ্দেশ্যে যাত্রা করতে প্রস্তুত হন।

এই পরিচ্ছেদে বেণীর বাল্য-উত্তীর্ণ কৈশোর ও প্রথম যৌবনের কাহিনী লিপিবদ্ধ হয়েছে যার পরিপ্রেক্ষিতে সুস্পষ্টভাবে প্রতীয়মান হয় যে, কি সুন্দর পদ্ধতিতে তিনি তাঁর দ্বিতীয় ঐশ্বর্যকে প্রকাশ করেছেন। এই দ্বিতীয় ঐশ্বর্যটি হল বীর্য তথা বীজ — সৃষ্টির বীজ, জ্ঞানের বীজ ইত্যাদি। বীর্যই তেজস্বীতা সপ্রমান করে এবং সে দৃষ্টান্ত এই আলোচ্য পরিচ্ছেদে অনেক আছে। প্রথমেই ধরা যাক তাঁর স্কুলে বিদ্যাচর্চার কথা। যে দুটি স্কুলে তিনি স্বল্পকাল পড়েছেন, সেই দুটিতেই তিনি স্বকীয়তা ও বীর্যবত্তার প্রকাশ ঘটিয়েছেন এবং যাঁরা সে সব ঘটনার সাক্ষী, তাঁরা সকলেই বেণীর আচরণে মুগ্ধ, বিস্মিত, হতবাক।

এরপর আসা যাক, সেই দু'টি পয়সা ভিক্ষাদান প্রসঙ্গে। এক অভুক্ত ভিখারিণীর ক্ষুন্নিবৃত্তির কারণে নিজে ক্ষুধার্ত হয়েও মোট সম্বল পয়সা দুটি দান করে দিয়ে নিজে অভুক্তই রইলেন। আবার শ্মশান পার হয়ে রাত্রি এগারোটায় হাট থেকে একা বাড়ী ফেরাও কম কথা নয়।

পিতৃ-বিয়োগের পর শ্রাদ্ধশান্তির জন্য কপর্দকহীন বেণীর অন্যদের কাছে অর্থসাহায্যের প্রস্তাব গ্রহণে অস্বীকার, মাথায় করে বস্তা বয়ে সংসার চালানো ইত্যাদি ঘটনায় যেমন তাঁর চারিত্রিক দৃঢ়তা তথা বীর্যবত্তা প্রকাশ পেয়েছে, তেমন অন্যদিকে কলিমুদ্দিন সরকারের গুদামের মাটীচাপা লঙ্কার বস্তা হতে অর্থোপার্জনের দ্বারা পিতৃশ্রদ্ধা সুসম্পন্ন করা ইত্যাদি ঘটনায় তাঁর দূরদর্শিতা ও প্রখর বাস্তব-বুদ্ধির যে প্রকাশ দেখা যায়, তাও বীর্যবত্তার আর এক প্রকারের প্রকাশ।

আবার দেখা যায়, যখন কোন পাত্রীর আত্মীয়-স্বজন তাঁদের পাত্রীকে বিয়ে করার অনুরোধ জানিয়েছেন, তখনই বেণীর উত্তর — "যদি হবার হয়তো হবে।" অথবা "জ্যাঠামশাইয়ের আপত্তি না থাকলে আমার আপত্তি নেই" ইত্যাদি। তবে কালীদাসীর ঈর্ষা ও স্পর্ধিত উক্তি যতই অসমীচীন হোক না কেন, তিনি কোন প্রত্যুত্তরই করেন নি। অন্যদিকে, সতীশ সাহার নৌকায় টাকা চুরির ঘটনায় তাঁর প্রখর আত্মমর্যাদা বোধ স্পষ্ট উত্তর দিতে কুণ্ঠিত হয়নি এবং চরম দারিদ্রকে উপেক্ষা করে সে চাকুরী পরিত্যাগ করতে তিনি বিন্দুমাত্র দ্বিধা বোধ করেন নি। এসমস্ত ঘটনাই বীর্যবত্তার প্রকৃষ্ট প্রকাশ।

ঐশ্বর্য

বসয় (২৩-৩৩ বছর)

(সময়কাল — ১৯৪৩-১৯৫৩)

অবশেষে বেণী কোলকাতায় এলেন। এসে উঠলেন জাঠতুত দাদা ব্রজবল্লভ সাহা ও তাঁর ছোট ভাই প্রাণবল্লভ সাহা যে মেসে থাকতেন, সেই মেসে। মেসবাড়ীর ঠিকানা ছিল ৮৩/৭২, বেলগাছিয়া মেন রোড, কলকাতা। দাদা ব্রজবল্লভ ও ভাই প্রাণবল্লভ এ্যামপুলের কারখানায় কাজ করতেন। সেখানে তাঁরা বেণীকে নিয়ে গেলেন যদি কাজে তাঁকে লাগিয়ে দেওয়া যায়। কিন্তু কারখানার পরিবেশও কাজ দেখে বেণীর তা পছন্দ হল না। অবশ্য সে কথা দাদার কাছে প্রকাশ করেননি।

এদিকে ঘটল এক উল্টো বিপত্তি। প্রায় বছর খানেক আগে দেশে থাকাকালীন বেণীর ডান হাতের কণুইয়ে একটি ফোঁড়া হয়। যথা সময়ে যথাযথ চিকিৎসার অভাবে সেটি কোলকাতা আসার পর সেপটিক হয়ে যায়। তখন দাদা ও ভাই সুচিকিৎসার জন্য বেণীকে আর.জি.কর হাসপাতালে ভর্তি করে দেন। ডাক্তাররা হাতটি পরীক্ষা করে নিজেদের মধ্যে যখন পরামর্শ করেন যে, হাতটি কেটে বাদ দেওয়া প্রয়োজন, বেণী সেই আলোচনা দৈবাৎ শুনতে পান। একথা শুনে বেণী ভাবতে থাকেন, ডান হাতই যদি না থাকে, তবে বেঁচে থেকে লাভ কি? অতএব সিদ্ধান্ত নিলেন হাসপাতাল থেকে পালিয়ে যেতে এবং সেই রাতেই হাসপাতাল থেকে দাদার মেসে এসে হাজির। মেসে এসে হাতের প্লাষ্টার কেটে দেখা গেল, কণুই-এর ক্ষত শুকিয়ে গেছে কিন্তু কোন একাট খুঁত হয়ে যাওয়ার কারণে হাতটি সহজভাবে মুখ পর্যন্ত উঠছে না; তবে আরতির সময় স্বাভাবিক ভাবেই অন্য হাতটির সঙ্গে ঐ হাতটিও ব্যবহার করেছেন।

মেসে থাকতে হলে খাওয়া থাকার একটা খরচ লাগে। কিন্তু বেণী কপর্দক শূণ্য। দাদাদের অবস্থাও এমন কিছু নয় যে অনির্দিষ্ট কাল তাঁরা বেণীকে বসিয়ে খাওয়াতে পারেন। তাই তাঁরা একদিন বলেন, "বেণী, তুই বাড়ী যা, এখানে তো কিছু হচ্ছে না।" তখন বেণী মা কৌশল্যাকে দেশে খবর পাঠান কিছু টাকার জন্য। কৌশল্যা তাঁর রোজগারের অর্থ হতে কুড়িটি টাকা বেণীকে পাঠান। দুচার দিনের মধ্যে এই টাকা এসে যাওয়ায় সেই টাকায় সবজী কিনে বেলগাছিয়া বাজারে বিক্রি করে বেণী পাঁচ/সাতটাকা লাভ করেন। এখন আর দুবেলা পেটভরে হোটেলে খেতে কোন অসুবিধে হয় না। দাদাকে সবজী বিক্রীর কথা বলাতে তিনি খুশীই হন। এইভাবে সবজীর ব্যবসা করে বেশ কয়েক বছর ভালই কাটল।

এইভাবে চলতে চলতে ১৯৪৬ সালের অগাষ্ট মাসে কলকাতায় হিন্দু-মুসলমানের মধ্যে সাম্প্রদায়িক দাঙ্গা বাধে যা [illegible] নামে কুখ্যাত। সেই অবস্থায় দিন পনের সবজীর দোকানের বেচাকেনাও বন্ধ। যে টাকা পয়সা আয় হচ্ছিল, তাও বন্ধ। বেণীর হাতে যে কটি টাকা ছিল তাতে আর ক'দিন খাওয়া চলে? অতএব, পুণরায় সেই চরম দারিদ্র্য ও অনশন বেণীর একমাত্র সঙ্গী। একদিন ক্ষুধা-তৃষ্ণায় কাতর বেণী নিরুপায় হয়ে টালা ট্যাংকের কাছে রাস্তার ধারে একটি গাছের নীচে শুয়ে আছেন। অত্যধিক ক্ষুধার তাড়ায় মাঝে মাঝে রাস্তার কল থেকে জল খেয়ে আসছেন আর নানা কথা চিন্তা করছেন। সে দিন ছিল জ্যৈষ্ঠ মাসের শেষ শনিবার। রাত্রি এগারোটা/সাড়ে এগারোটা নাগাদ বেণী লক্ষ্য করলেন সামনের চারতলা বাড়ীটা থেকে রাঁধুনী বামুন ঠাকুর এক গামলা ভাত, ডাল রাস্তার ড্রেনে ফেলে দিয়ে চলে গেল। আর বেণী ভাবছেন, যার এক মুঠো ভাত জোটে না, পেটে এত ক্ষিদের জ্বালা, তার আবার কিসের মান-অপমান। নর্মদায় ফেলে দেওয়া সেই ভাত-ডাল খেয়ে বেণী ক্ষুণ্ণিবৃত্তি করেন এবং একই সঙ্গে সেই ভাত খেল রাস্তার দুটি কুকুরও। ঐ দুটি কুকুরের সঙ্গে বেণী যখন সেই ফেলে দেওয়া ভাত যাচ্ছেন, তখন তাঁর মনে হল তাঁর মাথায় পুষ্পবৃষ্টি হচ্ছে। তারপর বেণী আবার ফিরে এসে গাছের নীচে শুয়ে পড়েন। সেখানে শুয়ে শুয়েই বেণী সেই জ্যোতির্ময়ী মাতৃমূর্তির সাড়া পান। তিনি

বেণীকে বলেন, "বেণীমাধব। আজ তোমার শনির কোপ শেষ হল; সকল পরীক্ষায় তুমি ভালভাবে উত্তীর্ণ হয়েছ। আজ তুমি মুক্ত, এবার তুমি দেশের ও দশের সেবায় আত্মনিয়োগ কর।"

পরের দিন বেণী মেসবাড়ীতে ফিরে এলেন। মেসের উড়িয়া পাচক বেণীকে বড় ভালবাসত। তাঁকে সে যত্ন করে খাওয়ায় এবং তাঁর অবস্থা দেখে সেই পাচক ঠাকুর স্বতঃ-প্রবৃত্ত হয়ে বেণীকে পাঁচটি টাকা দেয়। সেই পাঁচটি টাকাকে মূলধন করে বেণী সবজী বিক্রির ব্যবসায় সুরু করেন। তাতে যা লাভ হয় তাই দিয়ে বেণী দুবেলা পেট ভরে খেতে পান। মেসের পাচক ঠাকুর যদিও ঐ পাঁচ টাকা কিছুতেই নিতে চায়নি, তবুও বেণী জোর করেই পাঁচটি টাকা শোধ করে ঋণমুক্ত হন। এইভাবে সবজীর ব্যবসা করে কিছুদিনের মধ্যে পাঁচ-সাতশো টাকা লাভ করেন। সেই টাকা নিয়ে দেশে গিয়ে মা কৌশল্যা, স্ত্রী গঙ্গা ও ছোটভাই মরণকে নিয়ে কোলকাতায় ফিরে আসেন।

শোভাবাজারে বণমালী সরকার স্ট্রীটের উল্টো দিকে লালাবাগান বস্তিতে তিন হাত ছয় হাত ও চার হাত ছয়হাত মাপের দুখানা খোলার ঘর মাসিক সাত টাকা ভাড়ায় ঠিক করেন। সেইখানে থেকে শোভাবাজারের ফুটপাতে বেণী আলুর ব্যবসা সুরু করেন। পোস্তা বাজার থেকে বস্তা বস্তা আলু মাথায় করে নিয়ে এসে বিক্রী করতেন। সে সময় প্রতিদিন পাঁচ/ছয় বস্তা আলু বিক্রী হত। আস্তে আস্তে বিক্রি বেড়ে যাওয়ায় ঠেলাগাড়ীতে করে আলু আনার ব্যবস্থা করেন। এইভাবে আলুর ব্যবসা করে শোভাবাজার বাসার খরচ মোটামুটীভাবে চলে যেত, একে সচ্ছল অবস্থা বলেনা।

এইভাবে ব্যবসা করাকালীন পোস্তায় আলু কিনতে যেতে যেতে বেণী চিন্তা করেন, এভাবে জীবন কাটানোর জন্য তিনি নন, অথচ দেশের ও দশের মঙ্গলার্থে নিজেকে নিয়োজিত করার সুযোগ কই? কীভাবে সে কাজ তিনি সুরু করবেন? এই কথা ভাবতে ভাবতে একদিন সুযোগ এসে গেল। রাজা দীনেন্দ্র স্ট্রীটের মোড়ে দাদা ব্রজবল্লভ, তাঁর বাবা ও ছোট ভাই প্রাণবল্লভকে নিয়ে একটি বাসা ভাড়া করে তখন সস্ত্রীক বাস করছেন। একদিন রাত একটা দেড়টা নাগাদ প্রাণবল্লভ ব্যস্ত হয়ে বেণীর কাছে এসে উপস্থিত হয়ে বলে,

“বেণীদা, শীগগির চল, বাবা তোমায় ডেকেছেন — বৌদির চার/সাড়ে চার ডিগ্রি জ্বর উঠে গেছে।”

একথা শুনে তার সঙ্গেই বেণী সেই রাতে রাজা দীনেন্দ্র স্ট্রীটের বাসায় যান। বেণীকে দেখে চিন্তিত জ্যাঠামশাই বলেন, “বেণী, এ তো বড় ভাবনার বিষয় হল, কি করা যায় বলতো?” জ্যাঠামশাই নিজে ডাক্তার; কিন্তু তাঁর চিকিৎসায় জ্বর কমার কোন লক্ষণ দেখা যায় নি। তাই দুশ্চিন্তায় ব্যস্ত হয়ে তিনি বেণীকে ডেকেছেন। বেণী একটু চিন্তা করে জ্যাঠামশাইকে বলেন, “জ্যাঠামশাই, আপনি এক কাজ করুন, একখানা ধোওয়া গামছা পরে একটি পরিষ্কার ঘটিতে এক ঘটি উজান-ভাঁটার জল নিয়ে আসুন তো।” জ্যাঠামশাই কি আর করেন। ডাক্তার হয়েও বৌমার জ্বর সারানোর জন্য ধোওয়া গামছা পরে গেলেন উজান-ভাঁটার জল আনতে। এল সেই জল। তারপরে বেণী ভক্তিভরে মায়ের নাম করে সেই জল বৌদির চোখে মুখে ছিটিয়ে দেন। ধীরে ধীরে জ্বর কমে সাড়ে সাতানব্বুইতে আসে এবং বৌদি সুস্থ হয়ে ওঠেন। এতখানি জ্বর এত অল্প সময়ের মধ্যে নেমে যাওয়াতে জ্যাঠামশায়ের উদ্বেগ আর কাটে না।

পথ্য কি হবে জিজ্ঞাসা করাতে বৌদি বলেন, “আমার পান্তা খেতে ইচ্ছে করছে।”

বৌদির ইচ্ছায় বেণী সম্মতি দেওয়ায় জ্যাঠামশাই আরও ভয় পেয়ে যান — যদি পান্তার গুণে আবার জ্বর আসে।

বেণী বলেন — “কিছু হবে না।” বেণীর আশ্বাসে নির্ভর করে দেওয়া হল পান্তা। দেওর বৌদি দুজনে মিলে পেট ভরে পান্তা খেলেন। তারপর বেণী সবিস্তারে মায়ের কৃপায় কথা জ্যাঠামশাইয়ের কাছে ব্যক্ত করেন।

বিকালের দিকে বৌদি বেণীকে বললেন, “ঠাকুরপো, তুমি তো দেখছি সবই পার, আমাকে আর একটা জিনিস খাওয়াতে পার?”

বেণী জিজ্ঞাসা করেন, “বল, কি খেতে চাও?”

এমন দেওরের কাছে বৌদির প্রার্থিত বস্তু একটু ভিন্ন ধরণের হওয়াই স্বাভাবিক। তিনি অঘ্রাণ মাসে খেতে চাইলেন এক কোয়া কাঁঠাল। বৌদি বিলক্ষণ জানতেন এ সময়ে বস্তুটি দুষ্প্রাপ্য এবং এই চাওয়ার মাধ্যমে দেওরের শক্তিরও পরীক্ষা হয়ে যাবে। কিন্তু দেওর নিশ্চিত ভরসায় শূন্যে হাত ঘুরিয়ে এক কোয়া বীচিশুদ্ধ কাঁঠাল বৌদির মুখে পুরে দিলেন। অসময়ে এক কোয়া বীচিশুদ্ধ কাঁঠাল পেয়ে বৌদির আর আনন্দ ধরে না; তিনি বলে উঠলেন, "ঠাকুরপো, এ যে অমৃত খেলাম।" পরদিন সকালে তাঁকে শোভাবাজারে ফিরে আসতে হয় — ব্যবসা না করলে সংসার চলে না যে। বিকালে বেণী ফের রাজা দীনেন্দ্র স্ট্রীটে বৌদিকে দেখতে গেলেন। দেওরকে দেখে বৌদি বললেন, "ঠাকুরপো মাংস খাব।" বেণী বাড়ীর সকলের জন্যই আনলেন দু'সের মাংস। মাংস রান্না হলে বেণী সবার আগে বৌদিকে খেতে বসান। বৌদির ক্ষিধে এতটাই যে, সেই দু'সের মাংস তিনি একাই প্রায় শেষ করে ফেললেন। পরদিন পুনরায় ব্যবসার প্রয়োজনে বেণীকে শোভাবাজারে ফিরে যেতে হল।

এদিকে একটি ঘটনা ঘটল। দেওরের দ্বারা উপকৃত বৌদি দেওরের গুণের কথা সকলের কাছেই উৎসাহভরে গল্প করেন। তাঁদের বাসার ওপরের তলায় একটি বৌ থাকত, তার ছিল হিস্টিরিয়া। ডাক্তারী চিকিৎসায় কিছুমাত্র ফল হয়নি। সেই বৌটি বৌদিকে ধরে বসল, "ভাই, তোমার ঠাকুরপোকে দিয়ে আমার হিস্টিরিয়া সারিয়ে দাও; ডাক্তাররা তো কিছু করতে পারছে না।" এই কথাবার্তা হওয়ার পরে একদিন বেণী রাজা দীনেন্দ্র স্ট্রীটে দাদার বাড়ীতে গেছেন, সেদিনও ওপরতলার সেই বউটি অজ্ঞান হয়ে গেছে। বান্ধবীর সঙ্কট সময়ে বেণীকে হাতের কাছে পেয়ে একরকম জোর করেই বৌদি তাঁকে ওপর তলায় নিয়ে গেলেন। ওপরে গিয়ে বেণী দেখেন, অসাফল্যের বোঝা মাথায় নিয়ে দুজন ডাক্তার নীরবে বসে আছেন আর তাঁদের সম্মুখে রোগিনী অজ্ঞান অবস্থায় শায়িতা। বেণীকে সঙ্গে নিয়ে বৌদি রোগিনীকে দেখিয়ে দিলেন। বেণীকে দেখে ডাক্তারবাবুদের জোরে হেসে ওঠার কথা; কিন্তু পেশাগত সৌজন্য ও সামাজিক শিষ্টতা রক্ষা করে তাঁরা তা না করলেও উপেক্ষার মুচকি হাসি হেসে নিজেদের মধ্যে দৃষ্টি বিনিময় করলেন, ভাবখানা

এমন যে, আমরা সব তাবড় তাবড় ডাক্তার, আমরাই কিছু করতে পারছি না, আর এই ছোকরা অসুখ সারাবে, তবেই হয়েছে।

কোনদিকে দৃক্‌পাত না করে বেণী ঘরে প্রবেশ করে বললেন, "আপনারা একটু সরে বসুন।" তারপর তিনি মায়ের নাম করে রোগিনীর চোখে মুখে জল ছিটিয়ে দিলেন এবং তাতেই রোগিনীর জ্ঞান ফিরে এল। তারপর তিনি বললেন — "একটি তামার মাদুলী, তিনটি জবাফুল, তিনটি তুলসী পাতা, তিনটি বেলপাতা পৈতে, মোম ও উজান ভাঁটার এক ঘটি জল নিয়ে পরবর্তী শনিবারে তাঁর শোভাবাজরের বাসায় বেলা আটটার মধ্যে যেতে।

বেণী শোভাবাজারের বাসার বারান্দায় একটি কাঠের বাক্স নিয়ে বসে আছেন। রোগিনী এলে মায়ের নাম স্মরণ করে যে সব জিনিষ আনতে বলা হয়েছিল, সে সব জিনিষ মাদুলীতে ভরে বৌদিকে ধারণ করতে বলেন। বৌটি তা ধারণ করলে রোগমুক্ত হয়। লক্ষ্যণীয় যে, এই ঘটনায় মায়ের নাম স্মরণ করে রোগিনীর চোখে মুখে জল দেওয়া ও মাদুলী দেওয়া এবং সেটি দেওয়া হয় শনিবারে। মায়ের নাম ও শনিবারে মাদুলী দেওয়া — এই দুয়ের তাৎপর্য এই যে, বেণী বোঝাতে চাইতেন, তিনি নিজে কিছু করেন না; যা করার জগজ্জননী স্বয়ং করেন, তিনি নিমিত্ত মাত্র হয়ে তাঁর কাছে প্রার্থনা জানান, এই যা। আর শনি, মঙ্গলবার মাতৃ-আরাধনার জন্য প্রশস্ত হওয়ার কারণে তখনকার দিনে তাঁর অনুরাগীরা ও উপকৃত মানুষজন তাঁকে মাতৃসাধক বলেই ধরে নিতেন। তাঁদের এই ধারণাটি দৃঢ় করার জন্য মা কালীর একটি বাঁধানো ছবি ঐ কাঠের বাক্সে থাকত। আর প্রায়শঃই তিনি মায়ের ইচ্ছার গুরুত্ব দিয়ে "মাকে বলব", "মায়ের যা ইচ্ছা তাই হবে" — এ জাতীয় কথা বলার কারণে সাধারণ মানুষের ধারণাটি দৃঢ় হয়। অথচ বেণীর কোন গুরু ছিল না, তাঁর দীক্ষাও হয়নি, কোন দিন কোন সাধনা তো দূর অস্ত।

রোগগ্রস্ত মানুষজন তাঁর কাছে আসে ব্যাধিমুক্তির জন্য; বিপদে পড়লে আসে বিপদ হতে ত্রাণ পাওয়ার জন্য। কখনো জলপড়া দিয়ে, কখনো মাদুলী দিয়ে, কখনো স্পর্শগুণে তিনি রোগ নিরাময় করেন; আবার কেবলমাত্র

মুখের কথায়ও অনেকের উপকার হয়। কেউ বিমুখ হয়ে সাধারণতঃ ফেরে না এবং কার্যোদ্ধার হয়ে যাওয়ার পরও আবার তাঁর সঙ্গগুণে তাঁর সঙ্গে যুক্ত থাকতে চায়। ধীরে ধীরে তাঁর এই চমকপ্রদ শক্তির কথা মুখে মুখে প্রচারিত হতে থাকে — প্রথমে আত্মীয়-স্বজন ও পরে সেই পরিসরের বাইরের জন। তীব্র সংসার জ্বালার হাত হতে পরিত্রাণ পেতে মানুষ যোগ্যজনের সন্ধান করে এবং কিছুমাত্র আশার আলো দেখলে সেই দিকেই ছোটে। এইভাবে ক্রমে ক্রমে বেণীর নাম চতুর্দিকে ছড়িয়ে পড়তে থাকে।

শোভাবাজারের বাসায় রোগমুক্তির কারণে মাদুলী, জলপড়া ও অন্যান্য ব্যবস্থাদি দেওয়ার পর্বে তাঁর লীলার অন্যতম এক মুখ্য চরিত্র সতীন্দ্রনাথ চট্টোপাধ্যায়ের সঙ্গে তাঁর যোগাযোগ হয় একটি করুণ ঘটনার অবতারণার মধ্য দিয়ে। সতীন্দ্রনাথ লোকমুখে শুনে ভাইঝির ম্যানিনজাইটিস রোগের চিকিৎসার জন্য বেণী সকাশে আসেন। প্রথম দিকে রোগের কিছুটা উপশম হলেও পরে ভাইঝিটি মারা যায়। ভাইঝির মৃত্যু হলেও সতীন্দ্রনাথ বেণীর সংস্রব ত্যাগ করেন নি। এই ঘটনাকে কেন্দ্র করে বেণী তাঁর ঐশী ঐশ্বর্যের দুরকমের দুটি ঘটনা ঘটান যা সতীন্দ্রের মনোজগতে আলোড়ন সৃষ্টি করে। ভাইঝি দীপালি সুস্থ হচ্ছে না, কষ্ট পাচ্ছে; অথচ এই ক'দিনেই সতীন্দ্রনাথের বিশ্বাস জন্মেছে যে, বেণী যে কোন অসাধ্যসাধন করতে পারে এবং সেই কারণেই তিনি এখনও পর্যন্ত বেণীর সঙ্গে যুক্ত। মহালয়ার দিনে দীপালীর অবস্থা খুব খারাপ — প্রচণ্ড জ্বর সঙ্গে নাভিশ্বাস। সতী বুঝেছেন, শেষ অবস্থা; তবুও বেণীর ওপর নির্ভরতা বশতঃ তিনি গাঙ্গুলীমশাই-এর বাড়ীতে এলেন বেণীকে সংবাদ দিতে। এই বাড়ীটিতে বেণী প্রায়ই আসতেন ও আলাপ আলোচনা করতেন। সতী দেখলেন, কয়েকজন ভক্তসহ তিনি চ-পানে রত। সতী বললেন, "এ তুমি কি করলে বেণী? দীপালীর শ্বাস-টান উঠে গেছে, এখন কি উপায় বল শুনি?"

বেণী নির্বাক হয়ে কিছুক্ষণ সতীন্দ্রনাথের দিকে তাকিয়ে থেকে হঠাৎ মাটীতে ঢলে পড়লেন। গাঙ্গুলীবাড়ীর লোকজন বলে উঠলেন — "বেণীর সমাধি হয়েছে। মনে হচ্ছে আপনার ভাইঝি ভাল হয়ে যাবে।" এই বলে তাঁরা

সন্তর্পণে বেণীকে ধরাধরি করে নিয়ে পাশের ঘরে একটা সতরঞ্চীর ওপর শুইয়ে দিলেন। তখন সময় সকাল দশটা। সমাধি কি বস্তু তা সতীন্দ্রনাথ জানতেন না। মৃত্যু পথযাত্রী ভাইঝির কথা প্রায় বিস্মরণ হয়ে অথবা সমাধিভঙ্গের পরে কোন ফলপ্রদ আশ্বাসের আশায় তিনি অনড় ও স্তব্ধ হয়ে সমাধিমগ্ন বেণীকে অবলোকন করতে থাকলেন। বেলা দশটা থেকে একটা চল্লিশ মিনিট পর্যন্ত বেণী সমাধিমগ্ন অবস্থায় নানারকম মুদ্রা প্রকাশ করতে থাকলেন। সতীন্দ্রনাথ শ্রদ্ধায়, বিস্ময়ে হতবাক। হঠাৎ বেণীর শরীর ধনুকের ন্যায় বেঁকে গিয়ে ঘুরে গেল এবং মাথাটি সতীন্দ্রনাথের কোলের ওপর তুলে দিয়ে পা দু'খানি দুপাশে বিস্তার করে চোখ দুটি খুললেন। সেই বিস্ফারিত চক্ষের দৃষ্টি এতটাই ভয়াল যে, সেই দৃষ্টির সামনে দাঁড়ায় কার সাধ্য? বেণীর হাত দুটি ঊর্ধ্বে উত্তোলিত। সতীন্দ্রনাথ এক অজানা প্রেরণায় তাঁর নিজের হাত দুটি বেণীর হাতে স্থাপন করতেই বেণী সেই হাত দুটি জোরে চেপে ধরে বলে উঠলেন, "যাঃ দীপালীকে তোকে দিলাম।" — বলেই হাতদুটি ছুঁড়ে দিলেন। সতীন্দ্র বুঝলেন ভাইঝির শেষ সময় আসন্ন।

সমাধি ভঙ্গের পর মধ্যাহ্নের আহার পর্ব সমাধা করে সতীন্দ্রনাথ বেণীকে সঙ্গে নিয়ে বাড়ী ফিরে এসে শুনলেন, দীপালীর মামার বাড়ী থেকে ফোন এসেছে, তার অবস্থা খুবই খারাপ। দীপালীর মামার বাড়ী বাগবাজারে। একথা শুনে সতীন্দ্রনাথ সঙ্গে সঙ্গে দীপালীকে দেখতে ছুটলেন। সঙ্গে বেণীকেও নিতে চাইলেন, কিন্তু তাঁকে রাজী করাতে পারলেন না। বেণী যেয়ে দোতলার ঘরে শুয়ে পড়ে বললেন, "দেখ, আমার কি জ্বর এসেছে। তুমিই গিয়ে দেখে এসো।" সত্যই দেখা গেল, জ্বরে বেণীর গা পুড়ে যাচ্ছে। শেষ বারের মত সতীন্দ্র ভাইঝিকে দেখতে গেলেন; কিন্তু সেখানকার শোকের আবহে বেশীক্ষণ থাকতে পরলেন না। বাড়ী ফিরে এসে বেণীর পাশে শুয়ে পড়লেন। দিনশেষে সূর্য যখন অস্তগামী হঠাৎ বেণী বলে উঠলেন, "যাক, ছেড়ে গেছে, দেখ, দেখ সতী, আমরা গা-টা ধরে দেখ, ঠাণ্ডা হয়ে গেছে।" সত্যই দেখা গেল, তাঁর শরীর ঠাণ্ডা। সতীন্দ্র ব্যাকুল কণ্ঠে অনুরোধ করলেন, "চল বেণী, তুমি একবার দীপালীর কাছে চল।"

স্থির কণ্ঠে বেণী জবাব দিলেন, "তুমি যাও, আমি পরে আসছি।"

সতীন্দ্রনাথ গিয়ে দেখলেন, সব শেষ হয়ে গেছে। অসহনীয় শোকাতুর পরিবেশে থাকতে না পেরে তিনি টলতে টলতে নীচে নেমে দেখেন, বেণী সেখানে আপনমনে পায়চারি করছেন। বেণীকে জড়িয়ে ধরে সতীন্দ্র বলেন, "বেণী, সব শেষ হয়ে গেছে।"

ভাব গম্ভীর কণ্ঠে বেণী জবাব দিলেন, "হ্যাঁ, সতী, আর সাড়া পাচ্ছি না।"

সেখানে তখন অনেক লোকেরই সমাগম হয়েছে এবং উত্তেজিত গুঞ্জনধ্বনি শোনা যাচ্ছে। উপস্থিত জনেরা বেণীকে লক্ষ্য করে বিরূপ মন্তব্য ও গালমন্দ করছে।

শোকার্ত সতীন্দ্রনাথের কাছে দীপাবলীর মৃত্যু ও চলমান পরিবেশ অসহনীয় হয়ে ওঠায় তিনি বললেন, "বেণী, আমি এখানে আর থাকতে পারছি না, বাড়ী চলে যাই।"

বেণীর নির্দেশে তখন তাঁরই এক বিশিষ্ট অনুরাগী বীরেন্দ্রনাথ মুখার্জী সতীন্দ্রনাথের সঙ্গে তাঁর গৃহাভিমুখে রওনা হন। তখন সন্ধ্যা উত্তীর্ণ। মহালয়ার অমানিশার অন্ধকারে সব কিছু সমাচ্ছন্ন। পথ চলতে চলতে বীরেন্দ্রনাথ চেঁচিয়ে উঠলেন, "এ কি আশ্চর্য, এযে চোখে দেখেও বিশ্বাস করা যায় না, চেয়ে দেখুন দাদা, অমাবস্যার অন্ধকারে.... কি অপূর্ব পূর্ণিমার জ্যোৎস্না।" শোক-জর্জর সতীন্দ্রনাথ নিরুত্তাপ কণ্ঠে জবাব দেন, "তুমিই দেখ বীরেন, এ আমার অনেক দেখা আছে; নতুন কিছু না।"

বীরেন্দ্রনাথ বুঝলেন, এ বেণীর ছলনা। কিন্তু কেন এই বিভূতি জাল বিস্তার করা তা বীরেন্দ্রনাথের বোধগম্য হল না। ওদিকে বেণী শত কটূক্তি ও গালমন্দ হজম করেও শ্মশানে হাজির থেকে শেষ পর্যন্ত মৃতদেহ সৎকার সমাধা করেন।

এই ঘটনার পর দিন দশেক আর বেণীর কোন সংবাদ নেই। একদিন সকালে সতীন্দ্রনাথ তাঁর বৈঠকখানা ঘরে বসে আছেন, এমন সময়ে বেণী সেখানে

এসে তাঁকে প্রশ্ন করেন, “কি হে সতী। আমার প্রতি তোমার বুঝি অবিশ্বাস এসেছে?

একথা শুনে সতীন্দ্রনাথ তাঁর গালে মৃদু চপেটাঘাত করে বলেন, “হারামজাদা, এমনি করে বুঝি আমার বিশ্বাসকে পরীক্ষা করছ? তবে জেনে রেখো, আমার বিশ্বাস এত ঠুনকো নয়।”

(২)

কিছুটা আর্থিক সচ্ছলতার জন্য বেণী আলুর ব্যবসার সঙ্গে আরও কিছু অর্থাগমের প্রয়োজনে নানা স্থানে কাজের সন্ধান করতে করতে হাওড়ার বাঁধাঘাটে একটি বই বাঁধাইয়ের দোকানে হাজির হন। সেই দোকানের মালিক সুশীল দে রেলওয়েতে চাকুরী করতেন বলে ভাইপোর নামে ব্যবসাটি চালাতেন। বই বাঁধাইয়ের জন্য সুশীলবাবুর কাছে বেণী আবেদন জানালে তিনি বই বাঁধাইয়ের ব্যাপারে পূর্ব অভিজ্ঞতা সম্বন্ধে জানতে চান। বেণী সত্য গোপান না করে বলেন, “অভিজ্ঞতা আমার কিছু নেই, তবে দু-একদিন দেখে নিলেই করতে পারব, এ ভরসা রাখি।” ঐ দোকানে তখন একজন মাত্র দপ্তরী ছিল, নাম জুনাব আলী।

সুশীলবাবু বেণীকে মাসিক ত্রিশ টাকা বেতনে নিযুক্ত করেন। বেণী প্রথমেই বলে নিয়েছিলেন যে, তিনি সকাল দশটা থেকে বিকাল পাঁচটা পর্যন্ত কাজ করবেন কারণ সঙ্গে আলুর ব্যবসা না করলেও তাঁর পক্ষে সংসার চালানো দুরূহ হয়ে পড়বে। প্রতিদিন কাজ থেকে ফিরে বেণী আকার অনুযায়ী আলু বাছাই করে রাখতেন। তিনি অবশ্য সুশীলবাবুকে আগেই বলে নিয়েছিলেন যে, পছন্দমত বাঁধাই না হলে প্রথম মাসে মাইনে না দিলেও চলবে।

প্রথম মাসেই বই বাঁধাই ও ঘুরে ঘুরে অর্ডার সংগ্রহ করা দেখে তো মালিক মহাখুশী। জুনাব আলী একটি বই বাঁধাই করে তো বেণী করেন তিনটি। অর্ডারও ক্রমশঃ বাড়তে থাকে। তাই দেখে দ্বিতীয় মাস থেকে বণীর মাইনে ষাট টাকা করে দেন। কাজের উন্নতি দেখে তৃতীয় মাসে মাইনে ঠিক হল একশো পঁচিশ টাকা। চতুর্থ মাসের শেষের দিকে একটি ঘটনা ঘটল। প্রতিদিন

অর্ডার সংগ্রহ করার জন্য যাতায়াতের খরচ বেণী নিতেন জুনাব আলীর কাছ থেকে। একদিন হালতুর একটি লাইব্রেরীর কিছু বই বেণী দোকানে এনেছেন বাঁধাই এর জন্য এবং যাতায়াতের খরচ বাবদ যে আট আনা জুনাব আলীর কাছ থেকে নিয়েছিলেন, তার থেকে এক আনা তাকে ফেরৎ দিয়েছেন।

সুশীলবাবু জুনাব আলীর কাছে হয়তো কিছু শুনে থাকবেন, কেন না বেণীর দক্ষতা দেখে সে নিজের চাকুরী সম্বন্ধে কিছুটা সন্দিহান হয়ে পড়ে। জুনাব আলীর কথায় সুশীলবাবু বেণীকে ভুল বুঝলেন, ভাবলেন বেণীবাবু হয়তো নিজের সুবিধে করে নিচ্ছেন এবং যাতায়াতের খরচের হিসাব ঠিকমত জমা দেন না। হালতু থেকে ফিরে এলে উত্তেজিত হয়ে সুশীলবাবু বলে ওঠেন, ‘‘কোথায় যান, কি খরচ করেন, ঠিকমত হিসাব দেন না, এরকম চোর নিয়ে কাজ করা যায় না।’’

উত্তরে বেণী বলেন, ‘‘আমি যাতায়াতের খরচের হিসাব জুনাব আলীকে তো দিয়েছি। তাতে সাত আনা খরচ হয়েছে বাকী এক আনা ফেরৎ দিয়েছি।’’

ক্রুদ্ধ সুশীলবাবু বলে ওঠেন, ‘‘ট্রেনের ও ট্রামের টিকিট কোথায়, দেখান আমাকে।’’

বেণী বলেন, ‘‘ট্রেনের টিকিট কি থাকে? নামার সময় রেলের টিকিট চেকার সেটা নিয়ে নেয় না।?’’

সুশীলবাবু বলেন, ‘‘আজকাল রেলের চেকাররা টিকিট নেয় না।’’

ভাগ্যক্রমে সেদিন হালতু যাওয়ার সময় শিয়ালদহ থেকে যাদবপুর যাতায়াতের টিকিট চেকার সত্যই নেন নি, তাই টিকিট দুখানা বেণীর পকেটেই ছিল। ট্রেনের ও ট্রামের টিকিট পকেট থেকে বের করে বেণী সুশীলবাবুকে দেন এবং জামা পরে চলে যাওয়ার উদ্যোগ করেন, বলেন, ‘‘আমি আর চাকুরী করব না।’’

সুশীলবাবু বিব্রত বোধ করে বলেন, ‘‘এর একটা বিচার তো করতে হবে।’’

বেণী জবাব দেন, "যে বিচার জানে না, বোঝে না, তার কাছে বিচারের কোন প্রশ্নই ওঠে না," — এই বলে তিনি দোকান থেকে বেরিয়ে আসেন, আর কোনদিন সেখানে পদার্পণ করেন নি। পরের দিন সুশীলবাবু বেণীর শোভাবাজারের বাসায় এসে অনেক কাকুতি মিনতি করেন। সে সময় সতীন্দ্রনাথ বেণীর বাসায় উপস্থিত ছিলেন। তিনি সুশীলবাবুকে নানাভাবে বোঝান এবং শেষ পর্যন্ত বলেন, যে "যে লোক অনায়াসে লাখ টাকার মালিক হতে পারে, সে যাবে আট আনা পয়সা চুরি করতে? যে ব্যবহার আপনি এর সঙ্গে করেছেন, সে কারণে ভবিষ্যতে আপনার কত অনুশোচনা হয়, তা দেখতে পাবেন।" তখন সুশীলবাবু নিরুপায় হয়ে বেণীর মা কৌশল্যা দেবীর পায়ে, পড়ে ক্ষমা প্রার্থনা করেন, বলেন, "আপনি আমাকে বাঁচান।"

ইতোমধ্যে দপ্তরীর কাজে বেণীর হাত বেশ রপ্ত হয়ে গেছে; তাই সামান্য কিছু অর্থব্যয়ে তিনি পুরোনো সূচ, কাঁচি, হাতুড়ি ও কিছু সুতো কিনে নিজেই দপ্তরীর কাজ সুরু করেন।

সতীন্দ্রনাথের মাধ্যমে উত্তরা, উজ্জ্বলা, পূরবী, শ্রী প্রভৃতি সিনেমা হলের অনেকের সঙ্গে বেণীর আলাপ পরিচয় হয়। সেই সময় এই হলগুলির মালিক ছিলেন দীপচাঁদ কাঙ্কারিয়া। তাঁর কোম্পানীর নাম ছিল ডিল্যুক্স ফিল্ম কোম্পানী। এই কোম্পানীর অফিসেও বেণীর যাতায়াত ছিল। সেখানে যাওয়া আসা করতে করতে সিনেমার টিকিট বই বাঁধাই করার কাজটি সংগ্রহ করেন। একদিন দীপচাঁদ বেণীকে বলেন, "একটা কথা বলি, আমাদের থেকে পুরো অর্ডারটি নিয়ে আপনি যদি বাইরের কোন প্রেসে তা ছাপিয়ে বাঁধাই করেন, তবে লাভ অনেক বেশী হবে — তাই করুন না কেন।"

দীপচাঁদের কথামত বাইরের প্রেস থেকে টিকিট ছাপিয়ে নিজে বাঁধাইয়ের কাজ সুরু করেন। বই বাঁধাই এর কালে হালতুতে যাতায়াত করার সময়ে কয়েকটি প্রেসের মালিকের সঙ্গে তাঁর জানাশোনা হয় এবং সেই পরিচয় এখন কাজে লাগে।

ইতোমধ্যে শ্রী সুরেন্দ্র চক্রবর্তী, শ্রীশম্ভু সিং, শ্রী রতন সিং, শ্রী হারু ভট্টাচার্য ও তাঁর দাদা শ্রী রাধাগোপাল ভট্টাচার্য ইত্যাদি কয়েকজন সজ্জন ব্যক্তির সঙ্গে ও বেণীর ঘণিষ্ঠতা হয়। তাঁদের সংস্পর্শে এসে নিজস্ব একটি প্রেস করার পরিকল্পনা তিনি করেন। কিছুদিনের মধ্যে খবর পান যে, এক প্রেস মালিক তাঁর প্রেস বিক্রী করে নিজের দেশ আসামে চলে যেতে চান। সে খবর রাধাগোপাল ভট্টাচার্যের কাছে বলাতে তিনি তাঁর কন্যা প্রতিমা ভট্টাচার্যের বিবাহের জন্য জীবনবীমা অফিস থেকে যে তিনহাজার টাকা ঘরে এনে রেখেছিলেন, সেই টাকা তিনি বেণীকে দেন। তখন বেণীর কাছে উদ্বৃত্ত কোন টাকাই ছিল না। সেই তিন হাজার টাকার সম্বল করে ও সুরেন্দ্র চক্রবর্তী এবং শম্ভু সিং প্রভৃতি হিতাকাঙ্খী বন্ধুদের সঙ্গে নিয়ে প্রেস মালিকের কাছে বেণী জানতে পারেন যে, প্রেস বাবদ তিনি সতেরো হাজার টাকা খরচ করেছেন। বেণী তখন বলেন, "এ প্রেস আমি কিনতে পারব না।"

মালিককে এই কথা বলায় তিনি দশ হাজার টাকা কমিয়ে সাত হাজার টাকাতে দিতে রাজী কারণ তাঁর বাবা মৃত্যুশয্যায় এবং তাঁকে দেশে যেতেই হবে।

বেণী বলেন, "তাও আমি কিনতে পারব না।"

মালিক বলেন, "পাঁচ হাজার?"

বেণী বলেন, "আমার কাছে মাত্র তিন হাজার টাকা আছে এবং সে টাকা আমার সঙ্গেই আছে।"

মালিক তখন বলেন, "বেশ, আপনি চার হাজার টাকা দিয়েই প্রেস নিন, নইলে আমাকে এ প্রেস ছেড়ে দিয়েই বাড়ী চলে যেতে হবে।"

এই সময় শম্ভু সিং বলেন, "আমি আর হাজার টাকা দিচ্ছি।"

সতের হাজার টাকার প্রেস বিক্রী হল চার হাজার টাকায়। প্রেসের মালিক প্রেস ও প্রেসের বাড়ী-ভাড়ার রসিদ বেণীর নামে লেখাপড়া করে দিলেন।

শোভাবাজারের বাসায় বাসকালীন একদিন শ্রীমতি গঙ্গা দুঃখ করে শাশুড়ীর সামনেই বলে ফেলেন, "মা হবার সৌভাগ্য আর বুঝি আমার হল না।"

সে কথা শুনে কৌশল্যা দেবী বলেন, ‘‘হতাশ হবার তো কোন কারণ নেই, বৌমা। আমার ছেলের এমন কিছু বয়স হয়নি যে সন্তানের পিতা হবার বয়স পার হয়ে গেছে; আর তোমারই বা কি এমন বয়স হয়েছে? সন্তান হবার সময় এখনও যথেষ্ট আছে, তুমি ভেব না।”

শ্রীমতী গঙ্গার দুঃখ এই কারণে যে, বিয়ের পর প্রায় বারো বছর পার হতে চলল কিন্তু তখনও কোন সন্তানাদি হয়নি।

এদিকে বেণী শোভাবাজারের বাসা তুলে দেবার অভিপ্রায়ে ১২, হাজী জ্যাকারিয়া লেনে একটি পাকা ঘর, রান্নাঘর, স্নানের ঘর, কল ইত্যাদি সহ একটি বাসা কুড়ি টাকায় ঠিক করেন। এই সংবাদ জেনে কৌশল্যা দেবী বাসা বদলে অমত প্রকাশ করেন কারণ ইতোমধ্যে শ্রীমতী গঙ্গা অন্তঃসত্ত্বা হয়েছেন; তাই তিনি ভাবেন, নতুন বাসায় অসুবিধা হতে পারে। অতএব প্রসবের পর বাসা পরিবর্তন করলে ঠিক হবে। কিন্তু নতুন বাসায় কোন অসুবিধা হবে না, একথা বেণী মাকে বুঝিয়ে বলার পর তিনি রাজী হন। তারপর বেণী মা, ভাই, স্ত্রীকে নিয়ে ১২নং হাজী জ্যাকারিয়া লেনে উঠে আসেন ১৯৫১ সালের সেপ্টেম্বরে (বাংলা ২রা আশ্বিন)। এর দুমাস পরে পুরো বাড়ীখানাই পঞ্চাশ টাকা ভাড়ায় বন্দোবস্ত করে নেন। তার মাস দুয়েক পরে তিনি প্রেসও এই বাড়ীতে তুলে নিয়ে আসেন।

১৯৫২ সালের ১লা জানুয়ারী কোলকাতা মেডিকেল কলেজ হাসপাতালে শ্রীমতী গঙ্গার কোলে একটি কন্যা সন্তান আসে। তাঁর মাতৃত্বের ইচ্ছা পূর্ণ হয়। কয়েক মাস পরে কৌশল্যা দেবী বেণীকে তাঁর কন্যার অন্নপ্রাশনের কথা বলেন। ঘটা করে অন্নপ্রাশন অনুষ্ঠান করার মত আর্থিক সঙ্গতি না থাকার কারণে বেণী তেমন উৎসাহ দেখান না। কিন্তু অন্নপ্রাশনের কথায় সতীন্দ্রনাথ উৎসাহিত হয়ে ওঠেন, বলেন, ‘‘বেশ আজই অন্নপ্রাশন হোক।” তখনই সন্দেশ কিনে আনা হয় এবং বাড়ীতে যে পনের-কুড়ি জন বন্ধু-বান্ধব ও আত্মীয়-স্বজন ছিলেন, তাঁদের নিয়ে খুব হৈ চৈ করে খাওয়া দাওয়া হয়। বেণীকে আগে খাইয়ে সেই ভাতই সতীন্দ্রনাথ শিশুর মুখে তুলে দেন। এই ভাবেই কন্যার অন্নপ্রাশন পর্ব সমাধা হয়। তার পরে সতীবাবুই বেণীকে

বলেন, "মহাশক্তির ঘরে যে শক্তি এল, এবার বল, তার নাম কি হবে? তখন তিনি কন্যার নামকরণ করেন আদ্যাশক্তি।

এবার সবাই বেণীকে চেপে ধরেন, "এখন কন্যার ভবিষ্যৎ কি বল।" বেণী বলেন — "একন্যা খুবই ভাগ্যবতী, নিজে সাত, আট ক্লাশ পড়লেও বিদ্বান ছেলের সাথে ওর বিয়ে হবে, জীবনে নিজেও সুখী হবে এবং স্বামীকেও সুখ শান্তি দিতে পারবে।"

(৩)

শোভাবাজার হতে চলে আসবার পর থেকেঁ দীনদাস মহাত্মার প্রতিষ্ঠিত শ্রী শ্রী রাধাকৃষ্ণের মন্দিরের একটি ঘরে বসে বেণী মাদুলী ইত্যাদি দিতেন। সে মন্দিরের ঠিকানা হল দীনদাস মহাত্মা প্রতিষ্ঠিত শ্রী শ্রী রাধাকৃষ্ণের মন্দির, ৪ বি.রাজা রাজকিষণ স্ট্রীট, কলকাতা-৬।

একদিন বিকেলবেলা পথে যেতে যেতে বেণী সতীন্দ্রনাথকে বলেন, "শুধু মাদুলী দিয়ে আমি তৃপ্তি পাচ্ছি না। আমার জগতে আসা সাধারণ মানুষের মত দিন যাপন করার জন্য নয়; ভগবৎ তত্ত্ব প্রচার এবং সত্যের বাণী ঘরে ঘরে পৌঁছে দেবার উদ্দেশ্য নিয়েই আমি জগতে এসেছি। এবার সে কাজ তো আরম্ভ করা দরকার।"

সতীবাবু তো হেসেই খুন, বলেন, "পেটে নেই বিদ্যে, সাহার ঘরে জন্ম নিয়েছে, আর যত বড় বড় কথা বলে, এ আবার করবে ভগবৎ তত্ত্বের আলোচনা।" হাসি ঠাট্টা করলেও দীনদাসের রাধাকৃষ্ণের মন্দিরে তিনিই ভগবৎ তত্ত্ব আলোচনার ব্যবস্থা করেন। দিনটি ছিল বুধবার। আলোচনার সংবাদ পেয়ে সেদিন মন্দির প্রাঙ্গনে কিছু জন- সমাগম হয়েছিল।

সতীবাবু বললেন, "বল, বেণী! কি ভগবৎ তত্ত্ব তুমি আমাদের জানাতে চাও।"

বেণী উত্তর দিলেন, "আলোচনা সুরু করার জন্য একটি পরিবেশ তো চাই। তোমরা কেউ প্রশ্ন কর, কি জানতে চাও বল, তবে তো আমি সুরু করতে

পারি।" তখন উপস্থিত অনুরাগীগণের মধ্যে থেকে ব্যানার্জী মাষ্টার মশাই একটি প্রশ্ন করেন যে, "আমরা সবাই সংসারী লোক, ভগবৎ পথে যাওয়ার আমাদের প্রয়োজন কি?"

এই প্রশ্নের উত্তরে বেণী প্রায় ঘন্টা খানেক ভগবৎ চিন্তার উদ্দেশ্য ভগবৎ পথের সন্ধান ও সাংসারিক মানুষ জনের ভগবৎ অনুরাগের প্রয়োজন সম্বন্ধে বিশদ আলোচনা করেন।

বেণীর সারগর্ভ আলোচনা শুনে সতীবাবু তো বটেই উপস্থিত অনুরাগীবৃন্দ ও জনমণ্ডলী বিস্ময়ে হতবাক হলেন। তাঁরা ভেবে কুল কিনারা পান না কিভাবে জাগতিক শিক্ষাদীক্ষাহীন এবং ভগবৎ তত্ত্ব সম্বন্ধে পড়াশোনা নেই, এহেন বেণী ভগবৎ তত্ত্বের এমন প্রাণবন্ত ও তাৎপর্যপূর্ণ আলোচনা করেন কি করে। গভীর শ্রদ্ধা, ভক্তি ও অনুরাগে তাঁদের মস্তক আপনা হতেই বেণীর প্রতি অবনত হয়ে আসে। সেই থেকে প্রতি বুধবার ঐ রাধাকৃষ্ণের মন্দিরে নিয়মিত ভগবৎ তত্ত্ব আলোচনা ও ভজন কীর্তন চলতে থাকে। জনসমাগমও বৃদ্ধি পেতে থাকে।

এর পরে বেণী প্রস্তাব দেন জ্যৈষ্ঠ মাসের শেষ শনিবার তিনি একটি উৎসবের আয়োজন করতে ইচ্ছুক। ইংরাজী মতে ১৯৫১ সালের জুন মাসে। এবারেও সতীন্দ্রনাথ বাধা দিয়ে ওঠেন, বলেন, "এ আবার কি রকম উৎসব হবে, উৎসবের খরচ খরচাই বা কোথা থেকে আসবে?" ডিল্যুক্স কোম্পানীর ক্যাসিয়ার মন্টু চক্রবর্তীও বেণীর কাছে যাতায়াত করতেন। তিনি সতীবাবুকে বলেন, "হোক না উৎসব, তোমরা কেন বাধা দিচ্ছ? আমি একটা বাক্স নিয়ে বসব খন দেখা যাক না কি হয়।" উৎসবের দিন মন্টু চক্রবর্তী একটি কাঠের বাক্স নিয়ে বসেন এবং সতীবাবুই প্রথম একটি টাকা প্রণামী দিয়ে উৎসবের সুরু করেন। বৃহস্পতিবার অধিবাস ও শুক্রবার অষ্টপ্রহর নামযজ্ঞ হয় — হরে কৃষ্ণ, হরে কৃষ্ণ, কৃষ্ণ কৃষ্ণ হরে হরে।। হরে রাম, হরে রাম, রাম রাম হরে হরে।। শনিবার রাতে মা মহামায়ার পূজা হয়।

রাজকৃষ্ণ পাল বেণীর সংস্পর্শে এসে যক্ষ্মা রোগ থেকে নিরাময় হয়েছিলেন। উৎসবে তাঁরও যথেষ্ট উৎসাহ ছিল। উৎসবের শেষ দিন হল মা মহামায়ার পূজা ও আরতি। মহামায়ার মূর্তি গড়ে দিয়েছিলেন রাজকৃষ্ণ পাল। উৎসবের ক'দিন দীনদাসের রাধাকৃষ্ণের মন্দিরে মহা সমারোহ। মন্দির প্রাঙ্গণ লোকে লোকারণ্য। নাম যজ্ঞ, ভজন, কীর্তন, ধর্মালোচনা, মায়ের আরতি, প্রসাদ বিতরণ ইত্যাদি মিলিয়ে সে এক অপূর্ব পরিবেশের সৃষ্টি হল। হিসেব করে দেখা গেল, কাঠের বাক্সে প্রণামী পড়েছে পাঁচ হাজার টাকা।

ক্রমে ক্রমে বেণীর খ্যাতি বিস্তার লাভ করতে থাকে। সেই অবস্থাতে একদিন দীনু দাসের ছেলে বেণীকে ডেকে বলেন, "তুমি এই মন্দির ছেড়ে অন্যও জায়গা খুঁজে নাও, নইলে আমার পূর্ব পুরুষদের প্রতিষ্ঠিত এই মন্দির বেহাত হয়ে যাবে।" কিন্তু তাঁর ছেলে কমল দাস ছিলেন বেণীর পরম ভক্ত। তিনি তাঁর বাবাকে বলেন, "এ হতে পারে না, বেণীমাধব কোথায় যাবেন?" কমলের বাবা তখন ছেলেকে বুঝিয়ে বলেন, "ওঁর প্রতি আমারও শ্রদ্ধাভক্তি কিছু কম নেই। আমিই বেণীমাধবকে সর্বপ্রকারে সাহায্য করব; কিন্তু বংশপরম্পরায় এই মন্দিরের সঙ্গে আমাদের যে মানমর্যাদা সব জড়িয়ে আছে, সেটা আমি বিসর্জন দিতে পারি না।"

সব শুনে বেণী প্রস্তাব দেন, "আমাকে আর কিছুদিন সময় দিন, আশ্বিন মাসের প্রথম সপ্তাহে আমি অন্যত্র চলে যাব।" দীনদাসের পুত্র তাতে সানন্দে রাজী হন।

কিছুদিন বাদে ৩০শে শ্রাবণ বেণী আবার সতীবাবুকে বলেন, "সতী, আমরা অন্তর থেকে যে সকল প্রশ্ন ওঠে এবং তার যে উত্তর আমি পাই তা লিপিবদ্ধ করে রাখতে চাই।" সতীবাবু বলেন, "লেখাপড়া জান না, তুমি আবার লিপিবদ্ধ করবে কি?" যাক্, বীরেন মুখার্জী কালি, কলম ও খাতার ব্যবস্থা করে দেন। ১৯৫১ সালের পয়লা ভাদ্র, শনিবার থেকে বেণী সাতদিন মৌনব্রত অবলম্বন করে, ঘরের দরজা, জানলা বন্ধ করে তাঁর অন্তরের প্রশ্ন ও উত্তর লিপিবদ্ধ করে যেতে সুরু করেন। সারাদিন উপবাসী থেকে বেণী লিখে যেতেন, সূর্যাস্তের পর দরজা খুলে একবার বাইরে আসতেন এবং

সেদিনের লেখাটি সতীবাবুর হাতে দিয়ে নিত্যকৃত্য সমাধা করে আবার ঘরে গিয়ে অর্গল বন্ধ করে দিতেন। বেণী যখন দরজা খুলতেন তখন যাঁরা ঘরে ঢুকতেন, তাঁরা প্রত্যেকেই এক অভাবনীয় সৌরভের আমেজ পেতেন। সন্ধ্যের পর সেদিনের লিপিবদ্ধ প্রশ্নোত্তর সতীবাবু উপস্থিত জনসমক্ষে পাঠ করে শোনাতেন। এই ছিল মৌন উৎসবের প্রতিদিনকার নিয়মাবলী। অন্তরঙ্গ বন্ধু-বান্ধব ও গুণগ্রাহীগণ ঠোঙায় ভরে যে ফলমূল বেণীর সেবার জন্য দিতেন, দরজা খুললে দেখা যেত সব ঠোঙাই খালি পড়ে আছে। এই ভাবে সাতদিন মৌন অবলম্বন করে বেণী তাঁর প্রশ্নোত্তর লিপিবদ্ধ করেন। এইভাবে লিপিবদ্ধ বেণীর প্রশ্নোত্তরের সংকলনের নাম 'জ্ঞান-সংহিতা।' সাতদিন মৌন থেকে বেণী জ্ঞান সংহিতার প্রথম খণ্ড সমাপ্ত করেন। এই গ্রন্থের প্রশ্নোত্তর পর্বের সমাহার ভগবৎ সন্ধানী সাধু-সন্ত, জ্ঞানী, বৈষ্ণব ও ভক্তকুলের কাছে একটি অমূল্য সম্পদ এবং গ্রন্থটিকে এযুগের একমাত্র শাস্ত্রগ্রন্থরূপে গ্রহণ করা যেতে পারে।

সাতদিন পরে মৌনব্রতের সমাপ্তিতে বেণী যখন দরজা খলে দিলেন তখন দেখা গেল যে, ঘরের এক কোণে বিগত সাতদিনের সমস্ত ফলমূলই স্তূপীকৃত হয়ে আছে। ১৯৫১ সাল থেকে মোট আট বছর পয়লা ভাদ্র থেকে সাতদিন বেণী মৌনব্রত পালন করে "জ্ঞান সংহিতার" আট খণ্ড শেষ করেন।

দীননাথ দাসের ঠাকুর বাড়ীতে প্রথমবার মৌন থাকার সময়ে সকলেই উৎসুক ছিল যে, বেণী দরজা, জানলা সব বন্ধ করে কি করে লেখেন। তাই ঘটনা আসলে কি তা বোঝার জন্য মন্দিরের পূজারী অনন্ত ঠাকুরকে মইয়ে চড়ে ছাদ-সংলগ্ন ফোকর দিয়ে দেখতে পাঠান। অনন্ত ঠাকুর মইয়ে উঠে দেখেন যে, বেণী শূণ্যে হাত-পা ছড়িয়ে ভেসে বেড়াচ্ছেন আর খাতায় লেখা হয়ে যাচ্ছে। এরকম দেখার পরই অনন্ত ঠাকুর 'বাঘ' 'বাঘ' বলে চীৎকার করে অজ্ঞান হয়ে মই থেকে পড়ে যান; আর কিছু তিনি প্রকাশ করতে পারেন নি।

কথামত বেণী আশ্বিন মাসের প্রথম সপ্তাহে (১লা আশ্বিন) দীননাথ দাসের রাধাকৃষ্ণের মন্দির থেকে সব পাট চুকিয়ে বিদায় নিলেন। পরে আর কোন দিনই সেখানে পদার্পন করেন নি।

দীননাথ দাসের ঠাকুরবাড়ী হতে বেণীর চলে আসার সংবাদ শুনে সতীবাবুর কাকা ডিল্যুকস্ কোম্পানির ম্যানেজার খগেন্দ্রলাল চট্টোপাধ্যায় ওরকে হারুবাবু সতীন্দ্রনাথকে বলেন, "সতী, বেণীকে আমার বাড়ী নিয়ে আয়, এখানে রোজই ওর আলোচনা সভা বসতে পারে।" তার পর থেকে সপ্তাহে একদিন কখনো কখনো আবার দুদিন হারু বাবুর বাড়ীতে ভগবৎ আলোচনার আসর বসত। আর সপ্তাহের বাকী দিনগুলোতে আলোচনা হত পূরবী সিনেমা হলে। সেখানেও আলোচনা শুনতে বেশ জন সমাগম হত।

১৯৫২ সালে উৎসবের আয়োজন হল বেণীর ১২নং হাজী জ্যাকারিয়া লেনের বাসার সামনে তখন যে খালি মাঠ ছিল, সেখানে প্যাণ্ডাল বেঁধে। জ্যৈষ্ঠ মাসের শেষ শনিবারের আটদিন আগে থেকে সুরু হয় নামযজ্ঞ। পরে শনিবার শেষ রাতে মহামায়ার পূজা ও আরতি। বেণী স্বয়ং লাল পট্টবস্ত্র পরিধান করে মায়ের মূর্তিতে মাল্যদান ও প্রাণ প্রতিষ্ঠা করতেন। তারপরে মায়ের চরণ-স্পৃষ্ট সিঁদুর তিনি উপস্থিত ভক্তবৃন্দের মাথায় ছুঁইয়ে দিতেন। এরপর সুরু হত পুরোহিত দ্বারা পূজা। পূজা চলাকালীন বেণী ভাবে বিভোর হয়ে মেঝেতে লুটিয়ে পড়তেন। পূজা শেষে নানাবিধ বাদ্যযন্ত্রের তালে তালে নানারকম মুদ্রা সহযোগে সেই ভাবস্থ অবস্থাতেই মেঝেতে শুয়ে দেবীর আরতি করতেন। অপূর্ব সেই আরতি; অভূত পূর্বও বটে। আরতির শেষে পূজার ঘট থেকে ফুল, বেলপাতা তুলে নিয়ে নিজের আঁচলে বেঁধে রাখতেন। এই নির্মাল্য দিয়ে অনায়াসে যে কোন দুরারোগ্য ব্যাধির নিরাময় হত। আরতির শেষে বেণীর জ্ঞান ফিরে এলে, তিনি অনুমতি দেওয়ার পর ঘট বিসর্জন দেওয়া হত।

এই বছর অর্থাৎ ১৯৫২ সালে দ্বিতীয় মৌন-উৎসব হয় হারু চট্টোপাধ্যায় মহাশয়ের বাড়ীতে। তিনি বলেছিলেন, তাঁর দোতলা ছেড়ে দেবেন। এই মৌন উৎসবেই জ্ঞান-সংহিতা দ্বিতীয় খণ্ড লেখা হয়। প্রথম বারের মত

এবারেও সতীন্দ্রনাথ প্রতিদিন সন্ধ্যাবেলা অনুরাগী ভক্তবৃন্দের কাছে সেদিনের প্রশ্নোত্তর পড়ে শোনাতেন।

তৃতীয় বছরে (১৯৫৩ সালে) আগেকার মত জ্যৈষ্ঠ মাসের শেষ শনিবারের দশদিন আগে উৎসব আরম্ভ হয়। তৃতীয় বারের এই উৎসব ১২নং হাজী জ্যাকারিয়া লেনে দুলালদের বাড়ী অনুষ্ঠিত হয় কারণ বাড়ীর সামনে খালি জমিতে বাড়ী উঠে গেছে। এবারে নামযজ্ঞ হয় বাহাত্তর প্রহর। সন্ধ্যাবেলা নিয়মিত ভজন কীর্তনে সভা জমজমাট। এই আনন্দ উৎসবে শিষ্য, ভক্তগণ সর্বান্তঃকরণে অংশগ্রহণ করেছেন প্রতিদিনই। শোভাবাজারের গোঁসাইপাড়ার অধিবাসী দুর্গাপ্রসন্ন সাহাও সানন্দে যোগ দেন। উৎসব সর্বতোভাবে সুসম্পন্ন হবার পর তিনি বেণীমাধবকে প্রস্তাব দেন যে, এবারের মৌন উৎসব তাঁর বাসভবনে অনুষ্ঠিত হলে তিনি বাধিত হবেন। তাঁর আগ্রহে ১৯৫৩ সালের মৌন উৎসব সুরু হয় দুর্গাপ্রসন্ন বাবু বাড়ীতে; ঠিকানা — ৪/১, গোঁসাইপাড়া লেন, শোভাবাজার, কলকাতা।

মৌন উৎসবের সুরু থেকে পাড়ার কিছু দুষ্ট প্রকৃতির লোক উৎপাৎ আরম্ভ করে। মৌন থেকে বেণীমাধব যে প্রশ্নোত্তর লিখতেন, তাতে বাধা সৃষ্টি করাই ছিল তাদের উদ্দেশ্য। বেণীমাধব এবং তাঁর অনুগামীদের জন্য দুর্গাপ্রসন্নবাবু দোতলার হল ঘর ও অন্য একটি ঘর ছেড়ে দিয়েছিলেন। দুষ্ট লোকদের ধারণা হয়েছিল যে, এ-সব অতি তুচ্ছ ব্যাপার, এর সার্থকতা বলতে কিছু নেই, শুধুমাত্র নিজের দলে লোক টানার জন্য বেণীমাধবের এই উদ্যম। তাই সব আয়োজন পণ্ড করতে তাদের এত উৎসাহ। নানা রকম দুর্গন্ধযুক্ত পাতা ও লঙ্কা পুড়িয়ে তারা সেই ধোঁয়াকে ঘরের মধ্যে চালান করে দিত নর্দমার পাইপের মধ্য দিয়ে। তারা স্থির করে নিয়েছিল যে, মৌনব্রতের শেষদিন বেণীমাধব ঘর থেকে বেরুলে শিক্ষা দেওয়ার জন্য উত্তম-মধ্যম দেবে। বেণীমাধবের লিখিত প্রশ্নোত্তর রাত দশটা নাগাদ কোনদিন সতীবাবু, কোনদিন বা বিনয় লাহিড়ী মশাই জন সমক্ষে পড়ে শোনাতেন। রাজা দীনেন্দ্র ষ্ট্রীটের বাসিন্দা বিনয় লাহিড়ী মশাই অল্পদিনের মধ্যে একজন অনুরাগী ভক্ত হয়ে ওঠেন। দুষ্ট লোকদের এই রকম অত্যাচারে অতিষ্ঠ

সতীবাবু মাঝে মাঝে ক্ষোভ ও বিরক্তি প্রকাশ করতেন। তাঁর আক্ষেপ ছিল বেণী ইচ্ছা করলেই এইসব অশালীন ক্রিয়া-কলাপ বন্ধ করতে পারেন কিন্তু সে পথে তিনি তাদের সাজা দিচ্ছেন না। শম্ভু সিং-ও বেণীকে বলেন, "তুমি একবার অনুমতি দাও, আমি এসব ধৃষ্টতা এক মুহূর্তে ঠাণ্ডা করে দিচ্ছি।" কিন্তু বেণীমাধব নিরুত্তর থাকেন, ভাবখানা এই যে, সাজা যার প্রাপ্য সে যথাসময়ে তা পাবে।

মৌনব্রতের শেষদিন অত্যাচার চরমে ওঠে। বেণীমাধব দরজা খুললেই তাঁকে উচিত শিক্ষা দেবার জন্য আগে থাকতেই অনেকেই দরজার বাইরে অপেক্ষমান। দরজা খোলার পর বেণীমাধব আসন গ্রহণ করলে সবাই যখন তাঁকে প্রণাম করছে তখন প্রণামার্থীর দলে ভিড়ে গিয়ে ঘুরে ঢুকে পড়ে। এদের মধ্যে একজন বলিষ্ঠ পাণ্ডা গোছের লোক বেণীমাধবকে প্রশ্ন করে, "এসব হচ্ছে কি?" — একথা বলেই সে একলাফে বেণীমাধবের সামনে ঝাঁপিয়ে পড়ে। নিরুত্তর বেণীমাধব তার দিকে তাকাতে সে 'বাঘ' 'বাঘ' বলে প্রায় আট-দশ হাত দূরে তার দলের লোকেদের মাঝে ছিট্‌কে পড়ে অজ্ঞান হয়ে যায়। তার দলের লোকেরা হায় হায় করে উঠে তাকে নিয়ে চলে যায়। কোনমতেই যখন তার জ্ঞান ফেরে না তখন তারা বেণীমাধবের কাছে এসে আকুল প্রার্থনা জানায় — "একে বাঁচান।" তখন বেণীমাধব কাগজে লিখে দেন — "ওকে বাড়ী নিয়ে যাও, পরে ভাল হবে।" পরদিন সেই পাণ্ডা এসে বেণীমাধবের পা জড়িয়ে ধরে ক্ষমা প্রার্থনা করে বলে, "আমি ভুল করেছি, আর কখনও এরকম হবে না।" — এই ভাবেই এরা চরম শিক্ষা পেল।

দীননাথ দাসের ঠাকুরবাড়ীতে বসে মাদুলী ইত্যাদি দিয়ে রোগ নিরাময় করা তো বটেই ১৯৫১ সালে সেখানে নামযজ্ঞ ও মহামায়ার পূজা ইত্যাদি কারণে বেণী মাধবের খ্যাতি অনেকখানিই বিস্তৃত হয়। এই বছরেই তাঁর অন্যতম গুণগ্রাহী হারু ভট্টাচার্য বেণীর কাছে দীক্ষাগ্রহণের প্রস্তাব দিলে বেণী বলেন, "দেখ, তুমি কুলীন ব্রাহ্মণ সন্তান, আর আমি জন্ম নিয়েছি সাহার ঘরে, আমি কি তোমাকে দীক্ষা দিতে পারি?"

নাছোড় হারু ভট্টাচার্য বলেন, "আমার কোন সংস্কার নেই, তুমি যে ঘরেই জন্ম নাও না কেন, তুমিই হবে আমার দীক্ষাগুরু।

তখন বেণীমাধব বলেন, "মায়ের পূজার জন্য কিছু ফল, ফুল, বেলপাতা, তুলসীপাতা, তিল ইত্যাদি সংগ্রহ করে নিয়ে এসো — আমাকে তোমার কিছু দিতে হবে না।" এই হারু ভট্টাচার্যই বেণীর প্রথম মন্ত্র শিষ্য। তিনি দীক্ষা লাভ করেন ১৯৫১ সালে।

পূর্বের বাড়ীতে প্রেসের স্থান সংকুলান না হওয়ায় বেণী প্রেসটিকে ১২, হাজী জ্যাকারিয়া লেনে তুলে আনেন এবং সেই কারণেই গোটা বাড়ীটা তিনি পঞ্চাশ টাকায় ভাড়া নেন। এই বাড়ীতে প্রেস ছিল বছর খানেক। এখান থেকেই বেণীর সাংসারিক অনটন হ্রাস পেতে থাকে। অন্যদিকে, প্রেসের আয়তনও বাড়তে থাকে। ফলে, পুণরায় প্রেসকে সরাতে হয়, — এবার প্রেসের ঠিকানা হয় ১৫৩, বেলেঘাটা মেন রোড, কোলকাতা - ১০।

বেলেঘাটায় প্রেস নিয়ে যাওয়ার পিছনে একটা ইতিহাস আছে। হরিপদ সাহা নামে এক ভদ্রলোকের সুরা ক্রস লেনে একটি ওষুধের ব্যবসা ছিল — নাম ড্রাগ হাউস। সেই ড্রাগ হাউসের গুদাম ছিল ১৫৩ বেলেঘাটা মেইন রোডে। ব্যবসাটি ভালভাবে চালাতে না পারায় ক্রমশঃ ব্যবসায়ে লোকসান হতে থাকে এবং লোকসান এমন পর্যায়ে যায় যে, সেটি বন্ধ হবার উপক্রম হয়। তখন হরিপদ সাহা বেণীমাধবের শরণাপন্ন হন। বেণীমাধব শিষ্য ভক্তদের সহায়তায় ষাট হাজার টাকা সংগ্রহ করে পুণরায় ড্রাগ হাউসটিকে চালু করেন। ড্রাস হাউসের কর্মকর্তা ছিলেন হরিপদ সাহা। তবে সেখানে বেণীমাধবের শিষ্য ভক্তদের মধ্যে প্রায় দেড়শো লোক কাজ করতেন। এই সময়ে ড্রাগ হাউসের ব্যবসা ভালভাবেই চলতে থাকে।

ড্রাগ হাউস থেকে বেণীমাধব কোন পয়সা কড়ি নিতেন না। হরিপদ সাহার মনে কোন রকম ক্ষোভের সঞ্চার হয়ে থাকতে পারে; হঠাৎ একদিন তিনি বেণীমাধবকে বলেন, "ড্রাস হাউসের কি শেয়ার আমাকে দেবেন, সেটা ঠিক করে নিলে ভাল হত না?"

একথা শুনে বেণীমাধব বেশ অবাক হয়ে যান। তিনি হরিপদ সাহাকে বলেন, "ড্রাস হাউস তো তোমারই আছে, এটা তুমি তো আমার নামে লিখে দাওনি, আর এখন থেকে আমি কোন পয়সা কড়িও নিইনা; তাহলে অংশ অর্থাৎ শেয়ারের প্রশ্ন আসে কি করে? তোমার ড্রাগ হাউস তুমিই চালাও, কাল থেকে আমি আর এখানে আসব না।"

প্রতিদিনই বেণীমাধবকে একবার করে বেলেঘাটা ড্রাগ হাউসে যেতে হত তদারকির জন্য।

হরিপদ সাহা বেণীমাধবের সংগৃহীত ষাট হাজার টাকার কিছুই শোধ করেননি। পূরো টাকাটাই বেণীমাধবকে প্রেসের আয় থেকে শোধ করতে হয়েছে। তিনি ড্রাগ হাউস ছেড়ে দেবার পর হরিপদ সাহা সেই গুদামে আর মালপত্র রাখতেন না। কিছুদিন পরে হরিপদ সাহা নিজের ভুল বুঝতে পারেন ও বেণীমাধবের শিষ্যত্ব গ্রহণ করেন।

১৯৫৩ সালে মৌন উৎসবের পরে আশ্বিন মাসে বেণীমাধবের সহধর্ম্মিণী গঙ্গা দেবী তাঁকে বলেন, "তুমি তো সবই করছ, এবার দুর্গাপূজার ব্যবস্থা কর।" বেণীমাধব প্রথমে আপত্তি তুলেছিলেন, কারণ গঙ্গাদেবী তখন দ্বিতীয়বার সন্তান-সম্ভবা। পুত্র সন্তান না হওয়ার কারণে বেণীমাধবের কোন ক্ষোভ না থাকলেও বংশরক্ষার জন্য গঙ্গাদেবী একটি পুত্রের কামনা করতেন। এই পরিপ্রেক্ষিতে বেণীমাধব বলেন, "পুত্র-সন্তান তোমার হবে, তবে বংশরক্ষা যদি হয়, তবে তো সুখের কথা।"

গঙ্গাদেবীর অন্তঃসত্ত্বা অবস্থায় বাড়ীতে এত কর্মকাণ্ড ও হৈচৈ করা ঠিক হবে না বলায় গঙ্গাদেবী বলেন, "তাতে কোন ক্ষতি হবে না।" অবশেষে দুর্গাপূজা করা স্থির হয়। তবে, বাড়ীতে পাছে কোন অসুবিধে হয়, এই চিন্তা করে গঙ্গাদেবীকে উল্টাডাঙ্গায় মানিক দেবনাথের বাড়ীতে নিয়ে যাওয়া হয়। সেখানে তিনি অসুস্থ হয়ে পড়েন ও তাঁর জীবন সংশয়াপন্ন হয়ে ওঠায় তাঁকে কলকাতা মেডিকেল কলেজ হাসপাতালে ভর্তি করা হয়। সেখানে গঙ্গাদেবীর একটি মৃত পুত্র-সন্তান ভূমিষ্ঠ হয়। তিনি ক্রমশঃ সুস্থ হয়ে

উঠলেও তাঁর কিডনী স্থায়ীভাবে ক্ষতিগ্রস্ত হয় এবং তিনি ডায়াবিটিসের শিকার হয়ে পড়েন।

প্রথম দুর্গাপূজা করা হল হাজী জ্যাকারিয়া লেনের বাড়ীর পাশের বাড়ী দুলালদের বাড়ীতে। সেই বাড়ীতে মহাষ্টমীর দিন চেয়ারে বসে গঙ্গাদেবী দুর্গাপূজা দেখেন। ঐদিনই তিনি উল্টাডাঙ্গা থেকে নিজেদের বাড়ীতে ফিরে আসেন। দুর্গাপূজার প্রথম তিনদিন বেণীমাধব সন্ধ্যাবেলা নিজে আরতি করলেন। অপূর্ব সেই আরতি। মনে হত, আরতির সময় তিনি যেন এজগতে নেই। আরতি শেষ হওয়ার সঙ্গে সঙ্গে তাঁর সমাধি হয়ে যেত এবং সমাধির মধ্যে নানারকম মুদ্রা প্রকাশ পেত।

ষড়ৈশ্বর্যের তৃতীয় ঐশ্বর্যটিকেও ঐশ্বর্য নামে অভিহিত করা হয়। মানুষের কাছে এই ঐশ্বর্যের রূপটি কেমন? তা হল, মানুষের মনুষ্যত্ব। মনষ্যত্বের চেয়ে বড় ঐশ্বর্য মানুষের আর নেই। সকল মানুষই একলক্ষ্যতা, সততা, নিষ্ঠা, অধ্যাবসায় দ্বারা একদিন না একদিন মনুষ্যত্বের অধিকার অর্জন করতে পারে। এই সত্যটি সপ্রমাণ করার জন্যই যেন বেণীমাধবের এই পর্বের লীলাবিলাস।

যখন তিনি কলকাতায় এলেন, তখন বাস্তব বিচারে তিনি নিঃস্ব ও নিরাশ্রয়। সেই অবস্থাতেই ডাস্টবিন হতে ভাত, ডাল খেয়ে ক্ষুন্নিবৃত্তি করেও তাঁর নিজের প্রতি ধিক্কার আসেনি বা কোন অংশে অপমানিতও বোধ করেন নি। বেলগাছিয়া বাজারে সবজী বিক্রী করা, শোভাবাজারে আলুর ব্যবসা করা ছিল গ্রাসাচ্ছাদনের প্রয়োজনে, কিন্তু আর্ত মানুষের সেবার কথা একদিনের তরেও বিস্মৃত হন নি। বরঞ্চ, সেই কাজটিই সুষ্ঠুভাবেই করেছেন কেননা এইটি পরবর্তীকালে উদ্দেশ্যসাধনের অন্যতম ভিত্তি ছিল। অথচ, শোভাবাজারে বাসকালে তিনি চরম দারিদ্র্যের শিকার হয়েছেন। এমনও দিন গেছে যে, টাকার অভাবে রেশন তোলা হয়নি; অর্ধেক কাপড় শুকিয়ে নিয়ে পরে বাকী অংশ শুকোতে হয়েছে — কারণ একটির বেশী দুটি কাপড় ছিল না। এত দারিদ্র্যের মধ্যেও বেণী কোনদিন কারো সাহায্য নেন নি।

সংসারে কিছু সচ্ছলতার উদ্দেশ্য নিয়ে বেণী নিলেন দপ্তরীর কাজ। কিন্তু ব্যবসায়ে উন্নতি হচ্ছে দেখেও অপরিণতবুদ্ধি মালিক বেণীর প্রয়াসকে মূল্য দিতে না পেরে তাঁকে অপমান করে বসলেন। বেণীর আত্মসম্ভ্রমবোধ এত অভাব সত্ত্বেও তাঁকে কাজে ইস্তফা দিতে বাধ্য করল। ইতোমধ্যে সিনেমা জগতের কিছু গণ্যমান্য ব্যক্তিত্ব ও প্রতিষ্ঠানের সঙ্গে পরিচয়ের সুবাদে ধীরে ধীরে দপ্তরীর কাজ চলতে থাকল এবং অল্প কিছু দিনের মধ্যে ছোট হলেও নিজের একটি প্রেসও হয়। শোভাবাজার থেকে বাসা বদল করে বেণী এলেন মানিকতলায়। কিন্তু সেখানকার স্বল্প পরিসরে আর্ত মানুষের কথা শোনার ও সমাধানের ব্যবস্থা করার মত স্থান সঙ্কুলান না হওয়ায় তাঁরই একভক্তের চেষ্টায় রাধা গোবিন্দের মন্দিরে নিয়মিত বসার ব্যবস্থা করতে পারলেন। এর মধ্যে তাঁর পরিচিতির বৃত্তটা অনেকটাই বড় হয়ে গেছে। খুব বেশীদিন সেখানে বসতে না পারলেও আলোচনার আসর, জ্যৈষ্ঠ মাসের উৎসবাদি, মৌনব্রত, জ্ঞান সংহিতার রচনার সুরু এখন থেকেই হয়। রাধা গোবিন্দের মন্দির হতে চলে আসার পর আলোচনার স্থান পরিবর্তন, একাধিক স্থানে আলোচনার আয়োজন, জ্ঞান-সংহিতার দ্বিতীয় ও তৃতীয় খণ্ডের রচনা, বেলেঘাটায় প্রেস স্থানান্তর ইত্যাদির মত বহু ঘটনা এই পর্বে ঘটে। কিন্তু সবচেয়ে গুরুত্বপূর্ণ ঘটনাটি হল গুরুরূপে বেণীমাধবের আত্মপ্রকাশ। এতদিন গুরুর লীলা ছিল অপেক্ষাকৃত আবরণে আবৃত; কিন্তু এই পর্ব থেকেই গুরুর গুরুত্বকে তিনি তাঁর লীলায় প্রকাশ করতে থাকলেন। এতদিন ধরে তিনি বেণী থেকে বেণীমাধব হয়েছিলেন; এখন হলেন মাধব।

যশঃ

(বয়স — ৩৪-৪৪ বছর)

(সময়কাল — ১৯৫৪-১৯৬৪)

১৯৫১ সালের জৈষ্ঠ্যমাসের উৎসবশেষে এক বর্ণহীন নিদাঘ সন্ধ্যায় এক যুবক দীননাথ দাসের ঠাকুর বাড়ীতে এসে দ্বারপ্রান্তে বসে থাকা এক উৎকলবাসী ব্রাহ্মণকে জিজ্ঞাসা করল, "মাদুলী, দৈব ওষুধ ইত্যাদি দেন, এমন একজন সাধু কোথায় থাকেন?"

ব্রাহ্মণ জবাব দিল — "আপনি ভেতরে চলে যান, ঢুকেই বাম দিকের ঘরে তিনি বসে আছেন।"

যুবক নিঃসঙ্কোচে ভিতরে ঢুকে নির্দ্দিষ্ট ঘরের উন্মুক্ত দ্বারে দাঁড়িয়ে লক্ষ্য করুল, ঘরের মধ্যে আছেন মধ্যবয়সী দুজন ছাড়াও আরও অনেকে যাঁরা সকলেই প্রায় সমবয়সী। এঁদের মধ্যে একজন যাঁর পরনে নীলরঙের হাফ সার্ট ও ধুতি, তাঁর দিকেই আগন্তুকের দৃষ্টি আকৃষ্ট হল। তিনিও উজ্জ্বল দৃষ্টিতে হাসিমুখে তার দিকেই তাকিয়ে আছেন। মধ্যবয়সীদের মধ্যে একজন, যিনি কোট-প্যান্ট পরিহিত এবং আদব কায়দায় মার্জিত, তিনি যুবককে প্রশ্ন করলেন, "কাকে চান?"

যুবক উত্তর দিল — "এখানে যে সাধু বসেন, তাঁকে।"

ফের প্রশ্ন হল — "কি রোগের জন্য এসেছেন? রোগ কি আপনার, না বাড়ীর কারো?"

আগন্তুক বিস্মিত হল — মনে মনে ভাবেন, সাধুর কাছে কি শুধু রোগ সারাতেই লোকে আসে? মুখে অবশ্য বলেন, "না, না, রোগশোকের কারণে আমি আসিনি, এসেছি তাঁকে দেখতে।" এতক্ষণ উভয়ের বাক্যালাপ হাসিমুখে উপভোগ করছিলেন সেই নীল শার্ট পরিহিত মানুষটি। তিনি এবার

পূর্বোক্ত মধ্যবয়সীকে হেসে হেসে বললেন, "আরে ও দেহের ব্যাধির জন্য আসবে কেন? মনের ব্যাধির জন্য এসেছে।"

আগন্তুক নিঃসন্দেহে বুঝে গেলেন, ইনিই সাধু বেণীমাধব। তারপর বেণীমাধব তাকে বললেন, "তা ওখানে দাঁড়িয়ে কেন? এসো, কাছে এসে বসো।"

বেণীমাধবের আহ্বানে যুবকটি তাঁর কাছে বসতেই তিনি বলে উঠলেন, "কোথায় যেন দেখেছি তোমাকে। তুমি তো আমার পরিচিত।"

যুবক বিস্মিত আবার চমৎকৃতও। ভাবেন — সে কি। পরিচয়ের কোন সূত্র তো খুঁজে পাচ্ছি না। মুখে বলেন, "কবে কোথায় তুমি আমায় দেখেছিলে?" হঠাৎ এক অজানা আন্তরিকতার স্পর্শে তাঁর মুখ দিয়ে তুমি সম্বোধন বেরিয়ে আসে। বেণীমাধব হেঁয়ালী করে জবাব দেন, "কেন? জন্মান্তরের পরিচয় কি থাকতে পারে না?"

আগন্তুকের জ্ঞানে জন্মান্তরের পরিচয় অজ্ঞাত। তিনি ভাবেন, জাগতিক বিচারে যাঁকে তাবিজ-কবজ দেওয়া একজন সাধারণ সাধু বলেই মনে হয়, কথাবার্তায়, আচরণে তিনি কিন্তু অসাধারণ। আবার তাঁর দৃষ্টিতে আকর্ষণ শক্তির বিচ্ছুরণ। এ কি ভাললাগার নেশা, না অন্য কিছু? ভেবে কোন সমাধানে পৌঁছতে পারেন না; তবে নিঃসঙ্কোচে সাধুর পাশেই বসেন। হঠাৎ কোথা হেতে এক অনির্বচনীয় সৌরভ ভেসে এসে তাঁকে এক স্নিগ্ধ আবেশে ডুবিয়ে দেয়। তাঁর মনে হয় তবে কি সাধু আতর মেখেছেন? কিন্তু তাঁর অঙ্গভূষণের ঘ্রাণ নিয়ে দেখা গেল, তা ঠিক নয়। তবে গন্ধের উৎস কোথায়? চিন্তাবিষ্ট যুবক পকেট থেকে সিগারেট বের করে কোট প্যান্ট পরিহিত ব্যক্তিকে দিলেন একটি এবং অসংকোচে অন্য আর একটি বেণীমাধবকে দিয়ে নিজেও ধূমপানে রত হলেন। মাঝবয়সী ঐ ভদ্রলোক আর বেণীমাধবকে এক সঙ্গে ধূমপান করতে যুবকটি আগেই দেখেছিলেন এবং তিনি বুঝেছিলেন যে, উভয়েই বন্ধু-ভাবাপন্ন ও ঘনিষ্ঠ। এক সময়ে আগন্তুক, ভদ্রলোককে বললেন, — "দেখুন আপনি আমাকে তুমি সম্বোধন করলে

খুশী হব, আপনি তো বয়সে আমার চেয়ে বড়। আমি বরং আজ থেকে দাদা বলেই আপনাকে ডাকব।" ভদ্রলোক সানন্দে বললেন — "বেশ তো তাই হবে।"

এই ভদ্রলোকই সতীন্দ্রনাথ চট্টোপাধ্যায় যাঁর কথা পূর্বেই বলা হয়েছে; আর আগন্তুক যুবক বিজয় গোপাল বসাক। কিছুক্ষণ কথাবার্তা বলার পর সতীনদ্রনাথ বেণীমাধবকে বললেন, "একটু চায়ের ব্যবস্থা হোক, আমরা পান করি।"

বেণীমাধব হেসে বললেন, "বেশ তো, কিন্তু আমি পয়সা কোথায় পাব? তুমিই আনিয়ে নাও। তুমি থাকতে ভাবনা কিসের?"

চা পানের পর বিজয় উঠে দাঁড়িয়ে বললেন, "এবার আমি যাই?"

সতীন্দ্রনাথ বললেন, "কাল আবার আসছ তো?"

বিজয় : "সময় সুযোগ পেলে চেষ্টা করব।"

সতীন্দ্রনাথ : দেখা যাক, এখানে না এসে কি করে থাক। আসতে তুমি বাধ্য হবেই।"

একথা বলেই সতীন্দ্রনাথ হাসিমুখে বেণীমাধবের দিকে তাকিয়ে দেখেন, তিনিও মৃদু মৃদু হাসছেন। বিজয় তখন বেণীমাধবের দিকে চোখ ফিরিয়ে বলেন, "এখানে যে আসতেই হবে, এমন এমন কোন কথা নেই। দেখা যাক, আমি কিন্তু না আসারই চেষ্টা করব।" বলেই মৃদু হেসে ঠাকুরবাড়ী থেকে বেরিয়ে আসেন।

বিজয় সে সময়ে পাড়ার ক্লাবে সখের নাট্যচর্চা, তাস ও ক্যারাম খেলা ও বন্ধু-বান্ধবদের সাহচর্যে সন্ধ্যাকাল অতিবাহিত করতে অভ্যস্ত। ফলে, ক্লাবের সান্ধ্য আসরের আকর্ষণ উপেক্ষা করে নিত্য সে ঠাকুরবাড়ী যাবে, একথা বিজয়ের ভাবনার বাইরে। পরদিন সন্ধ্যায় যথারীতি পরিপাটী বেশে ক্লাবে যাওয়ার উদ্দেশ্যে পথে বেরুনোর পরে হঠাৎ বিজয়ের মনে পড়ে গেল গতকালের ঠাকুরবাড়ীর কথা এবং মধুর হাসিতে উদ্ভাসিত সেই সহজ,

সরল মুখখানা, যাঁর কথা আজ বারে বারে কাজের মধ্যেও মনে হয়েছে। তিনি যেন এই মুহূর্তে এক অদৃশ্য শক্তির আকর্ষণে তাঁর দিকেই ধাবমান। একদিনের দেখায় মন এত উতলা হয় কেন? বিজয় উত্তর না পেলেও সান্ধ্য ক্লাবে যাওয়ার ইচ্ছা দুর্বল হতে দুর্বলতর হতে থাকে এবং অবশেষে মন্ত্র-চালিতের ন্যায় ঠাকুরবাড়ী পৌঁছে দেখেন নির্দিষ্ট ঘরখানির দরজা ভেজানো। বারান্দায় কয়েকজন জোড় হাত করে বসে। কৌতূহলী বিজয় প্রশ্ন করেন, "কি ব্যাপার?"

একজন জবাব দিল, "সাধুর সমাধি হয়েছে, তাই এখন ঘরে যাওয়া বারণ।"

একথা শুনে বিজয় আশ্চর্য হয়ে ভবেন — সাধুর সমাধি? সে আবার কি জিনিষ? একথা ভেবে অবাক বিজয় ভালমন্দ কিছু চিন্তা না করে দরজা ঠেলে ঘরে প্রবেশ করে দেখেন, ঘরের মেঝেতে পাতা গালিচার ওপর সাধুর প্রশান্ত মূর্তি স্থির ভাবে শায়িত। বেণীমাধবের ঠোঁটের কোনে অনুপম হাসির রেখা, হস্তদ্বয়ে মুরলীধর মুদ্রা, তনুখানি যেন ত্রিভঙ্গিম ঠাটে বাঁকা। এক কোণে বসে আছেন সতীন্দ্রনাথ একা, নীরব।

তাঁকে দেখেই সতীন্দ্রনাথ আনন্দের সঙ্গে বলে উঠলেন — "আমি জানতাম, তুমি আসবে।" বিজয় তখন অবাক দৃষ্টিতে বেণীমাধবের পানে তাকিয়ে। এমন দৃশ্য তিনি জীবনে দেখেন নি। ভাবের বিচিত্র প্রকাশে তাঁর দেহমন রোমাঞ্চিত। তিনি দেখতে থাকেন — সমাধিস্থ বেণীমাধবের প্রকাশরূপের পরিবর্তন কখনো কালীরূপ, কখনও কৃষ্ণরূপ, কখনো সাম্যমূর্তি, কখনো বা রুদ্র মূর্তি। একি দেহীর মাধ্যমে বিদেহী সত্তার প্রকাশ, না, রূপের মাধ্যমে অপরূপ লাব্যণ্যের বিকাশ? এ তো জাগতিক জ্ঞানবুদ্ধির বিচারের দর্পণে ধরা পড়ে না। বেণীমাধবের এ কোন শক্তিরই বা প্রকাশ? পরীক্ষা করার উদ্দেশ্য নিয়ে বিজয় সতীন্দ্রকে প্রশ্ন করেন — "আচ্ছা, ওঁর দেহ স্পর্শ করতে কোন বাধা আছে কি?

সতীন্দ্রনাথ উত্তর দিলেন, হ্যাঁ, এই অবস্থায় ওঁকে স্পর্শ করা বারণ, তাতে ক্ষতি হয়। তবে মনে হয়, তুমি স্পর্শ করলে কিছু হবে না। তিনি কেন যে

একথা বললেন, তা ভাববার সময় তখন নেই; বিজয় এগিয়ে, গিয়ে বেণীমাধবের চরণযুগল প্রথমে স্পর্শ করে দেখে, একি? এ যে বরফের মত শীতল আর পাষাণের মত ভারী।' তিনি আপ্রাণ শক্তি চেষ্টা করেও সেই পদযুগলকে নড়াতে পারলেন না। বেণীমাধবের কঠিন শীতল দেহ অনড় পাহাড়ের ন্যায় লম্বমান। কেবলমাত্র বক্ষস্থলে হাত রাখলে প্রাণ-স্পন্দনটুকু অনুভব করা যায়। বিমুগ্ধ বিজয় নির্নিমেষে ঐশী সুষমামণ্ডিত সেই রূপ অনাবিল আনন্দের সঙ্গে দর্শন করতে থাকেন।

ধীরে ধীরে সেই অনড় দেহের মধ্যে চেতনা ফিরতে থাকে; শুরু হয় তাঁর অঙ্গ-প্রত্যঙ্গ সঞ্চালন। এই সময় সতীন্দ্রনাথ তাঁর শরীরে মৃদু ঝাঁকানি দিয়ে তাঁর নাম ধরে ডাকতে থাকেন, সেই ডাক শুনে প্রতিবারই তিনি চমকে উঠলেন, কিন্তু নিমীলিত নয়ন খুলে স্বাভাবিকভাবে তাকাবার চেষ্টা করেও পারলেন না। তখন সতীন্দ্রনাথ ও বিজয় দুজনে মিলে তাঁর দেহটি তুলে ধরে বসিয়ে দিলেন। সতীন্দ্র আবার তাঁকে নাম ধরে ডাকতে সুরু করলেন, তখন তিনি কিছুটা ধাতস্থ হলেও চোখের দৃষ্টি স্বাভাবিক হয়নি। কিছুক্ষণ পরে নিজের বাম হস্তের অঙ্গুলী দ্বারা জিহ্বা স্পর্শ করে, সেই অঙ্গুলী তাঁর চক্ষুদ্বয়ে বোলাতেই তাঁর স্বাভাবিক মানবিক ভাব ফিরে এল। মৃদুমধুর হাসিমুখে তিনি উপস্থিত জনদের দিকে তাকালেন।

সতীন্দ্রনাথ তখন স্বভাবজাত কৌতূহল নিয়ে জানতে চাইলেন— "ব্যাপার কি বলতো বেণী কোথায় গিয়েছিলে?"

বেণীমাধব ছোট্ট জবাব দিলেন — "তা আমি কি করে জানব?" তারপর বিজয়কে শুধালেন — "কতক্ষণ হয় এসেছো?"

বিজয় — "এসেছি অনেকক্ষণ, দেখলামও অনেক কিছু।"

বেণীমাধব — "তাই নাকি?"

বিজয় — "আচ্ছা বলতো, ঐ অবস্থায় তুমি কোথায় থাকো, আর কেমনই বা লাগে তোমার? জানতে বড় ইচ্ছা হয়।"

বেণীমাধব — দেখ, কখন যে অমন হয়, তা কি আমিই বুঝতে পারি? সবই মায়ের ইচ্ছায়, বুঝলে তো?"

দীননাথ দাসের ঠাকুরবাড়ীতে প্রতি শনি, রবি ও মঙ্গলবার বেণীসাধু জগন্মাতার আদেশলব্ধ ফুল, শিকড় ও সিঁদুর, মাদুলী দিয়ে নানারকম ব্যাধির চিকিৎসা করেন — এই ছিল তাঁর পরিচয়। সপ্তাহে তিনদিন দুপুর পর্যন্ত এইভাবে তাঁর কাটে; বাকী সময় কাটে ক্ষুন্নিবৃত্তির জন্যে বই বাঁধাইয়ের কাজে। সন্ধ্যাবেলা আবার সেই ঠাকুবাড়ীর ঘরে কয়েকজন ভক্ত অুরাগীসহ ধর্মালোচনার আসর। একদিন বিজয় ও জনা দুই তিন ভক্ত ঠাকরবাড়ীতে এসে দেখেন বেণীসাধু অনুপস্থিত। তাই তাঁরা সকলেই নীরবে অপেক্ষমান। এর মধ্যে এলেন সতীন্দ্রনাথ; এসে দেখেন আসল মানুষটিই গরহাজির। একটু পরে সতীন্দ্রনাথ বিজয়কে বলেন, "চল তোমাকে সাধুর পূর্ব আস্তানা দেখিয়ে আনি।" সেদিন সতীন্দ্রনাথের সঙ্গে গিয়ে বিজয় বেণীমাধবের পূর্ব বাসস্থান কুমারটুলীতে গাঙ্গুলী মশাইয়ের বাড়ী দেখে এলেন। কিছু দূরে ট্রামরাস্তা পার হয়ে কুখ্যাত হাবু গুণ্ডার বস্তীতে ঢুকে যে ঘরে বেণীমাধব সপরিবারে তখন বাস করতেন সেখানে তার খোঁজ করে ঠাকুরবাড়ীতে ফিরে এসে দেখেন বেণীমাধব সহাস্যবদনে ঘরে উপবিষ্ট।

ঠাকুরবাড়ীতে সাধু বেণীমাধবের কাছে বহু জনের যাতায়াত। বিনামূল্যে তাঁর দেওয়া ওষুধ, মাদুলীর গুণে অনেকের অনেক দুরারোগ্য ব্যাধি নিরাময় হয়। ব্যাধি নিরাময় হলে কেউ কেউ সসম্মানে বাড়ী নিয়ে গিয়ে আপ্যায়ন করে।

সপ্তাহে তিন দিন সকালবেলায় একরূপ — বহু মানুধ ধনী-দরিদ্র নির্বিশেষে সাধু বেণীমাধবের কৃপা ভিক্ষা করে; আর, প্রতিসন্ধ্যায় তাঁর অন্য আর এক রূপ — সেখানে গুটিকতক অনুরাগীর মধ্যে সত্যের চেতনা জাগ্রত করার জন্য ধর্ম, তত্ত্বজ্ঞান ও পরাজ্ঞানের বিশদ আলোচনা করেন। ঠাকুরবাড়ীর সন্ধ্যারতির পরে আলোচনা সুরু হয়। সাধু বেণীমাধবের গুণাগ্রাহীর সংখ্যা এখন কম নয় এবং তা ক্রম বর্ধমান।

ক্রমে ক্রমে শনি, রবি ও মঙ্গলবারেরও সকালের দিকে সুবিধামত বিজয় বেণীমাধবের কাছে চলে আসতেন। এমনও ঘটেছে যে ওষুধ প্রার্থীর সংখ্যা বিপুল। একা বেণীমাধবের পক্ষে তা সামলানো সময়সাপেক্ষ; তখন তিনি বিজয়কে সাহায্য করতে বলেছেন। বিজয়ও আনন্দের সঙ্গে তাঁর নির্দেশমত ফুল, সিঁদুর, শিকড়, মাদুলী ইত্যাদি প্রার্থীদের দিয়েছেন। আবার প্রার্থীরা ঠাকুরবাড়ী থেকে নিষ্ক্রান্ত হলে বিজয় বেণীমাধবের কাছে অনেক প্রশ্ন, অনেক অন্তর্দ্বন্দ্বের কথা ব্যক্ত করেছেন, আর একান্ত আপনজনের মত বেণীমাধব সেই সকল প্রশ্ন ও দ্বন্দ্বের সমাধান নির্দেশ করেছেন। শনি, মঙ্গলবার সকালে সতীন্দ্রনাথও অফিস যাওয়ার পথে বেণীমাধবকে দেখা দিয়ে যেতেন। আর ছুটী থাকলে তিনিও সকালে আসতেন, তিনে মিলে বসত প্রেমরসের আসর কোন দিন আসর ভাঙত একটায় কোন দিন দেড়টায়।

এদিকে বিজয়ের ঘরে অসুস্থ পিতা শয্যাশায়ী, জেঠাইমা মাথার গোলমালে অখাদ্য তরকারী রান্না করেন। সারাদিন বিজয় অসুস্থ পিতার সেবাযত্ন, ডাক্তারের নির্দেশমত ওষুধ ও পথ্যের ব্যবস্থা, পাগল জেঠাইমাকে সামলানো ইত্যাদি কর্মগুলি সুচারুভাবে সম্পন্ন করে সন্ধ্যাবেলা ঠাকুরবাড়ীতে বেণীমাধবের কাছে হাজির হতেন। কিন্তু ফেরার কোন ঠিক থাকত না কোনদিন রাত দশটা বাজত, কোনদিন বারোটা। বাড়ী থেকে বেরুনোর সময় তিনি ফটকে তালা দিয়ে যেতেন, আর ফিরে এসে ফটক খুলে ঢুকতেন। কোনদিন জুটত নুনে পোড়া তরকারী আর ভাত, কোনদিন জেঠাইমা রান্নার কথা ভুলেই যেতেন। তবে যেদিন যা জুটত তাই দিয়ে তৃপ্তির সঙ্গে ক্ষুন্নিবৃত্তি করতেন।

বিজয়ের সঙ্গে সাধুর এত হৃদত্য, এক ঘনিষ্ঠতা থাকা সত্ত্বেও বিজয় পিতার অসুস্থতার কথা কোনদিন বলেন নি, এখানে এলে তিনি এক অমৃত রসে ডুবে যান। একদিন ঠাকুরবাড়ী হতে রাত্রে বিজয় বাড়ী ফিরছেন হঠাৎ বেণীমাধব বললেন, "দাঁড়াও, তোমার সঙ্গে আমি যাব।" একথা শুনে সতীন্দ্র মুচকি হেসে জানতে চান, "ব্যাপারখানা কি? তুমি কি বিজয়ের বাড়ী

যাবে?” বেণীমাধব পরিষ্কার কোন জবাব না দিয়ে বললেন, “ওদিকে আমার একটু কাজ আছে।” বিজয়ের বাড়ী কোথায় বা কোন রাস্তায় বিজয় কোনদিনই তা ঠাকুরবাড়ীতে বলেননি। যাক্, ঠাকুরবাড়ী থেকে বেরিয়ে বেণীমাধব ও বিজয় পাশাপাশি হেঁটে চলেছেন। পথিমধ্যে প্রশ্নোত্তরে অনেক অজানা তত্ত্বের হদিস মেলে। কথায় কথায় দুজনে বিজয়ের বাড়ীর সানে এসে দাঁড়ালেন। বিজয় কিছু বলার আগেই বেণীমাধব এমন ভাবে ফটকে সামনে থামলেন যেন এই বাড়ীতে তাঁকে প্রবেশ করতে হবে এবং বাড়ীটি তার পূর্ব পরিচিত। বিজয় তালা খুলে ভেতরে ঢুকবার মুখে রসিকতা করে বলেন, “বাড়ীটা যেন তোমার চেনা মনে বলে হচ্ছে।” একথার উত্তর না দিয়ে বেণীমাধব বলেন, “তোমার বাবার ঘরে আমাকে নিয়ে চলো।” প্রতি রাত্রে ফিরে বিজয়ের কাজ হল অসুস্থ পিতাকে ওষুধ দেওয়া, পথ্য খাওয়ানো ও তাঁর পরিচর্যা করা। তাঁর দৈনন্দিন কাজগুলি সেরে বিজয় পিতার সঙ্গে এই বলে পরিচয় করিয়ে দিলেন যে, ইনি একজন গুণী লোক, সাধারণের কাছে সাধু বলেই পরিচিত। তা শুনে বিজয়ের পিতা বেণীমাধবকে আপ্যায়ন করে তাঁর শয্যার পাশে বসালেন। বেণীমাধব বসে বিনা ভূমিকায় আন্তরিকতার সঙ্গে সুরু করলেন, “আপনি ছেলের জন্য খুব চিন্তা করেন, তাই না? এত রাতে বাড়ী ফেরে, কাঁচা বয়েস, ভাববার কথাও বটে। কিন্তু ছেলের জন্য আপনি কোন চিন্তা করবেন না। ও আমার কাছেই যায় এবং ওখানেই থাকে; ওর জন্য দুশ্চিন্তা করার কিছু নেই, ওর ভার আমি নিয়েছি। আর, আর আপনি অপারেশনটা করিয়ে ফেলুন, ব্যাধিমুক্ত হয়ে উঠবেন, আমি বলছি, এ যাত্রায় আপনার কোন ভয় নেই।” বেণীমাধবের আশ্বাসবাণী শুনে বিজয়ের পিতা স্বস্তির নিঃশ্বাস ফেলে বলেন, “আপনি যখন বলছেন, তখন তাই হবে।” মুগ্ধ বিজয় পাশে দাঁড়িয়ে ভাবছেন পিতার ব্যাধিমুক্তির আশ্বাস ও মনের দ্বন্দ্ব নিরসনের জন্য বেণীমাধবের এই অযাচিত আগমন। বিজয়ের ভাবনায় ছেদ টেনে আচমকা বেণীমাধব বললেন, “কি হে, খেতে বসবে না? রাত তো অনেক হল।” একথা শুনে বিজয় তো ঘোর বিপদে পড়ল। তার জন্য কি অখাদ্য ঢাকা দেওয়া আছে কে জানে। অভুক্ত বেণীমাধবকে সেই অখাদ্য তো আর খেতে বলা যায় না। আবার ভাবেন, আপনজনের কাছে

সঙ্কোচই বা কি আছে? যা আছে তা ভাগাভাগি করে খেতে তো লজ্জা নেই। তাই দ্বিধাহীন চিত্তে যা ছিল তা বেণীমাধবের সামনে ধরে দিলেন। বেণীমাধবও সানন্দে থালার সামনে বসে পড়লেন এবং অতি পরিতৃপ্তি সহকারে সেদিন দুজনে একই থালায় আহার সমাধা করলেন। আহার শেষে হাত মুছতে মুছতে বেণীমাধব বললেন, "অনেক রাত হয়েছে, এবার চলি।" — বলে বাড়ী থেকে বেরিয়ে গৃহাভিমুখে রওয়ানা দিলেন।

একদিন ঠাকুরবাড়ীর ঘরে ওষুধ, মাদুলী ইত্যাদি বিতরণ করা শেষ করে বেণীমাধব একাই বসে আছেন, — এমন সময় বিজয় এসে উপস্থিত হলে বেণীমাধব বললেন, "তুমি এসেছ, ভালই হয়েছে, চলো একটু ঘুরে আসি।" বেণীমাধবের সঙ্গে হাঁটতে হাঁটতে তাঁরা সেদিন এক তান্ত্রিকের আড্ডায় গেলেন। এখানকার এক তান্ত্রিকের সঙ্গে সামান্য পূর্ব পরিচয় ছিল। এই দলটি বিজয়েরও অপরিচিত ছিল না। তবে তাদের আচরণে তিনি ছিলেন বীতশ্রদ্ধ। তান্ত্রিকদের একটি ঘরে বেণীমাধব ও বিজয় প্রবেশ করলেন। তান্ত্রিকরা সকলে পূর্ব পরিচিত বেণী সাধুকে দেখে উৎফুল্ল হয়ে বসবার জন্য পীড়াপীড়ি করতে লাগলেন। তাদের ভাবখানা হল — তারা যেন এক একজন কেউকেটা আর বেণীসাধু নিতান্তই হাবাগোবা গোছের একজন সাধারণ লোক। ঘরের মধ্যে তখন পট্টবেশে সজ্জিত তিন-চার জন বসেছিলেন। দলের গুরু বা তন্ত্রাচার্য যিনি, তিনি মধ্যমণি হয়ে একটি ব্যাঘ্রচর্মের ওপর বসেছিলেন। অন্যদের মধ্যে কেউ বা হাতের তালুতে গাঁজা ডলছে, কেউ কল্কে পরিষ্কার করছে, কেউবা নারকেলের মণ্ড করতে ব্যস্ত। বেণীমাধব ও তন্ত্রগুরুর মধ্যে দেবী কালিকা সম্বন্ধে কিছু কথাবার্তা হল। দু-চার মিনিট বাদে তান্ত্রিকদের মধ্যে চোখে চোখে ইশারা হল এবং কল্কেতে গাঁজা ভরে আগুন দিয়ে কল্কেটি তন্ত্রগুরুর দিকে এগিয়ে ধরল। তন্ত্রাচার্য অতি বিনীতভাবে বেণীমাধবের দিকে নির্দেশ করে বলে, "আজ ইনি আমাদের অতিথি নারায়ণ, ইনি আগে প্রসাদ করে, দিন, পরে আমরা সেই প্রসাদ গ্রহণ করব। তা ছাড়া আমাদের মত উনিও তো মায়ের ভক্ত।" তখন শিষ্যটি কল্কে বেণীমাধবের দিকে এগিয়ে দিয়ে বলে, "দাও বেণী সাধু, কল্কেটা প্রসাদ করে দাও। আজ আমাদের সৌভাগ্য যে তোমার প্রসাদ পাব।"

এসব ব্যাপার বিজয়ের ভাল লাগছিল না; কিন্তু বেণীমাধবকে ছেড়ে চলে আসাটাও অশোভন। বেণীমাধব গাঁজার জ্বলন্ত কল্কেটি হাতে নিলেন এবং একবার নয় তিন তিনবার পাকা গাঁজাড়ুর মত টান দিলেন আর সেই টানে কল্কের মাথায় স্তিমিত আগুন দপ্ করে হুতাশনের মত জ্বলে উঠে কল্কে মধ্যে পট্ পট্ করে কি যেন ফুটতে লাগল। এই কাণ্ড দেখে তো বিজয়ের চক্ষুস্থির, ভাবেন, গঞ্জিকা সেবনের জন্যই কি তাঁর এখানে আগমন। তান্ত্রিকরাও বিস্ফারিত নেত্রে বেণীমাধব দিকে অবাক হয়ে তাকিয়ে। শেষ টানটা দিয়েই বেণীমাধব কল্কেটি মেঝেতে উপুড় করে রেখে বললেন, "প্রসাদ তোমাদের ভাগ্যে নেই — আমাকে পরীক্ষা করবার জন্য যে বিযাক্ত দ্রব্য গাঁজার সঙ্গে মিশিয়ে দিয়েছিলে, তা প্রসাদ করে দিলে তোমাদের কেউই তা আর হজম করতে পারতে না; তোমাদের ভবলীলা সাঙ্গ হত। তাই সবটাই আমি গ্রহণ করে সমস্ত দ্রব্যটাই ছাই করে দিলাম। কল্কেটা তুলে দেখ অবশিষ্ট আর কিছু নেই। এরকম বিযাক্ত দ্রব্য গাঁজায় মিশিয়ে আর কাউকেই যেন পরীক্ষা করতে যেও না।" একথা শুনে বিজয় তো হতবাক; আর তান্ত্রিক বাবাজীদের মুখগুলো পাংশু বর্ণ — অপরাধীর মত নতদৃষ্টিতে তারা বসে রইল। এতক্ষণে পরিষ্কারভাবে বিজয়ের বোধগম্য হল কেন বেণীমাধব তাঁকে সঙ্গে নিয়ে তান্ত্রিকদের আড্ডায় এনেছেন। তা জেনে বিজয়ের তো আনন্দ আর ধরে না। বেণীমাধব তাঁর স্বভাবসিদ্ধ শান্ত, মধুর কণ্ঠে বললেন, "যদি সময় ও সুযোগ ঘটে, আর মন চায় তবে আমার কাছে এসো। কোন বাধা নেই, কোন লজ্জা নেই; আমার কাছে সবাই সমান। অন্যায় যে করে সে তো ন্যায়ও করতে পারে; ভয় নেই, অভয় পাবে, তোমাদের মঙ্গল হবে।"

আর একদিনের কথা। সেদিন সান্ধ্য আসরে সতীন্দ্রনাথ, বিজয়, বীরেন মুখার্জী ইত্যাদি কিছু সংখ্যক অনুরাগীদের সঙ্গে আলাপ-আলোচনায় ব্যস্ত। কিছুদিন থেকে একটি যুবক এই আসরে যাতায়াত করছিল। সেদিন হঠাৎ সে একজন অপরিচিত ব্যক্তিকে সঙ্গে নিয়ে সান্ধ্য আসরে প্রবেশ করল। উপস্থিত সকলেই ভেবেছে হয়তো বেণীমাধবকে দর্শন করার জন্যই সে এসেছে। কিছুক্ষণ বসে থাকার পর কাউকে কিছু না বলেই ঘর থেকে বেরিয়ে গেল। সঙ্গে সঙ্গে বেণীমাধব গম্ভীর হয়ে বলে উঠলেন, "আরে ডাকো,

ডাকো — ঐ লোকটাকে ডাক।" সকলেই হকচকিয়ে উঠল, ব্যাপার খানা কি? তক্ষুণি একজন ছুটে গিয়ে লোকটিকে সঙ্গে নিয়ে ফিরে এলো। উৎসুক দৃষ্টিতে সবাই অপেক্ষমান। বেণীমাধব ধীর শান্ত স্বরে তখন লোকটিকে প্রশ্ন করলেন, "কি? এবার যদি আমি পাল্টা জবাব দিই? তা কি তুমি সামলাতে পারবে? যাও, ভবিষ্যতে এরকমভাবে কাউকে পরীক্ষা করার চেষ্টা কোর না।" লোকটি অধোবদনে কোন কথা না বলে ধীরে ধীরে ঘর থেকে চলে গেল। পরে বেণীমাধব বললেন, ঐ লোকটি একজন গুণিন, বাণ মেরে পরীক্ষা করতে চেয়েছিল কিন্তু তার বাণ ক্রিয়মান না হওয়ায় এখান থেকে চুপিসাড়ে সরে পড়তে চেয়েছিল।

অন্য আর একদিনের ঘটনা। ঠাকুরবাড়ীর ঘরে বসে বেণীমাধব ধর্মালোচনা করছেন। সতীন্দ্রনাথ, বীরেন্দ্র মুখার্জী, বিজয়, মন্টু এবং আরও কয়েকজন সেই সভায় উপস্থিত। তাঁদের নিত্যকার কর্মসূচীর মধ্যে ছিল চা পান ও ধূমপান। এক একদিন এক একজন পয়সা দিয়ে এসব আনাতেন। সে দিন চা আনবার পয়সা দিলেন বীরেন মুখার্জী। বীরেন্দ্র নাথ ও সতীন্দ্রনাথ দুজনেই ভিল্যুকস্ ফিল্মের সঙ্গে যুক্ত ছিলেন এবং সেখানেই বেণীমাধবের সঙ্গে তাঁর পরিচয়। পরিচয়ের প্রথমদিন থেকেই তাঁকে দাদা সম্বোধন করতেন ও দাদার মতই সম্মান দিতেন। বীরেনবাবু ছিলেন একজন নিষ্ঠাবান ব্রাহ্মণ ও তন্ত্র-সাধক। ধর্মীয় সাহিত্যে তাঁর পাণ্ডিত্যও ছিল। বেণীমাধব সম্বন্ধে তিনি খুব উচ্চ ধারণা পোষণ করতেন, বলতেনও অনেক কিছু। সেদিন চা খাওয়ার পর সতীন্দ্রনাথ ও বিজয়ের পান খাওয়ার ইচ্ছা হল। কিন্তু আনবে কে? বীরেনবাবু বিজয়কে ঈঙ্গিত করতেই সতীন্দ্রনাথ বাধা দিয়ে বললেন, "দৈনিক আমরা সকলেই তো কিছু না কিছু খরচ করে এসব আনাই — বেণী কোনদিন কিছুই খরচ করে না, আজ তাঁকেই পান খাওয়াতে হবে।" তাঁর কথায় বিজয় ও মন্টু উল্লসিত হয়ে একযোগে বলে উঠলেন, "হ্যাঁ, আজ তোমাকেই পান খাওয়াতে হবে। যেমন করে হোক, যেখান থেকে পার আজ তুমি পান আনাও, কোন কথাই আজ আমরা শুনব না।" নিরুপায় বেণীমাধব গো বেচারার মত মুখ করে বললেন, "কি মুস্কিলে তোমরা আমায় ফেললে বলতো? আমার পকেট যে শূণ্য, তোমরা সব জেনে শুনে কেন এমন কর?

আমি পান খাওয়াব কোথা থেকে? নাছোড়বান্দা তিনজন একযোগে বলে উঠলেন, "তোমার কি আবার পয়সাকড়ি লাগে? একটু চাইলেই তো হয়।" "চাইলে তো পাওয়া যায় অনেক কিছুই। চাওয়া খুব সহজ কিন্তু ধার শোধ দেওয়া যে বড় কঠিন কাজ।" এঁরা তিনজনে বলেন, "তোমার এত কথা শুনতেও চাই না, বুঝিও না — খেতে চেয়েছি, খাওয়াবে এই পর্যন্ত।" এরই মধ্যে গালভরা দাড়িগোঁফ নিয়ে অপরিচিত এক ভদ্রলোক ঘরে ঢুকলেন হাতে এক দোনা পানের খিলি। ঢুকেই একান্ত ভক্তিভরে ও নম্রভাবে বললেন, "বাবা, আপনার পান।" বেণীমাধবও সঙ্গে সঙ্গে ঘরের একটি তাক দেখিয়ে বললেন, "ওখানে রাখ।" ভদ্রলোক নির্দেশিত স্থানে পানের দোনাটি রেখে বেণীমাধবকে প্রণাম করে চলে গেলেন। ঘরে উপস্থিত সকলেই হতবাক ও উৎফুল্ল। বেণীমাধব তখন চুপটি করে মিটি মিটি হাসছেন। পরে এই প্রসঙ্গ উত্থাপিত হলে বেণীমাধব হাসতে হাসতে জবাব দিয়েছিলেন, "সবই মায়ের ইচ্ছা, তাঁর কাছে হাত পাতলে কি না পাওয়া যায়, তবে ফেরৎ যে দিতে হবে কড়ায় গণ্ডায়।"

ঠাকুরবাড়ীর সান্ধ্য আসরে প্রায় প্রতিদিন বেণীমাধবের ধর্মালোচনার বিষয়বস্তু ছিল শ্রীকৃষ্ণ, শ্রীরাধা ও গৌরাঙ্গ মহাপ্রভুর প্রসঙ্গ। ঘটনাসকল বেণীমাধব এমন সহজ ও হৃদয়গ্রাহী ভঙ্গীতে বলে যেতেন যে, মনে হত, তিনি প্রত্যক্ষ অভিজ্ঞতার বিবরণ দিচ্ছেন। শ্রোতারা নিজ নিজ অস্তিত্ব ভুলে তন্ময় হয়ে শ্রবণ করত। প্রতিটি ঘটনা ছায়া ছবির মত একের পর এক শ্রোতার সন্মুখে প্রতিফলিত হত। ঘটনাপ্রবাহের আবেগে বেণীমাধব এমনি তন্ময় হয়ে যেতেন প্রায়শঃই তিনি ভাবসমাধিতে ঢলে পড়তেন। একদিন এমনই এক প্রসঙ্গ বর্ণনা করতে করতে তিনি গালিচার ওপর ঢলে পড়লেন। তিনি বসেছিলেন জানালার ধারে। ভাবঘোরে পড়ে যাবার পর বেণীমাধবের ডান হাতের কনুইটি জানালার পাল্লায় ধারালো কিছুতে লেগে ভীষণভাবে কেটে যায় এবং খানিকটা মাংস কেটে গিয়ে হাড় দেখা যেতে থাকে। এ বিষয়ে বেণীমাধবের কোন প্রতিক্রিয়া নেই। সতীন্দ্রনাথ ও বিজয় দুজন বেণীমাধবের দুপাশে বসেছিলেন। বিজয় ছিলেন ডানদিকে এবং ডানহাতের কণুই কেটে যাওয়া তাঁরই নজরে প্রথম আসে। কিন্তু তখন সেকথা বলবেন

কাকে? অবাক বিজয় লক্ষ্য করেন কেটে যাওয়ার জন্য বেণীমাধবের যেমন কোন দৈহিক অভিব্যক্তি নেই, তেমন ক্ষতস্থানে থেকে রক্ত ও পড়ছে না। প্রায় দুঘন্টা পরে তাঁর জড়দেহে স্বাভাবিক হুঁশ আসার পরে ক্ষতস্থানে রক্তধারা দেখা যায়। বিজয় ভাবেন, মনাতীত অবস্থা প্রাপ্ত হলে ইন্দ্রিয়াদির ক্রিয়া এমন কি দেহের রক্তধারাও স্তম্ভিত হয়ে যায়। বিজয় এই ভেবে আশ্চর্য হন যে, যে মানুষটির কোন রকম সাধন ভজন নেই, তাঁর এমন সহজে অতীন্দ্রিয় জগতে যাতায়াত কি করে সম্ভব? এ যে মুনি, ঋষিগণেরও ভাবনার অতীত। বেশ অনেকক্ষণ পরে স্বাভাবিক অবস্থায় ফিরে আসার পরে কণুইয়ের ক্ষত দেখে বলেন, "তাই তো বেশ খানিকটা কেটে গেছে দেখছি। কখন এমন করে কেটে গেল? কিছুই তো বুঝতে পারি নি।"

একদিন পূর্ব পরিকল্পনামত বেণীমাধব বিজয়ের বাড়ীতে এসেছেন দুজনে এক সঙ্গে আহার করবেন। দিনটি ছিল দুর্যোগে ভরা বর্ষার দিন। আহারাদি সেরে বালিসে মাথা দিয়ে টান টান হয়ে শুয়ে বেণীমাধব বললেন, একটু বিশ্রাম করা যাক — তুমিও শুয়ে পড়।"

বিজয় বলেন, "শুয়ে মিছিমিছি সময় নষ্ট করে লাভ কি, তার চাইতে তোমাকে সঙ্গে নিয়ে চল বেড়াতে যাই।" কথা শুনে বেণীমাধব বলেন, "তুমি কি পাগল হয়েছে? এই ঝড় জল মাথায় করে কেউ কি বেরোয়?"

কিন্তু বিজয়ের মন মানে না, বলেন, "শুয়ে কি হবে? তার চাইতে চল দুজনে দক্ষিণেশ্বর যাই।"

বেণীমাধব বলেন, "এই জল কাদায় না গেলেই কি চলে না, নিজেও জলে ভিজবে, আমাকেও ভেজাবে — অন্য কোন দিন গেলে চলত।"

বিজয় বলেন, ভিজতে হয় ভিজব, তোমাকে নিয়ে জল-কাদায়ই না হয় সেখানে ঘুরে বেড়াব।" সেদিন বিজয়ের আবদার রাখতে অনিচ্ছা সত্ত্বেও বেণীমাধবকে যেতে হয়েছিল। বৃষ্টি মাথায় নিয়ে দুজনে বাসে রওয়ানা হলেন। সারাপথ জলে জলময়। বাসে যেতে যেতে রাস্তাঘাটের অবস্থা দেখে বিজয় ভবেন, — এই দুর্যোগে না বেরোলেই বোধ হয় ভাল ছিল। বেণীমাধব

প্রশান্ত দৃষ্টিতে বিজয়ের দিকে তাকিয়ে আছেন। দক্ষিণেশ্বরে বাস পৌঁছাতে দেখা গেল সেখানে এক ফোঁটাও বৃষ্টি হয়নি। বাস থামতেই দুজনে নেমে পড়লেন। মুখে মৃদু হাসি নিয়ে বেণীমাধব পথ চলছেন। উৎফুল্ল বিজয় বেণীমাধবকে জড়িয়ে ধরে বললেন, "দেখেছ, তোমার মা কত প্রসন্ন? এক ফোঁটা বৃষ্টিও এখানে হয়নি। হয়তো তুমি এখানে আসবে, জল কাদায় কষ্ট পাবে, তাই এ ব্যবস্থা — বলো না, এর অর্থ কি? এমন অসম্ভব সম্ভব হল কি করে?" বেণীমাধব হেসে বলেন, "নাও, রাস্তাঘাটে এমন পাগলামী ছেড়ে হেঁটে চল।"

কিছুটা পথ হেঁটে তাঁরা তপোবনে প্রবেশ করলেন। মাতৃমন্দিরে যাওয়ার পথে উত্তর ও দক্ষিণে দুটি পুকুর। দক্ষিণের পুকুরটির পাশ দিয়ে যাবার সময় একটি পুরানো গাছের শিকড়ে পা লেগে বেণীমাধব হোঁচট খেলেন। তিনি যেন কিছুটা অন্যমনস্ক হয়ে হাঁটছেন, একটু এগিয়ে যেতেই ইট বের করা জরাজীর্ণ পুকুরের ঘাট। সেই ঘাট দেখিয়ে তিনি বললেন, জান বিজয়! তোমাদের ঠাকুর ভোরবেলা এই ঘাটে বসেই দাঁতন করতেন ও মুখ হাত, পা ধুতেন।

বিজয় রসিকতা করে বলেন, "তাই বুঝি তোমকে এখানেই হোঁচট খেতে হল?"

বেণীমাধব সে কথায় কান না দিয়ে ভাবাবেগে বলে চলেছেন, "বইপুস্তকে কতটুকুই বা আছে আর লোকে কতটুকুই বা জানতে পারে! এখান থেকে এই পথ ধরে তিনি যেতেন উত্তর দিকের পুকুরে।" একথা বলতে বলতে বেণীমাধব এগিয়ে যাচ্ছেন আর কৌতূহলী বিজয়ও চলেছেন তাঁর পিছু পিছু। কিছু দোকান পসারের মাঝে অপরিসর স্থান দিয়ে আধো আলো আধো অন্ধকারে উঁচু নীচু পথ বেয়ে, মন্দিরের পূর্বে শেওলা ধরা এক পুকুরঘাটে এসে বেণীমাধব থামলেন। ঘাটে দু-এক ধাপ নেমে তিনি নিজে থেকেই বলতে লাগলেন, "এই যে এখানে স্নানান্তে তিনি বসতেন, আর অপর পারে ঐ যে বিরাট গাছটি জলের ধারে লতা গুল্মে ভরা দেখা যাচ্ছে, ওখানে ভবতারিণী মা স্নেহমাখা চোখে চুপটি করে দাঁড়িয়ে দাঁড়িয়ে দেখতেন তাঁর

স্নেহ পাগল আত্মভোলা ছেলেকে। মা ও ছেলে দুজনে মিলে কত কথাই না কইতেন।” বেণীমাধবের কথাগুলি এতটাই মর্মস্পর্শী যে, যুক্তিবাদী বিজয়ও তাঁর মনকে নিজ বশে রাখতে পারেন নি। তিনি বলেন, “ঠাকুর সম্বন্ধে তুমি তো দেখছি বেশ ওয়াকিবহাল! তোমার এ সকল কথা ও কাহিনী কোন বইয়ে লেখা আছে, সেটা আমায় খুঁজে বের করতে হবে।” কিন্তু বিজয়ের কথার কোন উত্তরই না দিয়ে তিনি বলে চলেছেন, “মাতৃপ্রেমে বিভোর, আনন্দে আত্মহারা হয়ে চিন্ময়ী মাকে পূজা করতে এই ঘাট থেকে তিনি সোজা মন্দিরে চলে যেতেন।” এই কথাগুলি বলতে বলতে মন্দির প্রাঙ্গনে বেণীমাধব এগিয়ে গেলেন সঙ্গে বিজয়। দুজনেই ভবতারিণীর সামনে দাঁড়িয়ে তাঁকে দর্শন করে গেলেন গঙ্গার ধারে নিরিবিলি একটা জায়গায়। সেখানে বসে দুজনে মুড়ি-বাদাম খেতে সুরু করলেন। এখন তিনি অন্য মানুষ। বিজয় বেণীমাধবকে বলেন, “রাধাকৃষ্ণ জিউর ঠাকুর বাড়ীতে সান্ধা আসরে ঠাকুর সম্বন্ধে কেউ কোন প্রশ্ন করলে তুমি তো কোন কথাই বল না, এড়িয়ে যাবার চেষ্টা কর, কেন বলতো? আর এখানে এসে স্বতঃ প্রবৃত্ত হয়ে তাঁর সম্বন্ধে তুমি কত কথাই না বললে। মনে হয়, এমনিভাবে বলা একমাত্র প্রত্যক্ষদর্শীর পক্ষেই সম্ভব। এর তাৎপর্য কি? একটু খুলে বল, যেন বুঝতে পারি।”

একটু হেসে বেণীমাধব বলেন, “আমি কি ছাই কিছু বলি? সবই মায়ের ইচ্ছা, তিনি কখন যে কি বলান সে তিনিই জানেন।”

অন্য একদিন রাধাকৃষ্ণ জিউর ঠাকুর বাড়ীর সান্ধ্য আসরে বেণীমাধব মনোমুগ্ধকর ভাষায় রাধাকৃষ্ণ বিষয়ে বর্ণনা করছেন; সতীন্দ্রনাথ ও বিজয় বেণীমাধবের পাশেই বসা। রাধাকৃষ্ণের অপূর্ব প্রেমমাধুরী এই দুজনকে এমনই অভিভুত করে যে, ঘরের পরিবেশকে বৃন্দাবনধাম বলেই তাঁদের মনে হতে থাকে। বক্তার মধ্যে প্রকাশ পেতে থাকে ভাবের প্লাবন এবং তারই প্রভাবে ভাবসমাধিমগ্ন বেণীমাধব ভূমিতলে পতিত। একটু পরে দেহটি সামান্য নড়ে উঠল। ভাবের আবেশে তাঁর হাত দুটিতে মুরলীধর মুদ্রা প্রকাশ পেল, অধরে মৃদু হাসি এবং বাঁ পায়ের ওপর ডান পা-টি স্থাপন করে ত্রিভঙ্গিম ঠামে বিরাজ করতে থাকলেন। বংশীবাদনের মুদ্রা ছন্দে হাতের

দশটি আঙুল ওঠানামা করছে। এই ভাবমাধুরী দেখে সতীন্দ্রনাথ ও বিজয় দুজনেই তন্ময়। এই সময়ে দুজনেই প্রেমরাগপূর্ণ দূরাগত বংশীধ্বনি শুনতে পেলেন। ক্রমশঃ সেই ধংশীধ্বনি স্পষ্ট হতে স্পষ্টতর হয়ে ওঠে। ধ্বনি শুনে বিহ্বল বিজয় সতীন্দ্রনাথকে প্রশ্ন করেন, "আপনিও তো নিশ্চয় এই বংশীধ্বনি শুনতে পাচ্ছেন, বাইরে কি কেউ বাঁশি বাজাচ্ছে?

সতীন্দ্রনাথ জবাব দেন, "আগেও একদিন এমনই শুনেছিলাম কিন্তু কোন কিনারা আমি করতে পারিনি।"

বিচারবুদ্ধি-রহিত দুই অনুরাগী তখন মুগ্ধ, স্তব্ধ, হতবাক — নীরব দর্শক মাত্র।

আর একদিনের ঘটনা। সেদিন সকালবেলা ঠাকুরবাড়ীর ঘরে মাদুলী, কবজ বিতরণ ও রোগী দেখা শেষ হয়ে গেছে। বেলা তখন এগারোটা। অফিস যাওয়ার পথে প্রতিদিনের মত সতীন্দ্রনাথ এসেছেন। এসে দেখলেন বেণীমাধব একাই চুপচাপ বসে আছেন। কিছুক্ষণ সামান্য কথাবার্তার পরে হঠাৎ বেণীমাধব গালিচার ওপর ঢলে পড়লেন। সতীন্দ্রনাথ বুঝলেন, ভাবসমাধি হয়েছে। এ অবস্থায় তাকে ফেলে সতীন্দ্রনাথ অফিসে যান কি করে। একটু পরে বিজয়ও সেখানে উপস্থিত হলেন। এর মধ্যে ভাবাবস্থায় বেণীমাধব চোখ দুটি উন্মীলন করলেন। পলকহীন চোখ দুটি ক্রমশঃ বিস্ফারিত হয়ে এক ভয়াবহ ভাব ধারণ করে। তাই দেখে সতীন্দ্রনাথ ও বিজয় স্তম্ভিত। ক্রমে চোখ দুটি জবা ফুলের মত লাল হয়ে ওঠে এবং ঘন ঘন শ্বাস-প্রশ্বাসের শব্দ শ্রুতিগোচর হয়। এরই সঙ্গে আবার এক গুরুগম্ভীর হুঙ্কার ধ্বনি নির্গত হতে থাকে। সেই ধ্বনি যেন অ-উ-ম এই তিন বর্ণের বলে প্রতীত হয়। ভয়ঙ্কর পলকহীন দৃষ্টি এক লক্ষ্যে নিবদ্ধ রেখে দেহখানি কখনও ব্যাঘ্র, কখনও সিংহমূর্তি ধারণ করে ভীষণ গর্জনে উপস্থিত দুজনকে ভয় পাইয়ে দিল। বিমূঢ় সতীন্দ্রনাথ গাড়ী নিয়ে বীরেন্দ্রনাথ মুখার্জীর বাড়ী ছুটে যান। সব কিছু শুনে তিনিও ত্বরায় ঠাকুরবাড়ীতে চলে আসেন। তখনও বেণীমাধবের একই অবস্থা। ইতিমধ্যে হারুকাকা ও ঠাকুরবাড়ীর সেবায়েৎ কমল দাস মশাইও হাজির হয়েছেন। সেদিন সন্ধ্যা ছ'টা পর্যন্ত তিনি ঐ অবস্থায় ছিলেন। পরে ধীরে ধীরে সুস্থ, স্বাভাবিক মানুষের মতই উঠে বসে

হাসিমুখে সবার দিকে তাকিয়ে বলেন, "দেখ, আমার দৃষ্টি ও রকম হলে সে সময়ে তোমার কেউ আমার চোখের দিকে তাকিও না, কেন না, ঐ দৃষ্টির সঙ্গে কারুর দৃষ্টি মিলিত হলে তার চোখ নষ্ট হয়ে যাবে।" সেদিনের ঘটনার এখানেই পরিসমাপ্তি।

বেণীমাধবের বাসায় অনতিদূরে কুমারটুলীতে কালি গঙ্গোপাধ্যায় নামে এক ভদ্রলোকের বাস ছিল। তিনি পেশায় ছিলেন কন্ট্র্যাক্টর, কিন্তু নেশা ছিল জ্যোতিষ চর্চা। এই বিদ্যায় তিনি স্বদেশে ও বিদেশে প্রচুর সুনাম অর্জন করেন। ইংল্যাণ্ডের রাণী এলিজাবেথের হাত দেখে তিনি সকলকে অবাক করে দেন। নিজের মৃত্যু সম্বন্ধেও তিনি নির্ভুল গণনা করেছিলেন।

ইনি ছিলেন সতীন্দ্রনাথের মেজ ভাই অনাথনাথের বিশিষ্ট বন্ধু এবং সতীন্দ্রনাথের মাধ্যমেই বেণীমাধবের সঙ্গে তাঁর পরিচয় হয়।

এই কালিবাবু পেটের রোগে আক্রান্ত হয়ে সস্ত্রীক পুরী যান। সেখানে তিনি একটি হোটেলে ওঠেন। একদিন ভোরবেলা জগন্নাথ দেবকে দর্শন করতে যখন যাচ্ছেন তখন দেখেন পাণ্ডারা মালপো ভোগ নিয়ে মন্দিরে প্রবেশ করছে। তা দেখে, কালিবাবুর মালপো ভোগ প্রসাদ পাবার ইচ্ছা মনে জাগে; কিন্তু সামান্য খাদ্যও যাঁর পেটে সহ্য হয় না, তিনি কোন সাহসে মালপো ভোগ প্রসাদ পেতে পারেন। পুরীতে তিনি ছিলেন হোটেলে। মাঝরাতে হঠাৎ তাঁর ঘুম ভেঙে যায় এবং কালীবাবু দেখেন তাঁর ঘরের দরজা খোলা। কে যেন ঘরের টেবিলে অনেকগুলি মালপো রেখে গেছে। কালিবাবু অযথা সময় ব্যয় না করে মালপোগুলি সবই খেয়ে ফেলেন। আশ্চর্যের কথা, এই মালপো খাওয়ার পর থেকেই তাঁর পেটের রোগ সম্পূর্ণ নিরাময় হয়ে যায়। এর পর থেকে সুযোগ পেলেই তিনি পুরীর জগন্নাথ মন্দির দর্শনে যেতেন এবং প্রায় লক্ষ টাকা ব্যয়ে জগন্নাথ মন্দিরের সংস্কারও করে দেন। বেণীমাধবের সঙ্গে পরিচয়ের পর থেকেই কালিবাবু বেণীমাধবের প্রতি অত্যন্ত আকৃষ্ট হয়ে পড়েন। তিনি অতি প্রত্যুষে বেণীমাধবের কুঁড়ে ঘরে এসে তাঁর গা, হাত, পা টিপে দিতেন। আবার বেণীমাধবের সামনে তাঁকে ব্লাফ, বুজরুকও বলতেন। বেণীমাধব মানিকতলায় আসার পর তিনি ক্বচিৎ

সেখানে আসতেন এবং তাও অতি গোপনে। একসময়ে সতীন্দ্রনাথ কালিবাবুর অসুখের খবর দিলে হঠাৎই বেণীমাধব বলে ওঠেন, ‘‘কালিকে দেখতে আমায় যেতেই হবে।’’ পরদিন সকালে মানিকতলা গিয়ে সতীন্দ্রনাথ দেখেন, বেণীমাধবের রীতিমত জ্বর। এ অবস্থায় যাবে কিনা জিজ্ঞাসা করায় বেণীমাধব বলেন, ‘‘নিশ্চয়ই যাব, রিক্সা নিয়ে এসো।’’ রিক্সায় দুজনে যেতে যেতে বেণীমাধব বলেন, ‘‘জান সতী! এক শিষ্যের ব্যাধির কথা শুনে মহাপ্রভু তাকে দেখতে যান কিন্তু শিষ্য মহাপ্রভুকে কটূক্তি করে বলে, ‘‘কেন তুমি এখানে এলে? তুমি চলে যাও, তোমাকে আমার দরকার নেই।’’ একথা শুনে মহাপ্রভু বলেন, ‘‘তোমাকে দেখতে এসেছি, তুমি যখন চাও না, বেশ আমি চলে যাচ্ছি’’ এ পর্যন্ত বলেই বেণীমাধব থেমে গেলেন। রিক্সা কালীবাবুর বাড়ীতে এল। ঘরে ঢুকে তাঁরা দেখেন, কালিবাবু চোখ বুজে বিছানায় শুয়ে আছেন এবং তাঁর ঘন নিঃশ্বাস পড়ছে। তাঁর শিয়রে বেণীমাধব কিছুক্ষণ দাঁড়িয়ে থাকার পর কালীবাবু চোখ খুলে বেণীমাধবকে দেখে বলে ওঠেন, ‘‘কে তোমাকে আসতে বলেছে — এখানে এসব বুজরুকি চলবে না, তুমি যাও তো, আমি নিজে দেখে রেখেছি, আমার যাবার সময় হয়ে গেছে।’’

বেণীমাধব ধীর, স্নিগ্ধ স্বরে বলেন, ‘‘বুজরুকি করতে এখানে আসিনি, এসেছি তোমায় দেখতে।’’

একটুপরে বেণীমাধব ও সতীন্দ্রনাথ কালিবাবুর ঘর থেকে বেরিয়ে এলেন। বেণীমাধব ঘরের বাইরে এসে কালিবাবুর স্ত্রীকে বলেন, ‘‘আমাকে একখানি কাগজ দাও তো।’’ সেই কাগজে ছক কেটে গণনা করে তিনি সতীন্দ্রনাথকে বলেন, ‘‘সত্যই ওর এ সময়ে মৃত্যুযোগ আছে।’’ কেবলমাত্র কালিবাবুর স্ত্রীকে সান্ত্বনা দেওয়ার জন্য তিনি বলেন, ‘‘গুরুকৃপায় বেঁচে গেলে মাস ছয়েক পরে ওর আর একটা দুর্ঘটনা আছে।’’ কালিবাবুর কথামতই সে সময়ে তার জীবনাবসান ঘটে।

সতীন্দ্রনাথের সঙ্গে তৎকালীন কলকাতার একজন ধনী ব্যক্তির পরিচয় ছিল। তখন সেই ব্যক্তির বয়স পঁচাত্তর আর বেণীমাধবের বয়েস সাতাশ-আটাশ। ভদ্রলোকের বেশ লম্বা চওড়া চেহারা। গলায় রুদ্রাক্ষের মালা। তিনি রামকৃষ্ণ

মিশনের প্রথম অধ্যক্ষ স্বামী ব্রহ্মানন্দের শিষ্য। উত্তর কলকাতায় তাঁর বাসভবনে তখনকার দিনের কলকাতার বহু গণ্যমান্য শিক্ষিত ও উচ্চপদস্থ সরকারী চাকুরিয়াদের যাতায়াত ছিল। তাঁর বহুবিধ অত্যাশ্চর্য ক্রিয়াকাণ্ডও সতীন্দ্রনাথ স্বচক্ষে দেখেছেন। কথাপ্রসঙ্গে একদিন সতীন্দ্রনাথ তাঁকে বেণীমাধবের কথা বলেন। বেণীমাধবের কথা শুনে তাঁর সঙ্গে আলাপ করার জন্য ভদ্রলোক আগ্রহী হয়ে ওঠেন। আবার এদিকে সতীন্দ্রনাথের মুখে বৃদ্ধের অভিলাষ জানতে পেরে বেণীমাধব নিজেই সতীন্দ্রনাথকে নিয়ে বৃদ্ধের সঙ্গে দেখা করতে গেলেন। তাঁরা দুজনে বৃদ্ধের ঘরে ঢুকে দেখেন, বৃদ্ধ একটি আরাম কেদারায় বসে আছেন আর তাঁর পা দুখানি ধরে একজন উচ্চপদস্থ রাজ কর্মচারী বসে আছেন। বেণীমাধবকে দেখামাত্র বৃদ্ধ আরাম কেদারা হতে উঠে দাঁড়িয়ে উক্ত রাজকর্মচারীটিকে বলেন, "অরে, আমাকে নয়, এঁকে প্রণাম কর। জেনে রাখ, ইনি একজন মহাপুরুষ।" তরে পরে বেণীমাধবের সঙ্গে একান্তে বসে তিনি নানাবিধ আলাপ আলোচনা শুরু করেন। এই আলাপ আলোচনার বিন্দুমাত্র সতীন্দ্রনাথের বোধগম্য হয়নি। এরপর আরও দিনদুয়েক বেণীমাধব ও সতীন্দ্রনাথ বৃদ্ধের বাড়ী গিয়েছিলেন। একদিন ঐ বৃদ্ধের ঘর থেকে বের হয়ে হঠাৎ পিছন ফিরতে সতীন্দ্রনাথ দেখেন পঁচাত্তর বছরের বৃদ্ধ আটাশ বছরের বেণীমাধবকে সাষ্টাঙ্গে প্রণাম করছেন। অবাক বিস্ময়ে সতীন্দ্রনাথ ভাবেন, কে জানে, কোন অদৃশ্য কারণে এক শক্তিমান অপর এক মহাশক্তিমানের পদতলে লুটিয়ে পড়লেন। এর কয়েক দিন পরে একদিন সেই বৃদ্ধ বেণীমাধবের বাসায় গিয়ে তাঁকে ও তাঁর সহধর্মিণীকে পুজো করে এলেন। তিনি নিজের হাতের গন্ধ শুঁকে নানা জটিল প্রশ্নের উত্তর দিতেন। সেই কারণে শহরের বহু গণ্যমান্য ব্যক্তি তাঁর কাছে এসে প্রশ্নের উত্তর চাইতেন; আবার টেলিফোন যোগেও সেই চাওয়া থাকত। এতে তাঁর বেশ নামডাকও হয়েছিল। বেণীমাধব একদিন বৃদ্ধের বাড়ীতে গেলে বৃদ্ধকে নানা প্রশ্নের জবাব দিতে দেখে ধমকের সুরে বলেন, "একি করছ তুমি? যা করেছ, করেছ — আর যেন এসব কোর না, তাহলে তোমার সব নষ্ট হয়ে যাবে।"

বৃদ্ধ তৎক্ষণাৎ মাথা নত করে বলেন, "আচ্ছা, আর হবে না।"

অন্য একটি ঘটনা বেশ চমকপ্রদ। একদিন সতীন্দ্রনাথের বেয়ান — ওঁকারনাথ ঠাকুরের শিষ্যা — কথামত বেণীমাধবের কাছে এলে বেণীমাধব তাঁর সামনে বসে ওঁকারনাথের বিয়ে পর্যন্ত তাঁর জীবনের ঘটনাবলী কীর্তনের পদ ও ছন্দে লিখিয়ে দেন। তারপর থেকে ঐ বেয়ান ভদ্রমহিলা ওঁকার নাথ ঠাকুরের বড় বড় আসরে সুমিষ্ট স্বরে সেই কীর্তন ঠাকুরের ভক্তবৃন্দকে পরিবেশন করেন। ঠাকুরের ভক্ত, শিষ্য, শ্রোতাগণ এই কীর্তনের উচ্ছ্বসিত প্রশংসা করলেও জানেন না, এই কীর্তনের প্রকৃত রচয়িতা ও সুরকার কে।

সতীন্দ্রনাথের সহধর্মিনী পরবর্তী কালে মাধবের শিষ্যত্ব গ্রহণ করেছিলেন। তার পূর্বে একসময়ে তাঁর মামার বিয়ে উপলক্ষ্যে তিনি সতীন্দ্রনাথকে অনুরোধ করেন যে, বেণীমাধবকে সঙ্গে নিয়ে তাঁর পঁচাত্তর বছরের বৃদ্ধ দাদামশাই ও সত্তর বছরের বৃদ্ধা দিদিমাকে বেহালা থেকে ডাব্লিউ.সি. ব্যানার্জী ষ্ট্রীটের বিয়ে বাড়ীতে পৌঁছে দিতে। এই দুই বৃদ্ধ-বৃদ্ধার পক্ষে এতদুর এসে বিয়ে দেখা প্রায় অসম্ভব ছিল বলেই বীণাদেবী বেণীমাধবের সাহায্যপ্রার্থী হয়েছিলেন। সতীন্দ্রনাথ বেণীমাধবকে সঙ্গে নিয়ে নিজের গাড়ীতে বেহালা গেলেন।

সতীন্দ্রনাথের দাদাশ্বশুর বেণীমাধবকে পরম পুরুষ বলে অভিহিত করতেন। সম্ভ্রান্ত ব্রাহ্মণ হওয়া সত্ত্বেও এই পঁচাত্তর বছরের বৃদ্ধ বেণীমাধবকে কাছে পেলে সাষ্টাঙ্গে প্রণাম করতেন। সেদিন রাত আটটা নাগাদ বৃদ্ধ ও বৃদ্ধাকে গাড়ীর পিছনে বসিয়ে সতীন্দ্রনাথ ও বেণীমাধব সামনের আসনে বসেন। চালক সতীন্দ্রনাথ। গাড়ীতে বসে বেণীমাধব হঠাৎ বলে ওঠেন, "রাখিতে বীণার মান, যায় বুঝি সতীর প্রাণ।" এর তাৎপর্য সতীন্দ্রনাথ তখন বোঝেননি। গাড়ী বেশ জোরেই চলছে। ওয়াটারলু ষ্ট্রীটের মোড়ে হঠাৎ একটি ট্রাম সতীন্দ্রনাথের ছোট গাড়ীটিকে সজোরে ধাক্কা দিয়ে দ্রুত বেরিয়ে গেল। গাড়ীটি ছিটকে ট্রাম লাইনের ওপর পারে পড়ল। সতীন্দ্রনাথ তো দিশেহারা। গাড়ীর চারদিকে প্রচুর লোক জমা হয়ে গেছে। একটু পরে সম্বিত ফিরতে সতীন্দ্রনাথ বৃদ্ধ ও বৃদ্ধাকে বহাল তবিয়তে দেখে জানতে চান তাঁদের

কোন আঘাত লেগেছে কিনা। তাঁরা সুস্থ আছেন জেনে দরজা খুলে সতীন্দ্রনাথ যখন গাড়ীর পিছনদিকে দেখতে যাচ্ছেন তখন বেণীমাধব বলেন, "কষ্ট করে আর তোমকে নামতে হবে না, গাড়ীর কোন ক্ষতি হয়নি, তবে আমার মনে হয়েছিল তোমার ডান হাতখানা বুঝি ভেঙে গেছে; তা এখন দেখছি কিছুই হয়নি, এবার চল।" পথের লোকজনও বলে, "আপনার গাড়ীর কোন ক্ষতি হয়নি, আপনি চলে যান।" গাড়ী চালাতে চালাতে সতীন্দ্রনাথ এমন আকস্মিক ঘটনার কারণ জানতে চাইলে তিনি উত্তর দেন, "তোমার স্ত্রী কেন আমায় তার রুগ্ন দাদামশাই ও দিদিমাকে নিয়ে যেতে বলেছিল — একটা ক্ষতি সামলাতে গেলে আর একটা ক্ষতি মেনে নিতে হয়, তবুও তোমার গাড়ীর কোন ক্ষতি হয়নি।

বিজয়ের বাতিক ছিল রবিবার হলেই দক্ষিণেশ্বর যাওয়া। সেদিনও রবিবার; বেলা গড়িয়ে যাবার আগেই বেণীমাধব ও বিজয় দক্ষিণেশ্বরে এসে পৌঁছালেন। গঙ্গাতীরে দুজনে বসে অনেক কথাবার্তা বলার পর সন্ধ্যারতির পূর্বেই মন্দির সীমানা ছেড়ে তাঁরা বেরিয়ে এলেন। ফেরার পথে সমারোহপূর্ণ এক আশ্রামবাড়ী দেখে বেণীমাধব বিজয়কে বলেন, "চল, ভেতরে ঢুকে দেখে যাই।"

জাঁকজমক পূর্ণ আশ্রম দেখে বিজয় খানিকটা বিরক্ত হয়ে বলেন, "ওখানে গিয়ে কি হবে?" একথা বলে অনিচ্ছা সত্ত্বেও তিনি বেণীমাধবের সঙ্গে আশ্রমে প্রবেশ করেন। ভেতরে ঢুকলে নজরে পড়ে দেওয়ালে নানা দেবদেবীর ছবি টাঙানো আছে আর ঘরের মাঝখানে ভেলভেট মোড়া একটি সিংহাসন। সেই সিংহাসনে আসীন আশ্রমের মোহান্তবাবাজী। শিষ্য-ভক্তে ঘরটি ভর্তি। পিছনের দিকে একটু জায়গা করে বেণীমাধব ও বিজয় বসেছেন। বেণীমাধব হাবাগোবার মত দেয়ালের দিকে চোখ বোলাতে বোলাতে বিজয়কে একটু ঠেলা দিয়ে ইঙ্গিতে সিংহাসনের পিছনে দেখান। সেখানে শ্যামামায়ের এক বিরাট তৈলচিত্র টাঙানো আছে এবং সেই চিত্রের পদতলে ধ্যানমগ্ন মোহান্ত বাবাজীর নিজের প্রতিকৃতি। তিনি যেন দ্বিতীয় পরমহংসদেব। ঘরভর্তি ধনী, নির্ধন, আবাল বৃদ্ধ বনিতা সকল শিষ্যভক্ত,

একে একে এসে বাবাজীর পদযুগলে মাথা ঠেকিয়ে প্রণাম করছে, কেউ বা বাবাজীর বৃদ্ধাঙ্গুষ্ঠ চুম্বন করছে। বাবাজী মৌজ করে তাম্বুল চর্বণ করছেন এবং ওষ্ঠাধরের প্রান্ত দিয়ে চর্বিত তাম্বুলের রসধারা গড়িয়ে পড়ছে। মাঝে মাঝে আবার মোহান্ত বাবাজী রসসহচর্বিত তাম্বুল সামনের একটি ডাবরে নিক্ষেপ করছেন এবং শিষ্য, ভক্ত, অনুরাগীদের মধ্যে তা বিতরণ করা হচ্ছে। আশীর্বাণী উচ্চারণের সময় চর্বিত তাম্বুলের উচ্ছিষ্ট নির্গত হলে শিষ্য ভক্তগণ প্রসাদ জ্ঞানে তা গ্রহণ করছে। ডাবর থেকে তাম্বুলচর্বিত রস যখন প্রসাদরূপে বিতরণ করা হচ্ছে তখন বিজয় ও বেণীমাধব মহা অস্বস্তিতে পড়ে যান। এ দৃশ্য দেখে বিজয়ের গা রি রি করে ওঠে। বেণীমাধব ও বিজয় আড়ষ্ট হয়ে বসে আছেন, কখন প্রসাদ সামনে এসে হাজির হয়। প্রসাদ এলে গ্রহণ না করাটাও বাবাজীকে অসম্মান করার সামিল। অবশ্য সেই প্রসাদ তাঁদের কাছে আসবার আগেই ডাবরটি বাবাজীর শিষ্যের হাত থেকে উল্টে পড়ে যায়। প্রসাদ আর তাঁদের গ্রহণ করতে হল না। মোহান্তজীর পাদপদ্মের গোড়ালী ও বৃদ্ধাঙ্গুষ্ঠের চোহারা ফুটিফাটা আর পদাঙ্গুলীর খাঁজে খাঁজে থক্‌থকে হাজা। আশীর্বাদের পর বাবাজীর চোখ নবাগত দুই আগন্তুকের ওপর পড়ল। তিনি তাঁদের বললেন, ‘‘জিজ্ঞাসার কিছু থাকলে বলতে পার।’’

বেণীমাধব গোবেচারার মত একটু হেসে বলেন, ‘‘মূর্খ মানুষ, কি আর জিজ্ঞাসা করব? ঈশ্বর-প্রাপ্তি বিষয়ে কিছু শুনতে এখানে এসেছি।

বাবাজী বলেন, ‘‘গুরু করেছ কি? গুরুকরণ না হলে কিছুই হয় না।’’ বিজয় অধৈর্য হয়ে উঠে আসবার জন্য তাড়া দেন। কিছুদিন আগে এক ব্যক্তির অনুরোধে বিজয় একদিন এখানে আসেন। সেদিন মোহান্তজীর কথোপকথন ও শিষ্যবর্গের সঙ্গে অসদাচরণ দেখে ভারাক্রান্ত মনে সোজা ঠাকুরবাড়ীতে গিয়ে হাজির হন। এই বিষয়ে কিছু না শুনেই বেণীমাধব সেদিন তাঁকে প্রশ্ন করেছিলেন, ‘‘আজ এত দেরী কেন? দেখ, সব জায়গা কি এ জায়গার মত হয়? মিছে কেন মন খারাপ করছ?’’ বেণীমাধবের এই উক্তি সেদিন বিজয়কে অতিমাত্রায় বিস্মিত ও হতবাক করে দিয়েছিল।

বিজয়ের বিরক্তি দেখে বেণীমাধব সেদিন বাবাজীর আশ্রম থেকে উঠে এলেন। বাইরে এসে তিনি বিজয়কে বলেন, "দেখেছ, কত বড় স্পর্ধা — যাঁর জায়গায় বাস করছে, তাঁরই অনুকরণে ফটো তুলিয়ে তাঁরই স্থানে কেমন মিথ্যার বেসাতি সাজিয়ে বসেছে। এত বড় অনাচার, এত বড় ধৃষ্টতা। তুমি দেখে নিও বিজয়, এ মিথ্যার মুখোশ শীগগিরই খুলে যাবে। যা নয় তাই সাজতে যাওয়ার পরিণাম কি হয়, দেখতে পাবে।" তাঁর কথা শুনে বিজয় বলে ওঠেন, "তিনিই বা এতদিন মুখ বুজে এই ভণ্ডামো সহ্য করছেন কেন?"

পথ চলতে চলতে বেণীমাধব উত্তর দেন, "সবই তাঁর ইচ্ছা — পাপের ঘট পূর্ণ হওয়ার অপেক্ষামাত্র।" তার পর তাঁরা দুজনে কোলকাতায় ফিরে আসেন।

এই ঘটনার মাসখানেক পরেই কোন কারণে সেই আশ্রমের সমারোহপূর্ণ বোলবোলাও অন্তর্হিত হয়। তাই দেখে তো বিজয় স্তম্ভিত।

নিত্য বেণীমাধবের সাহচর্যে বিজয়ের জীবন আনন্দেই কাটে। এমনই একদিন সকালে বিজয়ের ঘনিষ্ঠ এক বয়স্ক ব্যক্তি এসে বলেন, "এক্ষুণি একবার তোমায় মানিকতলায় সাধুবাবার কাছে যেতে হবে।" এত ভোরে মানিকতলায় যাওয়ার কারণ জানতে চাইলে ভদ্রলোক উদ্বিগ্ন হয়ে বলেন, "আমার ভাই মৃত্যুমুখে, এত অসুস্থ যে ডাক্তার কোন ভরসাই দিচ্ছেন না; তাই তোমাদের সাধুবাবার কাছে গিয়েছিলাম, যদি তিনি অনুগ্রহ করে একবার বাড়ীতে আসেন এবং ভাইকে বাঁচিয়ে তোলেন। কান্নাকাটি করাতে সাধুবাবা বাড়ীতে যেতে রাজী হয়েছেন এবং বলেছেন যে, কোন ভয় নেই, আর বিজয় যেন মানিকতলা এসে এখনই সাধুবাবাকে নিয়ে রোগীর বাড়ী যায়।" ঘনিষ্ঠ ব্যক্তির আকুতিপূর্ণ কথাগুলি শুনে বিজয় ভদ্রলোকের ভাইয়ের কথা কিছু জিজ্ঞাসা না করেই ছুটে মানিকতলায় বেণীমাধবের কাছে গিয়ে হাজির হন।

বিজয়কে দেখে বেণীমাধব বলেন, “এসেছে, ভালই হয়েছে। চল, শোভাবাজারের ওদের বাড়ী একবার ঘুরে আসি।”

বেণীমাধবের সঙ্গে বাইরে এসে বিজয় একটি ট্যাক্সি ভাড়া করেন এবং ট্যাক্সিতে উঠে প্রথমেই তিনি বেণীমাধবকে প্রশ্ন করেন, “কি ব্যাপার বলতো? উনি সকালে ছুটে এলেন আর তুমিও যেতে রাজী হয়ে গেলে, তাও আবার আমাকে সঙ্গে নিয়ে। শুনলাম, তাঁর ভাই নাকি মরণাপন্ন, কি ঘটেছে, কি অসুখ কিছুই না জেনে শুনে এইসব আশঙ্কাজনক ব্যাপারে আমকে কেন টেনে নিয়ে এলে?”

উত্তরে বেণীমাধব বলেন, “আরে তুমি চলোই না।”

তবুও সংশয়ী বিজয় বলেন, “বাড়ীটি চিনিয়ে দিয়েই আমি কিন্তু সরে পড়ব। পরিচিতিদের মধ্যে এই সব মরণ-বাঁচন সমস্যায় আমার না যাওয়াই ভালো।”

কথা শুনে হাসতে হাসতে বেণীমাধব সান্ত্বনা দিয়ে বলেন, “আরে পাগল, রোগী মরবে না, সে আমি জানি। মরলে কি আমি ওখানে যেতাম? গত রাত বারোটায় রোগীর ফাঁড়া কেটে গেছে, এখন আর যমও ছোঁবে না। আমার সঙ্গে গেলে তোমার নাক-কান কাটা যাবে না, এবার হলো তো?”

তখন বিজয় খানিকটা আশ্বস্ত হয়ে আবার বলেন, “তুমি যদি রোগীর জীবন সম্বন্ধে এতই নিশ্চিত জান তবে বলে দিলেই তো পারতে, যাবার প্রয়োজন কি ছিল?”

তেমনই হাসতে হাসতেই বেণীমাধব বিজয়কে বলেন, “তুমি চল না, নিজের চোখেই দেখবে ব্যাপার খানা কি?”

কথা বলতে বলতে ট্যাক্সি গন্তব্যস্থানে পৌঁছে গেল। বেণীমাধবকে সঙ্গে নিয়ে বাড়ীর ওপর তলায় উঠতেই বিজয় দেখেন পরিচিত লোকজন সকলে উৎকণ্ঠায় ছোটাছুটি করছে। রোগীর বড় ভাই এসে গলবস্ত্র হয়ে সাষ্টাঙ্গে বেণীমাধকে প্রণাম করে তাঁকে রোগীর ঘরে নিয়ে যান। নির্বাক দর্শকের

ভূমিকায় বিজয়ও পিছন পিছন ঘরে ঢোকেন। ঘরটি যেন হাসপাতালের একটি কেবিন বিশেষ। রোগী চোখ বুজে শুয়ে আছে, পাশে একজন ডাক্তার বসে আছেন। একপাশে একটি অক্সিজেন সিলিন্ডার — তার থেকে রবার টিউব রোগীর নাকে দেওয়া আছে, অপর পাশে ঝোলানো আছে, গ্লুকোজের বোতল, রোগীর হাতের শিরা দিয়ে শরীরে গ্লুকোজ দেওয়া হচ্ছে। জিজ্ঞাসাবাদ করে বিজয় জানতে পারেন যে, আগের দিন রাত বারোটার সময় রোগী করোনারী থ্রম্বসিসে আক্রান্ত হন। বাড়ীর লোকজন তখনই প্রখ্যাত হৃদরোগ বিশেষজ্ঞ ডাঃ ব্রজবল্লভ সাহাকে নিয়ে আসেন। রোগীকে পরীক্ষা করে ডাক্তার বাবু তাঁর একজন জুনিয়ার ডাক্তারকে চব্বিশ ঘন্টার জন্য উপস্থিত থেকে যা কিছু করণীয় তা করার জন্য নির্দেশ দিয়ে যান। ডাক্তার বাবু আরও বলেন যে, চব্বিশ ঘন্টা পার না হলে রোগীর জীবন সম্বন্ধে তিনি কোন কথা দিতে পারেন না। এসব দেখে শুনে বিজয় চিন্তিত হয়ে পড়েন কিন্তু তিনি আশ্চর্য হয়ে দেখেন যে, সব কিছুশুনেও যেন কিছুই হয়নি এমনিভাবে বেণীমাধব অক্সিজেন টিউব খুলে দিয়ে রোগীর বুকে হাত বোলাতে থাকেন এবং দু'তিনবার রোগীর নাম ধরে ডাকেন। রোগীও বেণীমাধবের ডাকে চোখ মেলে তাকায় যেন কত কালের পরিচিত আপনজনকে কাছে পেয়েছে। শুধু তাই নয়, ভরসার আবেগে রোগী গদগদ স্বরে বেণীমাধবকে বলে,—"বাবা! আপনি এসেছেন? তাহলে আমি নিশ্চয়ই ভাল হয়ে যাব।" বেণীমাধবও সন্তানস্নেহে অভয় দিয়ে বলেন, "তুই তো ভাল আছিস, কিছুই তো হয়নি, ভাবিস কেন?" এ কথা বলেই তিনি গ্লুকোজ টিউব খুলে দেবার জন্য ডাক্তারকে ইঙ্গিত করেন। ডাক্তারও দ্বিরুক্তি না করে হাতের গ্লুকোজ টিউবটি খুলে দেন। সঙ্গে সঙ্গে বেণীমাধব রোগীকে জিজ্ঞাসা করেন, "কি রে! তুই কি একটু উঠে বসবি?" একথা বলে বড় ভাইয়ের সাহায্যে তিনি রোগীকে বসিয়ে দেন। ঘটনা দেখে উপস্থিত সকলে বিস্ময় ও আনন্দে হতবাক। বিজয় তখন ভাবছেন, অপরিচিত রোগীর নাম হয়তো বেণীমাধব শুনে থাকতে পারেন, কিন্তু মরণাপন্ন রোগী অপরিচিত বেণীমাধবকে অত্যন্ত পরিচিত জ্ঞানে 'বাবা' বলে সম্বোধন করে কি করে? অক্সিজেন ছাড়া যার শ্বাস-প্রশ্বাস সম্ভব ছিল না, তার বুকে

বেণীমাধব একটু হাত বুলিয়ে দিতেই সে চোখ মেলে উঠে বসে কি করে? বেণীমাধব একবাটী দুধ আনতে বলেন এবং নিজের হাতে রোগীকে খাইয়ে দেন। তিনি রোগীকে বলেন, "আজ থেকে তুই মাছের ঝোল, ভাত খাবি আর দিন সাতেক বিশ্রাম নেবার পর একদিন আমার ওখানে চলে আসবি। আমি থাকতে তোর কোন ভয় নেই।" রোগী তখন স্বাভাবিক সুস্থ মানুষ। বেণীমাধব চলে আসার সময় সে আবেগ ও উচ্ছাসে ভূমিষ্ঠ হয়ে বেণী মাধবকে প্রণাম করে। বাড়ীর সকলেই কৃতজ্ঞতার সঙ্গে সাষ্টাঙ্গে বেণীমাধবকে প্রণাম করে। তারপর থেকে বেণীমাধবের অনুমোদন ছাড়া সে বাড়ীর কোন ক্রিয়াকর্ম অনুষ্ঠিত হয় না। ছোট বড় সবাই বেণীমাধবের অনুরাগী। বেণীমাধব স্বয়ং সে বাড়ীতে কীর্তন গেয়ে শুনিয়েছেন।

হরি সাহার বাজারের কাছে সার্কুলার রোডে বাসিন্দা বৈদ্যনাথ মুখার্জীর একমাত্র পুত্র দুরারোগ্য যক্ষ্মা রোগে আক্রান্ত হয়। লোকমুখে বেণীমাধবের কথা শুনে তিনি সতীন্দ্রনাথের কাছে আসেন এবং সেখানেই বেণীমাধবের সঙ্গে তাঁর পরিচয় হয়।

একদিন বেণীমাধব সতীন্দ্রনাথের সঙ্গে বৈদ্যনাথের বাড়ী গিয়ে পুত্রের আরোগ্য বিষয়ে বিশেষ ভরসা দিয়ে আসেন এবং তাঁর চিকিৎসায় পুত্র অজিত সুস্থ হয়ে উঠতে থাকে। কিছুদিন পর বৈদ্যনাথ সপরিবারে দেওঘরে বেড়াতে গেলেন। সেখানে একদিন হঠাৎ অজিতের ভয়ানক রক্তবমি সুরু হয়। নিরুপায় বৈদ্যনাথ তৎক্ষণাৎ বেণীমাধবকে দেওঘরে আসার জন্য তারবার্তা পাঠালেন। সংবাদ পেয়ে সতীন্দ্রনাথ সেদিন রাত্রের ট্রেনেই নিজ খরচায় বেণীমাধবকে দেওঘরে পাঠিয়ে দেবার ব্যবস্থা করেন। ওদিকে বৈদ্যনাথ বিনিদ্র রজনী যাপন করছেন — পুত্রের অবিরাম রক্তবমি বন্ধ কি করে হবে! ভোরে যখন তিনি অসহায় বেদনায় আকুল হয়ে 'হায়' 'হায়' করছেন, সেই মুহূর্তে বেণীমাধব এসে দাঁড়াতে ভোজবাজির মত অজিতের রক্তবমি বন্ধ হয়ে গেল। কিছুক্ষণ পর সে বিছানায় উঠে বসল — স্বাভাবিক সুস্থভাবে। এমন অত্যাশ্চর্য ঘটনায় বৈদ্যনাথ স্তম্ভিত ও অভিভূত হয়ে যান।

অবশ্য এর কিছুদিন পরে বৈদ্যনাথ শহরের বড় বড় ডাক্তারদের পরামর্শমত এবং বেণীমাধবের অনুমতি ও আশীর্বাদ নিয়ে অজিতকে সুইজারল্যাণ্ডে পাঠান। সেখান থেকে অজিত চিন্তাক্লিষ্ট পিতাকে নিয়মিত ডাক্তারের ব্যবস্থাদির বিবরণ দিয়ে চিঠিপত্র দিলেও বৈদ্যনাথবাবু দুশ্চিন্তা হতে নিষ্কৃতি পাননি। একদিন সন্ধ্যায় বৈদ্যনাথবাবু ঠাকুরবাড়ীতে এলে হাসি-ঠাট্টা, গল্প-গুজবের মধ্যে বিদেশে অজিতের কথা ওঠে এবং সতীন্দ্র, বিজয় তার বর্তমান অবস্থার কথা জানতে চান। বৈদ্যনাথবাবু তার চিকিৎসার কথা বলতে বলতেই বেণীমাধবকে লক্ষ্য করে বলেন, "আপনিই অজিতের কথা এঁদের বলুন না, আপনি তো ভূত-ভবিষ্যৎ অনেক কিছুই জানতে আর দেখতে পান। বলুন না, ছেলে এখন কি অবস্থায় কেমন আছে।"

রাত তখন আটটা বা নয়টা হবে। সতীন্দ্রনাথ ও বিজয় বৈদ্যনাথবাবুর কথায় সায় দিয়ে বলেন, "সত্যই তো তুমি সঠিক বলে দিলে সকলে আমরা আশ্বস্ত হতে পারি।" সকলের অনুরোধে একটুক্ষণ স্থিরভাবে থেকে বেণীমাধব বলেন, "দেখে এলাম অজিতকে।" কেমন দেখলে — জিজ্ঞাসা করায় বেণীমাধব একে একে বলে যেতে লাগলেন — ক'তলা বাড়ী, কোন তলায় কোন ঘরে অজিত আছে, ঘরের কোন দিকে জানালা, সেটি খোলা না বন্ধ, ঘরের ভিতর কি কি আছে ইত্যাদি। সেই মুহূর্তে অজিত খোলা জানালার ধারে দাঁড়িয়ে চিন্তা করছে এবং বেণীমাধবের উপস্থিতি অজিতও অনুভব করতে পেরেছে ইত্যাদি নিখুঁত বর্ণনা বেণীমাধব একে একে দিয়ে গেলেন। বেণীমাধবের কথার সত্যতা যাচাই করার জন্য বৈদ্যনাথবাবু সেই রাতেই সময়ক্ষণ ইত্যাদি বিস্তারিত সংবাদ লিখে ছেলেকে চিঠি দিলেন। চিঠির উত্তর এলে দেখা গেল, বেণীমাধব যা যা বলেছিলেন তা বর্ণে বর্ণে মিলে গেছে এবং সেই সময় অজিত বেণীমাধবকে স্মরণ করেছিল। আঠারো-কুড়ি বছর বয়সে অজিত সুইজারল্যাণ্ডে থাকাকালীন যে সমস্ত চমকপ্রদ ঘটনা ঘটেছিল তা একাধারে অভূতপূর্ব ও অলৌকিকও বটে। তার ভয়ঙ্কর রোগের জন্য ম্যাট্রিকুলেশন পরীক্ষায় উত্তীর্ণ হওয়ার অগেই অজিতকে বিদেশে যেতে হয়েছিল। সেখানে চিকিৎসার পর যখন সে ফিরে আসবার উদ্যোগ করছে তখনই একদিন মধ্যরাতে অজিতের হঠাৎই রক্তবমি আরম্ভ হয়। দূর দেশে

একা সে হতাশায়, দুঃখে যখন চোখের জলে ভাসছে, এমন সময় সে দেখে বেণীমাধব তার শিয়রে দাঁড়িয়ে আছেন; আর, তার কিছু পরেই বমি বন্ধ হয়ে যায়। এর কিছুকাল পরে অজিত এদেশে ফিরে আসে। তারপর থেকে বেণীমাধবের প্রতি তার শ্রদ্ধা, ভক্তি ও নির্ভরতা শতগুণে বেড়ে যায়। অজিতের নিজের মুখের বর্ণনা ও কতকগুলো ফটো দেখলে অতিশয় অবাক হতে হয়। বিদেশে তাকে সকলে 'বিল' বলে ডাকত। সেদেশে অজিত বহু জ্ঞানী, গুণী ব্যক্তির সংস্পর্শে এসেছে এমন কি ব্রিটিশ মন্ত্রী মহলেও তার পরিচিতি ছিল। সেখানে সম্ভ্রান্ত জনগণের মধ্যে ও গির্জায় অজিত হিন্দু দর্শনের বিষয়ে ইংরেজী ও ফরাসী ভাষায় বক্তৃতা দিয়ে শ্রোতাদের মুগ্ধ করেছে এবং তাদের ভালবাসার পাত্র হয়েছিল। এই কারণে রোমের ধর্মগুরু পোপের সঙ্গে সান্ধ্য ভোজনেরও নিমন্ত্রণ সে পেয়েছে। যে ফটোগুলো অজিত সঙ্গে নিয়ে এসেছিল সেগুলি সতীন্দ্রনাথ ও বিজয় দুজনেই স্বচক্ষে দেখেছেন। সভাতে অজিত ধুতি, ওয়েস্ট কোট ও মাথায় পাগড়ী পরে যেত। ভাবতে অবাক লাগে চিকিৎসাধীন অজিত কিভাবে ইংরাজী ও ফরাসী ভাষা শিখল। অবশ্য, একথা জিজ্ঞেস করলে সে কিছু না বলে শুধু হাসত।

কিছুদিন এদেশে কাটানোর পর সে আবার সুইজারল্যাণ্ডে ফিরে যায়। যাওয়ার আগের দিন দক্ষিণেশ্বরে ভবতারিণীর চরণ থেকে একটি লাল পদ্ম এনে বেণীমাধবকে দেয়। কিন্তু তাদের মধ্যে কোন কথা হয় না। বেণীমাধব অজিতকে বলেন, "বাড়ী যাও, রাতে তোমার সঙ্গে কথা হবে।" অজিতও চলে যায়। পরের দিন বৈদ্যনাথবাবু বলেন যে, রাতে অজিত বিড়্ বিড়্ করে কি যেন সব বলেছে কিন্তু তিনি বা তাঁর স্ত্রী কিছুই উদ্ধার করতে পারেন নি। তাই ভয় পেয়ে ডাক্তার ডাকার আয়োজন করেছিলেন। ওদিকে আরপুলি লেনে রাধাগোপাল ভট্টাচার্যের বাড়ীতে বেণীমাধবও সারারাত বিড়্ বিড়্ করে কি যেন সব বলেছিলেন।

কিছুদিন বিদেশে থাকার পর অজিত পুণরায় দেশে ফিরে আসে ও নানারকম ব্যবসায়ে লিপ্ত হয়। বৈদ্যনাথবাবু তখন সার্কুলার রোডের বাড়ী বিক্রী করে পাইকপাড়ায় বাস করতেন। অজিত কিন্তু পূরবীর সান্ধ্য আসরে প্রায়ই

আসত। ভগ্ন স্বাস্থ্য নিয়ে অত্যাধিক পরিশ্রম করার ফলে অজিত অসুস্থ্য হয়ে পড়েও শয্যাশায়ী হয়ে যায়। সেই সময় পূরবীর সান্ধ্য আসরে অমরনাথ চট্টোপাধ্যায় নামে এক যুবক যাতায়াত করতেন। তাঁকে অজিত বলে যে, রবিবার বেণীমাধবের গলায় যে মালাখানি দেওযা হবে, সেটি সবার অজান্তে তাকে এনে দিতে হবে। তখনকার দিনে প্রতি রবিবার মানিকতলার বাড়ীতে শতাধিক লোকের সমাগম হত এবং কেউ কেউ বেণীমাধবকে মালা পরিয়ে দিত। অমরের মুখে অজিতের ইচ্ছার কথা শুনে সতীন্দ্রনাথ নিজেই মালা নেবার ভার নেন। আসর জমে উঠলে কালী পাগলী নামে এক মহিলা ভক্ত একটি রজনীগন্ধার মালা হাতে দাঁড়িয়ে ছিল — বেণীমাধবকে পরাতে সে সাহস পায়নি। বেণীমাধব তাকে বলেন, ‘‘মালা পরাতে চাস তো পরিয়ে দে-না।’’ সামনে বসা সতীন্দ্রনাথ মালা পরাবার সঙ্গে সঙ্গেই বেণীমাধব সেটি খুলে তাঁর পাশে রাখেন এবং সবার অগোচরে সতীন্দ্রনাথ মালাটি অমরের হাতে দিয়েছেন। অমর মালাটি পকেটে পুরে চলে আসেন এবং পরের দিন অজিতকে দেন। অসুস্থ অজিত মালাটি মাথায় ছুঁইয়ে বালিশের পাশে বিছানায় রেখে দেয়। সেই রাতেই অজিতের জীবন-প্রদীপ নিভে যায়।

সতীন্দ্রনাথের পিতৃব্য খগেন্দ্রনাথ চট্টোপাধ্যায় তখনকার কালে চলচ্চিত্র জগতে ও তার বাইরে হারুকাকা নামেই বিশেষভাবে পরিচিত ছিলেন। তিনি ডি-ল্যুক্স কোম্পানীর একজন কর্মকর্তা ছিলেন। সতীন্দ্রনাথের সঙ্গে বেণীমাধব প্রায়ই হারুকাকার বাড়ীতে যাতায়াত করতেন। প্রথম পরিচয়ের দিন থেকে তিনি হারুকাকা ও তাঁর স্ত্রীকে কাকীমা সম্বোধন করতেন এবং তাঁরাও বেণীমাধবকে পুত্রবৎ স্নেহ করতেন। প্রথম যেদিন বেণীমাধব হারু কাকার বাড়ীতে যান সেদিন হারুকাকার জন্য এককাপ কফি ও বেণীমাধবের জন্য এক কাপ চা এলো। তা দেখে বেণীমাধব হারুকাকাকে বলেন, ‘‘আপনি চা খান না কেন? আর, যে কারণে আপনি চা খান না, তাতো মা আপনাকে পূর্ণ করে দিয়েছেন। যে জন্য অভিমানে ও মনের দুঃখে আপনি মায়ের ছবি বাইরে ফেলে দিয়েছিলেন, তা তো মা আপনাকে ফিরিয়ে দিয়েছেন। ‘‘বেণীমাধবের কথাগুলি শুনে হারুকাকা বিস্মিত ও হতবাক হলেন। তাঁর মুখ দিয়ে বেরুলো শুধু ‘‘সে কি?’’

বেণীমাধবের সঙ্গে পরিচয়ের পাঁচ/ছয় বছর আগে হারুকাকার ষোল বছরের প্রথম পুত্র গরমের ছুটিতে দার্জিলিং বেড়াতে গিয়েছিল। সেখান থেকে ফিরে এসে সে নিউমোনিয়ার আক্রান্ত হয়ে মারা যায়। সে সময়ে হারুকাকা ছিলেন অত্যন্ত কালীভক্ত এবং তাঁর ঘরে সর্বদা জবা ফুলের মালা দিয়ে মা কালীর একটি পট সাজানো থাকত। ছেলের অসুখের সময় নিকটবর্তী কালীবাড়ীতে তিনি নিয়মিত যাতায়াত করতেন এবং মা কালীর চরণামৃত এনে অসুস্থ ছেলেকে খাওয়াতেন। কিন্তু নিরাময় না হয়ে ছেলে মারা যায়। মারা যাওয়ার আগে কানাই চা খেতে চেয়েছিল। কিন্তু যে কোন কারণেই হোক তার চা খাওয়া হয়ে ওঠেনি। ছেলে মারা যাওয়ার অল্প পরেই হারুকাকা মা কালীর সাজানো পটটি রাস্তায় ছুঁড়ে ফেলে দিয়েছিলেন। সেই থেকে তিনি চা খাওয়াও ছেড়ে ছিলেন। এসব কথা হারুকাকা কাউকেই কোনদিন বলেন নি। তাই বেণীমাধবের কথায় তিনি নির্বাক হয়ে পড়েন। বেণীমাধব আবার কাকাকে বলেন, ‘‘আপনার চতুর্থ সন্তানকে একবার এখানে ডাকুন তো।’’ ছেলে এলে তার গায়ে একটি বিশেষ চিহ্ন নির্দেশ করে হারুকাকাকে জিজ্ঞেস করেন, ‘‘বলুন তো এই চিহ্ন কানাইয়েরও ছিল কিনা? হারু তাই দেখে বিস্ময়ে অবাক্ হয়ে বেণীমাধবের মুখের পানে চেয়ে রইলেন। বেণীমাধব বললেন, ‘‘এ আপনার সেই সন্তান, তবে আর আপনার দুঃখ করবার কি আছে?’’

হারুকাকা বেণীমাধবের প্রতি অত্যন্ত আকৃষ্ট হয়ে পড়েন। একদিন হারুকাকা পায়ে হেঁটে তাঁর সঙ্গে শ্যামবাজার ট্রাম ডিপো পর্যন্ত যান এবং সেখানে বেণীমাধবকে এক নতুন রূপে দর্শন করেন। আর একদিন রাত্রে তাহারাদির পর হারুকাকার সঙ্গে বেণীমাধব একই শয্যায় শয়ন করেন। হঠাৎ মাঝরাতে ঘুম ভাঙার পর বেণীমাধবকে এক মহাপুরুষের রূপে দেখেন। পথে তিনি বেণীমাধবের যে রূপ দেখেছিলেন, এও সেই রূপ। অতএব বেণীমাধবের প্রতি তাঁর আকর্ষণ নিবিড়তর হতে থাকে। হারুকাকার আবেদনে সাড়া দিয়ে এক মহালয়ার দিন পানিহাটীর গঙ্গায় স্নান করেন তিনি।

হারুকাকার কাছে এক তান্ত্রিক জ্যোতিষী যাওয়া আসা করতেন। একদিন সকালে হারুকাকার বাড়ীতে গৃহস্বামী স্বয়ং ও বিজয়, সতীন্দ্রনাথ এবং বেণীমাধব ইত্যাদি সকলে যখন হাসি গল্পে মশগুল এমন সময়ে হারুকাকার পরিচিত সেই জ্যোতিষী ভদ্রলোক সেই আসরে এসে উপস্থিত হন। জ্যোতিষীকে কাছে পেয়ে হারুকাকা ইঙ্গিতে বেণীমাধবকে দেখিয়ে বলেন, "এঁর সম্বন্ধে কিছু বল দেখি।" জ্যোতিষী মশাই এক নজর বেণীমাধবকে দেখে বলেন, "ইনি বলতে দিলে নিশ্চয়ই কিছু বলতে পারব; কিন্তু উনি আবরণ সরিয়ে না দিলে আমার পক্ষে কিছুই বলা সম্ভব হবে না।"

উপস্থিত সকলে তো অবাক — জ্যোতিষী মশাই এসব আবার কি বলেন। তখন হারুকাকাই বেণীমাধবকে বলেন, "ওহে, তোমার কি সব আবরণ আছে, ইনি বলছেন, দয়া করে একটু সরিয়ে দাও বাপু, দেখি, তোমার সম্বন্ধে কি বলেন।" মুখে একটু হাসির ভাব নিয়ে বেণীমাধব বললেন, "বেশ তো এবার উনি বলুন।" সঙ্গে সঙ্গে জ্যোতিষী মশাই যাঁরা উপস্থিত ছিলেন, তাঁদের দিকে মুখ ফিরিয়ে বলতে থাকেন, "ইনি এক অসাধারণ ব্যক্তি, এঁর শরীরে মারাত্মক যক্ষ্মারেগের বীজানু দেখা যাচ্ছে। সম্প্রতি উনি কোন ভক্তকে নীরোগ করবার কারণে তার যক্ষ্মারোগ স্বেচ্ছায় নিজ দেহে গ্রহণ করেছেন। অবশ্য তাতে এঁর কোন ভয়ের কারণ নেই, কেননা সেই দুষিত বীজানু হজম করার ক্ষমতাও এঁর আছে।" — এই কথাগুলি শুনে হারুকাকা, সতীন্দ্রনাথ ও বিজয় — তিনজনেই স্তম্ভিত ও নির্বাক হয়ে গেলেন; অবশ্য মনে মনে জ্যোতিষীর প্রশংসা না করেও পারলেন না। কারণ, ঘটনার চার/পাঁচদিন আগেই তাঁরা হারুকাকার এক বন্ধুর যক্ষ্মা রোগাক্রান্ত মেয়েকে দেখবার জন্য বেণীমাধবকে সেখানে নিয়ে গিয়েছিলেন। মেয়েটি রক্তবমি করছিল এবং বেণীমাধব তাঁকে সুস্থ করে তোলেন। সেই মেয়ের নাম রমা বসু, সে পরবর্তী কালে সুস্থ দেহেই বেণীমাধবের সঙ্গ করেছে। দীর্ঘজীবনও লাভ করেছিল।

লীলার এই পর্যায়ে শ্রীমাধব প্রকাশ করেছেন ষড়ৈশ্বর্যের চতুর্থ ঐশ্বর্যটিকে। তা করেছেন তিনি প্রধানতঃ ঈশ্বরীয় বিভূতির মাধ্যমে এবং সেই বিভূতি

প্রকাশের জন্য অনেক সময়েই তিনি কিছু কিছু ভক্তকে মাধ্যম করেছেন। সেই সব ভক্ত যাঁরা তাঁর প্রকট লীলার অঙ্গীভূত হয়েছিলেন, তাঁরা প্রায় কেউই আজ আর দেহে নেই — দু'একজন ছাড়া। সেই সব ভক্তের ভূমিকাকে মান দেওয়ার জনই তাঁদের উল্লেখ করা।

শম্ভু সিং — শিখ ধর্মাবলম্বী এই মানুষটি সে যুগে চলচ্চিত্র জগতের অন্যতম শ্রেষ্ঠ সাউণ্ড ইন্‌জিনিয়ার ছিলেন। একদিন বিকালে তিনি এক কঠিন সমস্যায় পড়ে নিমতলা মহাশ্মশানে গঙ্গার ধারে যে বসবার জায়গাটি আছে সেখানে নিজের সমস্যার কথা চিন্তা করতে করতে গঙ্গার দিক হতে শহরের দিকে আবার বিপরীত গতিতে পায়চারি করতে করতে দেখেন যে, প্রতিবারেই এক অতি সাধারণ বাঙালীকে একবার তার নিজের রূপে আর একবার নানকজীর রূপে দেখতে পাচ্ছেন। বারে বারে এই একই দৃশ্য দেখে তিনি এমনই অভিভূত হয়ে পড়েন যে, যে সমস্যার সমাধানের জন্য তিনি চিন্তিত ছিলেন, সেই সমস্যার কথা বেমালুম ভুলে গিয়ে তিনি ভাবতে লাগলেন একই মানুষকে দুদিক থেকে দুই রূপে দেখা কিভাবে সম্ভব এবং এর কোন বৈজ্ঞানিক ভিত্তি আছে কি না। সে রকম কোন কিছুর সন্ধান না পেয়ে নানকজীর রূপধারী ব্যক্তিটির পায়ে পড়ে জানতে চান তিনি কে এবং নানকজীর রূপেই তিনি নিজেকে প্রকাশ করছেন কেন? উদ্দিষ্ট ব্যক্তি বেণীমাধব নিঃসন্দেহে; আর, প্রশ্নকর্তা শম্ভু সিং। তাঁর প্রশ্নের কোন উত্তর না দিয়ে বেণীমাধব জানতে চাইলেন তাঁর অস্থিরতার কারণ। এইভাবেই উভয়ের মধ্যে পরিচয়ের সূত্রপাত। খুব অল্পদিনের মধ্যেই শম্ভু সিং বেণীমাধবের একনিষ্ঠ ভক্ত হয়ে ওঠেন।

১৩৬১ সনে (ইং ১৯৫৪ সালে) চতুর্থ মৌন উৎসব বেণীমাধব পালন করেন শম্ভু সিং-এর বাড়ীতে (৬৯, হ্যারিসন রোড) কোলকাতা। চতুর্থ খণ্ড জ্ঞান সংহিতাও বেণীমাধব এখানেই লিপিবদ্ধ করেন। এই শম্ভু সিং-এর অন্তিম শয্যাপার্শ্বে গুটি কয়েক মাধব ভক্তের কাছে তিনি শেষ ইচ্ছা প্রকাশ করেন যেন তাঁকে মাধব নাম শোনানো হয় এবং সেই নাম শুনতে শুনতেই যেন তাঁর জীবন-দীপ নিভে যায়। শ্রীমতি ঊষা সাহা শম্ভু সিং-এর এই অভিলাষের

কথা মাধবকে জানিয়ে জানতে চান শুধু ‘মাধব’ ‘মাধব’ বা ‘বেণীমাধব’ ‘বেণীমাধব’ বলে কিভাবে গান করব? তখন সেখানে উপস্থিত মাধবভক্তদের মধ্যে কয়েকজনের অভিমত অনুমোদন করে মাধব বলেন ‘মাধব’ নামের আগে জয় শব্দটি যোগ করে ‘জয় মাধব’ নাম শম্ভু সিং কে শোনাতে। তাই করা হয় এবং নাম শুনতে শুনতেই তিনি ইহধাম ত্যাগ করেন।” “জয় মাধব” নাম প্রবর্তনের মূলে শম্ভু সিং ছিলেন উপলক্ষ্য।

একবার এক মাধবভক্ত পূরবীর আলোচনা সভায় বলেন, “মাধবই রামকৃষ্ণ”। এইটি শুনেই শম্ভু সিং সেখান থেকে উঠে চলে আসেন। কিছু বললে পাছে তর্ক বিতর্ক সুরু হয়ে যায় তাই নীরবে স্থানত্যাগ। তাঁর অভিমত — আমার মাধব মাধবই। বিশ্ব-ব্রহ্মাণ্ডে কারো সঙ্গে তুলনা করা চলে না। তুলনা করলে মাধবকে ছোট করা হবে।

এই শম্ভু সিং কিভাবে মাধবের আদেশ পালন করতেন তার একটি ক্ষুদ্র উদাহরণ পরিবেশন করা হল — একবার হরেনাম সিং-এর ছেলের ভয়ানক অসুখ হয়। চিকিৎসার জন্য তাকে দার্জিলিং থেকে প্লেনে করে দমদমে আনা হচ্ছে কোলকাতায় কোন ভাল হাসপাতালে ভর্তি করার জন্য। সবাই চিন্তিত। মাধব শম্ভু সিং-এর দিকে চেয়ে বললেন, — আজ যদি শম্ভু সুস্থ থাকত, তবে সেই ছেলেটাকে দমদম এয়ার পোর্ট থেকে নিয়ে হাসপাতালে ভর্ত্তি করে তার চিকিৎসার ব্যবস্থা করত। আমার আর কোন চিন্তা থাকত না। শম্ভু সিং তখন ক্যানসার আক্রান্ত। শরীর অস্থি চর্মসার। বিছানা থেকে উঠবার ক্ষমতা নেই।

এই অবস্থায় মাধবের কথা শুনে ধীরে ধীরে উঠে বসলেন; বললেন — “বেণী, আই অ্যাম রেডি, তোমার আদেশ পালন করব। রতন, ট্যাক্সি বোলাও।” এই বলে কোটটা গায়ে দিলেন। কোট ঢিলে হয়ে ঝুলে পড়েছে। দেহে তো চামড়া আর হাড় ছাড়া কিছুই নেই। ধীরে ধীরে উঠে দাঁড়াচ্ছেন। চড় চড় করে শরীরের চামড়া ফেটে যাচ্ছে। কুছ পরোয়া নেহি।

মাধব — “তুমি যাবে শম্ভু?”

শম্ভু সিং — বেণী, তুমি আমায় আদেশ করেছ। আমি আদেশ পালন করবই। আর তোমার কৃপায় কৃতকার্য হবই। কোন চিন্তা নেই। রতন সিং ধরে নিয়ে ট্যাক্সিতে বসিয়ে দিলেন। তারপর এয়ারপোর্ট থেকে ঐ ছেলেটিকে এনে ভাল হাসপাতালে ভর্তি করে বড় ডাক্তারকে বলে কয়ে সব ঠিকঠাক করে দিলেন। গাড়ীতে বসেই সব করলেন। তাঁর বিরাট ক্ষমতা ছিল। তখনকার দিনের জার্মানী ফেরৎ সাউণ্ড ইন্‌জিনিয়ার। তিনি ছিলেন শিখ কাল্‌চারাল এসোসিয়েশনের প্রেসিডেন্ট। ওপরে মহলে তাঁর প্রভাব ছিল দারুণ।

এদিকে মাধব কিন্তু রতন সিং-এর বাড়ীতেই শম্ভু সিং-এর অপেক্ষায় বসে আছেন। দু'ঘন্টার মধ্যে কাজ হাসিল করে ফিরে এসে মাধবকে বললেন, "বেণী, আমি তোমার আদেশ পালন করে এসেছি।"

কী সূক্ষ্ম বোধ ও অনুভূতির অধিকারী ছিলেন এই শম্ভু সিং। একদিন রতন সিংকে নিয়ে গাড়ি করে চলেছেন কসবা সিনেমা হলে যাবেন বলে। অর্ধেক পথ যেয়ে হঠাৎ দেখলেন, পথে একটি গোপাল ফুল পড়ে রয়েছে। গাড়ী চালাচ্ছিলেন নিজেই। সঙ্গে সঙ্গে গাড়ী থামিয়ে নেমে পড়ে ফুলটি হাতে তুলে নিয়ে মিনিট খানেক কী যেন ভাবলেন; তারপর গাড়ীতে উঠে গাড়ী ঘুরিয়ে নিলেন।

রতন সিং জিজ্ঞেস করলেন, "শম্ভু, কসবা যাবে না? গাড়ী ঘোরালে কেন? শম্ভু সিং বললেন — "হ্যাঁ, একটু ঘুরে আসি, আমায় ডাকছেন।" এই বলে সোজা মানিকতলায় যেয়ে মাধবকে বলছেন — "বেণী, বল কেন আমায় ডাকলে?"

এদিকে মাধব শম্ভু সিংকে দেখেই বলছেন, — "হ্যাঁ, তোমার কথাই এতক্ষণ ভাবছিলাম। তোমার বড় প্রয়োজন। এসে গেছ ভালই হল।"

রতন সিং তো অবাক। বললেন, "বাবা, আপ্ ক্যায়সে শম্ভু কো ডাকলেন? আমরা তো কসবা যাচ্ছিলাম।"

শম্ভু সিং-এর কি রকম সূক্ষ্ম অনুভূতি ছিল। পথে ঐ গোলাপটি দেখেই বুঝেছিলেন যে, বাবা তাঁকে ডাকছেন। এর কারণ তিনি গোলাপ বড় ভাল

বাসতেন আর গোলাপ সামনে থাকলে তা তুলে মাধব শম্ভু সিং কে দিতেন আর তিনিই একমাত্র ব্যক্তি ছিলেন, যিনি জানতেন মাধবের কখন কি প্রয়োজন। মাধব হাত তুললেই তিনি বুঝতে পারতেন যে, মাধব কি চান। সঙ্গে সঙ্গে তা তিনি হাজির করতেন। মাধবের কিসে আনন্দ হবে, কিসে একটু আরাম হবে, সে দিকে তাঁর নজর ছিল তীক্ষ্ণ। আর আদেশ পালনে ছিলেন অদ্বিতীয় — পশ্চাৎপদ হতেন না কখনো।

ঊষা সাহা — মাধব রচিত ভক্তি সঙ্গীত, কীর্তন, পালাকীর্তন, স্তোত্র ইত্যাদি গেয়ে মানুষকে আনন্দ দিতে পারলে তিনি নিজেও আনন্দিত হতেন। সব চেয়ে বেশী আনন্দ পেতেন "জয় মাধব" নাম গানে। বহু বিচিত্র সুরে তিনি নাম পরিবেশন করতে পারতেন। পালাকীর্তনেও তিনি বিশেষ পারদর্শিতার পরিচয় দিয়েছেন। মাধব-কর্তৃক আরোপিত সুর যতদূর সম্ভব যথাযথ পরিবেশন করতে পারতেন। পরবর্তীকালে মাধবের অনুমতিক্রমে তিনি মাধব সঙ্গীতের কিছু গায়ক গায়িকা তৈরী করেছেন। দীর্ঘকাল গুরুসঙ্গ করার সুযোগ পাওয়ার জন্য তাঁর গুরুসেবা করা ছিল দৃষ্টান্তস্বরূপ। এই ভক্ত মহিলা মাধব নাম শুনতে শুনতে শেষ নিঃশ্বাস ত্যাগ করেন।

অমর দত্ত — ইনি চলচ্চিত্র প্রস্তুত করার প্রয়োজনে ডি-ল্যুক্স ফিল্মের খগেন্দ্রলাল চট্টোপাধ্যায়ের (হারুকাকা) কাছে যাতায়াত করতেন। একদিন হারুকাকা তাঁর কাছে বেণীমাধবের গল্প করেন। পরে আর একদিন সন্ধ্যাবেলায় পূরবীর সান্ধ্য আসরে দত্তমশাই এসে হাজির হন। সেখানে বেণীমাধবকে দেখে প্রশ্ন করেন — "ইনি কে?" হারুবাবু বলেন, "ইনিই বেণীমাধব, এঁর কথাই তোমাকে বলেছিলাম।"

তখন অমর দত্ত বেণীমাধবকে প্রণাম করে নিজের হাত দেখিয়ে বলেন — "বলুন আমার কি হবে?"

বেণীমাধব বলেন — "আমি তো হাত-টাত দেখি না, তোমার জিজ্ঞাসা যদি কিছু থাকে, তবে বল।"

তখন অমর দত্ত বলেন, "বলুন, আমার এই সিনেমার ব্যবসা কেমন চলবে?" উত্তরে বেণীমাধব বলেন, "তোমার এসব চলবে না, ব্যবসাই উঠে যাবে, একাজ তোমার নয়।"

অমর দত্ত প্রশ্ন করেন, "তবে আমার কাজ কি?"

বেণীমাধব বলেন, "সে তুমি পরে জানতে পারবে।"

অমর দত্তের সঙ্গে বেণীমাধবের পরিচয় গাঢ় হতে গাঢ়তর হতে থাকে। সেই সময়ে পূরবী সিনেমা হলের প্রাত্যহিক সান্ধ্য ধর্মালোচনার সভায় যাঁরা নিয়মিত উপস্থিত থাকতেন তাঁদের মধ্যে অগ্রগণ্য ছিলেন সতীন্দ্রনাথ চট্টোপাধ্যায়, খগেন্দ্রলাল চট্টোপাধ্যায়, চলচ্চিত্র অভিনেতা জীবেন বসু, বিজয় গোপাল বসাক, নৃপেন বিশ্বাস, অঞ্জলি বিশ্বাস, অমর দত্ত ইত্যাদি। শোনা যায়, বেণীমাধবের ধর্মালোচনা শুনে অমর দত্ত মাঝে মাঝেই ভাবস্থ হয়ে যেতেন। ধীরে ধীরে অমর দত্ত অধিকাংশ সময়টাই মাধব সঙ্গে কাটাতেন। বেণীমাধবের প্রভাবে দত্তমশাই এতটাই প্রভাবিত হয়ে পড়েন যে, একদিন তিনি বেণীমাধবকে বলেই ফেলেন, "আমারও ইচ্ছা করে যে আমি দেশের এবং দশের সেবা করি, কিন্তু আমার না আছে কোন সঙ্গতি, না আছে কোন মন্দির। আমার এ ইচ্ছা পূর্ণ হবার কোন পথই যে আমি খুঁজে পাই না।" উত্তরে বেণীমাধব বলেন — "সে ব্যবস্থা আমি তোমাকে করে দেব।"।

বেণীমাধবের অন্য আর এক ভক্ত হিতেন নন্দীর স্ত্রী রুবির পিসতুতো বোন রেবা ও তাঁর মেয়ে রুমা ও পরিবারের সকলেই হিতেন নন্দীর বাড়ীতে অমর দত্তের সঙ্গে পরিচিত হন এবং সেই সুবাদে বেণীমাধবের সঙ্গ করার সুযোগ পান।

রেবার মেয়ে রুমা ছোট বেলা থেকেই গোপাল নিয়ে খেলতে ভালবাসত। রাজকুমার সিংহীর স্ত্রী শ্রীমতি বিনয় সিংহী একটি অষ্টধাতুর গোপাল মূর্তি কিনে রুমাকে দেন। রুবি ও রেবা নিমতার রামকৃষ্ণ মিশনের মহারাজের শিষ্যা। অমর দত্ত সহ রুবি ও রেবা তাঁকে গোপালের কথা বললে তিনি মাধব বাবাকে দিয়ে গোপাল প্রতিষ্ঠার কথা বলেন। অমর দত্ত, রুবি ও রেবার

আগ্রহে তিনি ১৯৬৯ সালে জন্মাষ্টমীর দিন হালতুর বাড়ীতে গোপাল প্রতিষ্ঠা করেন। এই গোপালের বাড়ীতেই অমর দত্ত ১৯৭৪ সালে দেহরক্ষা করেন।

বিকাশ রায় — প্রখ্যাত এই চলচ্চিত্রাভিনেতা বেণীমাধবের একনিষ্ঠ ভক্ত ছিলেন। তাঁর বাড়ীতেও ক্রমান্বয়ে বেশ কয়েক বছর বেণীমাধবের সান্ধ্য আলোচনার আসর বসত। রায় পরিবারের সঙ্গে বেণীমাধবের সম্পর্ক এতটাই ঘনিষ্ঠ ছিল যে, শ্রীমতী রায়কে তিনি মাতৃসম্বোধন করতেন। মাধবের অনুমতি ব্যতিরেকে রায় মশাই কোন কাজই করতেন না।

নারায়ণ চক্রবর্তী — ইনি ইণ্ডিয়ান টিউবের একজন উচ্চপদস্থ কর্মচারী ছিলেন। একমাত্র পুত্রের দুরারোগ্য ব্যাধির নিরাময় কল্পে বহু সাধু-সন্ন্যাসীর দ্বারস্থ হয়েও বিফল হওয়ার পর হিতেন নন্দীর মাধ্যমে তিনি বেণীমাধব সকাশে আসেন। তিনি বিয়ে করেছিলেন এক ইংরেজ দুহিতাকে — নাম প্যাট্রিসিয়া। তাঁরা দুজনেই রুগ্ন ছেলেকে নিয়ে বেণীমাধবের কাছে আসেন। পুত্র সুস্থ হয়ে না উঠলেও স্বামী-স্ত্রী দুজনেই কিন্তু তাঁর বিশেষ ভক্ত হয়ে ওঠেন। বেণীমাধব ভক্তিপ্রাণা এই বিদেশিনীর নামকরণ করেন পার্বতী বলে। নারায়ণ বাবুর বাড়ীতেই বেণীমাধবের গীতার দেহতত্ত্ব ব্যাখ্যার সূচনা হয়।

সুধাংশু বন্দ্যোপাধ্যায় (মাষ্টার মশাই) — দীননাথ দাসের ঠাকুর বাড়ীতে যখন বেণীমাধবের কাছে সতীন্দ্রনাথ, বীরেন্দ্রনাথ, বৈদ্যনাথ মুখার্জী, বিজয়, মন্টু এবং আরও দু-চার জন প্রতি সন্ধ্যায় নিয়মিত মিলিত হতেন, সেই সময় একদিন সন্ধ্যাবেলায় দীর্ঘকায় এক ব্যক্তি নাম সুধাংশু বন্দ্যোপাধ্যায় (মাষ্টার মশাই) সান্ধ্য আসরে এসে উপস্থিত হন। তিনি হ্যারিসন রোডের একটি লেদার ব্যাগ ও ট্রাংকের দোকানের ম্যানেজার ছিলেন। অনেকগুলি ছেলে পুলে নিয়ে তিনি কষ্টেই সংসার চালাতেন। সতীন্দ্রনাথের সঙ্গে পরিচয় হলে তিনি তাঁকে বেণীমাধবের কাছে নিয়ে আসেন। মাষ্টার মশাই একজন নিষ্ঠাবান ব্রাহ্মণ এবং সুমিষ্ট কণ্ঠের অধিকারী, আবার মা কালীরও ভক্ত। তিনি দরদী কণ্ঠে শ্যামাসঙ্গীত গাইতেন এবং গাইতে গাইতে দু'চোখে অশ্রু ঝরে পড়ত। সতীন্দ্রনাথ, বিজয় প্রায়ই মাষ্টার মশাইয়ের পার্ল ষ্ট্রীটের ভাড়াবাড়ীতে যাতায়াত করতেন। মাঝে মাঝে সেখানে বেণীমাধবও

যেতেন। বেণীমাধবের সহযোগিতা ও দাক্ষিণ্যে মাষ্টার মশাই তাঁর অনূঢ়া কন্যার বিবাহ দিতে সমর্থ হন। মাষ্টারমশাইয়ের দুরবস্থা দেখে বেণীমাধব বেলেঘাটা ড্রাগ হাউসে ও পরে নিজের প্রেসে কাজ দিয়ে তাঁর গ্রাসাচ্ছাদনের ব্যবস্থা করে দেন। তা ছাড়াও বেণীমাধবের করুণায় মাষ্টারমশাই বেহালায় সুচিত্রা সিনেমায় ম্যানেজরের পদে বহাল ছিলেন কিছু কাল। তিনি সে যুগে বেণীমাধবকে আচরণে গুরুরূপে স্বীকার করে নিয়ে ঘরে মা কালীর পটের পাশে বেণীমাধবের একখানি ছবি রেখে প্রতিদিন সকাল সন্ধ্যায় ফুল ও ধূপ ধূনা দিয়ে সতীন্দ্রনাথের রচিত

নমঃ, নমঃ, নমঃ হে নমঃ

নমঃ মাধবায়, নমঃ যাদবায়

নমঃ ব্রহ্মণ্যদেবায় নমঃ

নমঃ কেশবায়, নমঃ মুকুন্দায়

শ্রী গোবিন্দায় নমো নমঃ।

এই ভজনটি নিজ পুত্রকন্যাসহ ভক্তি সহকারে গাইতেন। অনেক সময় সতীন্দ্রনাথ ও বিজয় এই ভজন অনুষ্ঠানে উপস্থিত থাকতেন। উত্তরকালে মাধবশিষ্যগণের গৃহে গুরুপূজার যে রীতি প্রচলিত হয় তার সূত্রপাত এইখানেই।

ব্রজেন্দ্রকিশোর গোস্বামী — ঠাকুরবাড়ীর ঘরে যখন সান্ধ্য আলোচনার আসর বসত তখন একদিন সন্ধ্যায় বগলে ছাতা নিয়ে ধুতি পাঞ্জাবী পরা এক ভদ্রলোক ঘরে প্রবেশ করে জানতে চান, "সাধু কি এখনও এখানে আছেন?" বেণীমাধবের নাম শুনে অসুস্থ কন্যার নিরাময়ের কারণে তিনি এসেছেন। সতীন্দ্রনাথ ও বিজয় বেণীমাধবকে দেখিয়ে দেন। তখন তিনি 'জয় রাধে' বলে বৈষ্ণব পণ্ডিতের মত কিছুক্ষণ নিরীক্ষণ করে বিনয়ের সঙ্গে কন্যার অসুখের কথা বলেন। অবশ্য এর সঙ্গে কিছু ধর্মীয় আলোচনাও তিনি তাঁর সঙ্গে করেন। তাঁর আন্তরিকতা ও অনুরোধে বেণীমাধব তাঁর বাড়ী গিয়ে

কন্যাকে দেখতে রাজী হন। এর তিন/চার দিন পরে গোঁসাইজী বেণীমাধবকে তাঁর রাজাবাজারের বাড়ীতে নিয়ে যান এবং বেণীমাধবের চিকিৎসাগুণে গোস্বামী কন্যা ধীরে ধীরে সুস্থ হয়ে ওঠে। তবে, কন্যার পিতা বেণীমাধবের প্রতি এতটাই আকৃষ্ট হয়ে পড়েন যে, তিনি সেই সান্ধ্য আসরের নিয়মিত সদস্য হয়ে যান। গোঁসাইজী পূর্ববঙ্গের এক গুরুবংশে জন্মগ্রহণ করেন এবং সেই সুবাদে বহু লোককে তিনি দীক্ষাদান করেছিলেন। তাঁর বৈষ্ণব শাস্ত্র বিষয়ে বিশেষ ব্যুৎপত্তি ছিল বলে তিনি মনে করতেন এবং শাস্ত্রীয় বক্তব্যের যথার্থ অর্থ নিয়ে অনেক সময় বেণীমাধবের সঙ্গে তর্ক-বিতর্ক হত; অবশ্য বেণীমাধবের কাছে তর্কে পরাস্ত হয়ে তিনি আনন্দিতই হতেন। বেণীমাধবের সঙ্গ করতে করতে একদিন এই ব্রাহ্মণ কুলগুরু তাঁর আভিজাত্য ও অভিমান ত্যাগ করে বেণীমাধবের চরণে তুলসীপাতা রেখে পদধূলি গ্রহণ করেন এবং গাত্র আবরণ, জুতা ইত্যাদি ত্যাগ করে বৈষ্ণব বেশ ধারণ করেন। উভয়েই উভয়কে প্রভু বলতেন। আবার গোঁসাইজী কথায় কথায় 'জয় রাধে' বলতেন বলে দেখা হলে মাধবও তাঁকে 'রাধে' 'রাধে' বলতেন। পরিণত বয়সে রক্তচাপজনিত রোগে তাঁকে কিছুদিন শয্যাশায়ী থাকতে হয়। সেই সময়ে বেণীমাধব নানাভাবে তাঁকে সাহায্য করেছেন। তিনি কিছুদিন গোঁসাইজীকে তাঁর প্রেসের ম্যানেজার করেছিলেন। গোঁসাইজীও তার মর্যাদা রাখেন। গোঁসাইজীর মৃত্যুর পর তাঁর পুত্র গৌর গোস্বামী মাধবের নিত্যসঙ্গ করেন।

হিতেন্দ্রনাথ নন্দী — ইনি একটি বহুজাতিক সংস্থার এক উচ্চপদস্থ কর্মচারী ছিলেন এবং কর্মসূত্রে বিদেশেও ভ্রমণ করেছিলেন। অমর দত্ত তাঁর পারিবারিক বন্ধু ছিলেন। কর্মক্ষেত্রের এক কঠিন সমস্যার সমাধানের আশায় অমর দত্তের মাধ্যমে বেণীমাধবের কাছে আসেন এবং তাঁর সমস্যার আশানুরূপ সমাধান হওয়ায় উৎফুল্ল নন্দীমশাই বেণীমাধবের সঙ্গ করায় আগ্রহী হন এবং নিয়মিত সঙ্গ করতে থাকেন। এই সঙ্গ করার ফলে তাঁর জীবনযাত্রার অনেক পরিবর্তন হয়। কিন্তু তা সত্ত্বেও সংশয়াকুল হয়ে হিতেন বাবু প্রায় পাঁচ বছর বেণীমাধবের সঙ্গে কোন কোন যোগাযোগ রাখেননি। এদিকে মাধব শিষ্যা অঞ্জলি বিশ্বাসের ভাইয়ের সঙ্গে হিতেনবাবুর একমাত্র বোনের বিয়ে হয়। বিয়ের কিছুদিন পরে তাঁর ভগ্নিপতির গলায় ক্যানসার

হয় এবং ক্ষতস্থান থেকে পূঁজ, রক্ত ইত্যাদি বের হচ্ছে দেখে বিশেষজ্ঞ চিকিৎসক অস্ত্রোপচারের সিদ্ধান্ত নেন। এই বিপদের সময় অঞ্জলি বিশ্বাস ও তাঁর স্বামী নৃপেন বিশ্বাস পূরবীর সান্ধ্য আসরে এসে রোগের কথা সবিস্তারে বলছেন, তখন সতীন্দ্রনাথ বেণীমাধবকে বলেন, ‘‘তুমি ইচ্ছা করলেই এই রোগী আরোগ্য লাভ করতে পারে।’’ এ কথায় হঠাৎ বেণীমাধব রেগে গিয়ে বলেন, ‘‘দেখ, বিধির বিধান কখনও লঙ্ঘন করা যায় না। ফাঁসীর আসামীর ফাঁসিই হয়, তার অব্যাহতি নেই।’’ সতীন্দ্রনাথ একথা মানতে রাজী নন। বলেন, ‘‘প্রেসিডেন্টের নিজস্ব ক্ষমতা বলে ফাঁসির হুকুমও মকুব হতে পারে।’’ বেণীমাধব চুপ করে রইলেন। পরদিন শ্রীযুক্ত ও শ্রীমতি বিশ্বাস পূরবীতে এলে বেণীমাধবের অনুপস্থিতিতে সতীন্দ্র তাঁদের পরামর্শ দেন, — ‘‘এভাবে কিছু হবে না, যার রোগ সে বা তার কোন ঘনিষ্ঠ আত্মীয় কেউ নতজানু হয়ে ধরলে হয়তো ফল ফলতে পারে। এক্ষেত্রে হিতেনবাবুর স্বার্থই সব চাইতে বেশী। তাঁকে বুঝিয়ে যদি বেণীমাধবের কাছে পাঠাতে পারো, তবে একটা সুরাহা হবে নিশ্চয় জেনো।’’

সে সময়ে প্রতি রবিবার সন্ধ্যায় বেণীমাধবের মানিকতলার বাড়ীর ছাদে আলোচনা সভা বসত। এমনই এক রবিবারে হিতেনবাবু এসে বেণীমাধবের পায়ে পড়ে অঝোরে কাঁদতে থাকেন। বেণীমাধব সতীন্দ্রনাথের দিকে কটাক্ষ করে হিতেনবাবুকে বলেন, ‘‘যাও তোমার মাকে প্রণাম করে এসো’’ — বলে গঙ্গামার ঘরের দিকে ইঙ্গিত করেন। মাকে প্রণাম করে আসার পর বেণীমাধব প্রসন্ন চিত্তে হিতেনকে জিজ্ঞাসা করেন, ‘‘কয় বছরের জন্য সুস্থ রাখতে চাও? পাঁচ, দশ, পঁচিশ বছর? তাহলে হবে তো?’’

অভয় পেয়ে হিতেন বলেন, ‘‘পঁচিশ বছর।’’

সেই মুহূর্তে বেণীমাধব বলেন, ‘‘তাই হবে। ঐ ঘা দিয়ে এখন আর পুঁজ পড়বে না, অপারেশনেরও প্রয়োজন নেই, যাও।’’

তিনি বলার পর থেকে সেই ক্ষত দিয়ে আর পুঁজ রক্ত পড়েনি এবং ডাক্তারী পরীক্ষাতে ক্যানসারের জীবানুও পাওয়া যায় নি। সে ভদ্রলোক ও সুস্থভাবে দীর্ঘকাল জীবিত ছিলেন।

সে সময়ে হিতেনবাবু প্রতি বছরেই একাধিকবার জয়রামবাটী ও কামারপুকুর দর্শনে যেতেন। অবশ্য বেণীমাধবের সাহচর্যে সে বিষয়ে ধীরে ধীরে তাঁর উৎসাহ কিছুটা স্তিমিত হয়; সেবার জয়রামবাটী গিয়ে কাশী থেকে আগত শ্রীশ্রী মায়ের দীক্ষিত একজন মহারাজের সঙ্গে আলাপ পরিচয়ে হিতেনবাবু বিশেষ খুশী হন। সেদিন সন্ধ্যাবেলায় সেই সন্ন্যাসীর খোঁজ করতে গিয়ে তিনি তাঁর কাকার দেখা পান এবং তাঁর সঙ্গে সন্ন্যাসীদের আবাসস্থলে গিয়ে ঐ মহারাজের সাক্ষাৎ পান। তিনি তাঁর কাছে মায়ের সম্বন্ধে জানতে চান। তখন মহারাজ শক্তি কিভাবে ষট্চক্র সাধানায় অনুভব করা যায়, সে সম্বন্ধে কিছুক্ষণ বলার পর তিনি হঠাৎ জানতে চান হিতেনবাবু কার কাছ থেকে দীক্ষা নিয়েছেন। তিনি অদীক্ষিত জেনে মহারাজ জিজ্ঞাসা করেন, "তাহলে এই পথে তোমার মতিগতি কি কারণে?" উত্তরে হিতেন বাবু বলেন, কলকাতার এক গৃহী ব্যক্তির সাহচর্যগুণেই তাঁর এই মতিগতি। এই গৃহী ব্যক্তিই বেণীমাধব। মহারাজ এই গৃহী ব্যক্তি সম্বন্ধে হিতেনবাবুর কাছ থেকে তেমন কোন সদুত্তর না পেয়ে অত্যন্ত রাগতভাবে বলেন ওঠেন, "বুজরুকি অনেক দেখেছি, তুমি আবার কোন বুজরুকের খপ্পরে পড়েছ জানি না। এখানে এত সন্ন্যাসী থাকতে তোমার কি কাউকেই গুরু করতে ইচ্ছা হল না? বৃথা তুমি আমার সময় নষ্ট করলে। অদীক্ষিত মানুষের এই সমস্ত গুহ্য কথা এক কান দিয়ে ঢোকে আর এক কান দিয়ে বেরিয়ে যায়। আমি বলছি, তুমি আমাদের মিশনের অধ্যক্ষের কাছ থেকে যত শীগরীর পার দীক্ষা নাও। সদগুরুর কাছে দীক্ষিত না হওয়া পর্যন্ত এপথে হাঁটা বাতুলতা মাত্র।" মহারাজের এরকম ধিক্কার ও ভর্ৎসনায় হিতেনের দেহমন অকস্মাৎ এক অদ্ভুত ভাবাবেশে আচ্ছন্ন হয়ে পড়ে এবং সে অবস্থা সামলাতে না পেরে তিনি মেঝেতে পড়ে যান। তাঁর কানে এল, মহারাজ বলছেন, "মা মা — এ কি মা?" তারপর কখন যে মহারাজ তাঁকে উঠিয়েছেন, তা তাঁর মনে নেই। তবে তাঁকে লক্ষ্য করে মহারাজের কথাগুলো কানে আসে — "নিজেকে সম্বরণ কর, স্থির

হও।” কিছুক্ষণ পরে স্বাভাবিক হলে মহারাজের দেওয়া এক গ্লাস জল পান করেন। তিনি আমৃত্যু মাধব সঙ্গ করেছেন।

ছোটেলাল — এখন থেকে প্রায় পঞ্চাশ বছর আগে ছোটেলাল নামে এক ব্যবসায়ী যুবক সত্যের সন্ধানে ঘুরতে ঘুরতে শম্ভু সিং-এর মাধ্যমে বেণীমাধবের সঙ্গে পরিচিত হন। তদানীন্তন গ্রেট ইষ্টার্ন হোটেলের নীচে তাঁর একটি জহরতের দোকান ছিল এবং তিনি ঐ হোটেলের অন্যতম ডিরেক্টরও ছিলেন। অধ্যাত্ম-জ্ঞান পিপাসু ছোটেলাল কিছুদিন যাতায়াতের পর বেণীমাধবের প্রতি অত্যন্ত আকৃষ্ট হয়ে পড়েন এবং নিয়মিত তাঁর সঙ্গ করতে থাকেন। যখনই ছোটেলাল বেণীমাধবের কাছে আসতেন তখনই তাঁর একমাত্র লক্ষ্য থাকত ধর্মতত্ব আলোচনা ও ঈশ্বরীয় শক্তি সম্বন্ধে অনুসন্ধিৎসা। তিনি চাইতেন বেণীমাধবকে নিরাবিলভাবে পেতে। এমনি ভাবে দু-তিন ঘন্টা আলাপ-আলোচনা করে তিনি চলে যেতেন। পরবর্তী কালে তিনি কলকাতার ব্যবসা উঠিয়ে তা দিল্লীতে কণট সার্কাসে নিয়ে যান এবং প্রচুর অর্থ উপার্জন করে দিল্লীতে বিরাট অট্টালিকা নির্মাণ করেন। পরে তিনি ও তাঁর পরিবারবর্গ সাঁই বাবার সঙ্গে পরিচিত হওয়ার সুযোগ পান এবং তাঁর বিভূতি ক্রিয়ালব্ধ একটি অঙ্গুরিয় ছোটেলাল লাভ করেন। কিন্তু সাঁইবাবার অনুরাগী হয়েও ছোটেলাল মাঝে মাঝে প্লেনযোগে কলকাতা এসে বেণীমাধবের সঙ্গে সাক্ষাৎ করে অন্ততঃ চার-পাঁচ ঘন্টা অধ্যাত্ম বিষয়ে আলোচনা করে কাটিয়ে যেতেন।

একনাথ রাণাডে — কন্যাকুমারীকায় যে বিবেকানন্দ স্মারকনিধি আছে তার প্রতিষ্ঠার ব্যাপারে এই মারাঠী যুবকের উদ্যোগ, পরিশ্রম ছিল অতুলনীয়। এটি প্রতিষ্ঠার ক্ষেত্রে তিনি ছিলেন কেন্দ্রীয় চরিত্র। সারা ভারতবর্ষ থেকেই তিনি অর্থ সংগ্রহ করেছিলেন এবং সেই অর্থ এসেছিল প্রধানতঃ অল্পবয়সী ছাত্র-ছাত্রীদের কাছ থেকে। কোন ধনাঢ্য ব্যক্তির অনেক টাকার দান তিনি গ্রহণ করেননি। পশ্চিমবঙ্গ থেকে অর্থ সংগ্রহের পূর্বে তিনি মাধবের সন্নিধানে আসেন এবং তাঁর পরিকল্পনার কথা বিশদভাবে ব্যাখ্যা করেন। মাধবও তাঁর পরিকল্পনা সমর্থন করেন। পরে বিবেকানন্দ রক-এ এই স্মারক

সম্পূর্ণ হওয়ার পর শ্রীরাণাডে আবার কোলকাতায় আসেন এবং রামকৃষ্ণ মিশনের দুই শীর্ষস্থানীয় মহারাজ, তদানীন্তন ভারত সরকারের শিক্ষাসচিব ভি.কে. গোকক এবং মাধবের সঙ্গে একটি বৈঠকের আয়োজন করেন। তিনি নিজেও সে বৈঠকে উপস্থিত ছিলেন। কিন্তু সেই বৈঠকে কি আলোচনা হয় বা কি সিদ্ধান্ত হয়, সে সম্বন্ধে বিশেষ কিছু জানা যায় না।

পৃথ্বীরাজ কাপুর — প্রখ্যাত এই নাট্যব্যক্তিত্ব, অভিনেতাও চলচ্চিত্রকারের পরিচয় দেওয়ার প্রয়োজন হবে না। সেকালে প্রতি বছর তিনি নাটকের দল দিয়ে কোলকাতায় আসতেন; নাটকের অভিনয় হত পূরবী সিনেমা হলে আর তাঁরা থাকতেন বহুবাজার ষ্ট্রীটের একটি হোটেলে। সতীন্দ্রনাথ তখন পূরবীর ডিরেক্টর। ফলে, উভয়ের মধ্যে ব্যবসায়িক কথাবার্তা বলার দরকার পড়ত প্রায়ই। এই রকম এক বিকালে কাপুরজী পূরবীতে এসে দেখেন যে, সতীন্দ্রনাথ তখনও আসেন নি; তাঁর অফিসঘরে কয়েকজন একই কারণে অপেক্ষমান। কাপুরজীও অপেক্ষা করতে থাকলেন। উপস্থিত মাধবভক্তদের মধ্যে কেউ কেউ দুষ্টুবুদ্ধির প্ররোচনায় বেণীমাধবকে দেখিয়ে কাপুরজীকে বলেন, "ইনি ভগবান, অতএব তাঁরও যথোচিত ভক্তির পাত্র।"

কাপুরজীও খানিকটা উপেক্ষার ভাব দেখিয়ে বললেন, "কিযুণজী মেরা সব্ কুছ্ হ্যায়। দুসরা ভগবানকা জরুরৎ নেহি।"

এমতসময় সতীন্দ্রনাথ এসে পৌঁছান এবং কাপুরজীর সঙ্গে কথাবার্তা সেরে নেন। কাপুরজীও চলে যান। তারপর উপস্থিত ভক্তগণ বেণীমাধবকে বলেন, "এই যে একজন বাইরের লোক এসে তাঁকে তাচ্ছিল্য করে গেলেন, এর প্রতিকার এমনভাবে করতে হবে যেন পরে দিনই কাপুরজী পায়ে পড়ে ক্ষমা চান। মাধব হেসে তাঁদের কথা উড়িয়ে দেবার চেষ্টা করলেন এই বলে যে, কেউ তাঁকে তাচ্ছিল্যও করেনি, প্রতিকার করারও কিছু নেই। কিন্তু উপস্থিত ভক্তকুলও আব্দার ত্যাগ করতে রাজী নয়।

সেদিন গভীর রাতে কাপুরজী হঠাৎ ঘুম ভেঙে দেখেন অন্ধকার ঘরের মধ্যে ছাদ ও দেওয়ালের সংযোগস্থলে অতি উজ্জ্বল একটি ছোট আলোর বৃত্ত

ঘরেরই একটি থামের দিকে অগ্রসরমান। বৃত্ত ও থাম পর্যন্ত এসে থামের গা বেয়ে ক্রমশঃ নীচের দিকে নেমে মেঝে পর্যন্ত এসে ধীরে ধীরে বৃত্তটি বড় হতে থাকে এবং শেষ পর্যন্ত একটি কৃষ্ণ মূর্তিতে রূপ পায় — অবশ্য মুখটি পূরবীতে দেখা সেই অল্প বয়সী মানুষটির। অবিশ্বাস্য এই ঘটনাটিকে কাপুরজী মেনে নিতে পারছেন না অথচ তাঁরই চোখের সামনে সেই দীপ্যমান মূর্তি। অনেকক্ষণ এইভবে থাকার পর মূর্তিটি আদৃশ্য হয়ে যায়। সুরু হয় কাপুরজীর অস্থিরতা। সেদিনের সেই বিনিদ্র রজনী প্রভাত হলেও উৎকণ্ঠার অবসান হল না; সারাদিনের পর সন্ধ্যা। সন্ধ্যায় পূরবীর আসর। অস্থিরভাবে সারাদিন কাটাবার পরে বিকালেই তিনি চলে এলেন পূরবীতে — এসে ঘরের বাইরে পায়চারি করছেন আর মাঝে মাঝে উপস্থিত ভক্তদের কাছে জানতে চান — "উহ ছোকরা কব আয়েঙ্গে?" কারণ তখনও বেণীমাধব পূরবীতে আসেন নি। কিছু পরে তিনি এসে তাঁর আসনে বসলে পর কাপুরজী তাঁর পায়ের ওপর সটান লম্বা হয়ে কাঁদতে কাঁদতে নিজের অন্যায়ের জন্য ক্ষমা প্রার্থনা করেন। মাধব তাঁকে তুলে সান্ত্বনা দিয়ে শান্ত করেন। এই ঘটনার পর থেকে কাপুরজী বেণীমাধবের অনুরাগী ভক্ত হয়ে পড়েন এবং তাঁর একাধিক সাংসারিক সমস্যার কথাও বলেন এবং সেগুলির সমাধানও যথাসময়ে হয়। হারুকাকা ও শম্ভু সিং-এর সঙ্গে বোম্বাই গিয়ে তিনি কাপুরজীর বাসভবনেও যান।

রাজকুমার সিংহী — ইনি একজন ধনাঢ্য ব্যক্তি, ভূস্বামী ও ব্যবসায়ী। দক্ষিণ কোলকাতায় সিংহী পার্ক এঁদেরই পরিচয় বহন করে। অমর দত্তের মাধ্যমে তিনি ব্যক্তিগত সমস্যার সমাধানে মাধব সংস্পর্শে আসেন এবং তা সমাধানের পরেও তিনি মাধব সঙ্গ করতে থাকেন। শ্রী সিংহী, তাঁর স্ত্রী শ্রীমতী বিনয় সিংহী ও দুই পুত্র জয় ও অজয় — সকলেই মাধবের অনুরাগী ভক্ত ছিলেন। ১৯৭৭ সালে তিনি মাধবকে কাশ্মীর ভ্রমণে নিয়ে যান। এই ভ্রমণ কালেই কাশ্মীরি পণ্ডিত সমাজের কয়েকজন প্রবীন কর্মকর্তার সঙ্গে মাধবের বহু কিছু আলোচনা হয় এবং কথাপ্রসঙ্গে ভাগবদগীতার দেহতাত্ত্বিক ব্যাখ্যার কথা তিনি প্রকাশ করেন। এই ব্যাখ্যার একটি বিশদ রূপরেখা পণ্ডিত সমাজের কাছে তুলে ধরলে তাঁরা মাধবকে প্রস্তাব দেন দু'কোটি টাকায় ঐ

ব্যাখ্যার গ্রন্থসত্ত্ব বিক্রি করে দিতে। স্বভাবতঃই মাধব সে প্রস্তাবে রাজী হন নি।

কাশ্মীর ভ্রমণের চার/পাঁচ বছর পরে সিংহী মশাই মাধবকে রাজমহল ও মালদহ ভ্রমণের জন্য সেখানে নিজ জমিদারীতে নিয়ে যান; সঙ্গে বেশ কিছু সংখ্যক ভক্তও ছিলেন।

অমরনাথ চট্টোপাধ্যায় — ইনি বিজয় গোপাল বসাকের বন্ধু এবং তাঁরই মাধ্যমে বেণীমাধব সকাশে আসেন। তিনি পূরবী সিনেমার আলোচনায় নিয়মিত যোগ দিতেন; মানিকতলাতেও যেতেন। এইভাবে কয়েক বছর বেণীমাধবের সঙ্গ করার পর তিনি ১৯৬৬/৬৭ সাল থেকে হঠাৎ অনুপস্থিত হয়ে পড়েন।

১৯৭০ সাল থেকে বেশ কয়েক বছর তিনি বর্তমান লেখকের প্রতিবেশী ছিলেন। নীলাঞ্জন গুহ ও এই লেখক ১৯৭৭ সালে মাধব সন্নিধানে যাওয়ার পরে জানতে পারেন যে, তিনি অনেক আগে থেকেই বেণীমাধবের পরিচিত।

এদিকে শ্রীগুহ ও আমি তখন এন্টালীতে কর্মরত এবং একই অফিসে। মানিকতলার সাপ্তাহিক আলোচনা সভায় শ্রীমাধব যা বলতেন, তা অফিস ছুটীর পরে অন্যান্য সহকর্মীদের ও সতীর্থদের সঙ্গে মিলিত হয়ে সেগুলির বিশ্লেষণ ও পুণরালোচনার মাধ্যমে মূল বিষয়বস্তুটিকে আত্মস্থ করার চেষ্টা থাকত। ক্রমে এই সংবাদ তাঁরও কানে যায়। একদিন মানিকতলার আলোচনা সভাতেই তিনি আমাদের এই আলোচনা প্রচেষ্টায় খুশী হন এবং অফিসের এই আলোচনা সভার তিনি নামকরণ করেন — কুসংস্কার দূরীকরণে অভিযান সংঘ। তাঁরই নির্দেশে শ্রীচট্টোপাধ্যায় এন্টালীর আলোচনা সভার সভ্য হন। এবং মাধবের নির্দেশাদির বাহকের ভূমিকা পালন করেন। আবার আমাদের সম্পর্কেও তিনি অনেক কিছু শ্রীমাধবকে জানাতেন। এছাড়াও তাঁরই নির্দেশে তাঁর বহু ভক্ত শিষ্যও এন্টালীর এই আলোচনা সভায় যোগ দিয়েছেন।

এইভাবেই এন্টালীর সান্ধ্য আলোচনা সভা বেশ চলছিল; কিন্তু যে কোন কারণেই হোক কয়েক বছর পর ধীরে ধীরে শ্রীচট্টোপাধ্যায়ের উপস্থিতি হ্রাস পেতে থাকে এবং পরে তা বন্ধও হয়ে যায় — হয়তো বা গুরুদেবেরই নির্দেশে।

এই অধ্যায়ে বিশেষভাবে যে ভক্তদের উল্লেখ করা হয়েছে, তাঁরা তো বটেই পূর্ববর্তী অধ্যায়গুলিতেও যাঁদের উল্লেখ করা হয়েছে, তাঁদের ভক্তি, শ্রদ্ধা, বিশ্বাস ও সেবানিষ্ঠা কোন অংশেই কম ছিল না। তাঁরা সকলেই মাধবের জন, তাঁর লীলা সহচর। কিন্তু প্রকট লীলার এই সমস্ত ভক্তকে তিনি আত্মজ্ঞান বা উপলব্ধি দান করেন নি, কারণ উপলব্ধিতে তাঁর স্বরূপ বা বিভুত্বের জ্ঞানে ঋদ্ধ হলে তাঁদের পক্ষে দেহসঙ্গ করা সম্ভব হত না; হতে পারেও না। যে সব ক্ষেত্রে এই সব ভক্তদের ভাব সমাধির কথা বলা হয়েছে, সে সব ক্ষেত্রে ঐ সমাধি সহজাত নয়, আরোপিত। তাঁর লীলা প্রসারের কারণে তিনি এই আরোপ করেছেন প্রয়োজন অনুযায়ী।

জ্ঞান

(বয়স ৪৫-৫৫)

(সময়কাল — ১৯৬৫-১৯৭৫)

দিনের পরে আসে রাত; রাতের পর দিন। একটির মধ্যে অন্যটির সূক্ষ্ম অবস্থান অনস্বীকার্য। সেইরকমই গুরু যখন একটি ঐশ্বর্যকে বিশেষভাবে প্রকাশ করেন, তখন অন্যান্য ঐশ্বর্যগুলি সর্বতোভাবে অনুপস্থিত থাকে না — গৌণভাবে প্রকাশ পায়। অতএব, এই অধ্যায়ে জ্ঞান সম্বন্ধে বলার পূর্বে মাধবের নিজের মুখ নিঃসৃত বিভূতি সংক্রান্ত কিছু আলোচনার উদ্ধৃতি দেওয়া হল —

"আমার চোখে দেখা একজন লোক — তিনি হলেন খোন্দকার (গুরুবংশ) — তিনি অনেক কিছু করতে পারতেন। কেউ ডাকলে সূক্ষ্ম দেহে গিয়ে দেখা করতে পারতেন। অথচ তাঁর দেহটা তখন তাঁর বাড়ীতেই থাকত। সোহং যে এটা তাঁর হয়েছিল।

এক ভক্তের প্রশ্ন — এটা কি বাবা তবে অষ্ট বিভূতির ব্যাপার?

মাধব — না, এটা হল সোহং। বিভূতি হল — যেমন জলের ওপর দিয়ে চলা ইত্যাদি। মহাপুরুষরা সূক্ষ্ম দেহে একস্থান হতে অন্য স্থানে যেতে পারেন। তবে ঐ যে জড়দেহটা — তা বাড়ীতে রেখে যাচ্ছেন। সূক্ষ্ম দেহটা যে অন্যত্র যাচ্ছে, ঐ দেহটার মাটীতে পা পড়ে না। আরে, আমিও তো এসব কম করিনি। ঐ যে গৌরের বাবা (গোঁসাইজী) কদিন আগে মারা গেছে, — বিজয় এখনও বেঁচে আছে — তারা দেখেছে — একই সময়ে কত জায়গায় গেছি। আর তখন আমি জড়দেহে মনুদের বাড়ীতে বৌবাজারে। গৌরের বাবা গোঁসাই প্রভু রাজা বাজারে কাপড় মুড়ি দিয়ে বসে বলছেন — "মাধব যদি সত্য হয়, তবে আমার কাছে এসে আমার মাথার এই ঢাকনাটা ফেলে আমার ধ্যান ভাঙাবে।"

"উনি তখন আপাদমস্তক মুড়ি দিয়ে বসে ধ্যান করছেন। কি আর করি, আমাকে যেয়ে ঢাকনা খুলে ফেলে দিতে হল। চেয়ে দেখেন, আমি পিছনে দাঁড়িয়ে হাসছি। গোঁসাই তো তখন ভ্যাবাচ্যাকা খেয়ে গেছেন। বলছেন, প্রভু বসুন। বললাম — আরে বাইরে আমার গাড়ী দাঁড়িয়ে আছে — এই বলে চম্পট দিলাম।

প্রশ্ন হল — তা বাবা, আপনার চরণ কি তখন মাটীতে ঠেকেনি?

বাবা — না। আরে সেদিকে কি আর গোঁসাইয়ের লক্ষ্য আছে? আরে ঐ যে দীপ্তেন্দু প্রামাণিক, বি.এম.পি.এ-র সেক্রেটারী তার কথা যদি শোন। হারুবাবু (সতীরকাকা), বি.এন.সরকার (নিউ থিয়েটার্স), শম্ভু সিং আর দীপ্তেন্দু প্রামানিক — ওরা বম্বে যাচ্ছে। হারুবাবুতো আমাকে সঙ্গে নেবেই। তখনকার দিনে ফার্ষ্ট ক্লাশ এয়ার কণ্ডিশনড্ গাড়ী। দীপ্তেন্দু তো বাঙ্কের ওপর পা ঝুলিয়ে বসেছে। আমি ইচ্ছা করেই নীচে বসেছি। তার পায়ের জুতোর পালিশ এমনই যে মুখ দেখা যায়। তা আমার মাথার ওপরে পা দোলাচ্ছে আর সিগারেট খাচ্ছে। সিগারেটের ধোঁয়ায় গাড়ী অন্ধকার করে ফেলেছে। শম্ভু এসব লক্ষ্য করে দাঁত কিড়মিড় করে তাকাচ্ছে অর্থাৎ পারলে দীপ্তেন্দুকে যেন ছিঁড়ে খায়।"

"আমি হাত তুলে শম্ভুকে ইসারা করলাম — সাবধান। শম্ভু বলছে — মাধব আমি যাকে গুরু বলে মানি, বেঁচে থাকতে এসব আমি সহ্য করব? তা হতে পারে না।"

শম্ভুকে তখন বললাম — শম্ভু ক্ষান্ত হও। তাকে তখন বললাম —

> সবার উপরে যিনি
>
> সবার নীচে যিনি
>
> গুরু হন তিনি।

শম্ভুর তখন খুবই রমরমা; বলে — মাধব, ওর মত সেক্রেটারী আমি আমার জুতো পালিশ করার জন্য রাখতে পারি।

বললাম — শম্ভু, অপেক্ষা কর। এই জুতো তার মার্গে দিয়ে দিতে হবে তো।”

“যাক্ বম্বেতে তো গেলাম। হারুকাকা আমাকে সতীর ভাই রবিবাবুর বাড়ীতে তুলেছে। আর ওরা সবাই বম্বের বড় হোটেলে যেয়ে উঠেছে। তবে আমার সঙ্গে সবাই রোজই এসে দেখা করে। তখনকার দিনে বম্বের সিনেমা জগতের সম্রাট হল মামু সাহেব। হারুবাবুর কাছে আমার অনেক কথাই আগে শুনেছেন। তিনি তো আমাকে তাঁর বাড়িতে নিয়ে যেতে এসেছেন। আমাকে তাঁর বাড়ীতে যাওয়ার জন্য প্রার্থনা জানিয়ে গেলেন। এই কথা শুনে তো দীপ্তেন্দু বেঁকে বসেছে; বলছে — ও যদি যায় তবে আমি সেখানে যাব না। ওখালি পায়ে যাবে এত বড় একটা লোকের বাড়ীতে? বিছানাপত্র সব নষ্ট করে ফেলবে। কি লজ্জার কথা। তখনকার দিনে বি.এন. সরকারও সিনেমা জগতের এক দিকপাল লোক। তিনি বললেন — দীপ্তেন্দু বাবু, আপনি মাধব সম্বন্ধে এমন বাজে কথা বলছেন কেন? মাধবের যদি কিছু গুণই না থাকবে, তবে এত লোক কেন ওঁর চরণে মাথা ঘষে? আপনি দেখুনই না কি হয়।

“দেখ, দীপ্তেন্দুর সাহস কত। আমারই সামনে আমাকে শুনিয়ে কথাগুলি বলছিল। আমি চুপ করে শুনে বললাম — আমি না-ই বা গেলাম।

তখন সবাই বলছে — না, তা হবে না। মামু সাহেব তোমাকে যাবার জন্যে এত করে বলে গেছেন, তুমি যাবে না, তা কি হয়?

যাক, গাড়ী করে তো গেলাম তাঁর বাড়ীতে। টিলা পাহাড়ের ওপর মামু সাহেবের বাড়ী। গাড়ী নীচে রেখে উঠতে হচ্ছে সবাইকে। বৃষ্টি হয়েছিল, রাস্তায় সে কি পিচ্ছিল কাদা। আমি তো সবার আগে উঠে যাচ্ছি। দীপ্তেন্দুর দুটো জুতোই এক হাঁটু কাদার মধ্যে বসে গেল। সবাই মিলে তাকে টেনে তুলছে। আর তখন সে জুতোর কাদা হাতড়াচ্ছে দু’ হাতে। ততক্ষণে আমি মামু সাহেবের বাড়ীতে যেয়ে সোজা ধবধবে সাদা আসনে তো বসে পড়লাম। ওরা সবাই তা দেখে তো অবাক। আমার পায়ের দিকে চেয়ে দেখে কাদার চিহ্নমাত্রও নেই, পরিষ্কার। মামু সাহেব তো সাষ্টাঙ্গে আমাকে প্রণাম

করছে। আর আমার জন্য যত রকমের ভাল ভাল আস্ত ফল দিয়েছে প্লেটে করে। আর একটা প্লেটে হাত ধোবার জল। মুসলমান তো, তাই ফল কেটে দেয়নি। দেখ, তাদের কত নিষ্ঠা। হারুকাকাকে বলছে, আপনি তো ব্রাহ্মণ, বাবার সেবার জলটা আপনি ঐ কল থেকে ভরে এনে দিন এই পাত্রটা দিয়ে। আমরা তো ছুঁতে পারি না।

সবার মাথাই কেটে দিল তার নিষ্ঠা দিয়ে।

যাক্ এদিকে সবাইকে প্লেটে করে মাছ, মাংস দিয়েছে খেতে। আমি তাদেরই একটা প্লেট নিয়ে খেতে লাগলাম। তখন তো আমি মাছ, মাংস সবই খাই।

মামু সাহেব বলছে — বাবা, আপনি এ কি করছেন? এসব ওঁদের জন্য দেওয়া হয়েছে।

তাকে তখন বললাম — দেখ, সৎ সাধু সেই সব কিছু সমান দেখে যেই। তোমার ভক্তিতে এত মুগ্ধ যে, তোমাকে বিচার করার প্রবৃত্তি আমার নেই।

তারপর রবিবাবুর বাড়ীতে নার্গিস, দিলীপকুমার, বম্বের বড় বড় সব সিনেমা শিল্পীরা এসে দরজা বন্ধ করে আমার সঙ্গে কথা বলতে লাগল। আর তা দেখে তো দীপ্তেন্দুর চক্ষু ছানাবড়া।

আরে, সতী প্রথম যখন নিয়ে গেল দীপ্তেন্দুর অফিসে বুক বাইণ্ডিং এর কাজের জন্য তখন সে টেবিলে পা তুলে দিয়ে সিগারেট খেতে খেতে আমার দিকে তেরচা নজরে চেয়ে বলছে — ওকে দিয়ে কি হবে? আমার তো বাইণ্ডার আছে।

তখন মনে মনে বললাম, দীপ্তেন্দু, আমি তোর কে, তুই আমার কে, তা তো জানিস না।

এদিকে সতী ফিস্ ফিস্ করে আমাকে বলছে — বেণী। একে যদি তুমি শায়েস্তা করতে না পার, তবে হাত পা বেঁধে তোমাকে আমি গঙ্গায় ফেলে দেব।

তার কিছুদিন বাদেই দোল। দীপ্তেন্দুকে বললাম দোলে আসতে। বলে, না মশাই, দোল খেলা তো—স্থূলস্থ—ত্বত্র আমি এসবের মধ্যে নেই। ঐ দোলের দিন তো সে ঘর বন্ধ করে ধব্‌ধবে সাদা বিছানায় শুয়ে আছে দুপুরে। সূক্ষ্ম দেহে যেয়ে ড্রেনের ময়লা আর মাটী মেখে দিলাম ও বিছানায়। এসব দেখে তো ও ঘাবড়ে গেছে। বাথরুমে যেয়ে যত ধোয়, ততই লাল রঙ বের হয় তার জামা কাপড় থেকে। দেখ, এসব বাহাদুরীর কথা নয়। তখন বয়স কম ছিল তো, যা মনে হত তাই করতাম। এসব এখন মন থেকে ঝেড়ে মুছে ফেলে দিয়েছি।”

হারুকাকার সঙ্গে ওখাতে — ভেট দ্বারকায় গেছি। হারুকাকাকে বললাম — কাকা, সূর্য কেন পূর্ব দিকে অস্ত যাচ্ছে? উনি তো চোখ ডলে ডলে দেখছেন — হ্যাঁ, সত্যই তো পূর্ব দিকেই সূর্য ডুবছে। পশ্চিমে সমুদ্র, পূর্বে গ্রাম। গেছে সানসেট দেখতে। দেখছে — উল্টোদিকে সূর্য ডুবছে। স্থানীয় লোক জনদেরও জিজ্ঞেস করে জানল যে, এটাই পূর্ব দিক। কাকার চোখতো ছাড়াবড়া।

এরপর একটা পাগল হঠাৎ কোত্থেকে এসে আমার পায়ে পড়ে জোড়হাতে বলছে — যদা যদাহি ধর্মস্য... ইত্যাদি।

শম্ভুকে বললাম — একে খাইয়ে দাও।

কিসের আর খাওয়াবে? পাগলটা যে কোথায় চলে গেল, আর তাকে খুঁজেই পাওয়া গেল না।”

বিভূতি সংক্রান্ত যে ঘটনাগুলির উল্লেখ এখানে করা হয়েছে, সেই ঘটনাগুলির প্রত্যক্ষদর্শী যাঁরা ছিলেন, তাঁরা সকলেই আজ প্রয়াত। তাঁরা তাঁদের সতীর্থদের কাছে ঘটনাগুলির কথা বলেছিলেন বলে আজ আমরা জানতে পারি। তাছাড়া গুরুদেবের নিজের বলা এই বিবরণ গুলি একাধিকবার লিপিবদ্ধ হলেই বা ক্ষতি কি?

যাক্ পঞ্চম ঐশ্বর্য তথা জ্ঞানৈশ্বর্যের কথাবলার সময় এখন। সেই কবে দীনদাস মহাত্মার ঠাকুরবাড়ীতে শুরু হয়েছিল মাধবের আধ্যাত্মিক আলোচনার অধিবেশন। তারপর থেকে দীর্ঘকালে নানারকম প্রতিকূল পরিস্থিতি উপেক্ষা করেও সেই আলোচনার ধারাকে তিনি অব্যাহত রেখেছিলেন এবং আলোচনার মাধ্যমে ভক্ত, শিষ্য ও অনুরাগীবৃন্দের দৃষ্টিভঙ্গীর সংশোধন ও মননচিন্তনের ক্ষেত্রকে প্রসারিত করেছেন। এই সভাগুলিতে যাঁরা যোগদান করতেন তাঁদের সকলকেই তিনি বলতেন, আলোচ্য বিষয় সম্বন্ধে তাঁদের নিজ নিজ অভিমত জানাতে এবং তাঁরা কে কি বুঝেছেন তা বলতে যাতে ভুল বোঝার কোন অবকাশ না থাকে। প্রয়োজনবোধে একই ব্যক্তব্যকে তিনি একাধিকবার বলে বুঝিয়েছেন। আনুষ্ঠানিক সভাতেই হোক, আর নিতান্ত ঘরোয়া আলোচনাই হোক — সমস্ত কিছুতেই তিনি তাঁর ব্যক্তব্যকে প্রকাশ করতেন কুসংস্কারবিহীন, অসাম্প্রদায়িক পদ্ধতিতে। তাঁর এই নিরপেক্ষতা কোনদিনই এতটুকু ক্ষুণ্ণ হয়নি। জাতি-ধর্ম নির্বিশেষে মানবজাতির মঙ্গল সাধনই ছিল তাঁর সমস্ত প্রয়াস। সেই কারণেই মাধবের সমূহ আলোচনায় সাধন তত্ত্ব, গুরুতত্ত্ব, ঈশ্বর তত্ত্বের ব্যাখ্যা তিনি করেছেন বিশ্বজনীন আঙ্গিকে এবং নিরপেক্ষ দৃষ্টিভঙ্গিতে যার দ্বারা সেই আলোচনাকে গ্রহণ করতে কারোরই কোন অসুবিধা না হয় এবং বিশ্বের প্রতিটি মানবমানবী সেই আলোচনার ভাবকে গ্রহণ করে উপকৃত হতে পারে।

মাধব বলেছেন, তাঁর ধারা স্বতন্ত্র। তিনি পরতন্ত্রে বিশ্বাস করেন না। অন্য কোন ঈশ্বর লীলার সঙ্গেই তাঁর লীলার তুলনা চলে না; তার অন্যতম প্রধান কারণ তাঁর লীলা গুরুর লীলা। ইতোপূর্বে মানবেতিহাসে গুরুর লীলা আর হয়নি। তাই বিগত যুগের লীলা সমূহের সঙ্গে মাধব লীলার পার্থক্য এতখানি। গুরুর এই লীলার তাৎপর্য ও মাধুর্য বিশ্লেষণ করার সময় এখনও আসে নি বিশেষতঃ অতীতে যখন সমগোত্রীয় লীলার অবতারণা হয়নি। তবে গুরুর এই লীলায় গুরুর গুরুত্বকে জীবের কাছে প্রতিষ্ঠা করার জন্য অত্যন্ত প্রাঞ্জল ভাষায় জীবের জীবনচর্যার নীতি নিয়মগুলি তিনি উপস্থাপিত করেছেন। এই প্রসঙ্গে এই কথা বলে রাখা ভাল যে, জীবনকে এক অখণ্ড ও

সামগ্রিক দৃষ্টিভঙ্গীতে দেখার শিক্ষাই তিনি দিয়েছেন; জাগতিক, আধ্যাত্মিক ইত্যাদি ভাবে তিনি বিভক্ত করেননি। তাঁর শিষ্য, ভক্ত, অনুরাগীদের সেই জীবন বোধকে সাবলীল ধারায় প্রবাহিত করার উদ্দেশ্যে জীবনচর্যার প্রাথমিক যে শিক্ষাটি তিনি দিয়েছেন, তা হল ক্রমকে অবলম্বন করা। ক্রম কি?

ক্রম হল সেই নীতি যা মানুষকে শেখায় যে, সে যা উপার্জন করে তার মালিক একমাত্র সে নয়; তাতে তার পিতা-মাতা, স্ত্রী-পুত্র-কন্যা ইত্যাদি সকল পরিজনেরই সমপরিমান অংশ আছে, তার নিজেরও আছে এবং যথাসময়ে যার যার অংশ দিয়ে দেওয়া উচিত। এছাড়া সেই মানুষটির উপার্জনের কিছু অংশ প্রাপ্য গুরুর এবং তাতে অংশ আছে ভিখারীরও। যদি অন্যান্য সকলকে তাদের প্রাপ্য অংশ দিয়ে দেওয়া যায় অর্থাৎ প্রয়োজনে ব্যয় করা যায়, তাহলে অসন্তোষ, ক্ষোভ, অভিযোগ ইত্যাদি থাকে না। মোট কথা হচ্ছে, যদি কেউ তার নিজের অংশেই পরিচালিত হয়, তাহলে তাই হল ক্রম; আর যদি অন্যের অংশ কেড়ে নিয়ে ভোগ বিলাসে বা চারিতার্থতার জন্য ব্যয় করে তাহলে তা হল ব্যতিক্রম। এভাবে যারা চলে তারা অমানুষ বলেই পরিগণিত হয়। এটি হল ক্রমের প্রথম নীতি।

ক্রমের দ্বিতীয় নীতি হল — নিরিবিলিতে প্রতিদিন মনে মনে নিজের প্রাত্যহিক ক্রিয়াকর্ম সামান্য কিছু সময়ের জন্যে বিচার করা। এই আত্মবিচারের প্রশস্ততম সময় হল রাত্রে শোবার সময় এবং বিচারটি হবে মনে মনে। চোখ বুজে চিন্তা করতে হবে যে, সারাদিনে আমি অমনুষ্যত্বের পথে কতটা চলেছি, কতজনকে ঠকিয়েছি, কত মিথ্যা কথা বলেছি, কতজনকে অপমান করেছি — আর ক্রমের কাজই বা কি কি করেছি? কতজনের সেবা করেছি, কতজনের উপকার করেছি, কতজনের উপকার করেছি, কতজনের পাওনা বুঝিয়ে দিয়েছি ইত্যাদি। এইভাবে প্রতিদিনকার ক্রম ও ব্যতিক্রমের বিচার করলে নিজের কৃতকর্মের স্বরূপটি নিজের কাছে স্পষ্ট হবে; অথচ অন্যে কিছু জানতে পারবে না। সেই সঙ্গে নিজের কাছেই নিজেকে প্রতিজ্ঞা করতে হবে যে, কাল থেকে ব্যতিক্রমের কাজ কিছু কম

করব এবং ক্রমের কাজ কিছু বেশী করব। পরের দিন রাত্রে একই পদ্ধতিতে ঐ একই বিচার করতে হবে এবং দেখতে হবে পূর্বদিনের প্রতিশ্রুতি কতটা পালন করতে পেরেছি। না পেরে থাকলে তা পালন করার জন্য পুনরায় প্রতিজ্ঞা করতে হবে এবং নতুন কিছু ব্যতিক্রমকে পরিহার করারও শপথ নিতে হবে। এইভাবে প্রতিদিন শপথ নিয়ে প্রতিজ্ঞা পালনের অভ্যাস হয়ে গেলে আলাদা করে আর বিচারের ও প্রতিজ্ঞা করার প্রয়োজন হবে না। তখন যে কোন কাজের আগেই বিচার সম্পন্ন হয়ে যাবে।

এই বিচার পদ্ধতির সঙ্গে সঙ্গে সুরু হয় অন্তর্মুখী চিন্তা। সময়ের গতির সঙ্গে সঙ্গে সেই অন্তর্মুখী ভাবনার ক্ষেত্রে বিস্তৃত হতে থাকে। সেই সঙ্গে আত্ম-সচেতনতার কারণে নতুন করে ব্যতিক্রমের কর্ম সম্পন্ন করার প্রবণতাও হ্রাস পেতে থাকে। এটি একটি চলমান পদ্ধতি। এই পদ্ধতির গুণে ধীরে ধীরে তার আচরণের পরিবর্তন হতে থাকে এবং সে মনুষ্যত্বের পথে চলতে শেখে।

গুরুদেব মাধব বলেন, ধর্ম যোনিগত। সৃষ্টিতে মোট চার রকমের প্রাণী আছে; যেমন উদ্ভিজ্জ, স্বেদজ, অণ্ডজ ও জরায়ুজ। এই চার শ্রেণীভুক্ত প্রাণীকুলের মধ্যে এক এক শ্রেণীর ধর্ম এক এক রকমের। এক শ্রেণীর ধর্মের সঙ্গে অন্য শ্রেণীর ধর্ম মেলে না। প্রত্যেক শ্রেণীর প্রাণী নিজ নিজ ধর্ম পালন করবে — এটাই নিয়ম। এই নিয়মকে অতিক্রম করলে তা ব্যতিক্রমই হবে। আর, সেই ব্যতিক্রম থেকে উত্তরণের জন্য সংশোধন পদ্ধতির আশ্রয় নিতে হবে। এইভাবে সচেতন আত্মবিশ্লেষণের দ্বারাই মনুষ্যত্বের পথে চলা সম্ভব।

ধর্ম যোনিগত এবং শ্রীমাধব বলেন, মানুষের সেই যোনিধর্ম হল মনুষ্যত্ব। যদি কেউ মনুষ্যত্বে প্রতিষ্ঠিত হয়, তাহলে সেই ব্যক্তি তার নিজ ধর্মে প্রতিষ্ঠিত বলে বুঝতে হবে। তিনি আরও বলেন, মনুষ্যত্ব সত্যের অভেদ সত্তা। সত্য — এই শব্দটি আমরা সময়ে অসময়ে ব্যবহার করে থাকি। কিন্তু তার সংজ্ঞা বিষয়ে অনেকেই অনবহিত। গুরুদেব মাধব বলেন, সত্যের সংজ্ঞা হল আনন্দ। যিনি সত্য কথা বলেন, তিনিও আনন্দ পান; আর যে শোনে, সেও আনন্দ পায়। তাঁকে দেখে, তাঁকে বিশ্বাস করে অন্যে আনন্দ

পায়। যিনি সৎপথে চলেন, সদাচারী, তিনি নিজেও আনন্দ পান, অপরকেও আনন্দ দিতে পারেন। যে যে কর্ম করে আনন্দ পায়, সত্য তার কাছে তদ্রূপ সত্য। যার ভাব যেমন, যে যেমন ভাবে, সত্য, পরমানন্দ, পরমেশ্বর তার কাছে তেমন। সত্য চোরের কাছেও সত্য।

সত্য সম্বন্ধে আলোচনা করতে গিয়ে তিনি অন্যত্র বলেছেন, সত্য বলতে প্রথমে হল 'স' — স-অত্য হল সত্য। স অর্থে হল মূল। মূলের মূলত্ব — সমষ্টি নিয়ে হল সত্য। অনন্ত বিশ্বের বীজ হল মূলত্ব। সেই সত্যের অবিচ্ছিন্ন কারণই হল আকর্ষণ। সত্যেরই আকর্ষণে আমরা তাঁর সঙ্গে অবিচ্ছিন্ন রয়েছি। দৃষ্টিগত ভাবে যদিও বিচ্ছিন্ন, মূলতঃ অবিচ্ছিন্ন। অনন্ত বিশ্বের সমষ্টিই হল সত্য। অবিচ্ছিন্ন বলেই সমষ্টি কথাটি হল। বিচ্ছিন্ন হলেই সমষ্টি কথাটি হয় না।

আমাদের বিভিন্ন আত্মপ্রকাশ — কর্মের, ধর্মের, গুণের মনুষ্যত্বের যে প্রকাশ — তা তিনিই করাচ্ছেন। তবে তা কিভাবে করাচ্ছেন? যেখানে আকর্ষণ শক্তি আছে, সেখানে কর্ষণ শক্তিও আছে। একে অন্যকে কর্ষণ করে বা চাষ করে তার মধ্যে যে রূপগুলি আছে, তা প্রকাশ করছেন। তাহলে সত্যের প্রকৃষ্ট স্বরূপ হল — আকর্ষণ, কর্ষণ ও বিকর্ষণ।

আমাদের মধ্যে আকর্ষণ হল যাতে আমরা মনুষ্যত্বকে ফোটাতে পারি। মানুষে মানুষে যেন ভালবাসা হয়; একত্ব না হলে ভালবাসা হয় না। এই আকর্ষণেই মিলিত হওয়ার সুযোগ পাচ্ছি সত্যের মধ্যে আকর্ষণ, কর্ষণ ও বিকর্ষণ শক্তি আছে বলে আমরা চলছি, ক্রিয়মান হচ্ছি, বিকশিত হচ্ছি। অনন্ত বিশ্বে অনন্ত জীব অনন্তভাবে বিচ্ছুরিত রয়েছে।

আবার ক্রমের প্রসঙ্গে ফিরে আসি। মাধব বলেছেন, আমার যে ক্রমবাদ, এটাই শ্রেষ্ঠ। ঈশ্বরবাদের পক্ষেও এটা বৈরী নয়, আর মায়াবাদেরও এটা বৈরী নয়। মনুষ্যত্ব দ্বারা ক্রমের পথে পরিচালিত হলে মায়া আর ক্ষতি করতে পারে না।

মায়াবাদ সম্বন্ধে আলোচনা কালে তিনি কথাগুলি বলেন। অবশ্য এই প্রসঙ্গে তিনি আরও বলেন যে — আমার মতে সমস্ত বাদেরই ওপরে উঠতে হবে। ঈশ্বরবাদেও যতক্ষণ আছ, ততক্ষণ বোঝা যাচ্ছে তুমি তাঁর থেকে ভিন্ন। ঈশ্বরকে পেতে হলে সমস্ত 'বাদ'কে বাদ দিতে হবে। তুমি যদি তোমার নিজের ঘরে গিয়ে পৌঁছাও, তখন আর কোন বাদের প্রয়োজন হবে না। এটাই হল আত্মবাদ — আত্মজগতে স্থিতি। কেউ কেউ বলে স্বরূপে স্থিতি।

সৃষ্টির প্রয়োজনে সুশৃঙ্খলিত ক্রমের পথে যে নীতি বা বৃত্তি তা হল ক্রমের বৃত্তি। আর ব্যতিক্রমের যে বৃত্তি, তা হল আত্ম-ইন্দ্রিয় চরিতার্থের জন্য, ভোগ বিলাসের জন্য। প্রবৃত্তি থেকে একাদশ ভোগময় বৃত্তি আর নিবৃত্তি থেকে একাদশ সৎবৃত্তি অর্থাৎ ষট্ সম্পত্তি — শম, দম, তিতিক্ষা, উপরতি, শ্রদ্ধা ও সমাধান; আর পঞ্চ তা — সরলতা, নম্রতা, সহিষ্ণুতা, উদারতা ও প্রসারতা।

চার পুরুষার্থ সম্বন্ধে বলতে গিয়ে মাধব বলেছেন — মানুষের ইচ্ছার যে বিষয়, তাই হল পুরুষার্থ; ধর্ম, অর্থ, কাম, মোক্ষ। এখন এই চারটার যে অর্থ তাই নিয়ে চল। এর ওপরে যে অর্থ তা ধর্ম। মনুষ্যত্বই মানুষের একমাত্র ধর্ম।

অর্থ — মানুষের অর্থ কি? ঈশ্বরকে বোঝা ও অপরকে বোঝানো, এটাই হল মানুষের সৃষ্টির একমাত্র অর্থ।

কাম — তোমার মনুষ্যত্বের বিকাশ প্রকাশই একমাত্র কাম। মনুষ্যত্বের বিকাশ প্রকাশের মধ্যে সবই আছে।

মোক্ষ — ঐ তিনটাকে পালন করাই মানুষের মোক্ষ। ভগবান লাভ নয়। স্বার্থান্বেষী সাধক-সাধিকার কাছে হল ভগবান লাভ। ভগবান তোমার সর্বময়। তোমার যখন প্রকৃষ্ট জ্ঞান হবে, তখন দেখবে, তুমি ভগবান থেকে আলাদা কোথায়?

তত্ত্বাদি আলোচনা করার মত গুরু গম্ভীর আলোচনাই শুধু শ্রীমাধব করেন নি, এই জাতীয় আলোচনার মধ্যেও মাঝে মাঝেই হাস্যরসের অবতারণা করেছেন; বিষয়বস্তুকে আরও সাবলীল করার জন্য প্রায়ই গল্প বলেছেন; কখনো কখনো নিজের জীবনের কিছু কিছু টুকরো ঘটনার বিবরণ দিয়েও

হাস্যরসের সৃষ্টি করেছেন। সভায় বা তাঁর নিকটে উপস্থিত ভক্ত, শিষ্য, অনুরাগীগণ ও তাঁর হাস্যরস পরিবেশনের পাত্র-পাত্রী হয়েছেন। সময়ে সময়ে নিজেকেও তিনি রেহাই দেননি। এমনই একটা ঘটনা মাধব চলেছেন পাঞ্জাব। নিয়ে যাচ্ছেন পাঞ্জাবী শিষ্য রতন সিং অরোরা। গাড়ী অমৃতসর মেল ফার্ষ্ট ক্লাস। গাড়ীতে উঠে রতন সিং কামরার দরজা বন্ধ করে দিলেন। সে রাত্রে ঐ কামরায় অন্য কোন যাত্রী আর ওঠেননি। পরের দিন সকালে একজন যাত্রী কামরায় উঠলেন। উঠে দেখেন একজন যাত্রী কাঁচালংকা দিয়ে পান্তাভাত খাচ্ছেন; সেই যাত্রী মাধব। পান্তাভাত খাওয়ার ঘটনায় ভদ্রলোক অবাক; বললেন, "আপনারা কোথায় যাবেন?" মাধব উত্তর দিলেন — পাঞ্জাব।

তখন ভদ্রলোক বললেন — দেখুন এই যে আপনি ফার্ষ্ট ক্লাশে বসে এভাবে কাঁচা লঙ্কা দিয়ে পান্তাভাত খাচ্ছেন, তা আমার চিরদিন মনে থাকবে। এমন তো আর আমি আমার জীবনে দেখিনি।

মাধব তখন সেই ভদ্রলোককে বললেন — দেখুন, আমার মেজাজটা সব সময় চড়া থাকে কিনা তাই আমি পান্তাভাত খাই। এটা আমার প্রিয়। ঘটনাটি তাঁর স্বমুখে বর্ণনা করা।

একদিনকার একটি ঘটনার কথা; সেদিন মানিকতলার ছাদে তখনও পর্যন্ত তেমন ভক্ত সমাগম হয় নি। এলেন এক নতুন অতিথি — তিনি মাধবের এক শিষ্যের বৈবাহিক। তিনি এসে মাধবকে প্রশ্ন করলেন — আপনি কবে এই লাইনে এলেন? আপনার ভগবৎ উপলব্ধির কথা বলুন।

মাধব বলছেন — তাকে বললাম — আমার উপলব্ধির কথা আপনাকে কেন বলব? আপনি আমার কে?

যেমন কাঠখোট্টা প্রশ্ন, তেমন উত্তর।

বলে, আপনি এ লাইনে কবে এসেছেন? পনের বছর বয়সে? কেন এই লাইনে এলেন?

বললাম — তা আপনাকে বলতে যাব কেন? আমার কাছে এসে আপনার কি উপকার হল, না ক্ষতি হল তাই দেখুন।

বলে যে, দেখুন, আমি কম্যুনিষ্ট। আমি ভগবান টগবান মানি না।

বললাম কমুনিষ্ট কাকে বলে, তা জানেন? ভগবানকে ভক্তি না করাই কম্যুনিষ্ট নয়। ভগবান সর্বভূতে আছেন, এই বোধকে ভালবাসাই হল কম্যুনিষ্ট।

বলে — তা ঠিক। শুনেছি যে আপনি টাকা পয়সা নেন না, চলে কি করে?

বললাম — কে বলেছে টাকা পয়সা নিই না? আপনি যদি পাঁচটা টাকা দেন তো কেন নোব না?

যাক পটাপট ও যা বলে তার উত্তর দিয়ে দিচ্ছি। শেষে দেখি, ঘাবড়ে গেছে।

শেষে বলছে দেখুন আমি মিনিটে মিনিটে সিগারেট খাই। যদি অনুমতি দেন তো এখানেই একটা সিগারেট খাই। নয়তো বাইরে গিয়ে খেয়ে আসি।

বললাম — না, বাইরে যাবেন কেন? নেশাখোর যারা তাদের তো দিগ্বিদিক জ্ঞান থাকে না। যাক্ যত খুশী প্রাণ ভরে খান। এখানেই খান।

এখন যে ঘটনাটির কথা বলব — সেটি মোটেই হাস্যরসাত্মক নয়। মাধব নিজেকে প্রকাশ করেও কিভাবে গোপন করতেন, তার একটি উদাহরণ।

অনেকদিন আগেকার কথা। একভক্তকে সস্ত্রীক দীক্ষা দেবার মানসে তিনি ঐ ভক্তের সঙ্গেই পুরীতে যান এবং ভারত সেবাশ্রম সঙ্ঘে ওঠেন। সেখানে এক মহিলা যাত্রী একদিন মাধবের ঐ নতুন শিষ্যাকে প্রশ্ন করলেন — তোমরা কি পুরীতে বেড়াতে এসেছে?

শিষ্যা জবাব দিলেন, না। গুরুদেবের সঙ্গে এসেছি। এখানে আমাদের দীক্ষা হল।

তাঁদের বয়স তখন খুবই কম। তাই দেখে যাত্রী মহিলা বললেন — এত অল্প বয়সে দীক্ষা। আচ্ছা তোমাদের গুরুদেবকে কি একটু দর্শন করতে পারি?

শিষ্যা মহিলা বললেন — হ্যাঁ, চলুন আমার সঙ্গে।

প্রভু তখন ঘরেই বসেছিলেন। ভদ্রমহিলা তো ঘরে ঢুকেই প্রভুকে দর্শন করে কেমন যেন হয়ে গেলেন। মন্ত্রমুগ্ধের মত নির্ণিমেষ দৃষ্টিতে তন্ময় হয়ে প্রভুকে দর্শন করেছেন। প্রভু এবার ওঁকে বললেন — ঐ যে তাকের মধ্যে একটা আপেল, ঐটা দাও তো আমাকে। ভদ্রমহিলা যন্ত্রচালিতের মত আপেলটি প্রভুর হাতে দিলেন। প্রভু তা একটু সেবা করে ওঁকে প্রসাদ দিয়ে বললেন, কি জন্য এসেছ পুরীতে?

ভদ্রমহিলা — জগন্নাথ দর্শন করতে এসেছি।

প্রভু — আরে, তোমার তো জগন্নাথ দর্শন হয়ে গেছে। এবার বাড়ী চলে যাও।

ভদ্রমহিলা — আমি তো এখনও মন্দিরে যাইনি।

প্রভু — ও, মন্দিরে যাওনি বুঝি? তবে দর্শন তো হয়ে গেছে।

যাক্, তোমাদের বাড়ীতে তো একটা বিরাট ফাঁড়া গেল। পুত্রবধূর প্রসব ভালভাবেই হয়ে গেছে। বিরাট ফাঁড়া ছিল। যাক্ ফাঁড়াটা কাটিয়ে দিলাম। এখন ভালই আছে।

উপস্থিত সকলে অবাক। ভদ্রমহিলা তো আরও বেশী অবাক। সত্যই তো বাড়ীতে অন্তঃসত্ত্বা পুত্রবধূকে রেখে এসেছেন। তার জন্য মনটা অস্থির ছিল।

শ্রীমাধবের একজন ভক্ত ছিলেন — অনিমা রায়। তিনি ছিলেন জি.পি.ও-র কর্মী। অবসর নেওয়ার কয়েক বছর পরে প্রয়াত হন। একদিন রাত্রে মানিকতলার ছাদে মাধব স্বরূপানন্দ, কালো মেয়ে, ফর্সা মেয়ে, অনিমা রায়, সুবোধ কুণ্ডু ইত্যাদি ভক্তগণের সঙ্গে কথাবার্তা বলছেন। মাধবের ভাবটি খুবই হাসিখুশী। মাঝে মাঝে অনিমা রায়ের সঙ্গে রসিকতাও করছেন। এমন সময়ে অনিমা রায় কথা প্রসঙ্গে বললেন — আমি ছোটবেলা থেকেই আলোচনা শুনতে খুবই ভালবাসতাম এবং সেই সময় থেকেই গুরু মায়ের আলোচনা নিয়মিত শুনতে যেতাম। প্রসঙ্গতঃ উল্লেখ্য, অনিমা রায় অন্যত্র

দীক্ষিত ছিলেন এবং তাঁর গুরুর নির্দেশক্রমেই তিনি মাধব সঙ্গ করতেন। তিনি বলে চলেছেন — উনি আমাকে খুবই ভালবাসতেন। একদিন তো ওনাকে নেচেও দেখিয়েছি। যেই না নাচের কথা বললেন অমনি মাধব বলে উঠলেন — তুমি নেচে দেখিয়েছ? তুমি নাচতে পার?

অনিমা রায় — না, না, ব্যাপারটা শুনুন। একটা মেয়ে ভাল নাচতে পারত। সে নেচে নেচে গান গেয়ে শোনাত গুরুমাকে। তার সঙ্গে আরও একটি মেয়ে নাচত। প্রায়শঃই তারা দুজনে এক সঙ্গে নাচগান করত। একদিন ঐ মেয়েটির সাথী মেয়েটি না আসায় সে নাচের কৌশলটি আমাকে শিখিয়ে দেয় এবং আমাকে নিয়ে নাচ গান করেছিল। সেই আমার নেচে গান গাওয়া।

অনিমা রায়ের কীর্তন শেখা প্রসঙ্গে মাধব বলেছিলেন যে, তুমি দাঁড়িয়ে একটু কীর্তন গেয়ে শোনাও তো।

এই কথা প্রসঙ্গেই অনিমা রায় ফস্ করে বলে ফেলেন যে, তিনি একদিন নেচে গেয়ে তাঁর গুরুমাকে খুশী করতে চেষ্টা করেছিলেন। ব্যস্ আর যায় কোথায়।

বাবা বললেন, দাঁড়াও তবে নীচের থেকে ঘুঙুর নিয়ে আসি। তা পায়ে দিয়ে নাও। কিন্তু তিনি তখন ঘুঙুর খুঁজে পাননি। ওপরে আসার সময়ে অনেককে ওপরে ডেকে নিয়ে এলেন অনিমা রায়ের নাচ দেখার জন্য। মেয়েরা অনেকেই হজির হলেন।

এদিকে মাধব গুণগুণ করে একটা গান গলায় নিয়ে উঠে দাঁড়িয়ে নাচের ভঙ্গিমার সঙ্গে গাইতে লাগলেন। উদ্দেশ্য, নাচের ভঙ্গিমা ও গানের বোল শ্রীমতি রায়কে মনে করিয়ে দেওয়া। তিনি তাঁকে বললেন — তোমার ঐ নাচটা দেখাও না আমাকে। অনিমা রায় বললেন — আমার কি ঐ নাচ আর এখন মনে আছে নাকি? আর গানটাও তো ভুলে গেছি।

মাধব বললেন — দেখনা চেষ্টা করে, মনে এসে যাবে'খন। আর লজ্জা, ঘৃণা, ভয় থাকলে তো চলবে না। তবে তুমি কি করে দাঁড়িয়ে কীর্তন গাইবে?

আচ্ছা, আমি তোমায় সেই গান মনে করিয়ে দিচ্ছি। এই না সেই গানটা? — বলে তিনি নাচের সঙ্গে সঙ্গে গাইতে লাগলেন —

আজ বুঝি তোরে লইয়া যাবে লো বুবুজান —

আজ বুঝি যাবে তোরে লইয়া।

আজ কেন কান্দ তুমি ঘুমটা মুড়া দিয়া লো বুবজান,

আজ কেন কান্দ তুমি ঘুমটা মুড়া দিয়া?

পায়ে আলতা চোখে কাজল

লেবু তেল মাখাইয়া

ময়ূর কাঁটা দিব লো জড়িয়া;

দামাল মিঞা দেখলে পরে

যাবেনা তোরে থুইয়া লো বুবুজান

তোরে যাবে লইয়া......।

এই পরিচ্ছেদে এ ঘটনাটির উল্লেখ করার অন্যতম কারণ হল যে, কিভাবে জ্ঞান তার উৎসের সেবা করে, সেই দৃষ্টান্ত তুলে ধরা। জীবের ক্ষেত্রে সাধনার দ্বারা, চেষ্টার দ্বারা নিজের মধ্যে জ্ঞানের উদয় হয়। সাধারণভাবে সেটি একটি সময় সাপেক্ষ ঘটনা। কিন্তু যিনি জ্ঞানের স্রষ্টা ও প্রভু, তাঁর তো জ্ঞানের উদয় হওয়ার প্রশ্ন নেই, সাধনারও প্রশ্ন নেই। যেহেতু তিনি ইচ্ছাময়, তাঁর ইচ্ছামাত্র জ্ঞান তাঁর সেবার জন্য সর্বতোভাবে প্রস্তুত। যে গানের বাণী ও নাচের আঙ্গিক সুদীর্ঘ কালে অনিমা রায়ের বিস্মৃতির অতলে নিমজ্জিত হয়ে গিয়েছিল এবং তিনি যা উদ্ধার করতে পারেন নি — সেই স্মৃতি এক লহমায় মাধবের সেবার জন্য উদ্ভাসিত হল। যাঁরা তার সঙ্গ করেছেন, তাঁরা অনেকেই এ জাতীয় একাধিক ঘটনার সাক্ষী। কিন্তু যাঁরা তাঁর দেহসঙ্গ করার সুযোগ পাননি, তাঁরা যাতে ঘটনাটির তাৎপর্য যথাযথভাবে অনুধাবন করতে পারেন সেই জন্য এই ঘটনাটির অবতারণা।

বৈরাগ্য

(বয়স ৫৬-৬৭)

(সময়কাল — ১৯৭৬-১৯৮৭)

বৈরাগ্য ষড়ৈশ্বর্যের একটি ঐশ্বর্য। অন্য পাঁচটি হল — শ্রী, বীর্য, ঐশ্বর্য, যশঃ ও জ্ঞান। ষড়ৈশ্বর্যের মধ্যে তিনি পূর্ণভাবে বিরাজিত। তিনি যখন দেহধারণ করে আসেন, এই ছয়টি ঐশ্বর্য পূর্ণভাবে প্রকাশ পায়।

শ্রী — অর্থাৎ সৌন্দর্য, সুষমা। সৌন্দর্য কমবেশী সকলেরই আছে। শ্রী রূপে ভগবানের প্রকাশ। রূপের সৌন্দর্য, গুণের সৌন্দর্য যেমন আমরা চিহ্নিত করি, তেমন জ্ঞানও একটি প্রধান সৌন্দর্য।

বীর্য — বীর্য ব্যতীত অনন্ত বিশ্বে কিছুই সৃষ্টি হয় না। পাখীর মধ্যেও বীজ আছে, গাছের মধ্যেও বীজ আছে। আবার তিনি অনন্ত বিশ্বের বীজ; সারা বিশ্বেই বীজরূপে ছড়িয়ে আছেন।

ঐশ্বর্য — মানুষের ঐশ্বর্য হল মনুষ্যত্ব। পশুর ঐশ্বর্য হল তার পশুত্ব। বৃক্ষের যে বৃক্ষত্ব অর্থাৎ সে নিজে সৃষ্টি হয়ে ফুল, ফল দিয়ে পৃথিবীর সেবা করছে — এটাই তার ঐশ্বর্য।

যশঃ — সবার মধ্যেই যশ আছে; আর আমরা পরস্পরের যশ নিয়ে বেঁচে আছি। বৃক্ষের মধ্যে তিনি ফলদান করছেন। এটি যেমন তাঁর যশ ঘোষণা করে তেমন বৃক্ষেরও যশ ঘোষণা করে।

জ্ঞান — সারা বিশ্বে জ্ঞান বিভিন্নভাবে পরিপূর্ণ আছে। বৃক্ষেরও জ্ঞান আছে, পশুপাখীরও জ্ঞান আছে; তবে প্রকাশ করার ক্ষমতা নেই। যে মানুষের মধ্যে জ্ঞান বিশুদ্ধভাবে আছে, সে-ই প্রকৃত মানুষ। জ্ঞানই হল মেরুদণ্ড।

বৈরাগ্য — বৈরাগ্য আমাদের সকলের মধ্যেই আছে এবং আছে বলেই আমরা পরস্পর বেঁচে আছি। সূর্যের মধ্যে, চন্দ্রের মধ্যে, নক্ষত্র আদির মধ্যেও বৈরাগ্য আছে। আমাদের আমিত্ব বোধে আমরা তা জানতে পারি না।

এখন, গুরু — যিনি স্রষ্টারূপে ষড়ৈশ্বর্যের উৎস এবং প্রকাশক — তিনি যখন দেহধারণ করে লীলা করেন, তখন সেই বৈরাগ্যকে প্রকাশ করেন যে আঙ্গিকে, সেই আঙ্গিকটি অনুধাবন করে তার বিবরণ দেওয়া খুব একটা সহজ কাজ নয়। জীবক্ষেত্রে বৈরাগ্য হল আমিত্ব বুদ্ধিকে অতিক্রম করে ভোগাসক্তির ঊর্ধে নিজের বোধকে সৎস্বরূপের প্রেরণায় পরিচালিত করা। লক্ষ্য অবশ্যই সেই সৎস্বরূপ। কিন্তু গুরুক্ষেত্রে এই সংজ্ঞাকে একেবারেই প্রয়োগ করা যায় না কারণ গুরুই সৎস্বরূপ, তিনিই বৈরাগ্যের উৎস। তিনিই বোধ; জগৎ কল্যাণের কারণে তিনি তাঁর লীলায় বৈরাগ্যকে প্রকাশ করেন মায়াবদ্ধ জীবের প্রতি লক্ষ্য রেখে। ফলে, জীবক্ষেত্রে ও গুরুক্ষেত্রে বৈরাগ্যের চরত্রি ও লক্ষ্য সম্পূর্ণ বিপরীত। গুরুর বিষয়াসক্তির কোন প্রশ্ন নেই; যেহেতু আসক্তি নেই, সেই হেতু তাঁর বৈরাগ্যেরও প্রয়োজনই হয় না। জীবক্ষেত্রে দেখা যায় যে, সর্ব প্রকার স্বার্থপরতার ঊর্ধে, আমিত্ব বুদ্ধির ঊর্ধে নিজেকে প্রকাশ করা হল বৈরাগ্যের লক্ষণ যেখানে বৃহত্তর মানব সমাজের কল্যাণকে চিন্তায় ও কর্মে অগ্রাধিকার দেওয়া হয়।

কোন জীব বা কোন শিষ্য গুরুর বিচার করতে পারে না; যা পারে তা হল তাঁর মহিমার কথা বলতে। গুরু ষড়ৈশ্বর্যশালী; অন্য পাঁচটি ঐশ্বর্যের সঙ্গে বৈরাগ্যও তাঁর আছে। আমরা ইতোপূর্বে বলেছি, জীবক্ষেত্রে ও গুরুক্ষেত্রে বৈরাগ্যের চরিত্র ও লক্ষ্য সম্পূর্ণ বিপরীত। সেটা কেমন এবং কিভাবে বিপরীত, তা একটু বিশদে বলা দরকার। গুরু, ব্রহ্ম সমার্থক। সৃষ্টির প্রথম ক্ষণে তিনি বহু হবার ইচ্ছা প্রকাশ করলেন। তার পূর্বে তিনি নিঃসঙ্গ, একাকী। এই একাকীত্বকে ঘোচানোর জন্য তাঁর বহু হবার ইচ্ছা এবং ইচ্ছা প্রকাশমাত্র তিনি অন্য আর একটি অস্তিত্বকে প্রকাশ করলেন। এই দ্বিতীয় অস্তিত্বটি তাঁর থেকে ভিন্নও বটে, অভিন্নও বটে। এরপরে ক্রমে ক্রমে অনন্ত সৃষ্টি সম্ভব হল মায় মানুষ পর্যন্ত। সৃষ্টির এই ধারা বোধময় এবং এই অনন্ত সৃষ্টিই স্রষ্টার

ইচ্ছার অনুসরণ করে। এই যে তাঁর ইচ্ছার অনুসরণ, তার একমাত্র লক্ষ্য হল জীবকে আনন্দের লক্ষ্যে লক্ষীভূত করা ও তাকে আনন্দে প্রতিষ্ঠা দেওয়া। সৃষ্টির প্রথম স্তর থেকে বিবর্তিত — মানবসৃষ্টির আগে পর্যন্ত সৃষ্ট প্রাণী পর্যন্ত সব কিছুই সর্বশেষ সৃষ্টি মানুষকে সেই আনন্দময় পরিণতির লক্ষ্যে সর্বদাই আকর্ষণ করছে, প্রেরণা দান করছে। আকাশ, বাতাস, সূর্য, চন্দ্র, গ্রহ, নক্ষত্র থেকে সুরু করে একটি ক্ষুদ্র শিশির বিন্দুও — সব কিছুই এই কর্মকাণ্ডের অন্তর্গত। এবং লক্ষ্যণীয় যে, এরা কেউই তাদের এই ক্রিয়ার দ্বারা নিজ নিজ কর্তৃত্বের গৌরব অর্জন করতে চায় না; কেউ ভোক্তাও হয়নি। শুধুমাত্র মানব কল্যাণের জন্যই তাদের অস্তিত্ব। অনন্ত বিশ্ব-প্রকৃতির এই যে ভূমিকা তা স্রষ্টার তথা গুরুর বৈরাগ্যকেই সপ্রমাণ করে। তার কারণ তারা সকলেই তাঁর ইচ্ছার অনুসরণ করে। তাদের নিজস্ব কোন ইচ্ছা নেই। তাই তাদের ক্রিয়ার মাধ্যমে গুরুই তাঁর উদ্দেশ্য সাধন করেন।

কিন্তু কেন?

কারণ ব্রহ্মের কাছে, গুরুর কাছে, ঈশ্বরের কাছে সৃষ্টি ভিন্ন নয়। স্রষ্টা ও সৃষ্টি অভেদ ও অভিন্ন; কিন্তু জীবের বোধে তা নয়। এই পরিপ্রেক্ষিতে ষড়ৈশ্বর্য কি এবং কিভাবে জীব-জীবনে তার প্রকাশ-বিকাশ সম্ভব হয় — এই প্রশ্ন হলে বলতে হবে যে, ঐশ্বর্যও একটি শক্তি এবং সেই সুবাদে ঈশ্বরের বা গুরুর প্রকৃতি। জীব-জীবনে তার প্রকাশ-বিকাশ সম্ভব হয় তাদের স্ব স্ব ক্ষেত্রে অবস্থান করে গুরুকৃপায় ও জীবের সাধন প্রচেষ্টায় নিজ নিজ স্বরূপ প্রকাশ-বিকাশের মাধ্যমে; অর্থাৎ ষড়ৈশ্বর্য জীবদেহের চেতনার ছয়টি স্তরে অবস্থান করে — যেগুলিকে সাধারণভাবে চক্র বা গ্রন্থিরূপে বর্ণনা করা হয়। দেহে মোট ছয়টি চক্রের এক একটি এক একটিতে ঐশ্বর্য অবস্থান করে নিজেদের প্রকাশ-বিকাশকে সম্ভব করে। প্রথম গ্রন্থি মূলাধার — এই চক্রটিতে স্থান প্রথম ঐশ্বর্য শ্রীর। শ্রী অর্থে সামঞ্জস্য, সুষমা, পরিশীলিত বাক্য, চিন্তা-ভাবনা ও নিয়মনীতির প্রতি আনুগত্য ইত্যাদি। শ্রী জীবনে শান্তি প্রতিষ্ঠার সহায়ক। শ্রীর প্রকাশ-বিকাশ মূলাধার চক্র হতে। মূলাধার হল ষট্ সম্পত্তির প্রথম সম্পত্তি শম-এর অধিষ্ঠান ক্ষেত্র। শম অর্থে সংযম —

অবশ্যই বহিরিন্দ্রিয় ও অন্তরিন্দ্রিয় উভয়েরই সংযম এবং সংযম ব্যতীত কোন সৎকর্মই সাফল্য লাভ করে না। তাই শম-য়ের ভূমিকার গুরুত্ব এবং একই গুরুত্ব শ্রীর প্রকাশ-বিকাশের।

পরবর্তী ঐশ্বর্য হল বীর্য; তার অধিষ্ঠান মস্তকে হলেও তার ক্রিয়ার ক্ষেত্র হল স্বাধিষ্ঠান গ্রন্থি। প্রথম ঐশ্বর্যের প্রকাশ-বিকাশের পর এই দ্বিতীয় ঐশ্বর্যটির প্রকাশ-বিকাশ হয় দ্বিতীয় গ্রন্থির চেতনার ক্রিয়ায়; সহায়ক অনুষঙ্গ হিসাবে থাকে শ্রী। বীর্য অর্থে শৌর্য্য, শক্তি, সাহসিকতা এবং সর্বাংশে চারিত্রিক দৃঢ়তা ইত্যাদি। এই চক্রটি দ্বিতীয় সম্পত্তি দম-এর অধিষ্ঠান ক্ষেত্র। অন্তরিন্দ্রিয়ের দমন ব্যতীত শৌর্যবীর্যের প্রকাশ যেমন সম্ভব নয়, তেমন অন্তরিন্দ্রিয়ের দমন ব্যতীত চিন্তা পরিশীলিত হয় না, ঈশ্বরীয় ভাবও পরিস্ফুট হয় না। শ্রী ও বীর্যের একযোগে প্রকাশ-বিকাশের পর তৃতীয় ঐশ্বর্যের প্রকাশ-বিকাশ হতে থাকে। এটি ঐশ্বর্য নামেই অভিহিত হয়। এই ঐশ্বর্যের ক্ষেত্র হল মণিপুর। এই চক্রটি তৃতীয় সম্পত্তি তিতিক্ষার ক্ষেত্র। অপেক্ষা আর ধৈর্যের সম্মিলিত রূপটিই হল তিতিক্ষা যা অধ্যাত্ম ক্ষেত্রে বিশেষ সদ্‌গুণ বলে বিবেচিত হয়। এই ক্ষেত্রে ঐশ্বর্যের সঙ্গে যুক্ত হয় শ্রী ও বীর্য এবং এই চক্রের চেতনার ক্রিয়ায় ঐশ্বর্যের বিকাশ-প্রকাশ মনুষ্যত্বের ভাবরূপে প্রকাশিত হয়।

এর পরের ঐশ্বর্য যশঃ। তার অধিষ্ঠান ক্ষেত্র অনাহত চক্র। এটি চতুর্থ সম্পত্তি উপরতির প্রকাশ-বিকাশের ক্ষেত্র। শ্রী, বীর্য ও ঐশ্বর্যের ক্রিয়ার ফলে অনন্ত ভাবের প্রকাশ হেতু সাধক অনন্ত ভাবময় ইষ্ট বা গুরুর প্রতি যে অনুরাগ ও আনুগত্যের অধিকারী হয়, তা-ই উপরতি। এই চক্রটি পঞ্চপ্রাণের ক্রিয়ার কেন্দ্রভূমিও বটে। প্রাণের ক্রিয়ায় আত্মার সঞ্জীবনী শক্তির প্রকাশের কারণে আত্মার সর্বব্যাপী অধিষ্ঠান ও ঐশ্বর্য সাধকের চিত্তকে এমনভাবে শ্রদ্ধায় অভিভূত করে যে, সেই মহা অস্তিত্বকে সে বিশেষভাবে জানতে চায় এবং শ্রদ্ধাবনত হয়ে সেই কর্মে ব্রতী হয়।

শ্রী, বীর্য, ঐশ্বর্য ও যশঃ — এই চারটি ঐশ্বর্যে ঐশ্বর্যবান হয়ে সাধক এখন পরবর্তী ঐশ্বর্যের লক্ষ্যে ধাবিত হয়ে দেখে যে, অনন্ত বিশ্বে অনন্তভাবে বিরাজিত ইষ্ট বা গুরুকে সর্বত্র বিচ্ছুরিত জ্ঞানে ধারণায় আনা যায় না।

সেইজন্য সেই বিচ্ছুরিত জ্ঞানসমূহকে উৎসে কেন্দ্রীভূত করা প্রয়োজন। একের জ্ঞানেই একেকে জানা যায় এবং ধীরে ধীরে সে যেমন আদৌ শ্রদ্ধার অধিকারী হয় তেমন প্রজ্ঞাশীলও হয়। প্রজ্ঞাশীল ব্যক্তিই বৈরাগ্যবান হওয়ার যোগ্যতা অর্জন করেন। মোট পাঁচটি ঐশ্বর্যের অধিকারী হয়েও সেই একেকে জানতে না পেরে পরবর্তী ঐশ্বর্যের ক্ষেত্রে সমাধানের লক্ষ্যে ধাবিত হয়ে জানতে পারে যে, সর্বার্পণ না হওয়া পর্যন্ত তার অভীষ্ট পূরণ হবে না। কিন্তু সমর্পণ তার সাধ্যায়ত্ত নয়। সমর্পণ কেউ করতে পারে না; তা গুরু স্বয়ং করিয়ে নেন। এটি তাঁর কৃপা। সাধক এই কৃপার অধিকারী হলে সমর্পণ হয়। তার জ্ঞান-অজ্ঞান, অস্মিতা, অভিমান সবই গুরুচরণে নিবেদিত হয়ে যায়, আর তখনই তার মোক্ষদ্বার উন্মুক্ত হয়। মোক্ষদ্বার উন্মুক্ত হলে মুক্তির পথ প্রশস্ত হয়। আজ্ঞা চক্রে গুরুচরণে বৈরাগ্যের অধিষ্ঠান — এই ক্ষেত্রেই সমাধান, মুক্তি।

এই শিক্ষা তাঁর শিষ্য, ভক্ত, অনুরাগীদের বিশেষ নিয়মনীতির মাধ্যমে দান করার উদ্দেশ্যেই শ্রীমাধব তাঁর শিক্ষা শিবির প্রতিষ্ঠা করেন। নামটিও তাঁরই দেওয়া। এখন সেই শিক্ষা শিবিরের বিবরণ।

এপ্রিল মাস ১৯৮৩ সাল। আমরা জানতে পারি গুরুদেব শ্রীমাধব তাঁর শিষ্য, ভক্ত, অনুরাগীদের অধ্যাত্মবিদ্যা শিক্ষা দেবার জন্য প্রতি বুধবার সন্ধ্যায় একটি করে অধিবেশনের ব্যবস্থা করবেন এবং যে কেউ ইচ্ছা করলে সেই অধিবেশনগুলিতে যোগ দিতে পারে। দিতে কিছুই হবে না; শুধুমাত্র খাতাকলম নিয়ে হাজির হতে হবে।

নির্দিষ্ট দিনে সন্ধ্যা সাতটার পূর্বেই আমরা প্রণাম করে গুরুদেবের সন্মুখে অর্ধচন্দ্রাকারে বসে; স্বল্পক্ষণ অপেক্ষার পর সুরু হল প্রথম অধিবেশন।

প্রথম অধিবেশন — মানিকতলা — বুধবার — ২০/০৪/৮৩

সর্ব প্রথম তোমাদের কাজ হবে শপথবাণী লিখে নেওয়া। এই লিখে নেওয়ার অর্থই হল শপথ করা —

শপথ বাণী—

১) মাধব বাণীর বাইরে ধ্বনি তুলব না।

২) আদেশ, নির্দেশ পালন করে চলব — একথা কখনও ভুলব না।

৩) বাধা-বিঘ্নে পিছু হটবো না, লক্ষ্যপথে পৌঁছাতেই হবে, একথা ভুলব না।

৪) আর, পরিচালক যেই যখন হোকনা কেন, তার অবাধ্য হব না।

সর্ব প্রথম আমার কথা হল, আমার এই শপথ বাণী পালন করতে হবে, তোমাদের প্রত্যেকেরই মানুষের মত মানব হতে হবে। তোমরা অমানুষ তা বলছি না। এই যে মানুষের মত মানুষ হতে হবে, তা নিজেদের মধ্যে প্রথম পরিচয় দিতে হবে। তোমরা যেন একে অন্যের মনোকষ্টের কারণ হয়ো না। তোমাদের মধ্যে যেন কোন সময় রেষারেষি না থাকে। নিজেদের সম্পর্ক সহজ সরল করে গড়ে তুলবে।

তোমাদের মধ্যে থাকবে পঞ্চ তা' — সরলতা, নম্রতা, সহিষ্ণুতা, উদারতা ও প্রসারতা। এগুলি যে একদিনেই হবে, তা নয়; আস্তে আস্তে শিখতে হবে এবং নিজেকে ঐভাবে গড়ে তুলতে হবে। আমি যেন কখনো না দেখি, একে অন্যের সাথে মিলছে না, একে অন্যের কথা শুনছে না — তাহলে সেটা আমার দুঃখের কারণ হবে। তোমরা এক একটি যেন একই বৃক্ষের ফুল ও ফল। এইভাবে তোমরা মেলামেশা করবে। তোমাদের আচরণ, স্বভাব, চরিত্র দেখে অন্যে যেন আনন্দ পায়। তোমাদের আদর্শ যেন অন্যের শিক্ষণীয় হয়। তোমরা প্রত্যেকে কর্মের দ্বারা সকলের প্রশংসার যোগ্য হয়ে ওঠো।

এই আদর্শবান হতে গেলে তোমাদের কি করতে হবে, তারই উপদেশ — নির্দেশ ক্রমাগত দিয়ে যাব। এমন যদি কখনো হয়, কোন বিষয় নিয়ে তোমাদের মধ্যে মতে মিল হচ্ছে না বা কোন বিষয় সমাধান করতে পারছ না, তা হলে আমার কাছে এসে সমাধান করে নেবে; নিজেরা বিবাদে লিপ্ত হবে না।

আমার উদ্দেশ্য হল, প্রথমে তোমরা আমার উপদেশ-নির্দেশ শুনে শেখো; তারপর তা দশের মধ্যে বিলিয়ে দাও এবং কিভাবে তা বিলিয়ে দেবে, তার পথ আমিই নির্দেশ করে দেব। এ সমস্ত শেখার বিষয় যাতে তোমরা কার্যে পরিণত করতে পার, সে কর্মও তোমাদের করতে হবে। শিখলে যে তোমাদেরই সম্পদ হয়ে যাবে, তা নয়; এটা দশের সম্পদ। এই সম্পদ দশের হিতার্থে সম্পূর্ণভাবে বিলিয়ে দেবে এবং দেবার পথ ধীরে ধীরে জানতে পারবে।

তোমাদের প্রথম শিক্ষণীয় বিষয় হল — আমি-কে জানা। এই যে চব্বিশ তত্ত্বের মধ্যে আমি আছে, সেই আমিকে জানার উপদেশ নির্দেশ দিতেছি। প্রথমে দেখ, চব্বিশ তত্ত্ব কি কি?—

পঞ্চ জ্ঞানেন্দ্রিয় — চক্ষু, কর্ণ, নাসিকা, জিহ্বা ও ত্বক।

পঞ্চ কর্মেন্দ্রিয় — বাক্, পাণি, পাদ, পায়ু, উপস্থ।

পঞ্চ প্রাণ — প্রাণ, অপাণ, সমান, উদান ও ব্যান।

পঞ্চ মহাভূত — ক্ষিতি, অপ, তেজ, মরুৎ ও ব্যোম।

আর মন, বুদ্ধি, চিত্ত ও অহঙ্কার — এই হল চব্বিশ তত্ত্ব। আবার দেখ, ইন্দ্রিয়ের বিষয়ও পাঁচটি — রূপ, রস, গন্ধ, শব্দ ও স্পর্শ।

এবার চিন্তা করলেই দেখতে পাবে, এই চব্বিশ তত্ত্বের কেউই তুমি নও। তাহলে প্রশ্ন জাগছে, তুমি কে (বা আমি কে?) এই যে চব্বিশ তত্ত্বের অতীত আমি সত্তা, এই সত্তাও চব্বিশ তত্ত্ব ব্যতিরেকে চলতে পারে না। জীবন পথে চলতে হলে এদের ছাড়া চলতে পারবে না। তাই এদের বুঝতে হবে, জানতে হবে, এরা কি প্রয়োজনে লাগছে, কেন আছে। এই চব্বিশ তত্ত্ব প্রকৃতি হতে উদ্ভূত বলে এরাও প্রকৃতি। আবার আমি সত্তা এই প্রকৃতির মধ্যে বিজড়িত বলে আমি সত্তাকেও প্রকৃতি বলা চলে। এই তত্ত্বাদি প্রকৃতি হতে উদ্ভূত হয়ে প্রকৃতি তিনভাগে বিভক্ত হয়েছে। এই তিনটি ভাগই তিনটি গুণ বলে

পরিচিত। প্রথম ভাগের নাম সত্ত্বঃগুণ, দ্বিতীয় ভাগের নাম রজঃ গুণ ও তৃতীয় ভাগের নাম তমঃ গুণ।

পঞ্চ তত্ত্বের যে ক্ষিতি তত্ত্ব, তাই তোমাদের দেহের কঠিন অংশ (মাটী)। জলীয় অংশ বা রস হল অপ্। এ দেহের উত্তাপ বা তেজ অংশ যা, তাই হল তেজ। আর বায়ু অংশ যা, তা হল মরুৎ। শূণ্য অংশ যা, তা হল ব্যোম। এভাবে তোমরা দেহের আকার পেয়েছ। পঞ্চ প্রাণ তোমাদের প্রাণবন্ত করে রেখেছে। পঞ্চ জ্ঞানেন্দ্রিয় পঞ্চ বিষয়কে গ্রহণ করছে এবং গ্রহণ করার যে ক্রিয়া তা এই পঞ্চ বিষয়কে গ্রহণ করবার এবং স্থিতি করবার কর্ম করছে বা মনের কাছে পৌঁছে দিচ্ছে পঞ্চ কর্মেন্দ্রিয়। এখন প্রতিটি তত্ত্বের উৎপত্তি কিসে এবং প্রত্যেকটি তত্ত্ব তোমাদের কি প্রয়োজনে লাগছে, তা ধীরে ধীরে তোমরা আমার কাছে জানতে পারবে। এই তত্ত্বকে অনুধাবন করার জন্যই পূর্ব পূর্ব মনীষীগণের কাছে সাধারণ মানুষ আশ্রমবাসী হয়ে শিক্ষালাভ করতো। এই ভাবে নৈমিষারণ্যে ৬৪ হাজার মুনিঋষির সৃষ্টি হয়েছিল। এছাড়াও জীবনপথে শৃঙ্খলার জন্য, আত্মজ্ঞান লাভের জন্য, নিজেকে জানার জন্য সাধু, গুরু, মহাপুরুষগণের যুগে যুগে এত প্রচেষ্টা।

যখন তোমরা এ সকল তত্ত্ব জানতে ও বুঝতে পারবে তখন তোমাদের হৃদয় আনন্দে ভরে উঠবে। এই প্রত্যেকটি তত্ত্ব পুঙ্খানুপুঙ্খরূপে আমার কাছে তোমরা সবাই জেনে বুঝে নেবে। জানা হয়ে গেলে দেখবে, এর মধ্যে কত আনন্দ। কারো মনে দুঃখ থাকবে না একবার হৃদয়ঙ্গম হয়ে গেলে, সেই জাগ্রতের বাণী ও ধ্বনি হৃদয়ে জাগ্রত হবে তখন মন তা প্রকাশ করার জন্য বাঁশরীর কাজ করবে। তোমরাও তা মন, বুদ্ধির দ্বারা প্রকাশ করবে। কারণ, তা না হলে, যদি মনাতীত হয়ে প্রকাশ কর, তাহলে মন, বুদ্ধি, চিত্ত ও অহঙ্কার যুক্ত মানুষ কি ভাবে তা গ্রহণ করবে? এই জানা বোঝাকে বোঝা মনে কোর না। অবগত হওয়ার চেষ্টা কর, তবে হালকা বোধ হবে।

আজকের সভা সম্পর্কে কেউ সমালোচনা করবে না, আলোচনা করতে পার। তোমাদের সকলকেই সব রকম ভাব সহ্য করে নিতে হবে। তাহলে ধীরে ধীরে বিষভাব বিদূরিত হয়ে শুদ্ধভাব জাগরিত হবে। হিংসা, দ্বেষ,

পরশ্রীকাতরতা ইচ্ছা করে কেউ ত্যাগ করতে পারে না বা পারা যায় না। তোমাদের ভাণ্ড যদি সমস্ত তত্ত্বে ভরা থাকে, তখন আর মশা কামড়াবে না। ভাণ্ড আগে পূর্ণ কর। ভাণ্ড শূণ্য বলেই ওরা ছোটাছুটি, দৌড়াদৌড়ি করছে। একবার পঞ্চ তা' যদি তোমাদের মধ্যে জাগরিত হয় বা প্রকাশ পায়, তখন দেখবে ত্রিতাপ তোমাদের আর কোন প্রকার তাপ দিতে পারবে না। এই পঞ্চ তা'- র কাছে ত্রিতাপ তো অতি তুচ্ছ, অতি ক্ষুদ্র।

তোমাদের মধ্যেই আমার আদর্শের পরিচয়। তোমরা যদি আদর্শবান না হও, তাহলে আমার কি মূল্য থাকবে বলো? তাই বার বার বলছি, তোমরা হিংসা, দ্বেষ দমন কর, সরল শান্ত হও। তোমরা যে সুযোগ পেয়েছ, তা হেলায় হারিয়ো না। তোমরা প্রত্যেকেই এক একটি অগ্নি-স্ফুলিংগের মত হবে। তোমাদের জ্যোতিতে সবাই আলোকিত ও পুলকিত হয়ে উঠুক, এই আশীর্বাদ করি।

দ্বিতীয় অধিবেশন — মানিকতলা — বুধবার — ২৭/০৪/৮৩

এই যে চব্বিশ তত্ত্বের মধ্যে ইন্দ্রিয়াদির বিষয় — যথা রূপ, রস, শব্দ, স্পর্শ ও গন্ধ — এই বিষয়াদিকে ইন্দ্রিয়াদি কি কি ভাবে মনের কাছে পৌঁছায়? দেখা যায়, প্রবৃত্তির মাধ্যমে এই সমস্ত বিষয় মনের কাছে পৌঁছায় বলেই তাদের ক্রিয়ার পরিণামে মানুষ দিনের পর দিন অজ্ঞানতার পরিপূর্ণ হয় এবং নানা প্রকার রোগ-ব্যাধি কষ্টাদির মধ্যে দিন কাটাতে হয়। এর মধ্যে যে সুখভোগ আছে তার মাধ্যমে দুঃখই পেতে হয়। এই হতে সংশোধন হতে গেলে সাধু, গুরু, বৈষ্ণবের বাণী বা নানা মনিষীদের লিপিবদ্ধ ধর্মগ্রন্থের যে সমস্ত উপদেশ-নির্দেশ আছে, সেই সমস্ত নির্দেশ উপদেশাদি শুনে বা পাঠ করে যে বৃত্তিতে চলা যায় বা চলে তারই নাম অনুবৃত্তি। এই অনুবৃত্তি পরিপক্ক হলে নিবৃত্তিতে পৌঁছাবার উপযোগী হওয়া যায়। এই যে প্রবৃত্তি, অনুবৃত্তি ও নিবৃত্তি কাকে বলে এবং এদের গুণ, ক্রিয়া, পরিণাম কি — এ সম্বন্ধে আগামী বুধবার আলোচনা করা হবে।

তৃতীয় অধিবেশন — মানিকতলা — বুধবার — ০৪/০৫/৮৩

তোমরা যে আমার কথামত লিখে নিয়ে এসে পাঠ করলে, তোমাদের এই সাহসিকতা, এই প্রচেষ্টা দেখে আমি খুব আনন্দিত। তত্ত্ব সম্বন্ধে প্রথম লেখা—

পঞ্চ জ্ঞানেন্দ্রিয় — চক্ষু, কর্ণ, নাসিকা, জিহ্বা ও ত্বক। এই পাঁচটি জ্ঞানেন্দ্রিয়ের বিষয় কি কি?

চক্ষুর বিষয় রূপ,

কর্ণের বিষয় শব্দ,

নাসিকার বিষয় গন্ধ,

জিহ্বার বিষয় রস,

ত্বকের বিষয় স্পর্শ।

এই যে পঞ্চ জ্ঞানেন্দ্রিয়ের বিষয় — এই বিষয়গুলিকে তন্মাত্রাও বলে। এই বিষয় ভোগ করে কে? দেহের রাজা মন। এই বিষয়গুলি বহন করে কারা? যার যা বিষয় সেই কর্মেন্দ্রিয় বহন করে মনের কাছে আনে।

পঞ্চ কর্মেন্দ্রিয় ও তাদের বিষয় ঃ পঞ্চ কর্মেন্দ্রিয় — বাক্, পাণি, পাদ, পায়ু, উপস্থ।

বাক — ক্রিয়ার বিষয় বচন।

পাণি — ক্রিয়ার বিষয় গ্রহণ অর্থাৎ আদান।

পাদ — ক্রিয়ার বিষয় চলা বা গমন।

পায়ু — ক্রিয়ার বিষয় মলত্যাগ।

উপস্থ — ক্রিয়ার বিষয় রতিভোগ।

এই বিষয়গুলিকে মনের কাছে পৌঁছাবার জন্য এই কর্মেন্দ্রিয়গণ ক্রিয়া করে থাকে। মন, তারও বিষয় আছে। মনের চারটি বিষয় যার দ্বারা মন বিষয়াদি

ভোগ করে থাকে। মন চার ভাগে বিভক্ত, — মন, বুদ্ধি, চিত্ত ও অহংকার। মনের বিষয় সঙ্কল্প, বুদ্ধির বিষয় নিশ্চয়, চিত্তের বিষয় চিন্তন, অহঙ্কারের বিষয় অহংপনা। মনের অর্ধাঙ্গিনী স্বরূপিনী দুইটি বৃত্তি — একটি প্রবৃত্তি আর একটি নিবৃত্তি। এই প্রবৃত্তিতেই মানুষ বিষয়াদিতে আসক্ত হয়ে থাকে। এই প্রবৃত্তিকে যত নীচ ভাবছ, অত নীচে নয়। তার একটি সদগুণও আছে। এই প্রবৃত্তির সঙ্গে প্রবৃত্তির সন্তান-স্বরূপ শতাধিক পুত্র ও কন্যাস্বরূপ কুমতি — এরা যখন সহযোগিতা করে তখন প্রবৃত্তি ক্রমের বাইরে ব্যতিক্রমের আত্মচরিতার্থে ভোগে লিপ্ত হয় মানুষ। আবার, দেহের দেহের মধ্যে এই অনুবৃত্তি কে? অনুবৃত্তি মনেরই পুত্র বিবেক। সে হল সবার বড়। নিবৃত্তি তার মাতা। বিবেক ও সুমতি ভাই বোনের স্বরূপ। বিবেক সুমতিযুক্ত হয়ে যেরূপ বৃত্তির উদ্ভাবন হয়, সেই বৃত্তি ঐ দশ ইন্দ্রিয়ের সঙ্গে সংযুক্ত হয়ে ঐ পঞ্চ বিষয়কে প্রয়োজনে গ্রহণ করে। এবং এই বিবেকের বৃত্তি অনুযায়ী যে যে মহাপুরুষগণ মানুষকে সুপথে পরিচালিত করার জন্য যে সমস্ত উপদেশ নির্দেশ দিয়েছেন, তাও এই অনুবৃত্তির ক্রিয়া। সেই উপদেশ পঠন ও শ্রবণ করাও অনুবৃত্তির ক্রিয়া। এখন চিন্তা করে দেখ, এই অনুবৃত্তি মানুষকে এবং মানুষের মধ্যে যে মনুষ্যত্ব আছে, তা জাগরণে সহায়তা করে এবং এই অনুবৃত্তিতে সাধন পথের সমস্ত প্রকার ক্রিয়াকে ক্রিয়মান করতে সমর্থ হয়।

ঈশ্বরকে জানতে হলে, আমিকে জানতে হলে ঈশ্বরেরও তিনটি সত্যের প্রকাশ রয়েছে, তা সর্ব বিষয়ে, সর্ব বস্তুতে, আমিতে, দেহেতে ও একটি ধূলিকণাতেও রয়েছে — তা হল অস্তি, ভাতি, প্রিয় অর্থাৎ সৎ, চিৎ, আনন্দ; সতের থেকে অস্তি, চিৎ-এর থেকে ভাতি, আনন্দের থেকে প্রিয়। এরা কিন্তু বিষয় নয়; এর থেকে এদের প্রকাশ। এই অস্তি, ভাতি, প্রিয় সম্বন্ধে আগামী বুধবার লিখে নিয়ে আসবে।

চতুর্থ অধিবেশন — মানিকতলা — বুধবার — ১১/০৫/৮৩

সাধনা করার প্রয়োজনটা কি? এই প্রয়োজনটা না বোঝানো পর্যন্ত আমি কে, আমি কোথায় আছি, আমিকে জানার, ঈশ্বরকে জানার জন্য প্রয়োজনটা কি? — এই অবস্থার মধ্যে না গেলে বুঝতে পারবে না। যেমন গরমের সময়

তোমরা বুঝতে পারছ ঠাণ্ডা বায়ুর প্রয়োজন, গরম বায়ু নয়। আর অত্যন্ত শীতের মধ্যে বুঝতে পারছে তোমাদের গরমের প্রয়োজন। আমিকে জানার প্রয়োজন কি, ঈশ্বরকে জানার প্রয়োজন কি — সেই অবস্থায় যখন যাবে তখন সাধন মার্গের প্রণালীগুলো বলব। আগে এই সম্বন্ধে তোমরা বুঝে নাও।

এতদিন পর্যন্ত আলোচনার বিষয় ছিল চব্বিশ তত্ত্ব। এই সম্বন্ধে তোমরা যা জান তা লিখেছ। এতে কি হয়েছে? না, আলাপ হয়েছে। কোন অপরিচিত লোকের সঙ্গে যখন আলাপ হয়, তখন তার পরিচয় জিজ্ঞাসা করা হয়। প্রথমে জিজ্ঞাসা করা হয় তার নাম কি? তার পরে বাবার নাম কি? ঠিকানা কি? নাম জিজ্ঞাসা করা হল কেন? না, তার সঙ্গে আলাপে বোঝা গেল তার অনেক গুণ। নামটা জেনে রাখা ভাল, প্রয়োজনে তাকে খুঁজে বের করা যাবে। বাবার নাম জানার উদ্দেশ্য কি? না, কার ঔরসে জন্মেছে যে এতগুণ তার মধ্যে। তার পর তার ঠিকানা কোথায়? প্রয়োজনে তার কাছে যেতে হবে তো। সেই রকম এই যে চব্বিশ তত্ত্ব — এর এক একটার বিশেষ বিশেষ গুণ। এদের সঙ্গে যখন আলাপ হল, তাদের নাম জিজ্ঞাসা করতে হবে। আমিই নাম বলে দিয়েছি। কোন গুণে সেই নামের অধিকারী হল সেই গুণগুলো জানতে হবে। তারপরে তারা নানা রকম গুণসম্পন্ন হয়েছে — কার দ্বারা হল? দেখা গেল সচ্চিদানন্দের যে বিভাব — অস্তি, ভাতি, প্রিয় — তাদের থেকে। এখন, তোমাদের দেহের মধ্যে এবং বিশ্বে যে এই তত্ত্বগুলি রয়েছে তা জানতে হবে। সবগুলি এক সঙ্গে না বলে খণ্ড খণ্ড করে বলছি, যাতে বুঝতে সুবিধে হয়।

প্রথমে দেখ, চব্বিশ তত্ত্বের মধ্যে পঞ্চ ভূত — ক্ষিতি, অপ, তেজ, মরুৎ, ব্যোম। এই ক্ষিতি অপ তেজ মরুৎ ব্যোম তোমার দেহের মধ্যে আছে, দেহের বাইরেও আছে। যা কিছু আছে — এরা সবাই ক্ষয়শীল। দেহের মধ্যে যখন ক্ষয়শীল, তখন স্বজাতীয়ের কাছে পূর্ণ হয়; যেমন দেহের মধ্যে যখন জলের অভাব হয়, তখন বাইরে থেকে জল গ্রহণ করি। এই রকম পঞ্চভূত পঞ্চভূতকে দিয়েই পূর্ণ হয়। এই পাঁচটি ভূতের মধ্যে অস্তি, ভাতি এবং প্রিয়।

এতক্ষণ পর্যন্ত তোমরা বাইরের জগতের সব কিছু যা বুঝেছ বললে। এখন সবাই বাইরের থেকে ভিতরে এসে যাও। এখন আর বাইরের কোন কথা শুনতে চাই না। বাইরের কথা বলবে সেদিন ভেতরের কথা প্রকৃষ্টভাবে জানবে যেদিন। বাইরের কথার সঙ্গে ভিতরের কথার মিলনামিলন কি, প্রয়োজনীয়তা কি এটা না জানলে বাইরের কথা বলতে পারবে না। আজ পর্যন্ত বলা তো না জেনে বলা। তথাপি আমার আনন্দ হচ্ছে, তোমরা না জেনেও বাইরের কথা যা লিখেছ — যতটুকু লিখেছ — আমি কারোরটাই ভুল বলব না। তোমরা যে চেষ্টা করেছ, কিছু যে লিখেছ — এইটাই আমার আনন্দ। তোমরা যে পা পা করে এগিয়ে যেতে পারবে, সে ভরসা আমার আছে।

যাইহোক, এখন এই যে পঞ্চভূত, তার গুণ, ক্রিয়া এবং অস্তি, ভাতি, প্রিয় কিরূপে আছে, কিরূপে ক্রিয়া করছে, এবং ভিতরের অস্তির সঙ্গে বাইরের তত্ত্বের অস্তি কিভাবে যাচ্ছে, ভাতিই কিভাবে যাচ্ছে, প্রিয় কিভাবে যাচ্ছে — এই পাঁচ পাঁচটি করে লেখ। পরে তার বিষয় সম্পর্কে আলোচনা করব। প্রত্যেক তত্ত্বেরই বাইরে কি ভিতরে অস্তি, ভাতি, প্রিয়, নাম, রূপ বা আকার কিভাবে সাধিত হয় এবং এদের প্রয়োজনীয়তাই বা কি — এই সম্বন্ধে আগামী বুধবারে লিখে আনবে। আস্তে আস্তে এই চব্বিশ তত্ত্ব শেষ হবে; তার পরে চোদ্দ বিষয়ে শেষ হবে, তারপরে অন্য কিছু আলোচনা করব। ভগবান সম্বন্ধে খালি আলাপ-আলোচনা করছ; তার নাম কেন হয়েছে, নাম তার কি, তার সঙ্গে সম্বন্ধ কি — তা তোমরা জান না। তার সঙ্গে আলাপই হয়নি। চেন না, জানও না। তাকে আমরা চিনি না। তাকে চিনবার জন্যই আলোচনা।

(দৃষ্টান্ত — যেমন জল। জলের মধ্যে অস্তি কেমন করে বুঝব? জল আছে তাই; থাকাটাই অস্তি। সেই জল তোমার জন্য সমুজ্জল ও তরঙ্গপূর্ণ তাই ভাতি। আর সেই জল তোমার অভাব পূরণ করে বলেই প্রিয়। অভাব যে পূরণ করে সেই প্রিয়। জল তার নাম এল কোথা হতে? জলের অন্য আর এক নাম অপ, যে সমস্ত জ্বলনের, তাপের থেকে নিবৃত্ত করতে সমর্থ হয়।

সেইজন্য তার নাম জল। এটা স্থূলে। সূক্ষ্মেও তাই — ত্রিতাপ জ্বালা থেকে রক্ষা করে। আমাদের মধ্যে স্নিগ্ধতাই হল তরলতা — সেই স্নিগ্ধতা যে শক্তিরূপ ধারণ করে, সেই শক্তি দ্বারা ত্রিতাপ জ্বালা থেকে মুক্তি করার ক্ষমতা ধরে। তাই নাম অপ।)

পঞ্চম অধিবেশন — মানিকতলা — বুধবার — ১৮/০৫/৮৩

তোমাদের যে সমস্ত প্রশ্ন করা হয়, সে সম্বন্ধে যথার্থভাবে চিন্তা করে দেখবে যে, প্রশ্নটা কি এবং কি তার উত্তর দিতে হবে। ব্যাখ্যার এখন প্রয়োজন নেই। ব্যাখ্যার প্রয়োজন তখনই হবে যখন সমস্ত বিষয় সম্বন্ধে অভিজ্ঞ হবে। তখন ব্যাখ্যা সবারই প্রিয় হবে। এবং সবারই শুনতে ভাল লাগবে।

প্রত্যেক দেহীর যে পঞ্চ ভূতের কাঠামোটি তৈরী হয়েছে — এদের মধ্যে যে ক্ষয়-ক্ষতি হচ্ছে তা বাইরে থেকে এসেই পূর্ণ হচ্ছে। তথাপিও এমন একটি দিন আসবে যখন এই যে তোমাদের ক্ষয় ক্ষতি হয়ে যাচ্ছে, তখন আর বাইরে থেকে নেবার মত শক্তিও থাকবে না। যাইহোক, এইভাবে একদিন তোমাদেরও মহাপ্রলয় হবে।

(দৃষ্টান্ত — জলের আকার নেই। জল নীরাকার। তার এই নীরাকারত্বই জলের রূপ। আকাশের কোন রূপ নেই। এই মহাশূণ্যতাই তার রূপ। এই দুটি রূপ আমরা জড় দৃষ্টিতে দেখতে পাইনা অথচ, অন্তদৃষ্টিতে এদের রূপ দেখতে পাবে যখন তত্ত্ব সম্বন্ধে অভিজ্ঞ হবে।)

আমি তোমাদের শুধু প্রশ্নটাই বলে দিই আর কিছু বলে দিইনি। প্রশ্নের উত্তর সম্বন্ধে তোমাদের কিছু জানা নেই, তথাপি তোমরা চতুর্দিক খুঁজে পেতে উত্তর লিখে এনেছে — এটার নামই এক প্রকার সাধনা। সাধনার আগে ভগবানকে কেউ জানে না। ভগবানই প্রশ্ন বা ঈশ্বরই প্রশ্ন। সাধনা করতে করতে এবং স্তরে স্তরে এগোতে এগোতে জানার ইচ্ছা জাগে ঈশ্বরের রূপ কি, গুণ কি? ঈশ্বরের তো রূপও নেই, গুণও নেই; কিন্তু রূপ, গুণ সূক্ষ্মভাবে তাঁর মধ্যে আছে, কারণ এদের অস্তিত্ব তাঁর মধ্যে না থাকলে এরা

কোথা থেকে এল? — এগুলো উপলব্ধির দ্বারা জানতে পারবে। এই দশ ইন্দ্রিয়ের দ্বারা নয়।

আধ্যাত্মিক তত্ত্বে কোন ব্যাখ্যাই ভুল নয়। যার যার ভাব তার কাছে সত্য। ভাবের ভুল হয় না। ঈশ্বর অনন্ত ভাবে জীবের মধ্যে বিচরণ করছেন বা তাদের সেই ভাবে ধাবিত করছেন।

পঞ্চভূতের প্রথমে হল ব্যোম মহাভূত। এই ব্যোম মহাভূতের কর্ম, ক্রিয়া, গুণ ইত্যাদি প্রকাশ বিকাশ হতে গেলে অপঞ্চীকৃত ভূতের দ্বারা সম্ভব নয়। কাজেই অপঞ্চীকৃত মহাভূতের পঞ্চীকৃত হতে হবে। ব্যোম মহাভূতের মধ্যে যে পাঁচটি তত্ত্ব রয়েছে যথা কাম, ক্রোধ, শোক, মোহ ও ভয় — এই পাঁচটি দেহের কি উপকার বা অপকার করছে এবং দেহের কি ক্ষতি বা বৃদ্ধি করছে, এর যথার্থ উত্তর সামনের বুধবার লিখে আনবে।

ষষ্ঠ অধিবেশন — মানিকতলা — বুধবার — ২৫/০৫/৮৩

অপঞ্চীকৃত মহাভূত দ্বারা দেহ গঠিত হয়েছে। এখন, এই সমস্ত মহাভূত নিজ নিজ অস্তিত্ব রক্ষা করতে বা অস্তিত্ব রক্ষার কারণে এক একটি ভূত থেকে পাঁচটি করে তত্ত্বের উদ্ভব হয়েছে। অর্থাৎ এই যে ব্যোম তত্ত্বের কথা বললাম, এই ব্যোম তত্ত্ব দেহের মধ্যে নিজের অস্তিত্ব রক্ষা করতে আর চারটি মহাভূত হতে নিজের ও আর চারটি থেকে অংশ নিয়ে এই পাঁচটি তত্ত্বের সৃষ্টি হয়েছে। এখন প্রশ্ন ছিল যে, এই পাঁচটি তত্ত্বের কর্ম কি, ক্রিয়া কি, গুণ কি, ক্ষতি কি, বৃদ্ধি কি এবং উপকারীতা ও অপকারীতা কি? এখানে দেখা যায়, এই পাঁচটি তত্ত্ব হল — কাম, ক্রোধ, শোক, মোহ ও ভয়। এই পাঁচটি তত্ত্ব আমাদের দেহের পাঁচটি ভূতেরই পাঁচ পাঁচটি করে তত্ত্বের উদ্ভব হয়েছে। এই পঁচিশ তত্ত্ব মিলে পঞ্চ মহাভূতের সাম্যতা ও স্থায়ীত্ব রক্ষা করে চলেছে।

তোমরা কেউ কেউ কাম ক্রোধকে রিপুর মধ্যে ফেলেছে। রিপু তখনই হবে — মনোজাত যা, মনের থেকে যার সৃষ্টি হয়েছে, তাই রিপু নামে আখ্যায়িত হয়েছে। এরা তত্ত্ব; পরস্পর তত্ত্বের স্থায়ীত্ব রক্ষা, সাম্যতা রক্ষা করা ইত্যাদি কর্ম করার জন্য এদের উদয় হয়েছে। তত্ত্বের কথাই বলতে হবে। এখানে

রিপুর কথা বললে চলবে না। তাহলে কাম তত্ত্ব হিসাবে কি করছে এখানে? কাম একটি তত্ত্বকে রক্ষা করতে অপর তত্ত্বকে চাইছে। এই যে চাওয়া এটাই কাম। যেমন আমরা আহার করি; আহারের দ্বারা আমরা আমাদের দেহের ক্ষতি পূরণ করছি। এই রকম দেহের মধ্যেও এক তত্ত্বের ক্ষতিকে পূরণ করতে গিয়ে অন্য তত্ত্বের সহায়তা দরকার। এই যে কাম, সে এই সমস্ত কর্মগুলো করছে তত্ত্বরূপে। এই কামের ক্রিয়া কি? — ক্রিয়া হল যখনই একটি তত্ত্বের অভাব হয় বা অন্য তত্ত্বের প্রয়োজনীয়তা বোধ করে তখনই তার মধ্যে ক্রিয়া উপস্থিত হয় অন্য তত্ত্বকে পাওয়ার জন্য। অন্য তত্ত্ব যখন সংমিশ্রণ হয়, তখন যে অবস্থাটা হয়, সেই অবস্থা হল কর্ম। কর্ম দ্বারা পূর্ণ হচ্ছে। তাহলে কর্ম ও ক্রিয়া পাওয়া গেল। তারপর তার গুণ কি? যখন সেই তত্ত্বটি পূর্ণতা প্রাপ্ত হল, তখন সেই তত্ত্বের যে ব্যবহার বা আচরণ তাই হল সেই তত্ত্বের গুণ। আবার ক্ষতিটা কি হচ্ছে? যখন এক তত্ত্বের মধ্যে অন্যতত্ত্ব অতিরিক্তভাবে চাপ সৃষ্টি করছে, তখন সেই তত্ত্বের ক্ষতি সাধন হচ্ছে, আবার অন্যতত্ত্বের সহায়তায় যখন সেই তত্ত্বের সাম্যতা রক্ষা করছে, তখন সে বৃদ্ধি প্রাপ্ত হচ্ছে। এইভাবে দেহের ভারসাম্য রক্ষা করতে গিয়ে সর্বদাই ক্ষয় হচ্ছে। সমস্ত তত্ত্বাদি যখন স্ব স্ব কর্মে নিযুক্ত হয়, তখন আমাদের দেহের উপকারীতা সাধন হয়। কোন একটি তত্ত্বের ক্রিয়া রহিত হয়ে যায়, তাহলে অপকারীতা সাধন হয়। এখন দেখা গেল, কামতত্ত্বে কে কি ভাবে ক্রিয়া করছে।

তারপর ক্রোধ। ক্রোধ সব সময়েই আমাদের দেহে সুপ্তভাবে আছে। যখনই একটি তত্ত্বের অভাব হয়, তখন অপর তত্ত্ব এসে পূরণ করতে চায়। তখন যদি কোন বাধার সৃষ্টি হয় ঐ সুপ্ত ক্রোধ ক্ষিপ্ত হয়ে ওঠে। এই যে ক্ষিপ্ত হয়ে উঠছে এটা হল তার ক্রিয়া। এই ক্ষিপ্ত অবস্থার মধ্যে যখন জয় করতে চাইছে, তার মধ্যে দেখা যায় কোন কোন তত্ত্ব তাপ সৃষ্টি করছে অর্থাৎ বৈরীতা করছে — সেই বৈরীকে জয় করার যে ইচ্ছা ক্রোধই তাই করছে। এই যে জয়ের অবস্থা সৃষ্টি করছে, এটাই ক্রোধের কর্ম। এই ক্রোধের গুণ কি? এই ক্রোধের গুণ হল সে জয়যুক্ত করেই এবং জয়যুক্ত করায় যে সাফল্য আসে, তাই ক্রোধের গুণ। বাইরের ক্রোধ নয়। আবার এই ক্রোধ দ্বারা যদি সাম্যতা না

আসে, তখনই সেই তত্ত্বের ক্ষতিসাধন হবে। এই ক্ষতিকে পূরণ করতে গিয়ে অপর তত্ত্বকে যখন সঙ্গে করে নিয়ে আসে, তখন সেই তত্ত্বের ক্ষতি দূরীভূত হয়। প্রত্যেক তত্ত্বেরই উপকারীতা, অপকারীতা আছে। কাম তত্ত্ব, রিপু নয়। এ কামে সৃষ্টি হয় না। একামে প্রত্যেক মহাভূত নিজেকে রক্ষা করছে। অপর তত্ত্বকেও নিজ অস্তিত্বকে রক্ষা করতে সহায়তা করছে।

শোক কেন? শোকটা এই যে, প্রত্যেক তত্ত্ব প্রত্যেক তত্ত্বের এত প্রিয় যে এক তত্ত্ব অপর তত্ত্ব ছাড়া থাকতে পারে না। একটি তত্ত্বের অভাব হলেই তাদের মধ্যে শূণ্যতার সৃষ্টি হয়। এটাই শোক। তত্ত্বগুলির পরস্পরের প্রতি যে মায়া, এই মায়াকে অক্ষুণ্ণ রাখার চেষ্টা করছে মোহ। তা যদি না থাকত তাহলে দেহ টুকরো টুকরো হয়ে যেত। এইটাই মোহ। এই তত্ত্ব পরস্পরকে আবদ্ধ করে রাখছে। কোন তত্ত্ব যদি সরে যায় তাহলে তো দেহ অচল হয়ে যাবে। এরও উপকারীতা অপকারীতা এইভাবে লিখতে হবে। এবার ভয়। ভয় সমস্ত তত্ত্বকে সজাগ রাখছে। কেউ যদি সরে যায় তাহলে ক্ষতির সম্ভাবনা সব সময় রয়েছে। এই ভয় সব তত্ত্বের মধ্যেই ক্রিয়মান রয়েছে। ভয় আছে বলেই সমস্ত তত্ত্ব সৌম্য, সাম্য, শান্তভাবে এই দেহকে শান্তি দিতে চেষ্টা করছে।

সপ্তম অধিবেশন — মানিকতলা — বুধবার — ০১/০৬/৮৩

বুধবার বুধবারে এই অধিবেশনের মুখ্য উদ্দেশ্য কি? উদ্দেশ্য হল, প্রত্যেক তত্ত্ব, প্রত্যেক ভূত সম্বন্ধে বিশেষভাবে নিজ নিজ চিন্তা, বুদ্ধিমত্তা দ্বারা, নিজ নিজ প্রকৃষ্ট জ্ঞান দ্বারা অবগত হওয়া। সেই অবগত হওয়ার জন্যই এই অধিবেশন। তোমরা আজ এই অধিবেশনে মরুৎ মহাভূত সম্বন্ধে এবং মরুৎ মহাভূতের পঞ্চীকৃত হয়ে কিভাবে সেই মহাভূত পঞ্চতত্ত্বে পরিণত হয়েছে — এ সম্বন্ধে যা লিখেছ তার উদ্দীপনা বা চেষ্টা দেখে আমি আনন্দিত। কে কতটা অবগত হয়েছে, সেটাই দেখার — যথার্থভাবে অবগত করতে পেরেছি কিনা। সম্পূর্ণ অবগত যখন হবে, তখন তোমরাই তোমাদের ভুল সংশোধন করবে। তোমরাই তোমাদের বিষয় সংশোধন করবে।

এখন যখনই তোমাদের একটি ভূতের কথা বললাম, প্রথমে ব্যোম মহাভূত সম্বন্ধে লিখেছ। চিন্তা করে দেখ, ভূতকে মহাভূতই বা বলা হয় কেন? তোমরা বলেছিলে — দেহের মধ্যে শূণ্য অংশই মহাব্যোম। এই ভূতগণ দৃষ্টমান এবং অনুভূতি গ্রাহ্যমান। তা যদি হয়, তোমরা শূণ্যকে দেখতে পাচ্ছ। কিনারা নেই বলে মহাশূণ্য বলা হয়েছে — মুষ্টিগতভাবে শূণ্য, ব্যষ্টিগতভাবে যখন চিন্তা কর তখন মহাশূণ্য। দেহের মধ্যেও যেমন দেহের বাইরেও তেমন। মহাশূণ্যই মহাব্যোম। এর কিনারা আজও কেউ জানে না, তাই এর নাম ব্যোমমহাভূত বা মহাব্যোম। এই ব্যোম মহাভূতের দৃষ্টমান কাজ কি? এই ব্যোম আছে বলেই তোমরা যেখানে সেখনে বিচরণ করতে পারছ ও তত্ত্বাদিও ঘুরে বেড়াতে পারছে। এমন কি বাইরেও সমস্ত তত্ত্বাদি বিচরণ করতে পারছেও তাদের গুণ, ক্রিয়া, শক্তি ইত্যাদিও বিচরণ করতে পারছে।

এবার মরুৎ মহাভূতের কথা। বায়ুকে কি দেখতে পাচ্ছ? না, অনুভবগ্রাহ্য। তা যদি হয়, যে যে স্থানে শূণ্য আছে, এই বায়ু সেখানে বিচরণ করে। এখন, কোন একটি প্রাণীর বা বৃক্ষের সৃষ্টি হতে গেলে বায়ু পাঁচটি রূপে রূপান্তরিত হয়ে কিভাবে কার্য করছে? বায়ু সেখানে পাঁচটি ভাগে ক্রিয়া করছে। এই পাঁচটি ভাগের নাম হল — চলন, বলন, ধারণ, প্রসারণ ও আকুঞ্চন — এর মধ্যস্থ হল ধারণ। বায়ু মহাভূত অনন্ত বিশ্বকে ধারণ করে রেখেছে, তাই মহাভূত। বায়ুর ক্রিয়া দেহে কি কি চলছে? তা চিন্তা করলে দেখা যায়, অনন্ত বিশ্বকে ধারণ করে আছে। ধারণের পরেও ঘুরছে। এই ধারণ ভিতরেও। তত্ত্বগুলোকে ধরে রেখেছে বলেই দেহ ক্রিয়মান। বায়ু ধরে আছে বলেই পাখী ওড়ে। সূর্য, গ্রহ, নক্ষত্র — সবই ধারণ করে রেখেছে বায়ু। মাটী ধারণ করে আছে মুষ্টিগত, বায়ুর ধারণ ব্যষ্টিগত। ধরণের পর চলনের কথা। এই ধারণ তত্ত্বের কি ক্রিয়া, কি কর্ম ইত্যাদি। চলন — প্রত্যেক প্রাণী প্রত্যেক তত্ত্বের অভাব পূরণের জন্য ছুটছে। এই চলনের জন্য একের সঙ্গে অপরের পরিচয় হয়, জানা হয়, পরস্পরের মিলনামিলন হয়। এই চলন পৃথিবীকে চালনা করছে। চলনই যোগাযোগ রক্ষা করছে। এই সমস্ত অনুভূত হচ্ছে বলে এই অধিবেশন।

বলন — এই বলন কি? এই চলাচলের মাধ্যমে অন্তরে অন্তরে যেমন নানা বিষয়ে জ্ঞান বৃদ্ধি হচ্ছে, তেমন দেহের মধ্যে প্রত্যেক তত্ত্বের পুষ্টি হচ্ছে। বলন হচ্ছে। সমৃদ্ধি হচ্ছে।

প্রসারণ — বলন শক্তি আছে বলেই তত্ত্বকেও যে বলিষ্ঠ করছে, সেইটা প্রসারণ। কিছু জেনে অন্যকে জানানোটা প্রসারণ। বায়ু শুধু নিজে প্রসারণ হচ্ছে না, অন্য তত্ত্বকেও ছড়িয়ে দিচ্ছে। তত্ত্বের মধ্যে প্রসারণ হচ্ছে, আবার তত্ত্বকেও প্রসারিত করছে।

আকুঞ্চন — এই চলন, বলন, প্রসারণের ফলে যা জানা হচ্ছে, তার মধ্যে কুঞ্চন সৃষ্টি হচ্ছে; যেমন জলের ঢেউয়ে ঢেউয়ে কুঞ্চন সৃষ্টি করে। এই সংকোচন দেহের মধ্যেও হচ্ছে। ওর উপকারীতা আছে। অন্য সৃষ্টি সম্ভব নয় (এর পরে গুণ ক্রিয়া ইত্যাদি)।

অষ্টম অধিবেশন — মানিকতলা — বুধবার — ০৮/০৬/৮৩

তোমরা তত্ত্বগুলি অনুধাবন করছ, তাতে অভিজ্ঞতা বাড়ছে। তেজের মুখ্য তত্ত্বগুলি — ক্ষুধা আর তৃষ্ণা। এ দুটির মধ্যে ক্ষুধা তেজের মুখ্য ভাব। ক্ষুধা তৃষ্ণা ইত্যাদি এই পাঁচটি তত্ত্ব সমস্ত তত্ত্বের মধ্যে বিজড়িত আছে। যখন তত্ত্বাদির নিজ নিজ অস্তিত্ব ক্ষয়প্রাপ্ত হয়, তখন ক্ষুধা তত্ত্ব তাদের মধ্যে তীব্রভাবে প্রকাশ পায়। এই ক্ষুধা তত্ত্বের কারণেই যে সমস্ত তত্ত্বের ক্ষয় হয় বা অভাব হয়, তাদের অভাব পূরণে সমর্থ হয়। বহু উপাদানের অভাব এক সঙ্গে পূরণ করে; তৃষ্ণা একমাত্র জলের অভাব পূরণ করে। ক্ষুধা নিবারণের কারণে তত্ত্বের যে সমস্ত ক্রিয়া পরিচালিত হয়, সেই সমস্ত ক্রিয়ার প্রভাবে দেহের রসভাগ কমে যায় ফলে তৃষ্ণা। এই কর্মের দ্বারা তত্ত্বের মধ্যে আসে অবসাদ অর্থাৎ আলস্য। আলস্য যেমন দিবাভাগে মানুষ কর্মব্যস্ত থাকে — যার ফলে ক্ষুধা — তেমন নিশাভাগে আলস্যরূপ তত্ত্ব উদয় হয়। আলস্য দিবাভাগেও উদয় হয়। তারপর নিশাভাগে নিদ্রাতত্ত্বের ক্রিয়া আরম্ভ হয়। আলস্য যখন আসে তখন সব তত্ত্বের মধ্যে তার প্রকাশ হয়। তারপরে নিদ্রাতত্ত্বের প্রয়োজনীয়তা। সারাদিনের অবসাদ প্রকাশ পায়। তত্ত্বের মধ্যে

যে ক্রিয়া, সেই ক্রিয়া চলমান অবস্থা পর্যন্ত। ক্লান্তি আর আলস্য পাশাপাশি। এদের দূরীভূত করার জন্য প্রত্যেক তত্ত্ব নিদ্রার মাধ্যমে ক্লান্তি দূর করে। খাদ্যে ক্ষতিপূরণ হয়; কিন্তু রাত্রে নিদ্রায় সমস্ত ক্ষতি পূর্ণভাবে পূরণ করে নেয়। নিদ্রা থেকে জাগ্রত হলে তত্ত্বগুলো নতুন উদ্যমে নিজ নিজ ক্রিয়া সুরু করে। দেহের তত্ত্বের অভাব পূর্ণ করার জন্য জীবমাত্রেই আহার করে। ক্ষুধা প্রকাশ পায় সকল প্রকার উপাদানের অভাবের জন্য। আর, রসভাগের অভাবের জন্য তৃষ্ণা।

নবম অধিবেশন — মানিকতলা — বুধবার — ১৫/০৬/৮৩

অপ তত্ত্বের পঞ্চীকরণ সম্বন্ধে তোমরা লিখেছ। তোমাদের লেখার বিষয় ছিল এই যে, অপতত্ত্বের পঞ্চীকরণ হয়ে যে পাঁচটি তত্ত্বের উদ্ভব হয়েছে অর্থাৎ শোণিত, লালা, শুক্র, স্বেদ ও মূত্র — এই পাঁচটি তত্ত্বের ক্রিয়া কি, কর্ম কি, গুণ কি, ক্ষয় কি, বৃদ্ধি কি ইত্যাদি ক্রিয়া কিভাবে করছে? (চব্বিশ তত্ত্বের পরিপূরণার্থে বা সর্বপ্রকার ক্রিয়ার্থে যে পঁচিশ তত্ত্বের সৃষ্টি হয়েছে — এগুলো সম্পূর্ণ লেখা না হলে এদের সৃষ্টি বললে অসম্পূর্ণ থেকে যায়।)

শোণিত — এই যে শোণিত, এই শোণিতের ক্রিয়া কি? শোণিতের ক্রিয়া হল ধমনীশক্তি। সমস্ত শিরায় শিরায় এই রক্ত ধমনী শক্তির দ্বারা প্রবাহিত হচ্ছে। কার্য কি? প্রত্যেক তত্ত্বকে বা এই দেহকে শক্তিশালী করা এর কার্য। প্রত্যেক তত্ত্বকে সঞ্জীবিত করে রাখা, বলিষ্ঠ করে রাখা — এর গুণ। রক্তের অতিরিক্ত বৃদ্ধি চাপ সৃষ্টি করে — তাও ক্ষতি। আর, এই রক্তের দ্বারাই দেহের সমস্ত তত্ত্ব বৃদ্ধি পেতে সমর্থ হয়।

লালা — লালার ক্রিয়া কি? লালা সর্বদাই পাকস্থলী পর্যন্ত তার আর্দ্রতা গুণে আর্দ্র রেখে সমস্ত তত্ত্বেরই শান্তি বিধান করছে। আর, এর কর্ম কি? এর কর্ম হল তোমাদের আহার্য বিষয় হজম করানো। আর লালা কি ক্ষতি সাধন করছে? লালা যদি পাকস্থলীতে অতিরিক্ত প্রবাহিত হয়, তাহলে ক্ষতি হয়। বৃদ্ধি করছে কি? — লালা তার আর্দ্রতা দিয়ে সর্বদা সর্ব তত্ত্বকে সবল বা রসপূর্ণ রাখতে সমর্থ।

শুক্র — শুক্র কি করছে? শুক্রের মত এত বড় শক্তি — বিশ্ব সৃষ্টির সমস্ত উপাদানের সার অংশ শুক্র বহন করে চলেছে। তাই শুক্রই সমস্ত সৃষ্টির মূলে এবং এই শুক্রই মন, বুদ্ধি, চিত্ত, অহঙ্কারকে সহায়তা করে তাদের নিজ নিজ ক্রিয়ায় ক্রিয়মান রাখতে সমর্থ হচ্ছে। তত্ত্বাদির মধ্যে যে ক্ষতি ঘটে থাকে, সেই ক্ষতির পূরণ এই শুক্র — অন্যান্য তত্ত্বের যে মূল অংশ শুক্রের মধ্যে থাকে, তার দ্বারায় — করতে সমর্থ হয়। শুক্রের স্বল্পতায় মানুষ নিস্তেজ হয়, বৃদ্ধিতে উচ্ছৃঙ্খল হয়ে যায়। এটাই হল ক্ষতি। বৃদ্ধি কি করছে? শুক্র সর্বদাই সমস্ত তত্ত্বের এবং দেহের সঞ্জীবন করাচ্ছে।

স্বেদ — স্বেদ তত্ত্ব কি করছে? মানুষের কার্যের প্রভাবে দেহের মধ্যে যে ক্লেদ সৃষ্টি হয়, সেই ক্লেদকে লোমকূপ দিয়ে নিষ্কাশন করছে। এটা এর কর্ম। ক্রিয়া কি? বাইরের বিশুদ্ধ হাওয়া ভিতরে প্রবেশ করাচ্ছে এই স্বেদ। এর গুণ কি? ক্লেদমুক্ত করাতে দেহ সর্বদা সুস্থ রাখা সম্ভব।

মূত্র — এইভাবে মূত্রের কথাও চিন্তা করে দেখ। দেহরক্ষার্থে যে আহার্য আমরা গ্রহণ করি তার থেকে অসার জলীয় অংশ — তা মূত্র নিষ্কাশন করে দিচ্ছে। নিষ্কাশন করাটা তার কর্ম। আর ক্রিয়াটা কি? এই যে অসার অংশকে টেনে এনে নিষ্কাশন করছে, এই টেনে আনাটাই ক্রিয়া।

দশম অধিবেশন — মানিকতলা — বুধবার — ২২/০৬/৮৩

আজ পর্যন্ত তোমরা চব্বিশ তত্ত্ব এবং পঞ্চভূতের পঞ্চীকরণে পঁচিশ তত্ত্ব — এই ঊনপঞ্চাশ তত্ত্বে দেহ গঠন কিভাবে হয় — এ সম্বন্ধে তোমরা যে যেমন বুঝেছ তেমন লিখে নিয়ে এসেছ। প্রথম দিনে আলোচনা যেভাবে হয়েছিল, এর পরে উন্নত হতে হতে আজ তোমরা যে ক্ষিতির পঞ্চীকরণের পঞ্চতত্ত্বের সম্বন্ধে লিখেছ — এ সম্বন্ধে সকলেই প্রায় শুদ্ধ করে লিখেছ। এ লেখাতে আমি বিশেষ আনন্দিত হলাম। তোমরা এ সম্বন্ধে কিছুই জান না, কিছুই বোঝ না, তথাপি তোমাদের বুদ্ধিমত্তার দ্বারা প্রকাশ করতে পেরেছে, এটা সত্যই আশ্চর্য। এখন ভেবে দেখ যে, দেহটা একটা পাত্র। এই পাত্রটি কিভাবে তৈরী

হয়েছে, বুঝতে পারলে বা বুঝতে পেরেছ। এখন এই পাঁচটি তত্ত্ব সম্বন্ধে আলোচনা করতে চাই না; যে যেমন লিখছ, ঠিকই লিখছ।

এরপর যে আলোচনা আসছে, সেই আলোচনায় প্রত্যেকটি তত্ত্ব তার নিজ নিজ সত্তা কিভাবে প্রস্ফুটিত করছে, সেই সমস্ত আলোচনায় গিয়ে আরও বিশদ ভাবে হবে — তোমরা বুঝতে পারবে বা জানতে পারবে। কাজেই আজ আর এই তত্ত্ব সম্বন্ধে আমি আলোচনা করব না। আগামী বুধবারে তোমরা যে আলোচনাটি লিখে আনবে, সেই আালোচনা সম্বন্ধে কিছু বলি। এরপরে আলোচনায় আসছে পঞ্চকোষ কি কি? অন্নময় কোষ, মনোময় কোষ, প্রাণময় কোষ, বিজ্ঞানময় কোষ ও আনন্দময় কোষ। এখন এই পাঁচটি কোষ সম্বন্ধে যদি তোমাদের একেবারে আলোচনা করতে বলি, তোমরা তাহলে সব গুছিয়ে লিখতে পারবে না; কারণ এদের এক একটা কোষের আলোচনা বিশেষভাবে লিখতে হবে। কাজেই এক একটি করে কোষ আলোচনা হওয়া ভাল। আগামী বুধবার অন্নময় কোষ সম্বন্ধে তোমরা লিখবে। এখন সেই অন্নময় কোষ সম্বন্ধে তোমাদের একটু ধারণা না দিলে তোমরা লিখতে পারবে না। এই যে আজ পর্যন্ত তোমরা যে তত্ত্বের কথা লিখলে, যে তত্ত্বের সমষ্টি এই দেহ — সুন্দর করে লিখলে না — অস্থি কিভাবে কাঠামোর কাজ করছে, মাংস কি কি করছে, ত্বক কি কাজ করছে, নাড়ী কি কাজ করছে, রোম কি কাজ করছে — সব লিখলে তো, — এ লেখায় তোমরা কি বুঝলে? বুঝলে যে, এই দেহটি আমার তৈরী হয়েছে, এটি সুস্থ সবল রাখতে গেলে — এরা যে সমস্ত কাজ করছে এবং আর তার যে সমস্ত তত্ত্ব কাজ করছে তার মধ্যে এই পাঁচটি তত্ত্বেরই প্রাধান্য। উনপঞ্চাশ তত্ত্বে এই যে দেহটা, এই দেহটার নাম হল অন্নময় কোষ। অন্নময় কোষ নাম হল কেন? অন্নের থেকে এই কোষটির সৃষ্টি হয়েছে তাহলে ভেবে দেখ, এখানে অন্ন বলতে শুধু ভাত নয়, তোমরা যা কিছু আহার কর, এই আহারীয় বিষয়েরই নাম হল অন্ন। সেই অন্নের মাধ্যমে যে চব্বিশ তত্ত্ব তোমাদের দেহের মধ্যে ক্রিয়মান হয়ে দেহ গঠিত হয়েছে, সে দেহটি তোমরা আজ পর্যন্ত যা গঠিত করলে, এটা বাইরের থেকে এনে গঠিত করলে। এখন দেহের থেকে দেহ কিভাবে গঠিত হয়? অন্ন থেকে গঠিত হয় বলেই এর

নাম অন্নময় কোষ। পঞ্চ কোষ আলোচনা হয়ে গেলেই তারপর আসবে এই যে তত্ত্বগুলো — এর মধ্যে কোন কোন প্রধান প্রধান রিপুরূপে তোমাদের দেহের মধ্যে ক্রিয়া করছে? সেই রিপু থেকে আবার কত রিপু — যেমন এই দেহের মধ্যে পাঁচটি মহাভূত। এই পাঁচটি মহাভূত পঞ্চীকরণ হয়ে আবার পঁচিশ তত্ত্ব হয়েছে। এইরকম কোন কোন প্রধান তত্ত্ব প্রধান রিপুরূপে কাজ করছে। তাদের থেকে আবার শতাধিক রিপুর সৃষ্টি হয়েছে। পঞ্চকোষের পর সেই আলোচনা আসবে। এই পঞ্চকোষের পরেই আসবে সত্ত্ব, রজঃ তম তারা তিন গুণ কিভাবে কাজ করছে? তারপর আসবে ইচ্ছাশক্তি, জ্ঞানশক্তি, ক্রিয়াশক্তি। আর একটা ধারণা দিয়ে দিই ঃ এই যে পঞ্চকোষ রইল এই পঞ্চকোষের মধ্যে অন্নময় কোষ আর আনন্দময় কোষ। এখানে অন্নময় কোষটা হল পাত্র। আনন্দময় কোষটা হল এই সমস্ত তত্ত্বের ক্রিয়ায় যে আনন্দ-প্রকাশ তার নাম হল আনন্দময় কোষ। আর তিনটি কোষের মধ্যে ইচ্ছাশক্তি, ক্রিয়াশক্তি, জ্ঞানশক্তি। সে শক্তি সম্বন্ধে তোমরা লিখবে। তবে সে শক্তি তো এখন আসছে না। অন্নময় কোষ সম্বন্ধে তোমরা লিখে নিয়ে এসো।

একাদশ অধিবেশন — মানিকতলা — বুধবার — ২৯/০৬/৮৩

এই অধিবেশনে তোমরা অন্নময় কোষ সম্বন্ধে যে যা বুঝেছ তাই লিখে এনেছ। এই লেখাতে তোমাদের যে দেহতত্ত্ব সম্বন্ধে দিন দিন জ্ঞান বৃদ্ধি হচ্ছে, তা দেখে আমি সত্যিই খুব আনন্দিত। তবে অন্নময় কোষ সম্বন্ধে লিখতে গিয়ে তোমরা আবার তত্ত্ব সম্বন্ধে অনেক কিছু লিখে ফেলেছ। এটা এখন আর প্রয়োজন নেই; তবে অধিকন্তু ন দোষায়। যাইহোক এই অন্নময় কোষ যে দেহ এই দেহ সম্বন্ধে তোমরা আজ পর্যন্ত সমস্ত কিছু লিখেছ অর্থাৎ কি কি তত্ত্বের সম্মেলনে এই দেহ সৃষ্টি হয়েছে, এটা তোমরা তো লিখেছ। এই পাত্রটি আগে তৈরী করা প্রয়োজন বা এই পাত্রটি সম্বন্ধে বিশদভাবে সব কিছু জানা আগে প্রয়োজন। কেন জানা প্রয়োজন? কারণ এই পাত্রের সহায়তায়ই সমস্ত প্রকারের তত্ত্বাদি নিজ নিজ অস্তিত্ব প্রকাশে প্রয়াসী হয়। এমন কি, পরমাত্মাও এই পাত্র ব্যতিরেকে তাঁর লীলা প্রকাশ করতে পারেন

না। বিশ্বলীলা প্রকাশ করছেন বিশ্বপাত্রে আর জীবলীলা প্রকাশ করছেন তাও এই দেহ পাত্রের মাধ্যমে। আমি কে? প্রপঞ্চ কি? ব্রহ্মকে? জানার যে সাধনা — তাও এই দেহের দ্বারাই। এই দেহপাত্রটি যে কত প্রয়োজনীয় তা তোমরা আস্তে আস্তে অবগত হবে দেহ সম্পর্কে সম্পূর্ণ জানার পর। এখন বলেছিলাম, অন্নময় কোষ কাকে বলে এই সম্বন্ধে তোমরা যে যা বোধ লিখে আনবে।

এখন, এই দেহের থেকে আবার দেহ; পাত্রের থেকে পাত্রের উৎপত্তি কিভাবে হয় তাও চিন্তা করে দেখলে দেখা যায় যে, দেশ কাল পাত্র অনুসারে এই দেহ রক্ষা করার প্রধান যে খাদ্য তাকেই অন্ন বলে। প্রধান খাদ্য কেন বলা হল? এই প্রধান খাদ্যের মধ্যেই চব্বিশ তত্ত্ব ও পঁচিশ তত্ত্ব সম্মিলিত হয়ে যে দেহ, — প্রত্যেক তত্ত্বের সহসংরক্ষণ বা পরিবর্ধন অন্ন হতেই হয়। এখন দেহ হতে দেহ সৃষ্টি কিভাবে হয়? দেখা যাচ্ছে পিতা মাতা যে অন্ন গ্রহণ করে, সেই অন্নে পিতার মধ্যে বীর্য, মাতার মধ্যে আর্তব — তাদের মিলনামিলনের ফলে মাতৃজঠরে যখন মা বীর্য ধারণ করে, আর্তবের প্রভাবে সেই বীজ আস্তে আস্তে পাত্রের রূপ নিতে আরম্ভ করে। সেই পাত্রটি পূর্ণাঙ্গ হয় কখন? মায়ের খাদ্যবস্তু থেকে যে সার অংশ তা মায়ের নাভিমূল দ্বারা সন্তানের এই দেহ পাত্রটি পূর্ণাঙ্গ করে। এইভাবে সৃষ্টি হচ্ছে, রহস্য চলছে। তা হলে দেখা গেল যে, বিশ্বের মধ্যে এই পাত্রই শ্রেষ্ঠ; কেন শ্রেষ্ঠ? পরম শ্রেষ্ঠকেও প্রকাশ হতে গেলে এই পাত্রের সহায়তা ভিন্ন প্রকাশ হতে পারে না এবং বিশ্বের যা কিছু সব কিছুকেই এই পাত্র ধারণ করে এবং পাত্র ধারণ করার পর সমস্ত প্রকার বিষয় বা তত্ত্বাদি নিজ নিজ অস্তিত্ব প্রকাশ করতে সমর্থ হয়। সাধকের সাধনার বিষয়ও এই দেহ দ্বারা অনুভব করে, দেহের মাধ্যমে কঠোর তপস্যার দ্বারা তারা জয়লাভ করে। এখন চিন্তা দেখ, এই যে পাত্রটি — এর মধ্যে যে কোষ এই পাত্রটিকে প্রাণবন্ত করে রেখেছে, সেই কোষটির নাম হল প্রাণময় কোষ। সেদিন তোমাদের বলেছিলাম যে, অন্নময় কোষের মধ্যে আরও চারটি কোষ প্রাণময়, মনোময়, বিজ্ঞানময় ও আনন্দময় কোষ। এখন প্রাণময় কোষের প্রয়োজনীয়তা কি বা তা কি করছে? এই প্রাণময় কোষ দেহের মধ্যে কি করছে? এ সম্বন্ধে তোমরা যে যা বোঝ লিখে আনবে। আর একটা কথা

বলেছিলাম যে, ইচ্ছাশক্তি, ক্রিয়া শক্তি, জ্ঞানশক্তি এই তিনটি শক্তি মনোময়, প্রাণময় ও বিজ্ঞানময় — এই তিনটি কোষের মধ্যে ক্রিয়া করছে। এই তিন শক্তির মধ্যে কোন শক্তি প্রাণময় কোষের মধ্যে ক্রিয়া করছে? — লিখবে। আর একটা কথা বলে রাখি যে, তত্ত্বের কথা তোমরা সবাই আগে লিখেছ। পুনরায় সে তত্ত্বকে টেনে আনার কোন প্রয়োজন নেই। তবে প্রাণশক্তির মধ্যে যে যে তত্ত্ব বিজড়িত হয়ে পড়ে, তাদের সম্বন্ধে বলতে পার যেমন অন্নময় কোষ বলতে গেলে যদি কোন তত্ত্বের বলার প্রয়োজন থাকে, সেটা বলতে পার। কিন্তু সব তত্ত্বের কথা বলার কোন প্রয়োজন নেই। তোমরা যা লিখেছ, এসব পর পর আসবেই; আগে লেখার কি প্রয়োজনীয়তা? বিশ্বে আছে দুটি দিক — একটি তত্ত্বের দিক, আর একটি হল সাধনের দিক। অনেক মহাপুরুষের লিপিতে দেখা গেছে, তার তত্ত্বের দিক বলতে গিয়ে সাধনের দিকে চলে গেছে, যার জন্য আজ এই তত্ত্বের দিকটা সর্ব সাধারণের জ্ঞানের বা বোঝার বাইরে বা আড়ালে পড়ে গেছে। আর যারা সম্পূর্ণ ভাবে বলেছে, তাদের সেগুলোও সাধারণে গ্রহণ করতে পারে না এই জন্য যে, সাধন দিকটা শ্রেষ্ঠ মনে করে ঐ দিকটার দিকে লক্ষ্য করতে অবকাশ পায় নি। যাকে দিয়ে সাধন করবে সে কি ভাবে সৃষ্ট বা সে কিভাবে কোন তত্ত্বের দ্বারা সাধনমার্গে তোমাকে সহায়তা করছে তা না বুঝলে সাধন মার্গের সফলতা খুবই কষ্টকর। কাজেই তোমরা তত্ত্বের দিক লিখেছ, এ কথা বলার উদ্দেশ্য তোমরা তত্ত্বের দিক লিখতে গিয়ে সাধনের দিক লিখে ফেলেছ অনেকে। সেটা এখন লেখার প্রয়োজন নেই। সাধন দিকটা আসছেই পরে; তখন লিখো।

দ্বাদশ অধিবেশন — মানিকতলা — বুধবার — ০৬/০৭/৮৩

আজ এই দ্বাদশ অধিবেশনে প্রাণময় কোষ সম্বন্ধে যা লিখেছ, এই লেখার অদম্য প্রচেষ্টাকে সত্যই ধন্যবাদ না দিয়ে থাকা যায় না। কিন্তু কেউ কেউ প্রাণকে চৈতন্য বলে আখ্যা দিয়েছে। চৈতন্য কি? সে সম্বন্ধে জেনে রাখো — চৈতন্য হল অবাঙমানস গোচরম্। অতএব তোমাদের সামনে যে অধিবেশনে চৈতন্য সম্বন্ধে আলোচনা হবে তখন ভালভাবে বুঝতে পারবে।

প্রাণময় কোষ সম্বন্ধে বলি, — এই দেহের প্রতি অনু-পরমানুতে যে সঞ্জীবনী শক্তি আছে অর্থাৎ প্রাণের বীজ আছে, বায়ু দেহের মধ্যে পঞ্চভাবে বিভক্ত হয়ে দেহের সেই সব প্রাণবীজকে সক্রিয় করছে। এই বায়ু বিশেষভাবে সক্রিয় করাতে সমর্থ বলে দেহস্থ এই পঞ্চভাগে বিভক্ত বায়ুদিগকে পঞ্চপ্রাণ বলা হয়। এই পঞ্চপ্রাণের ক্রিয়া যা লিখেছ, তা ঠিকই হয়েছে এবং বুঝতে পেরেছ এই অন্নময় স্থবির দেহকে প্রাণের ক্রিয়াই সক্রিয় ও সজীব করে রেখেছে এবং জীবের জীবন এই প্রাণশক্তির ওপরেই নির্ভর করে। এই প্রাণশক্তি সম্বন্ধে যা বললাম এর সমষ্টির নামই প্রাণময় কোষ। এখন দেখা গেল, অন্নময় কোষকে ক্রিয়মান করা হল প্রাণময় কোষ দ্বারা। এখন, যে শক্তি এই সক্রিয়ময় দেহরাজ্যের মধ্যে প্রভুত্ব করছে তার নাম মন। তোমরা আগামী ত্রয়োদশ অধিবেশনে এই মনোময় কোষ সম্বন্ধে যে যেমনটি বুঝবে সে তেমনটি লিখবে। তবে যে বিষয়ে লেখার কথা বলা হয় তোমরা সেই বিষয় সম্বন্ধে বা তাই লিখবে; এর বাইরের বিষয়ে আলোচনা করা, লেখা অত্যুক্তি হয়ে পড়ে। সে দিকে বিশেষ নজর রাখবে। যে কোষ সম্বন্ধে লিখতে বললাম, সেই কোষের মধ্যে গিয়ে যা আছে তা লিখতে চেষ্টা করবে।

ত্রয়োদশ অধিবেশন — মানিকতলা — বুধবার — ১৩/০৭/৮৩

আজ এই ত্রয়োদশ অধিবেশনে মনোময় কোষ সম্বন্ধে তোমরা যে যেমনটি বুঝেছ তেমনভাবেই লিখে এনেছ। তোমাদের এই লেখার মধ্যে আমি এটাই লক্ষ্য করলাম যে, ক্রমান্বয়ে লেখা বেশ উন্নতির দিকে যাচ্ছে। এইভাবে তোমরা লিপির মাধ্যমে এগিয়ে যাও — এটাই আমার বিশেষ আনন্দের বিষয়। যেমন তোমরা আজ পর্যন্ত যা লিখেছ, তোমরা কেউ কিছু জানতে না বা কারো কাছে শুনেছ বলেও আমার ধারণা নেই। অন্যান্য বইতে সংক্ষিপ্ত ভাবে যা লেখা আছে, তা পড়ে সাধারণের পক্ষে বোঝা দুরূহ। এখন আমি মনোময় কোষ সম্বন্ধে সংক্ষেপে একটু বলি তোমরা শোন —

জ্ঞানেন্দ্রিয়, কর্মেন্দ্রিয় ও একাদশ ইন্দ্রিয় মন। মনের আবার চারটি ভাগ — মন, বুদ্ধি, চিত্ত ও অহঙ্কার; এর সমষ্টী নিয়ে অন্তঃকরণ। মনের তিনটি বৃত্তি

— প্রবৃত্তি, অনুবৃত্তি, নিবৃত্তি। এই তিনটি বৃত্তির মধ্যে মন ও প্রবৃত্তির সহযোগে ষড় রিপু, অষ্ট পাশাদি শতাধিক রিপু উৎপাদন করে, যাদের আসুরিক বৃত্তিও বলা হয় এবং প্রবৃত্তি ও মনের সহযোগিতায় কুমতির সৃষ্টি হয়। আবার মন নিবৃত্তির সহযোগে বিবেক উৎপাদন করে এবং নিবৃত্তি ও মনের সহযোগিতায় সুমতির সৃষ্টি হয়। অনুবৃত্তি নিঃ সন্তান।

মনের দুইটি মত — প্রবৃত্তির প্রভাবে একটি মত, নিবৃত্তি প্রভাবে একটি মত। প্রবৃত্তির প্রভাবে যে মত সেই মনের সঙ্গে কুবৃত্তি স্বরূপিনী যুক্ত হয়েছে বলে সেই মনের নাম কুমতি। আবার, নিবৃত্তি প্রভাবিত মতের সঙ্গে সুবৃত্তি স্বরূপিনী যুক্ত হওয়াতে সেই মতের নাম হয়েছে সুমতি। মন এই সমস্তগুলি নিয়ে পরিচালিত বলে এই ব্যষ্টিসমূহের নাম মনোময় কোষ। তবে এই মনোময় কোষ লিখতে বলা হয়েছে কেন? মনোময় কোষটিও যে তুমি নও, তা কি ভাবে বুঝবে? তোমরা অনেকে হয়তো কুমীরে পোকার বাসা দেখেছ। আরও দেখেছ, সেই কুমীরে পোকার বাসার মধ্যে কুমীরে পোকা যখন জন্মায়, সে পূর্ণাঙ্গ হয়ে বেরিয়ে গিয়ে আরশোলাকে খুঁজে ধরে এনে নিজের বাসায় ঢুকিয়ে দেয়। দেখা যায়, আরশোলাটি আস্তে আস্তে কুমীরে পোকা হয়ে যায়। তোমরাও এই মনোময় কোষের মধ্যে আরশোলার মত ঢুকে পড়েছ এবং আস্তে আস্তে তোমরাও কুমীরে পোকা হয়েছ অর্থাৎ ‘‘পাকা আমিটি’’ মনোময় কোষের মধ্যে মনোময় কোষের প্রভাবে কাঁচা আমি রূপ ধারণ করেছে। তোমরা মনোময় কোষে বিরাজ করে মনের অধীন হয়ে পড়েছ। মনের মধ্যে সত্ত্ব, রজঃ, তম — এই তিনটি গুণ সক্রিয়ভাবে রয়েছে। এই তিনটি গুণ ক্রমান্বয়ে স্থান, কাল, পাত্র অনুসারে মন চরিতার্থ হওয়ার কারণে — যে সমস্তগুলির কথা মনোময় কোষের মধ্যে বলে গেলাম, তাদের দিয়ে কর্ম করায়, যেমন তমোগুণের যখন প্রাধান্য হয় তখন আসুরিক শক্তিগুলি ক্রিয়মান হয়ে জীবকে অধোগামী করায়। আবার, রজঃ গুণের যখন প্রাধান্য হয়, তখন কর্মেন্দ্রিয়, জ্ঞানেন্দ্রিয়গুলির দ্বারায় ভোগ বিলাসাদি কর্মে লিপ্ত করায়। সত্ত্বগুণের যখন প্রাধান্য হয়, তখন এদের দ্বারায় সৎকর্ম করায়। এই গুণময় কর্মের ফল সততই পরিনামশীল। এই পরিনামও দুভাগে বিভক্ত — উত্থান এবং পতন। একটির পরিণাম উত্থানে পরিণত এবং

আর একটির পরিণাম পতনে পরিণত। এখন ভেবে দেখ, এই সমস্ত কর্ম করে যে উত্থান ও পতন ঘটে তা প্রকৃষ্ট বিচার দ্বারা জানার নামই হল জ্ঞান। এই দেহের মধ্যে পঞ্চকোষের তিন কোষ তোমরা লিপিবদ্ধ করলে। আগামী অধিবেশনে বিজ্ঞানময় কোষ সম্বন্ধে যে যেমনটি বোঝ তেমনটি লিখে আনবে।

চতুর্দশ অধিবেশন — মানিকতলা — বুধবার — ২০/০৭/৮৩

আজ এই চতুর্দশ অধিবেশনে তোমদের লেখার বিষয় ছিল বিজ্ঞানময় কোষ। বিজ্ঞানময় কোষ সম্বন্ধে তোমরা যে যেমনটি বুঝেছ সে তেমনটি লিখে এনেছ। এই কঠিন বিজ্ঞানময় কোষ সম্বন্ধে তোমরা যে যতটুকু লিখেছ, সত্যই তা আমার কাছে এক অভাবনীয় আনন্দের বিষয়। কারণ এই বিজ্ঞানময় কোষ সম্বন্ধে কিছুই জানা নেই, কোথাও কিছু লেখা নেই যে তা দেখে তোমরা লিখতে সমর্থ হয়েছে। আত্ম-অনুভূতির প্রভাবেই তোমরা লিখেছ। এও প্রমাণ হল যে, বিজ্ঞানময় কোষ লিখতে গিয়ে তোমাদের প্রত্যেকের মধ্যেই আত্ম-অনুভূতি ক্রমবর্ধমানভাবে প্রকাশ পাচ্ছে। যাই হোক, এখন এই বিজ্ঞানময় কোষ সম্বন্ধে আমি যে টুকু সংক্ষেপে বলি তা লিখে নাও —

বিষয় সম্বন্ধে জানার নামই হল জ্ঞান। এই বিষয়গুলি হল রূপ, রস, শব্দ, স্পর্শ ও গন্ধ। অনন্ত বিশ্বে এই পাঁচটি মাত্র বিষয় এবং এই পাঁচটি বিষয় দ্বারা অনন্ত বিশ্ব আবৃত রয়েছে — এ সম্বন্ধে জানার নামই হল জ্ঞান। এই দেহের মধ্যে যে যে তত্ত্ব দ্বারা বিষয়কে জানা যায়, তাদেরই নাম জ্ঞানেন্দ্রিয় যেমন চক্ষু, কর্ণ, নাসিকা, জিহ্বা ও ত্বক। জানার বিষয়াদিকে জ্ঞানেন্দ্রিয়াদির দ্বারা গ্রহণ করে তা পুনরায় বিশেষভাবে রূপ দেওয়ার যে পদ্ধতি তার নাম বিশেষ জ্ঞান বা বিজ্ঞান। বিষয় ও তত্ত্বাদি যাহা হতে সৃষ্ট, তাহা যে প্রত্যেকটি বিষয় বা তত্ত্বের মধ্যে অতি সূক্ষ্মতিসূক্ষ্মভাবে অর্থাৎ পরমাণুরূপে নিরূপিত আছে, বুদ্ধিমত্তা দ্বারা তা অনুসন্ধান করে জানার নাম প্রজ্ঞা। এই জ্ঞান, বিজ্ঞান, প্রজ্ঞা অনুভব করার ক্ষেত্র হল অন্তঃকরণ। এই কেন্দ্র হতে দেহের সমস্ত কেন্দ্রে এবং বহির্বিশ্বে যে জ্ঞান দ্বারা অজানাকে বা অজানা বিষয়কে

জ্ঞাত করানো যায় বা জ্ঞাত হওয়া যায় তার নাম বিজ্ঞান। এই সমস্ত যে কেন্দ্রের মাধ্যমে বোধগম্য হয় বা বোধে আসে, দেহের সেই কেন্দ্রটির নাম বিজ্ঞানময় কোষ। এখানে সংক্ষেপে এইটুকুই বলা হল। পরবর্তীকালে যখন বিশেষভাবে লেখা হবে, তখন আরও বিশদভাবে তোমরা এ সম্বন্ধে জানতে পারবে।

আগামী পঞ্চদশ অধিবেশনে আনন্দময় কোষ সম্বন্ধে যে যেমনটি বুঝবে, সে তেমনটি লিখে এনে আমাকে শোনাবে। তোমরা প্রত্যেক অধিবেশনের পরের থেকে পরবর্তী অধিবেশন না আসা পর্যন্ত যে নিরাশার প্রভাব অন্তরের মধ্যে বিস্তার কর তাতে তোমাদের নিজ নিজ লেখারই ক্ষতি করে। নৈরাশ্য কোন ক্ষেত্রেই ভাল নয়।

অদম্য সাহসে করিয়া নির্ভর

অজানার পথে হও অগ্রসর।।

পঞ্চদশ অধিবেশন — মানিকতলা — বুধবার — ২৭/০৭/৮৩

আজ এই পঞ্চদশ অধিবেশনে তোমরা আনন্দময় কোষ সম্বন্ধে তোমরা যে যেমনটি বুঝেছ তেমনটি লিখে এনে আমাকে শোনালে। তা শুনে সত্যই আমি আনন্দিত। কারণ এই আনন্দময় কোষ সম্বন্ধে তোমাদের কারোরই কোন ধারণা নেই, তথাপি এই আনন্দময় কোষ লিখতে গিয়ে যদিও কোষের বাইরে যেয়ে তোমরা কোষ সম্বন্ধে ব্যাখ্যায় লিপ্ত হয়ে পড়েছ তথাপি কোষ সম্বন্ধে যে যতটুকু লিখেছ তা সম্পূর্ণ পূর্ণাঙ্গ না হলেও এই লেখার প্রচেষ্টাকে উড়িয়ে দেওয়া যায় না। এখন, এই আনন্দময় কোষ সম্বন্ধে আমি আজ তোমাদের কিছু বলতে চাই না। তার কারণ হল এই আনন্দময় কোষটি বিশ্ববাসীর কাছে বিশেষ লক্ষীভূত বিষয়। এই কোষ সম্বন্ধে বিশদভাবে এবং ধরাবাহিকভাবে লেখা হবে, তখন তোমাদের লেখার সঙ্গে মিলিয়ে নেবে। এখন চব্বিশ তত্ত্ব, পঞ্চকোষ এবং তত্ত্বাদি সম্বন্ধে আজ পর্যন্ত যা লিখেছ, তাতে দেহ সম্বন্ধে একটা ধারণা হয়েছে। যদি এই তত্ত্ব সম্বন্ধে তোমরা না লিখতে তবে দেহ হতে তোমরা যে ভিন্ন — এ বোধ হয়ত কোনদিনই হত

না। এখন এই দেহের ত্রিগুণ — সত্ত্ব, রজঃ, তম কোন কোন স্থানে অধিষ্ঠান করে, কোন কোন গুণের কি কি বৃত্তি প্রকাশ করছে, সে সম্বন্ধে যে যেমনটি বুঝবে তেমনটি লিখে আনবে।

ষোড়শ অধিবেশন — মানিকতলা — বুধবার — ০৩/০৮/৮৩

এই ষোড়শ অধিবেশনে ত্রিগুণ সম্বন্ধে তোমরা যে যেমনটি বুঝেছ, তাই লিখেছ। ত্রিগুণ সম্বন্ধে তোমরা সৃষ্টিতত্ত্ব থেকে যে যতটুকু বুঝেছ, তাই লিখেছ কিন্তু দেহের মধ্যে কোন কোন স্থানে তাদের প্রকাশ এবং তাদের বৃত্তি সম্বন্ধে তোমাদের লেখার কথা ছিল। বহু অধিবেশনে বলেছি যে, দেহতত্ত্ব আলোচনাকালে দেহের মধ্যে থেকেই লেখার চেষ্টা করবে। দেহতত্ত্বকে পুঙ্খানুপুঙ্খভাবে বোঝাবার এবং লেখাবার কারণ হল এই তত্ত্বাদির ক্রিয়া, বিক্রিয়া, ক্রম, ব্যতিক্রম কিসে ঘটে, কেন হয় — এটা জেনে তোমরা যে এ সমস্তের অতীত হয়েও এদের মধ্যে যুক্ত হয়ে পড়েছ তা থেকে মুক্ত হতে পারার সন্ধান দেওয়া।

এখন এই দেহের মধ্যে যে পঞ্চকোষের কথা বলা হয়েছে, তার মধ্যে অন্নময় কোষটি হল স্থূল দেহরূপ ক্ষেত্র স্বরূপ আর আনন্দময় কোষটি হল — প্রাণময়, মনোময় ও বিজ্ঞানময় কোষ — এদের ক্রিয়াদির ফলাফল প্রকাশের কোষ। এই দেহক্ষেত্রের মধ্যে তিনটি কোষের অর্থাৎ প্রাণময়, মনোময় ও বিজ্ঞানময় — এই তিনটি কোষের খেলা চলছে অর্থাৎ ক্রিয়া বিক্রিয়া চলছে। যে গুণের কথা বলা হয়েছিল — তোমরা সৃষ্টিতত্ত্ব থেকে উৎপত্তির কথা বলেছ এবং সে সম্বন্ধে আমি আর কিছু বলতে চাই না। দেহের মধ্যে বিজ্ঞানময় কোষের মাধ্যমে সত্ত্বগুণের প্রকাশ, মনোময় কোষের মাধ্যমে তমোগুণের প্রকাশ আর প্রাণময় কোষের মাধ্যমে রজোগুণের প্রকাশ। বৃত্তি সম্বন্ধে এখন কিছু বলব না। এই আলোচনাটাই পর পর শেষ না হওয়া পর্যন্ত চলবে। পূর্বের অধিবেশনে বলা হয়েছিল, ইচ্ছাশক্তি, ক্রিয়াশক্তি ও জ্ঞানশক্তি কোন কোন কোষে প্রকাশ। জ্ঞানশক্তি বিজ্ঞানময়, ইচ্ছা-শক্তি মনোময় এবং ক্রিয়াশক্তি প্রাণময় কোষ থেকে প্রকাশ। এখন, এদের মধ্যে কর্তৃত্বরূপ কার্য করছে কে? করণরূপ কার্য করছে কে? কার্যরূপ কার্য করছে

কে? এবং এই তিনগুণের ক্রম ব্যতিক্রমে কার্যের যে প্রকাশ তার দ্বারাই মানবজীবনের সুখ দুঃখ নির্ভর করে।

এই যে ইচ্ছাশক্তি, জ্ঞানশক্তি, ক্রিয়াশক্তি — তিনগুণের ক্রম ব্যতিক্রমে কার্যের যে প্রকাশ তার দ্বারা মানবজীবনের সুখ-দুঃখ নির্ভর করে। ঐ তিনশক্তির মধ্যে কর্তৃত্বরূপ কার্য করছে কে? করণরূপ কার্য করছে কে? কার্যরূপ কার্য করছে কে? এই সম্বন্ধে আগামী অধিবেশনে যে যেমনটি বুঝবে তেমনটি লিখে আনবে।

সপ্তদশ অধিবেশন — মানিকতলা — বুধবার — ১০/০৮/৮৩

ইচ্ছাশক্তি, ক্রিয়াশক্তি, জ্ঞানশক্তি, কার্য, করণ, কর্তৃত্ব, সত্ত্ব, রজঃ, তম — এই সম্বন্ধে তোমরা যে যেমনটি বুঝেছ, তেমনটি যেভাবে লিখেছ তা কারো কারো একটু বিষয়ের বাইরে লেখা হলেও মোটামুটী তোমরা যে এ সম্বন্ধে কিছুটাও বুঝতে পেরেছ এটা সত্যিই আমার খুব আনন্দের। এসম্বন্ধে তোমরা যে যেমন বুঝেছ আমার কাছে প্রকাশ করলে, আমিও তোমাদের কাছে যা প্রকাশ করছি তা সারাটি জীবন ভালভাবে ধরে রাখার চেষ্টা কোর।

তোমরা এ তত্ত্ব আলোচনায় বুঝতে পেরেছ নিশ্চয়ই যে, মনই দেহের রাজা। জ্ঞানেন্দ্রিয়গণ পঞ্চ বিষয়াদির মধ্যে যখন যে বিষয় মনের কাছে পৌঁছে দেয়, মন তখন ঐ সমস্ত বিষয় গ্রহণ করতে যে ইচ্ছা প্রকাশ করে, সেই ইচ্ছার নাম ইচ্ছাশক্তি এবং এই বিষয়াদি কিভাবে গ্রহণ করা যাবে বা যাবে না — তার সংকল্প বিকল্প করে স্থির সিদ্ধান্তে যা আসে, তারই নাম করণ শক্তি। এই করণশক্তি কার্যে পরিণত করতে গেলে প্রথমতঃ রাজা মন বিজ্ঞানময় কোষের ওপর এই করণশক্তি ক্রিয়মান করার ভার দেয়। বিজ্ঞানময় কোষ তখন বুদ্ধির দ্বারা এই করণ শক্তিকে পরিপূর্ণ করতে প্রাণময় কোষের ওপর ন্যস্ত করে। প্রাণময় কোষ তার ক্রিয়াশক্তি দ্বারা কর্মেন্দ্রিয়াদির সহায়তায় তা পূর্ণ করে। এখন, এই ত্রিগুণ কি ভাবে, কি অবস্থাতে কার্য করছে? বিষয়াদি ভোগের কারণে যখন ইচ্ছাশক্তি, জ্ঞানশক্তি, ক্রিয়াশক্তি ক্রিয়মান হয় তখন তিন অবস্থার মধ্যেই তমোগুণের প্রাধান্য হয়। এ ভোগ হল মনের

চরিতার্থরূপ ভোগ। আবার এই বিষয়দি সৎকর্মের বা শুভকর্মের কারণে মন গ্রহণ করে তখন তম ও রজ গুণ ক্ষীণ হয়ে যায়। আবার এই বিষয়াদি মনের বিলাসরূপে গৃহীত হলে তখন রজ গুণের প্রাধান্য থাকে। যতক্ষণ পর্যন্ত ইচ্ছাশক্তি, ক্রিয়াশক্তি, জ্ঞানশক্তি — এই তিনগুণের মধ্যে কাজ করছে ততক্ষণ পর্যন্ত এই তিনগুণের সমন্বয় সম্ভব নয়। এই সমন্বয় হলেই সমস্ত প্রকারের ক্রিয়ার যে বৃত্তি তা লোপ পেয়ে যায় এবং শক্তি মহাশক্তিরূপে দেহাতীত অবস্থায় প্রকাশ পায়। মন রাজা, তার প্রধানমন্ত্রী বিজ্ঞানময় কোষ, মুখ্যমন্ত্রী প্রাণময় কোষ। আবার দেহ, আরও সুন্দর কথা রাজার যেমন রাজা, এই রকম দেহের সমস্ত কিছুই মন রাজার রাজ্য। আর অন্তঃকরণটি মন রাজার রাজপ্রাসাদ। চিত্তটি হল মন রাজার অন্তঃপুর। আর বুদ্ধি হল মন রাজার প্রধান সেনাপতি। যত যুদ্ধ বুদ্ধিই করছে। এই দেহের পঞ্চভূত, পঞ্চ কর্মেন্দ্রিয়, পঞ্চ জ্ঞানেন্দ্রিয়, পঞ্চভূতের পঞ্চীকৃত তত্ত্বাদিসহ — এরা হল মন রাজার প্রজাবৃন্দ। মন রাজার রাণী তিনটি — প্রবৃত্তি, নিবৃত্তি, অনুবৃত্তি। আর সন্তানস্বরূপ — বিবেক, সুমতি, ষড়রিপু, অষ্টপাশাদি কন্যা কুমতি আদি। ষড়রিপু, অষ্টপাশাদির অধীনস্থ বৃত্তিসমূহ — এরাই মনের সৈন্যস্বরূপ। মন অন্ধ বলে প্রবৃত্তিও তার চক্ষু থাকতে ও চক্ষু বন্ধন করে রেখেছে। তাই প্রবৃত্তি অন্ধের মত কর্ম করে, বিচার বিবেক তার থাকে না। নিবৃত্তির সন্তান বিবেক ও সুমতি। আর প্রবৃত্তির সন্তান ষড়রিপু আদি শতাধিক আর অনুবৃত্তি নিঃসন্তান। এই সুন্দর দেহটির মধ্যে "আমি" কে জানার জন্য এদের জানা। তুমি এদের অধীনস্থ হয়ে মনের দাস স্বরূপ কর্ম করছ। কিভাবে দাসত্ব মোচন হয়, তার জন্যই এই সমস্ত তত্ত্বজ্ঞানের প্রয়োজন। এই তত্ত্ব জ্ঞানাদি না জানলে তুমি যে এদের থেকে পৃথক তা কোনদিনই বুঝবে না। এই তত্ত্বজ্ঞান না জেনে যারা সাধন ভজন করছে বা করে তার সারফল দেহাদি মনই ভোগ করে এবং আত্মইন্দ্রিয় প্রীতি অর্থেই এই সমস্ত সাধন ভজনের ফল সীমাবদ্ধ থাকে। তবে এটা ঠিক এর হতে কেউ যদি গুরুকরুণা বলে শশ্বত সত্যের চিন্তায় মগ্ন হয়, তাহলে এই সমস্ত সাধন-ভজন দেহাতীত বা মনাতীত হতে বা হওয়ার সহায়তা করে। এখন ভেবে দেখ, বস্তু বিষয়ে বস্তুজ্ঞান না হলে

অজ্ঞানের মত বস্তু ভোগে আনলে তাতে সুখের চেয়ে দুঃখই অধিকাংশ ক্ষেত্রে ভোগ করতে হয়।

আগামী অধিবেশনে তোমরা যা শুনলে স্থূল ও সূক্ষ্ম দেহ সম্পর্কে খানিকটা জানা হয়েছে কারণ দেহেরও খানিকটা ইসারা তোমরা পেয়েছ। এখন কারণ দেহ সম্বন্ধে তোমরা লিখবে। স্থূল, সূক্ষ্ম, কারণ — কোন দেহের আপেক্ষিক কোন দেহ এবং কোন দেহের কর্মের পরিণতি কি? এ সম্বন্ধে যেমন বুঝবে তেমন লিখে আনবে। চেষ্টা করবে দেহের মধ্যে থাকতে। (বিজ্ঞানময় কোষে বুদ্ধি যখন জানছে, তখন প্রধান মন্ত্রী, যখন ক্রিয়া করছে, তখন সেনাপতি)।

অষ্টাদশ অধিবেশন — মানিকতলা — বুধবার — ৩১/০৮/৮৩

সপ্তদশ অধিবেশনের পরপর দুটি বুধবার অধিবেশন বন্ধ ছিল। এই বন্ধ সময় কালে তোমাদের যে যে বিষয় সম্বন্ধে লেখার কথা ছিল, তা লিপিবদ্ধ করতে যথেষ্ট সময় পেয়েছিলে। সেই সময়ের মধ্যে তোমরা যে তেমন বুঝেছ সে তেমনটি লিখে নিয়ে এসেছ। আজ এই অষ্টাদশ অধিবেশনে তোমরা যে যেমন বুঝেছ, লিখে নিয়ে এসেছ। আজ এই অষ্টাদশ অধিবেশনে তোমরা প্রত্যেকে সেই লিপি পাঠ করে শোনালে। তা শুনে সত্যই আমি অভিভূত হয়েছি; কারণ দেহ সম্পর্কে লেখা সাধারণ মানুষের পক্ষে অত্যন্ত দুরূহ বা কঠিন। তবুও যে যেমনটি বুঝেছ, তেমনটি লিখে এনেছ। সেই লেখার যে চেষ্টা সে চেষ্টাকেও আনন্দের সঙ্গে প্রশংসা না করে থাকতে পারছি না।

এই অষ্টাদশ অধিবেশন পর্যন্ত তোমরা স্থূল দেহ, সূক্ষ্ম দেহ, কারণ দেহ সম্বন্ধে যে যেমনটি বুঝেছ তেমনটি লিখেছ। এবার আশা করি যে যেমন বুঝেছ, তা কে কি রকম বুঝেছ, তা আমি বিশেষভাবে জানার জন্য শুধু স্থূল দেহটি — রক্ত, মাংস, হাড়, মজ্জা, বীর্য বা আর্তব এবং চক্ষু, কর্ণ, নাসিকা, জিহ্বা, ত্বক, নাড়ী, রোম আদি হস্তপদ বিশিষ্ট যে দেহটি সেই দেহটি তোমরা লিপির মাধ্যমে তৈরী করে আমাকে দেখাবে। কারণ এতদিন তোমরা দেহের সমস্ত তত্ত্বই লিপিবদ্ধ করেছ। এখন সেই তত্ত্বগুলি কিভাবে দেহে পরিণত হল, সে সম্বন্ধে জানা একান্ত আবশ্যক; তবে এই স্থূল দেহ সম্বন্ধে তোমরা

বিশেষভাবে অভিজ্ঞ হতে পারবে। এখন লেখা সম্পর্কে তোমাদের একটু ইসারা দিয়ে দিচ্ছি। দেহ তৈরী করা সম্বন্ধে তোমরা তত্ত্বাদি জেনেছ, কিভাবে তৈরী হয়েছে জান না। সৃষ্টির আদিতে মানুষ কিভাবে সৃষ্টি হয়েছে, সে বিষয়ে এখন লেখার প্রয়োজন নেই। পিতামাতার মিলনামিলনে কি করে এই দেহ পেয়েছ, এ সম্বন্ধে চিন্তা করলে দেহটি তৈরী করার পক্ষে সুগম হবে। বীর্য ও আর্তব সম্বন্ধে একটু বলি; সমস্ত তত্ত্ব সমন্বিত অনুপরমানুরূপে বীর্যে স্থিত। যে বীর্যহীন মজ্জাযুক্ত রস প্রকৃতিতে বিরাজ করে, তারই নাম আর্তব। এই আর্তবেরই ধারণশক্তি, বীর্যের হল সৃষ্টিশক্তি। উভয়ের মিলন না হলে সৃষ্টি সম্ভব নয়। বীর্য আছে, আর্তব নেই অথবা আর্তব আছে বীর্য নেই, তখন সৃষ্টি সম্ভব নয়। আগামী অধিবেশনে এ সম্বন্ধে সম্পূর্ণ না হলেও যতটা সম্পূর্ণ হয় লিখে আনবে। এ দেহ তৈরী করতে কতটি অধিবেশন লাগে, তা এখন বলা সম্ভব নয়। বীর্য কারণ এবং এই কারণে তত্ত্বসকল সূক্ষ্মভাবে বিদ্যমান; স্থূলে এর প্রকাশ।

উনবিংশতিতম অধিবেশন — মানিকতলা — বুধবার — ০৭/০৯/৮৩

তোমাদের বলা হয়েছিল যে, এই অধিবেশনে দেহটি কিভবে গঠিত হয় তা তোমরা লিপির মাধ্যমে গঠন করে আনবে। এই গঠন সম্বন্ধে তোমরা যে যেমন বুঝেছ, তেমনটি লিখে এনেছ। একটি পূর্ণাঙ্গ দেহ সৃষ্টি না হওয়া পর্যন্ত আমি এ সম্বন্ধে কিছুই বলব না। সকলেই নিজ নিজ চিন্তার মাধ্যমে যে যেমন বুঝেছ তেমনভাবেই দেহ গঠন করে নিয়ে এসেছ এবং কারিগর হিসাবে নূতন হলেও কারো কারো লিপিতে দেহটি সুন্দরভাবে গঠিত হয়েছে, আবার কারো কারো লিপিতে তেমনটি হয়নি। আগামী অধিবেশনে এই দেহটি কিভাবে এবং কোন পূর্ণাঙ্গ অবস্থায় হয় যে সম্বন্ধে তোমরা যে যেমনটি বোঝ তেমনটি লিখে নিয়ে আসবে।

বিংশতিতম অধিবেশন — মানিকতলা — বুধবার — ১৪/০৯/৮৩

আজ এই বিংশতিতম অধিবেশনে তোমরা স্থূল দেহটি কিভাবে সক্রিয় বা পূর্ণাঙ্গ প্রাপ্ত হয়েছে সে সম্বন্ধে যে যেমনটি বুঝেছ, সে তেমনটি লিখে এনেছ। তোমাদের এই লেখা সত্যই বিশেষভাবে চিন্তা করার বিষয়। তোমাদের লেখার মাধমে আমি বুঝতে পারলাম যে, আজ পর্যন্ত স্থূল, সূক্ষ্ম, কারণ দেহ সম্বন্ধে তোমাদের প্রত্যেকেরই একটা বিশেষ ধারণা হয়েছে। এটা সত্যই আনন্দের বিষয়। এখন আগামী অধিবেশনে অপঞ্চীকৃত মহাভূতাদির মধ্যে পঞ্চীকৃত যে সমস্ত তত্ত্বাদি সূক্ষ্মভাবে ছিল, সেই সমস্ত তত্ত্বাদি কিভাবে কোন শক্তির সহায়তায় প্রপঞ্চময় দেহরূপে আত্মপ্রকাশ করেছে, এ সম্বন্ধে যে যেমনটি বোঝ তেমনটি লিখে নিয়ে আসবে। আমি আগেই বলেছি, দেহ তৈরী না হওয়া পর্যন্ত দেহ সম্বন্ধে কিছু বলব না। শেষ হলে বিশদভাবে দেহ তৈরীর কথা বলব।

এক একটি ভূত থেকে পাঁচটি করে তত্ত্ব হয়েছে। সেই পঁচিশ তত্ত্বের নাম প্রপঞ্চ তত্ত্ব। এই তত্ত্বগুলো দেহের কিরূপ উপাদান — তাও লিখো। অপঞ্চীকৃত মহাভূত পঞ্চীকৃত হল কি করে, কার সহায়তায় — কোন তত্ত্বের বা কোন শক্তির সহায়তায়? দেহের মধ্যে কি করছে, তাও লিখতে হবে, যথা ক্ষুধা কেন সৃষ্টি হল? কিভাবে সৃষ্টি হল — এই রকম। কিভাবে পঞ্চীকৃত হল এবং তারা দেহের কি উপাদান, যেমন রক্ত দৈহিক শক্তির উপাদান; শুধু দৈহিক শক্তির উপাদানই নয়, রক্তের মাধ্যমে যাচ্ছে বীর্য পর্যন্ত হওয়ার সমস্ত উপাদান। তৃষ্ণা কি উপাদান? কি শক্তিতে প্রকাশ পেল বা কার শক্তিতে প্রকাশ পেল এবং তারপরে পঁচিশ তত্ত্ব কি কি উপাদান রূপে রয়েছে? প্রপঞ্চ হল কি করে?

একবিংশতিতম অধিবেশন — মানিকতলা — বুধবার — ২১/০৯/৮৩

গত অধিবেশনে প্রপঞ্চ সম্বন্ধে তোমাদের যা লিখতে বলা হয়েছিল তা তোমরা যে যেমনটি বুঝেছ তেমনটি লিখে নিয়ে এসেছ। বিষয়গুলি বিশেষ কঠিন হলেও তোমরা যে যতটুকু উদ্ধার করতে পেরেছ, তা সত্যই আমার আনন্দের বিষয়, কারণ এই প্রপঞ্চ সম্বন্ধে মানুষের বোধগম্যের বাইরে। তবু তোমরা এতদিনের প্রচেষ্টায় যার যতটুকু তত্ত্ব সম্বন্ধে অভিজ্ঞতা হয়েছে, সেই অভিজ্ঞতার বলেই যে যতটুকু পেরেছ এ সম্বন্ধে তা লিখে নিয়ে এসেছ। এই লেখার মধ্যে অনেকেই বিষয়বস্তু লিখতে গিয়ে ব্যাখ্যা বেশী করে ফেলেছ। ব্যাখ্যা তোমাদের কাছে চাওয়া হয়নি, কোন কোন বিষয়ের অবদান তা শুধু বললেই হত। যদি ব্যাখ্যা চাই তবে দিও, না হলে ব্যাখ্যা দিলে শ্রুতি মধুর হয় না।

যাক; এখন তোমরা দেহের সমস্ত তত্ত্ব সম্বন্ধে কিছু না কিছু অবগত হয়েছ। এই দেহের তত্ত্বের মধ্যে বৈরী তত্ত্ব অর্থাৎ রিপু আদি অর্থাৎ আসুরিক তত্ত্ব আর অবৈরী তত্ত্ব অর্থাৎ সুরতত্ত্ব দেহের মধ্যে এরা ক্রিয়মান আছে এবং পরস্পর সংগ্রামে লিপ্ত আছে। এই সংগ্রাম কিসের সংগ্রাম এবং দুই পক্ষের পরিচালক কে কে এ সম্বন্ধে যেমন বোঝ লিখে আনবে।

দ্বাবিংশতিতম অধিবেশন — মানিকতলা — বুধবার — ০৫/১০/৮৩

আজ এই দ্ববিংশতিতম অধিবেশনে তোমদের লেখার কথা ছিল দেহের মধ্যে সুরাসুর কারা কারা এবং এই সংগ্রাম কিসের সংগ্রাম? সেই সম্বন্ধে তোমরা যে যেমন বুঝেছ সে তেমনটি লিখে এনেছ। আজও লেখার মধ্যে কিছুটা ব্যাখ্যা যদিও কারো কারো এসে গেছে, মূল বিষয়টি উদ্ধার করতে তোমরা পেরেছ, এটা সত্যই আনন্দের বিষয়। এতটা যে অগ্রসর হতে পেরেছে — এটা সত্যই আশ্চর্যের। এখন দুর্গাপূজা, কালীপূজা উপলক্ষ্যে অধিবেশন বন্ধ থাকবে। আবার আগামী ৯ই নভেম্বর বুধবার অধিবেশন হবে। সেই

অধিবেশনে লিখে আনবে — এই তিনটা গুণ সমন্বয় হলেই বা মানবের কি অবস্থা প্রাপ্ত হয়; এই গুণ ত্রিধা হয়ে মানবদিগকে কি করণে কি ভাবে পরিচালিত করে? কোথা থেকেই বা তিনগুণ প্রবাহিত হয়ে সর্ব তত্ত্বাদির মাধ্যমে মানবদিগকে হর্ষ-বিষাদ-লয়ের মাধ্যমে পুনরায় উৎপত্তি স্থানে যেয়ে সমন্বয় করছে?

ত্রয়োবিংশতিতম অধিবেশন — মানিকতলা — বুধবার — ৩০/১১/৮৩

হিতেনের দেহত্যাগে আমাদের এই অধিবেশনের অপূরণীয় ক্ষতি হয়েছে যদিও ঈশ্বরের ইচ্ছায় সব কিছু হয়ে থাকে তথাপি জীবজ্ঞানে এই দুঃখের প্রকাশ। যাই হোক এই ত্রয়োবিংশতি অধিবেশনে তোমাদের যে লেখার বিষয় ছিল, তা তোমরা যে যেমন বুঝেছ সে তেমন লিখেছ। তোমাদের প্রত্যেকের লেখাই শুনলাম। এবারেও তোমরা প্রশ্নের উত্তর লিখতে গিয়ে বেশী ব্যাখ্যা লিখেছ। আবারও বলছি, ব্যাখ্যা দিতে না বললে ব্যাখ্যা দিও না।

এবারে একটা আনন্দের বিষয় হল, তোমরা প্রথম অধিবেশন থেকে আরম্ভ করে আজ পর্যন্ত সমস্ত প্রকারের তত্ত্বাদির দ্বারা সম্পূর্ণ মানব দেহ তৈরী করেছ অর্থাৎ মানুষ কিভাবে সৃষ্ট হয় তা তোমরা বুঝেছ। এখন আজকের প্রশ্ন হল, আজ পর্যন্ত যা লিখেছ অর্থাৎ যে মানুষটি তৈরী করেছ সেই মানুষটিকে দুইভাবে ভাগ করে দেখাবে। মনুষ্যত্বের ভাগ কোনটি? তারপরে অমনুষ্যত্ব দূরীকরণের কারণে সাধনমার্গটি আরম্ভ হবে। গত অধিবেশনে যে প্রশ্নটি দিয়েছিলাম, তা সব তত্ত্বের শেষ।

চতুর্বিংশতিতম অধিবেশন — মানিকতলা — বুধবার — ০৭/১২/৮৩

আজ এই চতুর্বিংশতিতম অধিবেশনে তোমাদের যে লিপি নিয়ে আসার কথা ছিল, তা তোমরা লিখে এনে পাঠ করে শোনালে। দেখলাম, আশ্চর্যের বিষয় যে, তোমরা আজ পর্যন্ত যে তত্ত্বালোচনা করেছ, সেগুলি চিত্তপটে অঙ্কিত রয়েছে এবং রয়েছে বলেই তোমরা মনুষ্যত্ব অমনুষ্যত্ব ভাগ করে দেখাতে

পেরেছ। যদিও কিছু কিছু ব্যাখ্যা অনেকেই প্রকাশ করেছ, তবুও মানুষকে দুভাগে ভাগ করে দেখাতে ব্যতিক্রম হয়নি। এটাই আনন্দের বিষয়।

এখন কথা হল তত্ত্ব সম্বন্ধে যা কিছু লিখেছ, তা আজ থেকে শেষ হল। এখন তত্ত্বভাগের কথা সাধনভাগে তোমাদের প্রয়োজনে লাগবে। তথাপি সাধনভাগের কথাই এখন থেকে লেখার বিষয় হবে। এখন প্রশ্ন হল, মানুষের সাধনভাগে যেতে হলে সর্বাগ্রে গুরু করুণার প্রয়োজন। এই গুরুকরণের ইচ্ছা মানুষের কোন অবস্থায় জাগ্রত হয় ও সৎসঙ্গ, সাধুসঙ্গ বা বৈষ্ণব সঙ্গ বা ধর্মগ্রন্থাদি পাঠ করার ইচ্ছাই বা কোন অবস্থায় জাগ্রত হয় — এই সম্বন্ধে যে যেমনটি বোঝ লিখে আনবে।

পঞ্চবিংশতিতম অধিবেশন — মানিকতলা — বুধবার — ১৪/১২/৮৩

এই পঞ্চবিংশতিতম অধিবেশনে প্রশ্নের উত্তর যে যেমনটি বুঝেছ, তেমনিভাবে লিখে নিয়ে এসেছ। আজ এই লেখার বাঁধুনি প্রায় সবার একই সুরে প্রকাশ পেয়েছে। এটা সত্যই আমার খুব আনন্দের কারণ হয়েছে কারণ এতদিন তোমরা যা লিখেছ, এখন তার সারমর্ম আস্তে আস্তে প্রকাশ করবে। তবে, আজও প্রশ্নের উত্তর লিখতে যেয়ে লেখাকে ব্যাখ্যার দ্বারা একটু আবৃত করে ফেলেছ। আস্তে আস্তে চেষ্টা করবে প্রশ্নের যথাযথ উত্তর দিতে। যখন ব্যাখ্যা করতে বলব, তখন প্রাণভরে ব্যাখ্যা করবে। চতুর্বিংশতি অধিবেশনে তোমাদের প্রশ্ন ছিল, গুরু করার প্রয়োজন কখন মানুষের বোধে আসে বা ইচ্ছা জাগে; সেটি লিখতে গিয়ে অনেকে লিখে ফেলেছ, গুরু কিভাবে দীক্ষা দেন। এটা প্রশ্ন ছিল না। আজকের প্রশ্ন হল, দীক্ষিত এবং অদীক্ষিত উভয়েরই মূর্তিপূজার প্রয়োজনীয়তা কি?

ষষ্ঠবিংশতিতম অধিবেশন — মানিকতলা — বুধবার — ২৮/১২/৮৩

আজ এই ষষ্ঠবিংশতিতম অধিবেশনে তোমরা যে তেমনটি বুঝেছ তেমনটি ভাবে মূর্তিপূজা হতে বিমূর্তে পৌঁছানর বিষয়টি লিখে এনেছ। তোমদের এই

লিপি শুনে আমি আজ এই জন্যই আনন্দিত হলাম যে, সাধনার প্রথম সোপান লিখতে বলায় প্রথম সোপান তো লিখেইছ, কেউ কেউ আবার ব্রহ্মের শেষ পর্যায় পর্যন্ত লিখে এনেছ। তাহলে তোমরা আজ পর্যন্ত যা বুঝেছ, তাতে বোঝা গেল তোমরা বিশেষ জ্ঞানের অধিকারী হয়েছ। বিশেষ জ্ঞানের ভাব প্রকাশ করেছ, যা আমি চাইনি।

যাই হোক, এইভাবে তোমরা ক্রমোন্নতি করবে, তাতে ব্যতিক্রম হবে না, এটাই আমার ভরসা। সেই ভরসা নিয়ে আজ একটি ছোট্ট প্রশ্নের অবতারণা করছি — মানুষ মাত্রেই সুখে দুঃখে আনন্দে নাম করে থাকে। এই নামের তাৎপর্যও প্রয়োজনীয়তা কি? সাধন মার্গের প্রথম অবস্থায় যা যা প্রয়োজন তা সম্পর্কে অবহিত করানোর জন্যই এই প্রশ্ন।

সপ্তবিংশতিতম অধিবেশন — মানিকতলা — বুধবার — ০৪/০১/৮৪

এই সপ্তবিংশতিতম অধিবেশনে তোমরা নামের তাৎপর্য যেমনটি বুঝেছ তেমনটি লিখে এনেছ। কিন্তু বার বার তোমাদের বলা হচ্ছে যে, যথার্থ প্রশ্নের উত্তর তোমরা যে যেমনটি বুঝেছ লিখে আনবে। তার মধ্যে অনেকেই ব্যাখ্যার ভাগটা বাড়িয়ে লিখেছ। যাইহোক এর মধ্যেও সারমর্ম যেটুকু বুঝেছ, সেটুকু লিখে এনেছ, তাতে যথার্থই আনন্দ পেয়েছি। আগামী অষ্টবিংশতি অধিবেশনে তোমরা লিখে আনবে মানুষের ভজন-সাধনের প্রয়োজন কি? এটা যে যেমন বোঝ লিখে আনবে। সাধনমার্গে এইভাবে তোমাদের ধাপে ধাপে অগ্রসর হতে হবে।

অষ্টবিংশতিতম অধিবেশন — মানিকতলা — বুধবার — ১১/০১/৮৪

সপ্তবিংশতিতম অধিবেশনে তোমাদের প্রশ্ন ছিল — মানুষের সাধ্য সাধনার প্রয়োজন কি — তা যে যেমনটি বুঝবে লিখে আনবে। আজ অষ্টবিংশতি অধিবেশনে সেই বিষয়ে তোমরা যে যেমনটি বুঝেছ লিখে এনে আমায় শোনালে। তোমাদের প্রত্যেকের লেখা এবং বক্তব্য শুনে সত্যই খুব আনন্দ

পেলাম যে — এ সম্বন্ধে তোমাদের বই পুস্তক দেখে লেখা সম্ভব ছিল না; তবুও তোমরা লিখে এনেছ। তাতে কারো কারো একটু ক্রম-ব্যতিক্রম হলেও তোমাদের চেষ্টা আমার আনন্দের। এবার তোমাদের প্রশ্ন রইল যে — সাধনক্ষেত্রে কর্মেন্দ্রিয় ও জ্ঞানেন্দ্রিয় — এরা সাধনার অনুকূলেই বা কি করে থাকে, প্রতিকূলেই বা কি করে থাকে — এই সম্বন্ধে তোমরা যেমনটি বুঝবে তেমনটি লিখে আনবে। কারণ এতদিন পর্যন্ত যে তত্ত্বের কথা লিখেছ, এখন তারা অনুকূলে বা প্রতিকূলে কি কাজ করে, তা জ্ঞান হওয়া প্রয়োজন, তাই এ প্রশ্ন।

উনত্রিংশতিতম অধিবেশন — মানিকতলা — বুধবার — ১৮/০১/৮৪

অষ্টবিংশতিতম অধিবেশনে তোমাদের প্রশ্ন ছিল যে, পঞ্চ জ্ঞানেন্দ্রিয়, পঞ্চ কর্মেন্দ্রিয় তোমাদের সাধনপথে অনুকূলেই বা কি করে, প্রতিকূলেই বা কি করে? এই প্রশ্নের পরিপ্রেক্ষিতে তোমরা যে যেমনটি বুঝেছে, সে তেমন লিখেছ। আজকের লেখা সত্যই সুন্দর হয়েছে — কেউই বিশেষ ব্যাখ্যা করতে যাওনি। আরও ভাল লাগল যে, তোমরা আজ পর্যন্ত যে সমস্ত তত্ত্ব সম্বন্ধে লিখেছ, সেগুলো পর্যালোচনা করতে আমাদের বিশেষ অসুবিধা হয়নি। এখন বেশ বুঝতে পারলে যে, সাধনপথে সুচারুভাবে এরা কি করে — এটা জানাই বিশেষ প্রয়োজন। যদি মনে কর, আমরা সাধন ভজন আর করছি কোথায়, সে মতে বলি, জীবনপথে চলতে যেয়ে যদি এই সমস্ত তত্ত্বের ভাবগুলি মেনে চল, — বর্তমান যুগে এইটাই তো মূল সাধনা। এরই নাম গৃহীর সাধনা এবং একেই গাহর্স্থ্য ধর্ম বলা হয়। তাই এই তত্ত্ব জানার মাধ্যমে গাহস্থ্য ধর্মের কৌশলটি জ্ঞাত করাচ্ছি। এখন পঞ্চকোষ তোমাদের এইরূপ সাধনপথে কিরূপ অনুকূলে কর্ম করে থাকে এবং প্রতিকূলে কর্ম করে থাকে — এ সম্বন্ধে যে যেমনটি বোঝ তেমনটি লিখে আনবে ত্রিংশতিতম অধিবেশনে।

ত্রিংশতিতম অধিবেশন — মানিকতলা — বুধবার — ২৫/০১/৮৪

উনত্রিংশতি অধিবেশনে যে প্রশ্নটি দেওয়া হয়েছিল, সে সম্বন্ধে যে যেমনটি বুঝেছ, তেমনটি লিখে এনে প্রকাশ করেছ। তোমাদের প্রকাশভঙ্গীতে কারো কারো লেখা সুপ্রসারিত হলেও প্রকাশের লক্ষ্যটি যে তোমাদের ঠিক আছে, তা আনন্দের বিষয়। এখন তোমাদের অদ্যাবধি লেখার মাধ্যমে যে যেমনটি বুঝেছ, সেই বোঝার মধ্য থেকে মনের স্বরূপ প্রকাশ করতে প্রয়াসী হবে অর্থাৎ মন কখন কার সঙ্গে সম্মিলিত হয়ে কি স্বরূপ প্রকাশ করে — এ সম্বন্ধে যে যেমনটি বুঝবে লিখে আনবে। দেহের একটি সুর অংশ, একটি অসুর অংশ — তাদের কার সঙ্গে মিলিত হয়ে কি স্বরূপ প্রকাশ করে — যেমন ষড়রিপু।

একত্রিংশতিতম অধিবেশন — মানিকতলা — বুধবার — ০১/০২/৮৪

গত ত্রিংশতিতম অধিবেশনে তোমাদের প্রশ্ন ছিল যে, মন কার কার সঙ্গে সংমিশ্রিত হয়ে কি স্বরূপ প্রকাশ করে বা মনের স্বরূপ কি? এই মর্মে তোমরা যে যেমনটি বুঝেছ, তেমনটি লিখে এনেছ। এই লেখার মাধ্যমে মনের স্বরূপতা প্রকাশ করার যে চেষ্টা করছে, সেই চেষ্টাটুকুর ওপরে সত্যই আমি আনন্দ পেয়েছি। এখন মনের স্বরূপ সম্বন্ধে আমি কিছু বলি শোন —

মন বহুরূপী বা বহুর স্বরপ। তার মধ্যে মূল স্বরূপ ছ'টি — ১) কর্তার স্বরূপ বা রাজার স্বরূপ, ২) ভোক্তার স্বরূপ, ৩) প্রবৃত্তির স্বরূপ, ৪) নিবৃত্তির স্বরূপ, ৫) চঞ্চলতার স্বরূপ ও ৬) অন্ধকার স্বরূপ। এই ছ'টি মূল স্বরূপ আর পাঁচটিভাব — ক্ষিপ্ততা, বিক্ষিপ্ততা, মূঢ়তা, একাগ্রতা ও নিরুদ্ধতা এবং দুটি দৃষ্টি — বর্হির্দৃষ্টি ও অন্তর্দৃষ্টি। সঙ্কল্প — বিকল্প নিজ অস্তিত্ব বা নিজরূপ। এখন, দুটি মূল স্বরূপের যথার্থ উত্তর স্বল্প লেখার মধ্যে আগামী দ্বাত্রিংশ অধিবেশনে লিখে নিয়ে আসবে।

দ্বাত্রিংশতিতম অধিবেশন — মানিকতলা — বুধবার — ২২/০২/৮৪

মনের স্বরূপ সম্বন্ধে তোমরা যে যেমনটি বুঝেছ তেমনটি লিখে নিয়ে এসেছ। এই বোঝার মুলে কারোরই কোন ভুল আছে বলে আমি মনে করি না। তবে লিখতে গিয়ে অনেকেরই একটু এদিক ওদিক হয়ে গেছে। সেটা হয়ে যাওয়াটা স্বাভাবিক কারণ মন সম্বন্ধে বক্তব্যের শেষ নেই। আর এই যে তোমাদের প্রশ্নের উত্তর লেখার উদ্দীপনা — এটা সত্যিই প্রসংশনীয়। এই প্রশ্নের উত্তর দিয়েই তোমরা ক্ষান্ত হয়ো না; সপ্তাহের অবসর সময়ে যা লিখেছ, তা পর্যালোচনা করে দেখো কার কোথায় এদিক ওদিক হয়ে গেছে। সেগুলো সংশোধন করার চেষ্টা কোর; কারণ এই সমস্ত লেখা উত্তর পুরুষদের বিশেষ প্রয়োজনে বা উপকারে লাগবে। আরও বলি, এই যে তোমরা প্রশ্নের উত্তর লিখছ — এই লেখার যে অনুকম্পা — এই অনুকম্পাও ঈশ্বরসাধনার বা সত্যের সাধনার একটি দিক। কেউ কেউ হয়তো লিখতে লিখতে সত্যে প্রতিষ্ঠিত হবে এবং এই লেখা যাদের হাতে পড়বে, তারাও পড়ে সত্যের সন্ধান পাবে। ফলে, লেখাগুলো তুচ্ছ-তাচ্ছিল্য করে, অবহেলা করে ফেলে রেখো না। যারা এই শিক্ষা শিবিরে স্থান পেয়েছে, তারা মনে কোর সাধনরাজ্যেই বিচরণ করছ। সাধন রাজ্যের মূল কথা হল নিজেকে সংশোধন করা, আর তোমাদের লিপিগুলোও সংশোধনী মন্ত্র। এখন, যে মন সম্বন্ধে তোমরা এত কিছু লিখলে, সেই মনাতীত হতে গেলে কার সহায়তা প্রয়োজন? দেহের মধ্যে সেই তত্ত্বগুলি কিকি? এই তত্ত্ব বলতে দেহ সংগঠনের সংগঠিত তত্ত্ব নয়। এই সম্বন্ধে যে যেমনটি বোঝ লিখে আনবে আগামী বুধবারে।

ত্রিত্রিংশতিতম অধিবেশন — মানিকতলা — বুধবার — ২৯/০২/৮৪

দ্বাত্রিংশতিতম অধিবেশনে তোমাদের যে প্রশ্ন ছিল সেই প্রশ্ন সম্বন্ধে যে যেমনটি বুঝেছ তেমনটি লিখে নিয়ে এসেছ। যে যেমনটি বোঝার মধ্যে কোন ভুল ক্রুটি আছে কিনা তা অন্যের (মহাপুরুষদের) বোঝার সঙ্গে

যেমনটি মিলিয়ে নিলে তোমরা নিজেরাই বুঝতে পারবে, কে কোন জায়গায় ভুল করেছ। সেই ভুল গুলো সংশোধন করে নেওয়া একান্ত দরকার কারণ এই সমস্ত আলোচনাগুলির মুখ্য উদ্দেশ্যই হল সংশোধিত হওয়া। এই সংশোধিত তত্ত্বের দ্বারাই একদিন না একদিন মনাতীত হওয়ার সম্ভাবনা থাকবে। এখন প্রশ্ন হল, এই সংশোধন হতে গেলে কোন পন্থার প্রয়োজন? সেই সম্বন্ধে যে যেমনটি বোঝ, আগামী অধিবেশনে লিখে আনবে।

যোগ, ভক্তি, জ্ঞান, ঈশ্বরকে উপলব্ধি করার জন্য, আর ভুল সংশোধন করার জন্য কি পন্থার, প্রয়োজন, তা চিন্তা করা প্রয়োজন। কোন পর্যায়ে, আমি কি বুঝি তা ঠিক কিনা এবং তার সংশোধন কিভাবে হবে? শাস্ত্রীয় ব্যাখ্যা বা তত্ত্ব যা কিছু তোমাদের মত মানুষ মহাপুরুষ হয়ে লিখেছে, তা তোমরা মিলিয়ে নিচ্ছ। সেগুলো আজ ধর্মগ্রন্থ। শাস্ত্র তত্ত্ব (প্রথম সোপান) গুরু তত্ত্ব (সাধন সোপান) ও ঈশ্বর তত্ত্বের (শেষ সোপান) সহায়তায় মনাতীত হওয়া যায়। গুরুতত্ত্ব সব তত্ত্বের মধ্যেই আছেন, তা হলেও তিন তত্ত্ব।

চতুর্ত্রিংশতিতম অধিবেশন — মানিকতলা — বুধবার — ০৭/০৩/৮৪

গত অধিবেশনে তোমাদের যে প্রশ্নের উত্তর লিখতে বলা হয়েছিল, সেই প্রশ্নের উত্তর তোমরা নিজ নিজ বুদ্ধিমত্তার দ্বারা লিপিবদ্ধ করে এনেছ; যদিও সেই লিপি লিখতে গিয়ে কিছু কিছু অপ্রয়োজনীয় ব্যাখ্যা কেউ কেউ লিখে ফেলেছ। ব্যাখ্যার প্রয়োজন ছিল না। কোন পন্থায় সংশোধিত হওয়া যায় — সেক্ষেত্রে কিছুটা ব্যাখ্যা তোমরা লিখে ফেলেছ। সে যা হোক, তোমাদের বুদ্ধিমত্তার প্রচেষ্টায় সত্যই আমাকে আনন্দ দিতে বিরত হওনি।

তোমরা আজ পর্যন্ত যত অধিবেশন অতিক্রম করেছ, তাতে তত্ত্বের দিকটা কমবেশী অনেকেই বুঝেছ এবং ঐ সমস্ত তত্ত্বাদির ক্রিয়া, কর্ম, গুণ সম্বন্ধেও তোমরা অভিজ্ঞ হয়েছ। এখন কথা হল সংশোধনটি কার? যদি বল, আমাদের তাহলে চিন্তা করে দেখ, সেই 'আমি' কে? সেই 'আমি' মনটা নয়, ইন্দ্রিয়ও 'আমি' নয় — এ সমস্ত যদি 'আমি' না হয়, তাহলে আমি বলতে

একজন আছে; তারই সংশোধনের কথা লিপিবদ্ধ করেছ। এখন সেই আমির কর্ম, ক্রিয়া, গুণ কিরূপ হওয়া উচিত — এই সম্বন্ধে যে যেমন বুঝবে ঠিক তেমনটি লিখে আনবে; এর ব্যতিক্রম যেন না হয়। এখন চিন্তা করে দেখ, এই প্রশ্নোত্তরের মাধ্যমে তোমরা ইন্দ্রিয়াদি, সমস্ত তত্ত্ব এবং রিপু আদির মধ্যে ছড়িয়ে রয়েছ। এদের থেকে গুটিয়ে নিজেকে এদের অতীত অবস্থায় নেবার কি সুন্দর ব্যবস্থা। এই কারণেই এই শিক্ষা শিবির প্রতিষ্ঠিত করা হয়েছে এবং পরিচালিত হচ্ছে। আশা করি, তোমরা এই শিক্ষা শিবির পরপর পরিচালিত করবে বা নিজেরাও পরিচালিত হবে।

পঞ্চত্রিংশতিতম অধিবেশন — মানিকতলা — বুধবার — ২১/০৩/৮৪

গত অধিবেশনে তোমাদের যা লিখে আনতে বলা হয়েছিল, তা তোমরা যে যেমনটি বুঝেছ, একটি অধিবেশন বন্ধ থাকার পর, আজ লিখে নিয়ে এসেছ। তোমাদের এই লেখায় বিশেষভাবে আনন্দ দিতে না পারলেও তোমাদের এই অদম্য উৎসাহে সত্যই আনন্দ দিতে কৃপনতা করনি। এইভাবে তোমাদের উদ্দীপনা এবং অদম্য উৎসাহ নিজেকে বিধৌত করার কারণে এবং ঈশ্বর-উপলব্ধির পথে দিন দিন বেড়ে উঠুক।

এখন তোমরা এত সমস্ত জানার পর ভবভাব প্রভাবিত ঈশ্বরের অভিন্ন সত্তারূপ অনন্ত জীবসত্তা — তার মধ্যে তোমরাও মানুষরূপে বিরাজ করছ। সমস্ত জীবাদির মধ্যে আহার, নিদ্রা, মৈথুন প্রভাবমান। তাহলে ঐ সমস্ত জীবাদি হতে অর্থাৎ মনুষ্যত্বই সবার উপরে কেন? এই সম্বন্ধে যে যেমনটি বোঝ — কারোর সাহায্য না নিয়ে অর্থাৎ নিজ বোঝার মধ্যে কোন প্রকার বহির্ভাব অনুপ্রবেশ না করিয়ে নিজ ভাবকে প্রকাশ করাই শ্রেয় মনে করবে।

ষষ্ঠত্রিংশতিতম অধিবেশন — মানিকতলা — বুধবার — ২৮/০৩/৮৪

গত অধিবেশনে তোমাদের যে বিষয় লিখে আনার কথা ছিল, তা তোমরা যে যেমনটি বুঝেছ, তেমনটি লিখে নিয়ে এসেছ। আজকের লেখাতে

তোমাদের প্রত্যেকের মধ্যেই যে চেতনার প্রকাশ দেখতে পেলাম তাতে তোমাদের সেই চেতনা আমার মধ্যেও আনন্দ যোগাতে বিরত হয়নি। আজকের লেখার মধ্যে বিশেষ কোন ব্যাখ্যার ছোঁয়া লাগেনি বলেই তোমাদের চেতনায় আনন্দ জোগাতে পেরেছে। এখন, যে কারণে তোমাদের এই চেতনা প্রকাশ পেয়েছে, সেই চেতনার লক্ষ্য নিশ্চয়ই চৈতন্য-স্বরূপ আনন্দ। সেই চৈতন্য-স্বরপ আনন্দ হৃদয়ে উপলব্ধি করতে হলে গুরুকরুণার তো একান্ত প্রয়োজন বটেই; তোমাদের মধ্যে কে সহায়তা করছে বা করতে পারে — এ সম্বন্ধে যে যেমনটি বুঝবে তেমনটি লিখে নিয়ে আসবে আগামী নতুন বছরের প্রথম বুধবারে।

(গুরুকরুণায় যে প্রকৃষ্ট চেতনার উদয় হয়, সেই চেতনার সহায়তাতেই চৈতন্য স্বরূপ আনন্দ হৃদয়ে উপলব্ধি করা সম্ভব অর্থাৎ এই চেতনার মধ্যেই চৈতন্যর প্রকাশ। মনুষ্যত্বরূপ চেতনাই প্রকৃষ্ট চেতনা। কোন চেতনা মনুষ্যত্বের চেতনা, আর কোন চেতনা অমনুষ্যত্বের চেতনা? মন্দিরের সামনে দিয়ে গেলে ভক্তির চেতনা জাগে; আর লোভনীয় বস্তু অমনুষ্যত্বের চেতনা জাগায়। চেতনা যখন যে ঘরে থাকে, সেই বুলিই বলে।)

সপ্তত্রিংশতিতম অধিবেশন — মানিকতলা — বুধবার — ১৮/০৪/৮৪

গত অধিবেশনে তোমাদের যে প্রশ্নের উত্তর লিখে আনার কথা ছিল, আজকের অধিবেশনে সেই উত্তর যে যেমনটি বুঝেছ, তেমনটি লিখে এনেছ। এই লেখার মাধ্যমে অনেকেই প্রশ্নের উত্তর লিখতে গিয়ে কমবেশী ব্যাখ্যা করে ফেলেছ। ভবিষ্যতে ব্যাখ্যার মধ্যে না গিয়ে যাতে উত্তরের মধ্যে থাকতে পার, সেই চেষ্টা করবে। তবে, আজকের লেখার মধ্যে যে নব জাগরণের চেষ্টা হয়েছে, তাই নববর্ষের আজ প্রথম সপ্তত্রিংশৎ অধিবেশনে সত্যই আনন্দ-দায়ক হয়েছে। এখন এই চেতনা সম্বন্ধে যা বলছি, তোমরা তার উত্তর যে যেমনটি বোঝ লিখে নিয়ে আসবে। এই চেতনা বহুরূপে দেহের মধ্যে প্রকাশমান। তাই প্রকাশমান চেতনার মধ্যে কত অংশ

অমনুষ্যত্বে পরিণত হয়, আর কত অংশ মনুষ্যত্বে প্রকাশিত হয় তা বিভাগ করে দেখাবে।

অষ্টত্রিংশতিতম অধিবেশন — মানিকতলা — বুধবার — ২৫/০৪/৮৪

সপ্তত্রিংশতি অধিবেশনের প্রশ্নের উত্তর যে যেমনটি বুঝেছ, তেমনটিভাবে লিখে নিয়ে এসেছ আজ অষ্টত্রিংশতি অধিবেশনে। চেতনা সম্বন্ধে কতটুকু মনুষ্যত্বের ভাব ও কতটুকু অমনুষ্যত্বের ভাব — যে যেমন বুঝেছ লিখে এনেছ। এই যে, তোমাদের প্রচেষ্টা তা সত্যই আনন্দদায়ক। আজকের লেখা কমবেশী অধিকংশই সঠিক উত্তর হয়েছে। এখন চিন্তা করে দেখ, এই যে চেতনা তার বিরাজ করছে জড় ও অজড় উভয়ের মধ্যেই। জড়ের মধ্যে চেতনা আছে বলে জড় সক্রিয় অবস্থায় ক্রিয়মান; আর অজড়ের মধ্যেও চেতনা সর্বদাই ক্রিয়মান আছে অর্থাৎ জড়াতীত অবস্থায় যে চেতনা সেই অবস্থাই মনাতীত অবস্থার চেতনা — সেই চেতনায়ই চৈতন্য বিরাজমান। এই যে ছোট ছোট প্রশ্নের দ্বারা কঠিন কঠিন বিষয়ে তোমাদের বোঝাছি — বিশ্বের সমস্ত প্রকার স্বাধ্যায়ের মূল কারণই চেতনায় যে চৈতন্য আছে, তাও জ্ঞাত হওয়া। তাই ঘুরিয়ে ফিরিয়ে জড় অজড়, চেতনা সম্বন্ধে তোমাদের এত কথা শেখাচ্ছি। যদি বল, জড় সম্বন্ধে কিছু শুনিনি — চব্বিশ তত্ত্বে যা কিছু গঠিত সমস্ত কিছুই জড়। জড় সম্বন্ধে পুংক্ষাণুপুংক্ষভাবে তোমরা সব কিছু লিখেছ। আর অজড় সম্বন্ধে তোমরা আমার মুখে বহু কথা, বহু আলোচনা শুনেছ অর্থাৎ মনাতীত অবস্থার কথা। এখন এই জড় হতে অজড় অবস্থা কি — এটা তোমরা যে যতটুকু বুঝবে, তেমনটি লিখে নিয়ে আসবে — অর্থাৎ জড়ের মধ্যেই অজড় অবস্থা বিরাজ করছে, সেই অজড় অবস্থা কি? সেই সম্বন্ধে লিখে আনবে।

(যথা — অন্তর দেহের মধ্যে আছে, সেই অন্তর মনাতীত অবস্থা। জড়ের একটা অবস্থা আছে, হৃদয়ের ও একটা অবস্থা আছে — সেই অবস্থার কথা লিখবে।)

উনচত্বারিংশৎ অধিবেশন — মানিকতলা — বুধবার — ০২/০৫/৮৪

তোমরা সাধারণ সংসারী মানুষ; তোমাদের জ্ঞানও সাধারণ জ্ঞান। এই সাধারণ জ্ঞানের মধ্যে অসাধারণ অজড় অবস্থা যে যেমনটি বুঝেছ তেমনটিভাবে যে উদ্‌ঘাটন করতে পেরেছ — এটা অত্যন্ত আনন্দের বিষয়। এই অবস্থা জানতে গেলে বা উপলব্ধি করতে গেলে সাধক বিনা সাধনায় উপলব্ধি করতে পারে না। কিন্তু তোমরা সেই সাধনা ব্যতিরেকে অজড় সম্বন্ধে যা প্রকাশ করতে পেরেছ, তা সত্যই আশ্চর্যের বিষয়। গত অধিবেশনে তোমরা সবাই বলেছিলে এই কঠিন প্রশ্ন — আমাদের দ্বারা উত্তর দিয়ে সমাধান করা সম্ভব হবে না। কিন্তু দেখা গেল, যত অধিবেশনে যত প্রশ্নের উত্তর লিখেছ, আজকের প্রশ্নের উত্তর সবচেয়ে শ্রেষ্ঠত্বের স্থান পেয়েছে। আমি তোমাদের আর্শীবাদ করি, তোমরা কোন প্রশ্নের উত্তর দিতে কোন দিনই পিছপাও হবে না। আজকের এই উনচত্বারিংশৎ অধিবেশনে প্রশ্ন রইল — জীবাত্মা-পরমাত্মা সম্বন্ধে যদি কিছু না জান, তাহলে তত্ত্বজ্ঞানের কোন মানেই থাকবে না।

চত্বারিংশৎ অধিবেশন — মানিকতলা — বুধবার — ০৯/০৫/৮৪

উনচত্বারিংশৎ অধিবেশনে জীবাত্মা সম্বন্ধে যে যেমনটি বোঝ তেমনটি লিখে আনতে বলা হয়েছিল। আজ চত্বারিংশৎ অধিবেশনে তার উত্তর তোমরা যে যেমনটি বুঝেছ তেমনটি লিখেছ বটে, কিন্তু আর একটু গভীরে যেয়ে লিখলেই জীবাত্মার সম্বন্ধে আরও পরিস্ফুট হত। তবে এইটাই আমার আনন্দের বিষয় প্রস্ফুটিত না হলেও কলিতে পরিণত হয়েছে তো অর্থাৎ এই কলি বা কুঁড়ি একদিন প্রস্ফুটিত হবে, এই আশা রইল। আরও আশ্চর্যের বিষয়, এই জীবাত্মা সম্বন্ধে লেখা সাধারণ মানুষের পক্ষে সত্যই দুঃসাধ্য। এই দুঃসাধ্য অবস্থাকে তোমরা যে সাধ্যে আনতে চেষ্টা করেছ, এটা কম আশ্চর্যের বিষয় নয়।

এখন প্রশ্ন হল, জীবাত্মা ও পরামাত্মা উভয়েই যদি অভিন্ন সত্তা হয়ে থাকে তবে জীবের ভোগময় অবস্থা পরমাত্মা ভোগ না করে জীবাত্মা ভোগ করে কেন? — এই সম্বন্ধে তোমরা যে যেমনটি বোঝ তেমনটি সুন্দর সরল করে লিখে নিয়ে আসবে আগামী অধিবেশনে। আজ এখানেই শেষ।

একচত্বারিংশৎ অধিবেশন — মানিকতলা — বুধবার — ১৬/০৫/৮৪

গত অধিবেশনে পরমাত্মা ও জীবাত্মা সম্বন্ধে যে প্রশ্ন ছিল, সে সম্বন্ধে যে যেমনটি বুঝেছ সে তেমনটি লিখে এনেছ। তোমাদের এই লেখার মধ্যে বিশেষ তাৎপর্যপূর্ণ তোমাদের যে লেখার অনুসন্ধিৎসা — এটা সত্য সত্যই ভাববার মত; কারণ মুনি ঋষিদের সাধন লব্ধ তত্ত্ব যে তোমরা সাধারণ সংসারী হয়ে সংসার চিন্তায় জর্জরিত অবস্থার মধ্যে যে যতটুকু পরমাত্মা ও জীবাত্মা সম্পর্কে প্রকাশ করতে পেরেছে, সত্য সত্যই এটা শুধু আনন্দের বিষয়ই নয়, গৌরবের বিষয়ও বটে। কারণ জীবাত্মা ও পরমাত্মা সম্বন্ধে কেউই এরূপভাবে ভাবিত হতে পারে না। অতএব, তোমাদের লেখায় ভুল আছে, এটা বলা সমীচীন হবে না। আশা করি, এরূপ ভাবে তোমরা প্রত্যেক প্রশ্নের উত্তর যে যেমনটি বুঝবে তেমনটি লিখে নিয়ে আসবে।

আজ প্রশ্ন হল, জীবাত্মা পরমাত্মা, এই উভয়ের মধ্যে কি সম্পর্ক বিজড়িত রয়েছে — সেই সম্বন্ধে যে যেমনটি বুঝবে লিখে নিয়ে আসবে; কারণ, মহাপ্রভুও বলেছেন — "সম্পর্ক লইয়া ভজে, তারে কৃষ্ণ নাহি ত্যাজে।"

দ্বিচত্বারিংশৎ অধিবেশন — মানিকতলা — বুধবার — ২৩/০৫/৮৪

গত অধিবেশনে পরমাত্মা-জীবাত্মা সম্বন্ধে যা লিখে আনতে বলা হয়েছিল — অর্থাৎ উভয়ের মধ্যে সম্পর্ক কি — সেই প্রশ্নের উত্তর তোমরা যেমনটি বুঝেছ তেমনটি অধিকাংশ জনই প্রকাশ করতে পেরেছ। অনেকেই সঠিক উত্তর লিখতে গিয়ে লেখাকে ব্যাখ্যার দ্বারা জর্জারিত করে ফেলেছ। ভবিষ্যতে চেষ্টা করবে প্রশ্নের যথাযথ জবাব দিতে। আজ তোমরা জীবাত্মা

পরমাত্মা সম্বন্ধে লিখেছ। এই পরামাত্মাকে হৃদয়ে উপলব্ধি করতে হলে সঙ্কল্পশূণ্য ও কামনাশূন্য কর্ম করতে হয়। এখন প্রশ্ন হল, সঙ্কল্পশূণ্য ও কামনাশূণ্য কর্ম কিরূপে করা সম্ভব — এ সম্বন্ধে যথাযথ উত্তর দেবার চেষ্টা কোর। বিশেষ ব্যাখ্যায় জর্জরিত করে ফেলো না। এর উত্তর যে যেমনটি বোঝ লিখে নিয়ে এসো।

ত্রিচত্ত্বারিংশৎ অধিবেশন — মানিকতলা — বুধবার — ৩০/০৫/৮৪

গত অধিবেশনে যে প্রশ্নের উত্তর যে যেমনটি বোঝ তেমনটি লিখে আনতে বলা হয়েছিল; আজ এই অধিবেশনে তোমাদের সেই উত্তরগুলো শুনে এটাই আমায় আনন্দ দিয়েছে যে, তোমাদের যে যেমনটি বোঝার যে ধারা সেই ধারা যে লেখার মাধ্যমে সুন্দর উন্নত উন্নতস্তরে পৌঁছাচ্ছে, তাতে আমার এটাই বিশ্বাস যে, তোমরা ভগবৎপথের শ্রেষ্ঠত্বস্তরে পৌঁছাতে সমর্থ হবে, এতে আর কোন সন্দেহের অবকাশ থাকবে না। আজ তোমরা সুন্দরভবে কামনাশূণ্য ও সঙ্কল্পশূণ্য কিভাবে করা যায় — সে সম্বন্ধে সুন্দর লিখেছ।

আজ একটা নতুন পদ্ধতি প্রকাশ করতে ইচ্ছা করছি। এ সম্বন্ধে এই মুহূর্তে আমি যা উত্তর চাইব তার মৌখিক উত্তর দিতে হবে।

মৌখিক প্রশ্ন — মন সঙ্কল্পশূণ্য হলে মনের কি থাকে?

উত্তর — মনের সঙ্কল্প-বিকল্প সমষ্টিই মন। সঙ্কল্পশূণ্য হলে মনের বিকল্প থাকে। মন তখন এতদিন কি করল, তা শূণ্য হবে বিকল্প অস্তিত্বরূপে দেখা দিলে। তখন মন সতত সাধককে হৃদয়রাজ্যে পৌঁছে দেবার বিকল্প চিন্তা করে। এখানে হৃদয়রাজ্যে পৌঁছালে মানুষের যে অবস্থার সৃষ্টি হয়, সেই অবস্থায় সকল কর্মই সঙ্কল্পশূণ্য ও কামনাশূণ্য।

চতুর্চত্তারিংশৎ অধিবেশন — মানিকতলা — বুধবার — ১৩/০৬/৮৪

১) ধর্ম আত্মস্বরূপকে ধারণ করে — কর্ম সেই আত্মস্বরূপকে প্রকাশ করে।

২) জীবনপথে ধর্ম সারথি — কর্ম অশ্ব।

৩) ধর্ম জ্ঞানকে ধারণ করে — কর্ম সেই জ্ঞানকে প্রকাশ করে। কর্ম বৈরী ক্রিয়া করলে জ্ঞানশূণ্য হতে হয়।

৪) ধর্মই পরিবর্তন আনয়নের উৎস — আর কর্ম সেই পরিবর্তনকে ফলবতী করে।

৫) ধর্ম কর্ম ছাড়া প্রকাশ হতে পারে না।

৬) ধর্ম বিশ্বকে ধারণ করে আছে; আর কর্ম সেই ধর্মকে বিভিন্নভাবে প্রকাশ করছে।

৭) ধর্মই ঈশ্বর; — কর্মই ঈশ্বর; — এই তত্ত্বই মূল।

৮) ধর্ম প্রেরণা দেয়; কর্ম সেই প্রেরণাকে রূপ দেয়।

৯) ধর্মের অনুকূল কর্ম করলে সেখানে রিপুদের কোন প্রবেশাধিকার নেই; ফলে, ইন্দ্রিয়রা স্ব স্ব কর্ম যথাযথ করে — সংশোধনের আলাদা কোন প্রয়োজন নেই।

১০) ধর্মটি হল স্বভাব (অপর নাম) — সেই স্বভাবকে পরিস্ফুট করে কর্ম। স্বভাব ও স্বভাবের ক্রিয়ার নাম ধর্ম কর্ম।

১১) স্বভাব অপবিত্র হচ্ছে কি করে — পবিত্র হচ্ছে কি করে?

১২) অনন্ত সৃষ্টির স্বভাবই ধর্ম।

১৩) প্রকৃতি ধর্ম, প্রকৃতির ক্রিয়াই কর্ম।

১৪) মনুষ্যত্বকেও ধর্ম ধারণ করে আছে, সেই ধর্ম ক্রমের মাধ্যমে যে ক্রিয়ার দ্বারা প্রবিষ্ট হয়, সেই ক্রিয়া অনুসারে ধর্মের প্রকাশ বিকাশ প্রতিফলিত হয়।

১৫) লেখাতে নির্দেশ দেওয়া চলবে না।

১৬) মনুষ্যত্বের ধর্মের অনুকূলে যে কর্ম, তা নিষ্কাম কর্ম, আর সেই ধর্মের প্রতিকূলে যে কর্ম, তা সকাম কর্ম।

এই ধর্মকর্ম বিশেষভবে লিখে আনবে; (অকর্ম, দুষ্কর্ম, সুকর্ম, প্রারব্ধ কর্ম — কর্মের রূপ)।

পঞ্চচত্বারিংশৎ অধিবেশন — মানিকতলা — বুধবার — ০৪/০৭/৮৪

ধর্মকর্ম সম্বন্ধে তোমরা যা লিখেছিলে সেই তুলনায় আজকের লেখা অনেক উন্নত হয়েছে। এইভাবে আস্তে আস্তে উন্নত হওয়া উচিত। এখন কথা হল, অনন্ত বিশ্বে সার্বজনীনভাবে ধর্ম ও কর্ম — একে বিশেষভাবে জানা ও জেনে নিজেকে পরিচলনা করার জন্যই যতরকম শাস্ত্র, মহাপুরুষ ও শ্রীগুরুদেবের কত রকম চেষ্টা। এখন, ধর্মকর্ম সম্বন্ধে যা লিখেছ — এ প্রসঙ্গে বৈদিক ধর্ম, প্রবৃত্তিরূপ ধর্ম, নিবৃত্তিরূপ ধর্ম, বর্ণধর্ম এবং এই সমস্ত ধর্মের ক্রিয়ারূপ কর্ম সম্বন্ধে আগামী অধিবেশনে যে যেমনটি বোঝ লিখে নিয়ে আসবে। আজকের মত অধিবেশন এখানেই শেষ কররাম।

(মরিচী আদি প্রজাপতিগণ প্রবৃত্তিধর্মে আবিষ্ট হয়ে প্রবৃত্তিধর্ম প্রচার করেছে; তাদের শিষ্যদেরও পরিচালিত করেছে। সনকাদি ঋষিগণ নিবৃত্তিরূপ ধর্মে আবিষ্ট হয়ে তাদের শিষ্যদিগকে পরিচালিত করেছে। বিশ্বসৃষ্টির আদিতে যখন প্রজাপতিগণ সৃষ্টি হল তখন সমস্ত প্রাণীকে প্রবৃত্তিধর্মে পরিচালিত করেছিল বলে সব কিছুরই স্থিতিশীলতা রক্ষা হচ্ছে। আর এই প্রবৃত্তি ধর্মময় মানবমানবীগণ বৈদিক ধর্মের দ্বারা সংসারজীবনের সুখশান্তি বা আনন্দ সংরক্ষিত হচ্ছে বা হয়েছে এবং এর দ্বারা কোন কোন জন ভগবৎ-পথী হত। সমাজ শৃঙ্খলার জন্য বর্ণাশ্রম সৃষ্টি হয়েছিল। এই ধর্মে যখন ব্যতিক্রম হয় তখন ঈশ্বর আবির্ভূত হয়ে অধর্মকে দমন করে ধর্ম সংস্থাপন করেন ও শৃঙ্খলা স্থাপন করেন)।

ষটচত্বারিংশৎ অধিবেশন — মানিকতলা — বুধবার — ১১/০৭/৮৪

আজ ষট্‌চত্বারিংশৎ অধিবেশনে তোমরা সবাই গত অধিবেশনের প্রশ্নের উত্তরগুলি যে যেমনটি বুঝেছ তেমনটি লিখে নিয়ে এসেছ। তোমাদের এই লেখার ভেতরে অনেকেই প্রশ্নের বাইরে ব্যাখ্যা লিখেছ। যদিও সময় নষ্ট হয়েছে, তথাপি এ লেখার তাৎপর্য অভাবনীয় আনন্দদায়ক হয়েছে। এইভাবে আগামী অধিবেশনে আসুরিক ধর্ম ও কর্ম বা সুর ধর্ম ও কর্ম কিরূপ এবং কোন ধর্মের কারণে কোন ধর্ম বা কর্ম উদ্ভাবিত হয়েছে — এ সম্বন্ধে সংক্ষেপে যথাযথ প্রশ্নের উত্তর ব্যাখ্যায় না গিয়ে লেখে এনে এমনইভাবে আনন্দ দিতে চেষ্টা করবে। কারণ এই ধর্ম কর্মই আনন্দ ও নিরানন্দ, বদ্ধ ও মুক্তির মূলে। তাই ধর্ম কর্ম সম্বন্ধে লেখার এত প্রয়োজনীয়তা। আজকের মত এখানেই শেষ।

সপ্তচত্বারিংশৎ অধিবেশন — মানিকতলা — বুধবার — ১৮/০৭/৮৪

কর্মকে যখন ক্রিয়মান কর তখন কর্মের স্বভাব হয় ধর্ম, আবার ধর্মকে ক্রিয়মান করলে সেই ধর্মের স্বভাবই হল কর্ম। তাই ধর্ম — কর্ম।

মানুষের অমনুষ্যত্ব দূরীকরণে যে পন্থা, সেই পন্থা শিক্ষা করা হল ধর্ম এবং শিখে তা কার্যে পরিণত করা কর্ম। দীক্ষা নেওয়াটা ধর্ম, তা কার্যে ক্রিয়মান করা কর্ম। জীবনপথে যে কর্ম করলে তুমি আনন্দ পাও ও তোমার পরিবারবর্গ এবং গুরুজনও সন্তুষ্ট হন, তাই হল সুরকর্ম। আর সেই আনন্দজনিত কর্ম কারণে যে অভ্যাস, সেই অভ্যাসই হল সুরধর্ম। বলপূর্বক অন্যের বিষয় কেড়ে নেওয়ার যে অভিপ্রায়, তা আসুরিক ধর্ম ও তা কর্মে পরিণত করাই অসুরিক কর্ম।

গত অধিবেশনে তোমাদের যে বিষয়ের উত্তর লিখে আনার কথা ছিল, আজ এই সপ্তচত্বারিংশৎ অধিবেশনে সেই উত্তরগুলো তোমরা প্রত্যেকে যেভাবে লিখে নিয়ে এসেছ; সেই লেখাগুলো বিশেষভাবে আনন্দ দিতে না পারলেও

বিচারের দিক দিয়ে বিশেষ ভুল হয়নি। সেই কারণেই আমাদের লেখার সারমর্মটুকু উদাহরণ দিয়ে প্রত্যেককে বোঝাতে হল; তাতে তোমরা যে উত্তর দিলে, তা লেখার মত আনন্দ দিতে না পারলেও বিচারে বিশেষ ভুল হয়নি। এবার ছোট ছোট প্রশ্ন দিই; এবার তোমরা নৈষ্কর্ম্য সম্বন্ধে যে যতটুকু বোঝ লিখে নিয়ে আসবে।

অষ্টচত্বারিংশৎ অধিবেশন — মানিকতলা — বুধবার — ২৫/০৭/৮৪

প্রকৃত পক্ষে সাধকের প্রথম অবস্থায় সর্বপ্রকার সাধনা করেও যখন সাধনার পূর্ণত্ব বোধে আসে না, তখন তার মনের মধ্যে এমন ভাব আসে যে, আমি আজ পর্যন্ত যা কিছু কর্ম করেছি — তা সব কিছু হে প্রভু! তোমার পায়ে অর্পণ করলাম। আমি কর্ম করে কিছু করতে পারছি না; অতএব একর্ম, ভাল-মন্দ তোমার চরণে অর্পণ করলাম। এই অর্পণ করার পরে তখন নিজ কর্মে ত্যাগ ভাবের উদয় হয়। তখন নিজেই নিজেকে বোঝায়, আমি এ কর্ম আর করব না। ত্যাগ আর অর্পণের মধ্যে সূক্ষ্ম সীমারেখা। তখন যে ত্যাগভাব আসে, তখন বলে যে, যে কর্ম গুরুপাদপদ্মে অর্পণ করেছি, তা আর করব না। কর্মকে যখন উপেক্ষা করা হয়, তা ত্যাগ। তখন যে কর্ম ঈশ্বর-করুণায় — বা গুরুকর্ম সাধক করে, তা নিজের কর্ম বলে বোধ হয়। এই অবস্থায় সাধকের যত কর্ম, তা নৈষ্কর্ম্য বলে পরিগণিত হয়।

এখন এই অধিবেশনে তোমরা নৈষ্কর্ম্য সম্বন্ধে যে যেমনটি বুঝেছ, তেমনটি লিখে এনেছ। সত্যই, এ লেখায় পরম সত্যের ভাবনায় ভাবিত করে আনন্দ প্রদান করে। যাতে তোমরা নিজের স্বগত অবস্থায় প্রশ্নের যথাৰ্থ উত্তর লিখতে চেষ্টা করবে; কিরূপ চেষ্টা, তোমরা পড়ে আমায় দেখাবে; সেই দেখানোর জন্য একটি প্রশ্ন তোমাদের কাছে রাখছি; স্ব-কর্ম আর পরকর্ম বা ঈশ্বরীয় কর্ম বলতে তোমরা যে যেমনটি বোঝ, তেমনটি আগামী উনপঞ্চাশৎ অধিবেশনে লিখে আনবে। পরকর্ম বলতে পরম কর্ম অর্থাৎ ঈশ্বরীয় কর্ম। স্ব-কর্ম বলতে নিজ কর্ম। এই নিজ কর্মের মধ্যে দুটি ভাগ দেখাতে হবে — কর্তব্যবোধে নিজ সংসার সম্বন্ধে, ২) কর্তব্যবোধে সেবাকর্মের সম্বন্ধে

লিখবে। সে সেবা বলতে ঈশ্বরের সেবার কথা বলা হয়নি। (অমনুষ্যত্বের স্বকর্ম ও মনুষ্যত্বের স্বকর্ম)।

উনপঞ্চাশৎ অধিবেশন — মানিকতলা — বুধবার — ০১/০৮/৮৪

গতদিনের প্রশ্নের উত্তর তোমরা সবাই যে যেমন বুঝেছ, তেমন লিখে এনেছ। কিন্তু আশ্চর্যের বিষয়, আজ সবার লেখাই একই রকম কি করে হল? — এটা আশ্চর্যের বিষয়, কারণ পরস্পরের মধ্যে যোগাযোগ সম্ভব হয়নি যে, আলাপ-আলোচনা করে লিখবে। তোমরা যে তা করনা সে বিশ্বাস আমার আছে। যাইহোক, সবার লেখার ধারা একই রকম হওয়াই বাঞ্ছনীয়। আমারও এটা যেমন আনন্দের, তেমন এটাই আমার লক্ষ্য। আগামী পঞ্চাশৎ অধিবেশনে অকর্ম ও বিকর্ম সম্বন্ধে যে যেমনটি বোঝ, তেমনটি আজকের মত একই ধারায় লিখে আনবে — এটাই আমি আশা করি।

পঞ্চাৎ অধিবেশন — মানিকতলা — বুধবার — ০৮/০৮/৮৪

বিকর্ম ও অকর্ম সম্বন্ধে উনপঞ্চাশৎ অধিবেশনে যে যেমনটি বোঝ, তেমনটি লিখে আনার নির্দেশ ছিল। আজ পঞ্চাশৎ অধিবেশনে তোমদের লেখার ভিতর দিয়ে তোমাদের বোঝার তাৎপর্য যতটুকু প্রকাশ করতে পেরেছ, তা সত্যই তাৎপর্যের বিষয়। তবে কারো করো ব্যাখ্যায় যদিও এই তাৎপর্যকে উপলব্ধি করার একটু ব্যাঘাত ঘটিয়েছে, সেটুকু ধর্তব্যের মধ্যে নয়। কর্ম ও ধর্ম সম্বন্ধে আজ পর্যন্ত যতটুকু তোমরা আলোচনা করে লিখেছ, তাতে ধর্ম ও কর্ম সম্বন্ধে বেশ অভিজ্ঞতাসম্পন্ন তোমরা হয়েছে। এই ধর্ম ও কর্মের অভিজ্ঞতাগুলো ভবিষ্যৎ অধিবেশনে প্রয়োজনে আসবে, — সে বিষয়ে বিশেষ লক্ষ্য রেখ।

এখন, সাধনমার্গের সর্বপ্রথমেই বিশ্বাসের প্রয়োজন। এই বিশ্বাস সম্বন্ধে — জাগতিক ও আধ্যাত্মিক দুইই — তোমরা যে যেমন বোঝ, তা লিপিবদ্ধ করে আনবে।

মৌখিক প্রশ্ন — নিজের ওপর আকস্মিক কর্ম কাকে বলে?

উত্তর — হঠাৎ কোন দস্যুর কবলে পড়লে তা হতে মুক্ত হওয়ার ক্রিয়াকেই নিজের ওপর আকস্মিক কর্ম বলে।

— মাধব। ৮.৮.৮৪

বাবার বাণী —

১) শাসিত না হলে আশাতীত হওয়া যায় না।

২) বিশ্বাস মূল ভিত্তি। এর ওপর ধর্ম, কর্ম, জ্ঞান, প্রেম উদয় হয়।

এক পঞ্চাশৎ অধিবেশন — মানিকতলা — বুধবার — ১৫/০৮/৮৪

গত অধিবেশনে বিশ্বাস সম্বন্ধে যে যেমনটি বোঝ, তেমনটি লিখে আনবে বলা হয়েছিল। আজ এক পঞ্চাশৎ অধিবেশনে তোমরা সেই লেখা — কারো কারো ব্যাখ্যায় জর্জরিত হলেও লেখার — উদ্দীপনায় আনন্দ দিতে বিরত হওনি। প্রত্যেকেই যখন যে প্রশ্ন লিখবে, সে প্রশ্ন সম্বন্ধে যথাযথভাবে বুঝে নিয়ে লিখতে চেষ্টা করবে। এখন প্রশ্ন হল, ভক্তির উদয় কিসে হয় এবং সেই ভক্তি কিসে প্রগাঢ় হয় এই ভক্তি কিসে শুদ্ধাভক্তিতে পরিণত হয় — এই সম্বন্ধে যে যেমনটি বোঝ, তেমনটি লিখে আনবে। আজকের মত এখাইে শেষ।

মৌখিক প্রশ্ন — সাধারণ মানুষ সাধারণ ভক্তি কিভাবে প্রকাশ করে?

বাবার বাণী — সাধারণ মানুষ — তারা প্রথমতঃ সাধারণ মানুষকে ভক্তি করে করজোড়ে। যখন এর ওপরে জন্মদাতা, মাতা, তাদের সাধারণ মানুষ ভক্তি করে পায়ে পড়ে। সম্মানিতকে ভক্তি করে করজোড়ে। সাধু, গুরু, বৈষ্ণবকে ভক্তি করে সাষ্টাঙ্গ প্রণাম করে; তার ওপরে অষ্টাঙ্গ প্রণাম করে। গুরুকরণ করার পর গলায় বস্ত্র দিয়ে অতি নম্রভাবে চরণে পড়ে। তারপরে চরণামৃত গ্রহণ করে। তারপর সাক্ষাতে অসাক্ষাতে নিজ আচরণকে সংযত রাখে যাতে সম্মুখে বা অন্তরালে আমার আচরণে ঔদ্ধত্য প্রকাশ না হয় বা

ভক্তির বৈরীতা প্রকাশ না হয়। তারপরে অসাধারণ পথে নবভক্তি প্রকাশ করে।

মৌখিক প্রশ্ন — ভক্তিযুক্ত ব্যক্তির লক্ষণ কি কি? প্রগাঢ় ভক্তির ক্ষেত্রে; সাধারণ ভক্তির ক্ষেত্রে?

বাবার বাণী — কোন অঙ্গেরই উগ্রতা প্রকাশ পাবে না; অবনত মস্তক, মৃদুভাষী। গুরুজনের সম্মুখে সর্বদা পা ঢেকে রাখা, বিলাসিতাশূণ্য দেহরক্ষা করা, (তাতে যে ভাব প্রকাশ পায় তা দেহে ভক্তির লক্ষণ), গুরুজনের সম্মুখে কটাক্ষ দৃষ্টি না করা (সেটা চোখের শান্তভাব প্রকাশ) এবং কোন অঙ্গ-প্রত্যঙ্গের বিকৃতি না দেখানো। প্রগাঢ় ভাব যাদের, অর্ধনিমীলিত নয়ন তাদের, সর্বদা ভক্তি-ভাব-ঘোরে থাকে যেমন ঘুম আসে — এটা প্রগাঢ় ভক্তির লক্ষণ। ভক্তি-ভাব-ঘোরে সাধারণ কথাবার্তা অসংলগ্ন থাকে, জাগতিক কথা বলতে, জাগতিক কর্ম করতে গেলে বেশীর ভাগই ভুল হয়ে যায়; মুহুর্মুহু নামে গানে মূর্ছা যায় (ভাবগম্ভীর অবস্থায় যারা থাকে)।

দ্বিপঞ্চাশৎ অধিবেশন — মানিকতলা — বুধবার — ২৯/০৮/৮৪

এক পঞ্চাশৎ অধিবেশনে তোমাদের যে বিষয়ে লিখতে বলা হয়েছিল তা তোমরা সত্যসত্যই সন্তুষ্টজনক ভাষায় প্রকাশ করতে পেরেছে। অজকে প্রশ্ন হল, ভক্তিতে অধ্যাত্ম পথে কি সাধিত হয় এবং জীবন পথেই বা কি সাধিত হয় — এ সম্বন্ধে তোমরা যা বোঝ লিখে নিয়ে আসবে।

ত্রিপঞ্চাশৎ অধিবেশন — মানিকতলা — বুধবার — ০৫/০৯/৮৪

এখন তোমরা তত্ত্ব সম্বন্ধে বিশেষ অভিজ্ঞ হয়েছে কারণ, তত্ত্ব সম্বন্ধেই তোমরা আগে লিখেছ বা প্রথম ক্লাশ করেছ। এই দেহের মধ্যে কোন তত্ত্ব দ্বারা ভক্তি উদ্ভাসিত বা ভাসমান, কোন তত্ত্ব দ্বারা ভক্তি ক্রিয়মান এবং কার দ্বারা কার্যে প্রকাশমান, আর দেহের মধ্যে ভক্তি কোথায় অধিষ্ঠিত? এই

প্রশ্নের উত্তর আগামী চতুর্পঞ্চাশৎ অধিবেশনে যে যেমন বোঝ তেমন লিখে নিয়ে আসবে।

চতুপঞ্চাশৎ অধিবেশন — মানিকতলা — বুধবার — ১২/০৯/৮৪

তোমাদের প্রশ্ন ছিল দেহের মধ্যে ভক্তি কোথায় অধিষ্ঠিত, কোন তত্ত্বের দ্বারা উদ্ভাসিত, কোন তত্ত্বের দ্বারা ক্রিয়মান এবং কোন তত্ত্বের দ্বারা কার্যে প্রকাশ মান? — এই যে দেহের মধ্যে অধিষ্ঠিত কথাটি — এখন চিন্তা করে দেখ, কোন তত্ত্বের সহায়তা ভিন্ন কোন তত্ত্ব ক্রিয়ামান হতে পারে না এবং প্রকাশ হতেও পারে না। এখন ভালভাবে চিন্তা করে দেখ, ভক্তি দেহের সমস্ত তত্ত্বের মধ্যে অধিষ্ঠিত মূলতঃ কোথায় স্থিরমান? সেটা তোমরা অন্তঃকরণে বলেছ, বলতে পার। চিত্তে ভক্তি ভাসমান থেকে নানারূপে তোমাদের মধ্যে প্রকাশ পায়। এই যে চিত্তে ভক্তি ভাসমান আছে, সেখানে দেখা যায়, সমস্ত তত্ত্বদ্বারা ভক্তি ক্রিয়মান হলেও বুদ্ধি তত্ত্বই প্রধান। বুদ্ধির দ্বারাই ভক্তি ক্রিয়মান হয়। তুমি ভক্তি কোথায় করবে; অভক্তির জনকে ভক্তি কর না। বুদ্ধি এখানে বিচারকর্তা। বুদ্ধির বিচারে কার্যে প্রকাশমান করায় মন। যেখানে বুদ্ধি ক্রিয়া করে না, সেখানে ভক্তি ক্রিয়মান হয় না। কাজেই দেখা যাচ্ছে, বুদ্ধি ছাড়া ভক্তি ক্রিয়মান হতে পারে না। বিচারের পর মন দ্বারা কার্যে প্রকাশমান হয়। চিত্তদর্পণে ধরা পড়লেই বুদ্ধি বিচার করে — কোথায় ভক্তি করবে, কোথায় ভক্তি করবে না। চিত্তে ভাসমান না হলে বুদ্ধি বিচার করতে পারে না। ভক্তি প্রগাঢ় হলে বুদ্ধির ক্রিয়া থাকবে না, মনের ক্রিয়াও থাকবে না — তখন কাজ করবে পাকা আমি। তার আগে কাঁচা আমি। ভাসমান সকল স্থানে কিন্তু প্রাধান্য চিত্তের।

ভক্তি অন্তঃকরণে থেকেই সমস্ত তত্ত্বাদিকে যুক্ত করাচ্ছে। ভক্তি হল দ্বৈতবাদের কথা। হৃদয়ে ভক্তি আছে অব্যক্ত ভাবে। পরাশক্তিই মায়াশক্তি অথচ দুইয়ে কত তফাৎ। সাধনার দ্বারা মন, বুদ্ধি, চিত্ত ও অহংকারের অতীত হওয়া যায়। এক কথায় বলা যায়, ভক্তি দেহের সর্ব স্থানেই অধিষ্ঠিত।

জ্ঞান, ভক্তি, যোগ — এ তিনই চিত্তে ভাসমান। চিত্ত থেকেই সুরু করতে হবে। বোধির স্থান মস্তকে আর বোধের স্থান সর্ব শরীরে। বোধিই বোধরূপে প্রকাশমান।

বুদ্ধি সমুজ্জ্বল হয় কার দ্বারা? — বুদ্ধি সব সময়েই সমুজ্জ্বল হয় বোধির দ্বারা।

বোধের ক্রিয়া (জ্ঞান রূপে) দুই প্রকার; একটা হচ্ছে স্পর্শযুক্ত ক্রিয়া, স্পর্শের অতীত ক্রিয়া আর একটি — সেটি বোধি থেকে এসেছে। বোধই সমস্ত কিছু জানিয়ে দিচ্ছে বিভিন্নরূপে। এই বোধ বোধি থেকে এসেছে। জ্ঞান অর্থ জানা।

মন, বুদ্ধি, চিত্ত ও অহংকারের সমষ্টি হল অন্তঃকরণ। এই অন্তঃকরণের আড়ালে থেকে যে শক্তি সমস্ত ক্রিয়ায় মন, বুদ্ধি, চিত্ত ও অহংকারকে ক্রিয়মান রাখছে, সেই শক্তিই হল করণ শক্তি। বোধিই সমস্ত জানাচ্ছে — স্পর্শরূপে, জ্ঞানরূপে। বোধিই প্রজ্ঞা। তবুও বোধির ওপর প্রজ্ঞা, বোধ তার ওপর। পরমবোধের থেকে প্রজ্ঞা, প্রজ্ঞা হতে বোধি; আবার বোধি হতে জড়বোধ, আর বোধ হতে বুদ্ধি। এই বোধই সংকল্প-বিকল্পরূপে মন। সংকল্প-বিকল্প-ধারণ-কারীরূপে চিত্ত এবং বিচাররূপে বুদ্ধি। সংকল্প-বিকল্পরূপে মন, আবার প্রকাশ করবেও মন। পরম বোধই ব্রহ্ম।

ভক্তির কোন অবস্থায় মানব-মানবীগণ ভক্তিগ্রহণকারীর সঙ্গে বিজড়িত থাকে? — এ সম্বন্ধে আগামী পঞ্চপঞ্চাশৎ অধিবেশনে তোমরা যে যেমনটি বুঝবে তেমনটি লিখে আনবে।

মন্তব্য — (বহুমত ও পথের মধ্যে জ্ঞান পথ ও ভক্তিপথই শ্রেষ্ঠ। দ্বৈত মার্গে সবই ভক্তিপথে)।

পঞ্চ-পঞ্চাশৎ অধিবেশন — মানিকতলা — বুধবার — ১৯/০৯/৮৪

মৌখিক প্রশ্ন — ভাব কার সঙ্গে যুক্ত হলে মানুষ নিজেকে মুক্ত মনে করে?

উত্তর — চার পুরুষার্থের পরে যে পঞ্চম পুরুষার্থ প্রেম — সেই পঞ্চম পুরুষার্থে যে পৌঁছাতে পারে, সেই প্রেমের সঙ্গে যুক্ত যে ভাবের ভাবনা উৎপত্তি হয়, তখন মানুষের মনে হয়, আমি মুক্ত। শক্তি ভক্তির মধ্যে কিভাবে বিরাজ করে ও সেই শক্তির লক্ষ্য কি? এই প্রশ্নের উত্তর আগামী ৩১শে অক্টোবর, ষট-পঞ্চাশৎ অধিবেশনে লিখে আনবে।

ষট্‌পঞ্চাশৎ অধিবেশন — মানিকতলা — বুধবার — ১৪/১১/৮৪

পঞ্চপঞ্চাশৎ অধিবেশনে তোমাদের লেখার বিষয় ছিল ভক্তির মধ্যে শক্তি কিরূপে বিরাজমান এবং সেই শক্তির লক্ষ্য কি?

তোমরা পূজার ছুটী প্রায় দু মাস উপভোগ করার মধ্যে যে যেমনটি বুঝেছ তেমনটি লিখতে গিয়ে ছুটীর উপভোগে ডুবে গেছ; কাজেই যে যেমন বুঝেছ তেমন লেখার মধ্যে যদিও কারো কারো একটু ব্যাঘাত ঘটেছে, তা উচিত ছিল না। তাই মূল বিষয়টি লিখতে গিয়ে ছুটীর হাওয়ায় তোমদের লেখা ঘুরে বেড়িয়েছে। তাই লেখার মূল কেন্দ্রীভূত হয়নি। তা অবশ্য এটা অস্বাভাবিক নয়; কারণ ছুটী ছিল তো। তোমরা ভুল লিখেছ, এটা আমি বলতে চাইনা। এবার আমি যেমনটি বুঝেছি, তেমন একটু প্রকাশ করি। ছুটীর মেজাজে নিশ্চয়ই তা গ্রহণ করতে ভুল করবে না।

তোমাদের প্রত্যেকেরই উচিত মঙ্গলবারের আলোচনায় যোগ দেওয়া। তোমরা একটু লক্ষ্য করলেই বুঝতে পারবে যে, মঙ্গলবারে যা আলোচনা হয়, তার মধ্যে থেকেই প্রশ্নের অবতারণা করে লিখতে বলা হয়। আলোচনা সভাতে বহুবার বহুদিন ভক্তি সম্বন্ধে আলোচনা করেছি যে, ভক্তির প্রগাঢ় অবস্থাই প্রেম। যদি ভক্তির প্রগাঢ় অবস্থাই প্রেম হয়, তাহলে দেখা যায়, শক্তি প্রেমরূপে ভক্তিতে বিরাজমান। সেই প্রেমশক্তি — ভক্তি প্রগাঢ় হলে প্রেমরূপে প্রকাশ পায় অর্থাৎ ভক্তি আর প্রেম অভিন্ন। এখন দেখা যাক, সেই শক্তির লক্ষ্য কি? লক্ষ্য দুটি — একটি সাধককে সর্বৈবভাবে মালিন্যশূণ্য করে তোলে; আর একটি লক্ষ্য হল ভগবানই একমাত্র গ্রহীতা। সেই গ্রহীতার

গ্রহণীয় বিষয়রূপে সাধককে মিলনামিলন করায়। এইটাই ছিল তোমাদের প্রশ্নের উত্তর।

আজকের ষট্‌পঞ্চাশৎ অধিবেশনে লেখার বিষয় হল ১) এই যে মিলনামিলন করায় — এই মিলনামিলনের মাধ্যমে সাধকের কি কি অবস্থা বা ভাব প্রকাশ পায়? ২) ভক্তির মধ্যে দুটি অবস্থা আছে — একটি শ্রেয় আর একটি পেয়। এখন, সাধকের এই পেয় ভক্তির শেষ কোথায় আর শ্রেয় ভক্তির সুরু কোথা হতে?

সপ্তপঞ্চাশৎ অধিবেশন — মানিকতলা — বুধবার — ২১/১১/৮৪

ষট্‌পঞ্চাশৎ অধিবেশনে যে যে বিষয় লিখে আনার কথা ছিল আজ সপ্তপঞ্চাশৎ অধিবেশেনে সে বিষয়ে যে যেমনটি বুঝেছ, সে তেমনটি লেখার বিষয় পূর্ণাঙ্গ উত্তর না হলেও এ লেখা ভুল বলা চলে না। আমি আশা করি, তোমরা এই ভাবে লিখতে লিখতেই তোমাদের ক্রমোন্নতি লাভ হবে। এখন, তোমাদের প্রশ্ন ছিল যে, ভগবানের সঙ্গে মিলনামিলনে সাধকের কি অবস্থা প্রাপ্ত হয় এবং কি কি ভাবের প্রকাশ পায়? সে মতে আমি বলি যে, সাধক যখন সাধনার চরম পর্যায়ে ভগবৎ প্রেমে পুলকিত হয়ে ভগবৎ ভাবমগ্ন অবস্থায় মহাভাবে ভগবৎ লক্ষ্যে ভগবানের সঙ্গে — ভগবৎসত্তা যে পাকা আমি — তার মিলন হয়। এই অবস্থার নাম হল সামীপ্যঅবস্থা অর্থাৎ উভয়েই সমান। তখন সাধকের মধ্যে জড়জগতের কোন ভাব উদয় হতে পারে না। ছোট বড়, ভালমন্দের কোন বোধই থাকে না। এই অবস্থায় যে ভগবৎ প্রেমরস আস্বাদন করে, তাও প্রকাশের কোন কারণ ঘটে না। এটা হল মিলন অবস্থা। আবার যখন মিলনান্তর অবস্থা ঘটে অর্থাৎ সাধক যখন তার নিজভাবে ফিরে আসে, তখন সততঃই ভগবৎ ভাবমুখে থাকে; আর পুনরায় মিলনের কারণে ব্যাকুল বা আকুল অবস্থায় কাল কাটায়। এই অবস্থায় সাধকের মধ্যে যতক্ষণ পুনরায় মিলন না হতে পারে, — এই যে বিরহ অবস্থা তা হতে অষ্ট সাত্ত্বিকী ভাবের প্রকাশ পায়। কখনও বা সর্বাঙ্গ কম্পনে পরিপুর্ণ হয়; এই কম্পনটিও মিলন আশায়; মিলন না হওয়ার

কারণে এই কম্পন প্রকাশ পায়। এইভাবে অষ্টসাত্তিকী ভাবের প্রকাশ পায় অষ্টভাবে। যতক্ষণ পর্যন্ত সাধক হৃদয়ে স্থিত হয়ে উপলব্ধির মাধ্যমে মহামিলনে না পৌঁছাতে পারে ততক্ষণই মিলনামিলন ভাবটি স্থিতমান থাকে। এইরূপ সাধকের ক্ষেত্রে — সংসারভাবে ফিরে আসলেও -- তার ঈশ্বর ভাবমুখে থেকে সংসারের কর্তব্যাকর্তব্য পূরণ করে থাকে। একথা ঠিক নয় যে, এই ভাবে সাধক পৌঁছালে জাগতিক সংসারে তারা অযোগ্য। এখন চিন্তা করে দেখ, তোমরা যা লিখেছ — যার যার ভাব ভিন্ন ভিন্ন হলেও — তোমাদের লেখার ভাবটি ঠিক আছে। তারপর প্রশ্ন ছিল, পেয় ভক্তি, শ্রেয় ভক্তি এবং তাদের কিনারা কোথায়? পেয় ভক্তি হল সাধকের প্রথম অবস্থা অর্থাৎ প্রবৃত্তির মাধ্যমে যে ভক্তির প্রকাশ — তাই পেয় ভক্তি। তাহলে দেখা যায়, প্রবৃত্তি মার্গ পর্যন্তই পেয় ভক্তির সীমানা। নিষ্কাম অর্থাৎ নিবৃত্তি মার্গের প্রথম হতেই শ্রেয় ভক্তির আরম্ভ এবং ভগবৎ মিলনামিলন পর্যন্ত শ্রেয় ভক্তির বিকাশ। ভক্তির কোন শেষ নেই বলে তার সীমানা বলা চলে না। এখন তোমরা যে মার্গে গিয়ে ভক্তি সম্বন্ধে যে যেমন বোঝ তেমন লিখে আনছ, তা সত্য সত্যই অভাবনীয়; কারণ তোমরা এখনও সে পর্য্যায়ে পৌঁছাতে পার নি; যখন পারবে, তখন এই পর্যায়গুলি কার্যে পরিণত করতে পারলে এ সম্বন্ধে যথার্থভাবে জ্ঞাত হতে পারবে।

এখন ভক্তির ব্যবহারিক পর্যায়ে নেমে এসো। তোমাদের জীবনপথে ভক্তির মাধ্যমে কি কি বিষয় গ্রহণযোগ্য বলে মনে করো, আর কি কি বিষয় অগ্রহণীয় বলে মনে করো — যে যেমনটি বোঝ আগামী অষ্টপঞ্চাশৎ অধিবেশনে লিখে এনে আমাকে বা সবাইকে আনন্দ দিতে ভুল কোর না। আজ অধিবেশন এখানেই শেষ।

অষ্টপঞ্চাশৎ অধিবেশন — মানিকতলা — বুধবার — ২৮/১১/৮৪

সপ্তপঞ্চাশৎ অধিবেশনে তোমাদের লেখার বিষয় ছিল জীবনপথে ভক্তির মাধ্যমে কি গ্রহণীয়, কি অগ্রহণীয়; সে সম্বন্ধে তোমরা আজ অষ্টপঞ্চাশৎ অধিবেশনে যে যেমনটি বুঝেছ, তেমনটি লিখে নিয়ে এসেছ। তোমাদের

আজকের লেখা পূর্ণাঙ্গভাবে উত্তর না হলেও ভুল বলা চলে না কারণ, গ্রহণীয় অগ্রহনীয় বিষয় তোমরা যতটুকু লিখে নিয়ে এসেছ, তা লেখার মাধ্যমে পরিস্ফূট না হলেও ভাবে কারো ভুল দেখা যাচ্ছে না। কারণ লেখাগুলো উত্তরের এদিক ওদিক গড়িয়ে গেলেও ভাবটি লেখার মাধ্যমেই আছে; তাই ভুল বলা চলে না।

এখন জীবনপথে প্রত্যেক মানবমানবীরই ক্ষুধা নিবারণের বিষয় যা, পরিধেয় বিষয় যা এবং মৈথুনের বিষয় যা, তা যার যার সামর্থ্য অনুসারে ক্রমের মাধ্যমে গ্রহণই নীতিবাচক। এর মধ্যে ভক্তির লক্ষণ বিশেষ দেখা যায় না। আবার, চরিতার্থের বিষয় গ্রহণের উন্মাদনার যেখানে প্রভাব, সেখানেও ভক্তির প্রভাব দেখা যায় না। অতএব এরা গ্রহণীয় নয়। জীবনপথে চলতে গেলে শ্রীগুরুর উপদেশ ব্রহ্মমন্ত্রের স্বরূপ গ্রহণ করে সেইভাবে জীবনপথকে ভক্তি সহকারে পরিচালনা করা বিধেয়। সাধু, মহাপুরুষরাও সজ্জনের উপদেশ — যে উপদেশে অন্তর মুগ্ধ হয়, সেই উপদেশগুলো অবশ্যই ভক্তির মাধ্যমে পালনীয়। আর, যে উপদেশ তোমার জীবনপথে পালনীয় নয় বলে মনে কর, তা অগ্রহণীয়। তাই বলে সে উপদেশ অন্যের পক্ষে কার্যকরী হতে পারে, তোমার পক্ষে নয়। এইভাবে গ্রহণীয় বাক্যগুলি পালন করতে করতে ভক্তি গাঢ় বা পরিপক্ক হয়। ভক্তি পরিপক্ক হলে গ্রহণীয় বিষয় আপনা হতেই তোমার জীবনপথের কর্মে সংযোজিত হবে। আর অগ্রহণীয় বাক্যগুলির বিষয় এবং অগ্রহণীয় বিষয় আপনা হতেই দূরে সরে যাবে। এ বিষয় গ্রহণাগ্রহণের কোন প্রশ্নই থাকবে না। এখন চিন্তা করে দেখ, তোমরা যা লিখে নিয়ে এসেছ, তার মধ্যে কোনগুলি আপনা থেকে গ্রহণীয় হয়ে ওঠে, তার কোনগুলি আপনা থেকে দূরে সরে যায়। ঐ পরিপক্কমান ভক্তিযুক্ত ব্যক্তির জীবনপথ আপনা হতেই মধুর হয়ে ওঠে। এইরূপ ভক্তিযুক্ত ব্যক্তির পথ দুঃখময় আবিষ্ট প্রভাবের মধ্য দিয়েই চলে। তথাপি ঐ দুঃখ কখনো এই ব্যক্তিদিগকে দুঃখ দিতে সক্ষম হয় না। আরও একটি আশ্চর্যের বিষয়, অগ্রহণীয় বিষয়ের সম্মুখীন হলেও তা দূরে সরে না গেলেও আপনা হতেই পদদলিত হয়। তাহলে, মোটের উপর দেখা গেল, শ্রীগুরুর নির্দেশ অনুসারে ভক্তিসহকারে জীবনপথ পরিচালনা করা উত্তম

হতেও উত্তম। আর মহাজনদের বাণী অনুসরণ করে চলাও শ্রেয়। এখন, আগামী উনষষ্ঠীতম অধিবেশনে ভক্তির যথার্থ ক্রম সম্বন্ধে যে যেমনটি বোঝ লিখে নিয়ে এসো। আজকের মত এখানেই শেষ।

উনষষ্ঠীতম অধিবেশন — মানিকতলা — বুধবার — ০৫/১২/৮৪

অষ্টপঞ্চাশৎ অধিবেশনে তোমাদের লিখতে বলেছিলাম ভক্তির ক্রম সম্বন্ধে। তোমরা আজ উনষষ্ঠীতম অধিবেশনে ঐ লেখার বিষয় যে যেমনটি বুঝেছ তেমনটি লিখে নিয়ে এসেছ। এ লেখা সকলেরই ভালই হয়েছে; তবে ক্রম সম্বন্ধে যা লিখতে বলেছিলাম, তা এ লেখায় রেখাপাত করেনি।

যাইহোক, এখন আমি ভক্তির ক্রম সম্বন্ধে যা বলছি তা লেখ। তোমরা যা লিখেছ, সেগুলো ভুল বলা চলে না এই কারণে যে, এই সমস্তই নানা বইতে লিপিবদ্ধ আছে। তাই ভুল বলা চলে না। ভক্তির উদ্দেশ্য কি? প্রথমতঃ মানুষমাত্রই তার আরাধ্যকে বা ইষ্টকে ভক্তি করে নানারকম অভাব পূরণের কারণে। তা কারো পূর্ণ হয়, কারো হয় না; তথাপিও এটা ভক্তির একটা ক্রম। দ্বিতীয় ক্রম হল, এই অবস্থাতেও কোন কোন ব্যক্তির মনে উদয় হয় যে, ভক্তি হল নিজেকে সংশোধন করে আরাধ্যের চরণে অবনত বা প্রণত হওয়া অর্থাৎ আরাধ্যের অধীন হয়ে আরাধ্যের নির্দেশ, উপদেশ পালন করা। তাতে দিনে দিনে ভক্তি বিশেষভাবে প্রকাশ পেতে থাকে। যতটুকু ভক্তি প্রকাশ পেতে থাকে ততটুকুই সাধকের মালিন্য দূর হতে থাকে। এটি ভক্তির দ্বিতীয় ক্রম। ভক্তির তৃতীয় ক্রম হল আমি আরাধ্যের; আরাধ্য আমার কর্তা, চালক ইত্যাদি। এই হল ভক্তির তৃতীয় ক্রম। চতুর্থ ক্রমে ভক্তির এমনই প্রভাব যে, সেই প্রভাবে ইষ্টেন্দ্রিয় প্রীতিবাঞ্ছাতে লিপ্ত হলে তারই প্রভাবে আত্মেন্দ্রিয় প্রীতিবাঞ্ছা লোপ পায়। এই ইষ্টেন্দ্রিয় প্রীতি বাঞ্ছা যে ভক্তির ক্রিয়া, তা হল ভক্তির চতুর্থ ক্রম। পঞ্চম ক্রমে ভক্তিই সাধককে তার অস্তিত্ব লোপ করিয়ে অর্থাৎ "আমার আমি"-র অস্তিত্বকে ইষ্টে ভুক্ত করায়। এই হল ভক্তির পঞ্চম ক্রম। সাধকের সাধনার ভক্তির পঞ্চম ক্রম পর্যন্তই শেষ। এরপর সাধকের মধ্যে যে ভক্তি প্রকাশ পায় তার নাম উজ্জ্বলা ভক্তি। এটা কোন ক্রমের মধ্যে

গণ্য নয়। তাহলে দেখা গেল ভক্তি এক; কার্যকারণে, ক্রম বিশেষে, ক্রিয়া বিশেষে বা প্রকাশ বিশেষে ভক্তির বিভিন্ন নানকরণ হয়েছে, যেমন গাছে একটি কাঁচা আম — সে যখন ক্রমে ক্রমে পরিপূর্ণ হয়ে পরিপক্ক হয়, তখন তার রূপের পরিবর্তন হয়, ভিতরেও রূপ, রঙ, স্বাদের পরিবর্তন হয়। তখন সাধকের অন্তর বাহিরের অবস্থা (ভক্তিটিও) ঐ পরিপক্ক আমের মতই হয়। এই ভক্তিই পরিপক্ক ভক্তি। ভক্তি পরিপক্ক হলে উজ্জ্বল রূপ, উজ্জ্বল স্বাদ, প্রকাশ পায়। সর্বাঙ্গীনভাবে উজ্জ্বল হয়ে ওঠে। এইরূপ ভক্তিপূর্ণ ব্যক্তিই ভক্ত। তাই ভক্তির বিভিন্ন অবস্থায় নানা গ্রন্থাদিতে বিভিন্ন নাম মহাপুরুষগণ দিয়েছেন। এখন আগামী ষষ্ঠীতম অধিবেশনে ভক্তির লক্ষ্য কি? ভক্তির ক্রিয়া কি? — এ সম্বন্ধে যে যেমনটি বোঝ তেমনটি লিখে নিয়ে এসো।

পুনঃ — ভক্তি ও ভক্ত উভয়েই আমের মত।

ষষ্ঠীতম অধিবেশন — মানিকতলা — বুধবার — ১২/১২/৮৪

উনষষ্ঠীতম অধিবেশনে তোমাদের যা লিখতে বলেছিলাম তা যে যেমনটি বুঝেছ তেমনটি লিখে নিয়ে এসেছ আজ ষষ্ঠীতম অধিবেশনে। তোমরা আমাকে তোমাদের লেখার দ্বারায় সত্য সত্যই বিশেষভাবে অভিভূত করেছ। আজকের লেখায় সবারই সমানভাবে সমতা রক্ষা হয়েছে এবং যথাযথ লেখার উত্তর প্রকাশ পেয়েছে। এতে এটাই বোঝ গেল যে, আজ পর্যন্ত তোমরা এই অধিবেশনে যোগ দিয়ে তোমাদের স্বল্প জ্ঞান-বুদ্ধিকে সুষ্ঠুভাবে কার্যে বা লেখায় পরিবেশন করতে পেরেছে। এটা সত্যই আনন্দের বিষয়। আশা করি, তোমরাও এ লেখা লিখে আনন্দ পেয়েছো, অপরকে আনন্দ দিতে পেরেছ, আমাকেও আনন্দিত করেছ। ভক্তি সম্বন্ধে এতদিন তোমরা অনেক কিছু লিখেছ; তাই ভক্তি সম্বন্ধে আজকের অধিবেশনে প্রশ্নের অবসান ঘটাতে চাইছি। ছোট একটি প্রশ্ন হল, — ভক্তি যখন সাধককে ভক্তির সহায়তায় ভক্তকে পরিপক্ক করিয়ে ভগবানে পৌঁছিয়ে দেয় তখন ভক্তির স্থান কোথায়? এই ছোট্ট কথাটি তোমরা আগামী এক ষষ্ঠীতম অধিবেশনে যে যেমনটি বুঝবে তেমনটি লিখে আনবে। এই উত্তর পর্যন্ত ভক্তি সম্বন্ধে আলোচনা শেষ।

এখন, ভক্তি সম্বন্ধে আমি একটু বলি — ধরার মানব যখন প্রপঞ্চময়, তখন দেহজাত বুদ্ধিতে ডুবে থাকাই স্বাভাবিক। এই অবস্থা হতে উত্তীর্ণ হওয়ার কারণে মহাশক্তি মহামায়া প্রবৃত্তির সহায়তায় বিশ্বাসরূপে বিরাজ করে। এই বিশ্বাস প্রথমতঃ মাননীয় ব্যক্তির ওপর, বস্তুর ওপর দেবদেবীর ওপর, সাধু, সন্ত এবং গুরুর ওপর আরোপিত হয়। যখন বিশ্বাস কারো কারো মধ্যে পরিপক্কতা লাভ করে তখন বিশ্বাস শ্রদ্ধারূপে পরিণত হয়। এই শ্রদ্ধা প্রবৃত্তির মাধ্যমে আদান-প্রদানের প্রভাবে ক্রমে ক্রমে পরিপক্ক হতে থাকে। শ্রদ্ধা পরিপক্ক হলে ভক্তিরূপে প্রকাশ পায় যদিও এইভক্তি সূক্ষ্মভাবে বিশ্বাসের মাধ্যমে, শ্রদ্ধার মাধ্যমে অগ্রসর হয়ে ভক্তির রূপ নিয়ে থাকে। প্রথমতঃ ভক্তি মানুষের মধ্যে প্রসারিত হতে থাকে প্রবৃত্তিরই প্রভাবে যেমন দেব দেবীর কাছে ভক্তি সহকারে প্রার্থনা করা হয় পাওয়া বা লাভের আশায়; সেই পাওয়া বা লাভ — কী বিপন্মুক্তি, ঐশ্বর্যবৃদ্ধি, শ্রীবৃদ্ধি, বিদ্যাবৃদ্ধি ইত্যাদি। যদিও শাস্ত্রে একে সকাম ভক্তি বলা হয়েছে, এর মধ্যেও কোন কোন ব্যক্তি গুরুকৃপাবলে ভক্তির মাধ্যমে ভগবানের সেবা পূজায় আবিষ্ট হয় নানা প্রকার ক্রিয়ার মাধ্যমে যেমন স্মরণ, মনন, পূজন, ধ্যান, ধারণা ইত্যাদি। তারপর ভক্তিরই প্রভাবে গুরুকৃপাবলে ভক্তি যখন নিবৃত্তির সহায়তায় প্রগাঢ় হয় তখন প্রেমে পরিণত হয়। সেই প্রেমের সহায়তায় ইষ্ট বা ভগবানের যে সেবা সেই সেবার মাধ্যমে ভগবৎকরুণা বা ভগবৎলীলা এবং ষড়ৈশ্বর্যপূর্ণ যে ভগবান তার ঐশ্বর্য আস্বাদন করতে থাকে। ঐ আস্বাদনভুক্ত ব্যক্তিকে ভক্ত নামে আখ্যায়িত করা হয়।

ভক্তির ক্রম, স্তর — সবই তোমরা লিখেছ। স্তরে স্তরে এই ভক্তি সমুজ্জ্বল হয়ে উজ্জ্বলা ভক্তিতে পরিণত হয়।

তাহলে এখন দেখা গেল, ভক্তির লক্ষ্য পতিত কে, অজ্ঞানকে, অবোধকে স্তরে স্তরে তাদের সঙ্গে সম্মিলিত হয়ে যেমন হাতে ধরে ভগবৎ চরণে পৌঁছে দেয়, তেমন ভক্ত ও ভগবানের মধ্যে সুন্দর একটি সেতুও তৈরী করে। সেই সেতুর ওপর দিয়ে ভগবৎ করুণা বা ভগবৎ পাদপদ্মে মিলনের অভিপ্রায়ে যাতায়াত করে থাকে। তাহলে দেখা গেল যে, শক্তির অর্থাৎ

মহাশক্তি মহামায়ার করুণা ভিন্ন কোন ব্যক্তিরই ভগবৎ পাদপদ্মে পৌঁছাবার উপায় নেই। এই শক্তি যোগীকে সহায়তা করছে কুল-কুণ্ডলিনীরূপে। যে পথে যে সাধক চলুক না কেন শক্তিই বিভিন্নরূপে সাধকের সহায়তা করে থাকে। তবে গুরুকৃপা, গুরুকরুণা সর্বোপরি। গুরুকরুণা ভিন্ন শক্তির কৃপা লাভের ভরসা নেই। আবার শক্তির কৃপা ব্যতীত সাধকের সিদ্ধিলাভের উপায় নেই। ভক্তি সম্বন্ধে সংক্ষেপে তোমাদের এই বললাম। এর মধ্যেই তোমরা সব বুঝে নেবে। বুঝে চলবে। তারপর আগামী অধিবেশন থেকে জ্ঞান মার্গ সম্বন্ধে তোমাদের সঙ্গে আালোচনা করব। ভক্তির শেষ কথা কেউ বলে যায় নি; আমার পক্ষেও বলা সম্ভব নয়। যতটুকু বললাম, এতে তোমাদের প্রয়োজন সমাধানে অসুবিধা হবে না। যোগ, ভক্তি, জ্ঞান — এই তিন মার্গ। আগামীতে জ্ঞানমার্গ সম্বন্ধে বলব।

একষষ্ঠীতম অধিবেশন — মানিকতলা — বুধবার — ১৯/১২/৮৪

ষষ্ঠীতম অধিবেশনে তোমাদের যা লিখে আনতে বলা হয়েছিল, তা তোমরা যেমনটি বুঝেছ তেমনটি লিখে নিয়ে এসেছ। তোমাদের প্রত্যেকের লেখাই প্রায় উত্তরের অন্তর্ভুক্ত হয়েছে, কিন্তু যথার্থ স্থান অধিকার করতে পারেনি।

ভক্তি পরিপক্ক হলে ভগবানে পৌঁছে দেয়; — এই যে পৌঁছে দেওয়ার আনন্দস্বরূপ আহলাদ, সেই আহলাদিনীরূপে ভক্তি ভক্তের মধ্যেই বিরাজ করে। তখন ভক্তি ও ভক্ত উভয়েই ভগবৎ দর্শনে ব্রতী থাকে। ভক্তি তখন এই আহলাদিনী শক্তির সহায়তায় হৃদয়ানুভূতিতে ভক্তের সঙ্গে ভগবৎ প্রেমে আবিষ্ট থাকে। ভক্তিতত্ত্ব সম্বন্ধে আজ পর্যন্ত যা যা বলা বা লেখা হল, এখানেই তার পরিসমাপ্তি করলাম; কারণ ভগবৎ প্রেমভক্তি সম্বন্ধে শেষ কথা কেউ কোনদিন প্রকাশ করে যায়নি। কাজেই আমার পক্ষেও তা প্রকাশ করা সম্ভব নয়।

এখন, আগামী দ্বিষষ্ঠীতম অধিবেশনে জ্ঞান তত্ত্ব সম্বন্ধে লেখা হবে। এই জ্ঞান তত্ত্ব সম্বন্ধে লিখতে গেলে প্রথমেই জানতে হবে জ্ঞান কি বা কাকে বলে

এবং কার সম্বন্ধে জ্ঞানের প্রয়োজন বা কি কি সম্বন্ধে জ্ঞানের প্রয়োজন — এই সম্বন্ধে তোমরা যে যেমনটি বোঝ তেমনটি লিখে আনবে। আজকের মত এখানেই শেষ হল।

দ্বিষষ্ঠীতম অধিবেশন — মানিকতলা — বুধবার — ০২/০১/৮৫

গত একষষ্ঠীতম অধিবেশনে তোমাদের জ্ঞান সম্বন্ধে যা লিখে আনতে বলা হয়েছিল, তা আজ দ্বিষষ্ঠীতম অধিবেশনে যে যেমনটি বুঝেছ, তেমনটি লিখে নিয়ে এসেছ। প্রত্যেকের লেখার দ্বারা আনন্দ পরিবেশন করতে যেয়ে ঘুরিয়ে ফিরিয়ে অনেকেই নানা রকম ব্যাখ্যার মাধ্যমে প্রকাশ করেছ। অনেকেই লিখেছ — মনে হয়, হতে পারে, বোধ হয় — এই সমস্ত ভাষা ব্যবহার করলে এটা বোধগম্য হয় যে, যা লিখেছ সেই লেখা সম্বন্ধে তোমাদের পূর্ণ নির্ভরতা নেই। অতএব এমন ভাষা লেখায় কখনও ব্যবহার কোর না; তাতে লেখার মূল্য বিষয়কে গৌণে পৌঁছে দেওয়া হয়। আজকের লেখা সত্যই সুন্দর হয়েছে। আগামী অধিবেশনে জড় জ্ঞান কি এবং সে জ্ঞান পরিপক্ক হলেই বা কি হয়, পরিপক্ক না হলেই বা কি হয়? — এ সম্বন্ধে আজকের মত ব্যাখ্যায় না গিয়ে যে যেমনটি বোঝ উত্তর লিখে নিয়ে এসো।

জড় জ্ঞানে ডুবে থাকলেও অধ্যাত্ম জ্ঞানে পৌঁছানো অসম্ভব হয়ে পড়ে; আর জড়জ্ঞান না থাকলেও জীবনপথে চলা সহজ হয় না বা সংসার করাও সহজ হয় না। এই অবস্থায় তোমাদের জড়জ্ঞানকে কোন অবস্থায় রাখা প্রয়োজন (বা থাকা প্রয়োজন)?

তোমাদের লিখতে বলা হয়েছিল জ্ঞান কি বা কাকে বলে এবং কি কি সম্বন্ধে জ্ঞানের প্রয়োজন? অজানা বিষয় বা অজানাকে সাধনার দ্বারায় বা প্রখর বুদ্ধির প্রভাবে বিচার দ্বারা যে নিশ্চয়তা বোধ আসে, সেই বোধেরই নাম জানা বা জ্ঞান। জ্ঞান হলেই প্রথমতঃ আরও জানতে ইচ্ছা করে — আমি কে? প্রপঞ্চ কি? ব্রহ্ম কি? — এই জানার যে জ্ঞান, সেই জ্ঞানেরই একান্ত

প্রয়োজন। এখন এই তিন বিষয়কে কোন জ্ঞান দ্বারা জানা যায়, তা পর পর অধিবেশনে বুঝিয়ে দোব। আজকের মত এখানেই শেষ।

ত্রিষষ্টীতম অধিবেশন — মানিকতলা — বুধবার — ০৯/০১/৮৫

দ্বিষষ্ঠীতম অধিবেশনে যে যে প্রশ্নের উত্তর লিখে আনতে বলা হয়েছিল, তা আজ ত্রিষষ্ঠীতম অধিবেশনে যে যেমনটি বুঝেছ লিখে নিয়ে এসেছ। তোমাদের প্রত্যেকের লেখাতেই যে বিশুদ্ধতা আহরণ করেছে, তাতে আনন্দ পাওয়ারই বিষয়। এইভাবে তোমাদের জ্ঞানের উন্মেষ দিনে দিনে বৃদ্ধি প্রাপ্ত হওয়ারই একান্ত প্রয়োজন। তবু উক্ত প্রশ্ন সম্বন্ধে আমি কিছু বলি, তা লেখ —

পঞ্চভূত এবং পঞ্চভূত হতে প্রকাশিত প্রপঞ্চ বিষয়াদি নিয়েই এই জড়জগৎ। এই সম্বন্ধে বিশেষভাবে বোধের মাধ্যমে অবগত হওয়াকেই জড়জ্ঞান বলে। এই জড়জ্ঞানের মধ্যেই সুখ-দুঃখের প্রহেলিকায় জীব সর্বদা হাবুডুবু খায়। এই অবস্থাতে যার মনে ইচ্ছা জাগে যে, কেন হাবুডুবুর মাধ্যমে জীবন অতিবাহিত হচ্ছে, তখনই আরও জানতে ইচ্ছা করে যে, এই অবস্থায় সৃষ্টি কোথা হতে, বিকাশ-প্রকাশ কিভাবে, পরিণামই বা কি? তখনই জড়জ্ঞান কি, তা জানতে ইচ্ছা করে। এই জড়জ্ঞানের সকল অবস্থা অবগত হলে তখনই বোঝা যায় যে, জড়জ্ঞানের বিশুদ্ধ ও অশুদ্ধ অবস্থা কি। তখন জীবন পথে এই হাবুডুবু অবস্থা হতে মুক্ত হওয়ার কারণে বিশুদ্ধ জড়জ্ঞানের আশ্রয় নিয়ে ভগবৎ পথে পদার্পণ করে। এখন প্রশ্ন হল যে, জড়জ্ঞানের বিশুদ্ধ, অশুদ্ধ অবস্থা কি? এবং এই উভয় অবস্থার ক্রিয়া বা পরিণামগুলিই বা কিকি? — এ সম্বন্ধে তোমরা যে যতটুকু বোঝ ততটুকুই লিখে নিয়ে আসবে। অর্থাৎ যে যেমনটি বোঝ তেমনটি লিখে নিয়ে আসবে।

চতুঃষষ্ঠীতম অধিবেশন — মানিকতলা — বুধবার — ১৬/০১/৮৫

ত্রিষষ্ঠীতম অধিবেশনে তোমাদের যে বিষয়ে লিখে আনতে বলা হয়েছিল, তা তোমরা যে যেমনটি বুঝেছ তেমনটি লিখে নিয়ে এসেছ। আজকের লেখার মধ্যে অনেকেই অনেক কিছু ব্যাখ্যা দিয়ে লেখাকে বিব্রত করে ফেলেছ। তথাপি প্রত্যেকের লেখাই আনন্দের আস্বাদন দিতে কুণ্ঠিত হয়নি। তোমাদের এই উদ্দীপনা যথার্থই শুভবুদ্ধির পরিচায়ক। আজকের লেখা সম্বন্ধে আমি একটু বলি তা লেখ —

জড়জ্ঞান সীমাবদ্ধ বা অজ্ঞানতার পরিচায়ক হলেও এই জ্ঞানের মধ্যে বিশুদ্ধতার স্থান রয়েছে; যেমন, পরহিতকর্ম বা নিজের হিতকর্মাদি বিশুদ্ধতার পরিচায়ক। তেমন এর বৈরী কর্মগুলি অশুদ্ধতার পরিচায়ক। এই অশুদ্ধতার কর্মগুলি সাধারণতঃ হিংসা, দ্বেষ আদির দ্বারায় বিশেষতঃ ঘটে থাকে। আর বিশুদ্ধ জড়জ্ঞানের মাধ্যমে বিবেক-সম্পন্ন অবস্থায় ঘটে থাকে। অতএব অশুদ্ধ কর্মের পরিণাম পতন; আর বিশুদ্ধ কর্মের পরিণাম উত্থান। আগামী পঞ্চষষ্ঠীতম অধিবেশনের জন্য প্রশ্ন রইল — জড়জ্ঞানদৃষ্টির দ্বারায় যে আরোপ বা অধ্যারোপ ঘটে থাকে — সেই সমস্ত ঘটনাবলী সম্বন্ধে বিস্তারিত ভাবে যে যেমনটি বোঝ লিখে নিয়ে আসবে। (আলোচনা) —

জীবত্ব জড়ের মধ্যে ডুবে থেকেও ব্রহ্মকে জানার ইচ্ছা করে; সাধনায় এগোয়, পিছোয় — এটাই জীবত্ব।

জীবন অর্থে মাতৃকাল হতে মৃত্যুকাল পর্যন্ত। যে যাকে পরিচালনা করে, তার বিকাশকেই পরিকল্পনা করে।

(মৌখিক প্রশ্ন) — জীবত্বের পরিচালক কে, আর জীবনের পরিচালক কে?

উত্তর — জীবত্ব চৈতন্যের অভিন্ন সত্তা। সেই চৈতন্যের চৈতন্যাংশ মনের বিশুদ্ধ অবস্থার মধ্যে বিরাজ করে। তাই মনের বিশুদ্ধ চৈতন্যাংশের বিকাশই জীবত্বের বিকাশক বা পরিচালক। পঞ্চপ্রাণের বিকাশই হল জীবন। প্রাণই

জীবনের বিকাশক। ....মন জড়বুদ্ধিতে সূক্ষ্ম আর প্রাণ জড়। ...চিত্ত স্থির করে গ্রহণ করে। বুদ্ধি ক্রিয়া করে। অহং আহরণ করে।

পঞ্চষষ্ঠীতম অধিবেশন — মানিকতলা — বুধবার — ৩০/০১/৮৫

চতুঃষষ্ঠীতম অধিবেশনে তোমাদের যে প্রশ্নের উত্তর লিখে আনতে বলা হয়েছিল আজ তা পঞ্চষষ্ঠীতম অধিবেশনে যে যেমন বুঝেছ, তেমনটি লিখে নিয়ে এসেছ। তোমাদের লেখায় হতাশা দূর হবার লক্ষণ দেখা দিয়েছে। এটাও কম আনন্দের বিষয় নয়। তোমাদের প্রশ্ন সম্বন্ধে আমি কিছু বলি তা শোন, — প্রশ্নটি ছিল জড় দৃষ্টিতে বিষয় বস্তু আদির ওপর যে আরোপ বা অধ্যারোপ হয়, তার বর্ণনা দেওয়ার এবং এই আরোপ কিসে হয়? এই আরোপ মায়াময় অজ্ঞানতা থেকেই হয়ে থাকে। এখন কিভাবে সেই আরোপ বা অধ্যারোপ হয় শোনঃ মাটীর বর্তনকে হাঁড়ি বা কলসি ইত্যাদি বলি। তা যখন চূর্ণ-বিচূর্ণ হয়ে যায়, তখন তাকে মাটীই বলি। এক্ষেত্রে ঐ মাটীর বর্তনাদি যা দেখে থাকি তাই আরোপ। আরোপ অর্থে মাটীর রূপ হলেও তা মনে না করে হাঁড়ি, কলসী ইত্যাদির রূপই বলি। এইভাবে সপ্তধাতুর অলঙ্কারাদি অগ্নিতে যখন গালিয়ে ফেলা হয়, তখন ধাতু ইত্যাদির রূপ ধারণ করে। তখন এই রূপগুলো আরোপ বলা হয়। ঐ আরোপের ক্ষেত্রে যেমন মাটীর বর্তনকে মাটী বলি না, বর্তন বলি, এই বর্তনের রূপ মাটীর মধ্যে আরোপিত করার নামই আরোপ। কিন্তু যা আরোপ করি তা মিথ্যা; এক্ষেত্রে মাটীই সত্য। এই মনে করাটাই মাটীর আরোপ অর্থাৎ মাটীর রূপ নয়; অর্থাৎ মাটী। এইভাবে আমরা সকল বিষয় বস্তু দর্শন করে থাকি। দেহক্ষেত্রেও দেহ যখন পঞ্চভূতে মিশে যায় তখন পঞ্চভূতের রূপকে মনে করি না; পঞ্চভূতের দ্বারা গঠিত যে রূপ তাকেই মনে করি। মূলে এটাই দাঁড়ালো যে, দেহ আদি বিষয়বস্তু নাশ হলে যে যে রূপ নেয়, সেই রূপই সত্য রূপ; আর যে সমস্ত বিষয় নাশ হয়ে যায়, সেই রূপ সকলই আরোপ বা অধ্যারোপ। এই গেল জড় দৃষ্টির কথা।

সাধক সাধনার দ্বারায় জড়বুদ্ধির অতীত হয়ে যখন শাশ্বত সত্যের প্রভাবিত জ্ঞানে স্থিরমান হয়, তখন সে উপলব্ধি করে যে, এই অনন্ত বিশ্ব যে সকল উপাদানে প্রতীয়মান হয়েছে, তা সকলই নাশবান; এর দর্শনও মিথ্যা বা আরোপ ও অধ্যারোপ। তখনই দেহী যে সত্যের অভিন্ন সত্তা, এই বোধে উপনীত হয়। একেই বলে নিজেকে জানা। আজকের মত লেখা এখানেই শেষ। এখন, তোমাদের প্রশ্ন হল, প্রকৃষ্ট জ্ঞানকে কারা বা কি কি অবস্থায় আবৃত করে রেখেছে? — এ সম্বন্ধে তোমরা যে যতটুকু বোঝ ততটুকু লিখে নিয়ে আসবে।

ষট্‌ষষ্ঠীতম অধিবেশন — মানিকতলা — বুধবার — ০৬/০২/৮৫

পঞ্চষষ্ঠীতম অধিবেশনে তোমাদের যে প্রশ্নের উত্তর লিখে আনতে বলা হয়েছিল, তা আজ ষটষষ্ঠীতম অধিবেশনে যে যেমনটি বুঝেছ, লিখে নিয়ে এসেছ। আজ তোমাদের প্রত্যেকের লেখাই সঠিক উত্তর হয়েছে — যা পূর্বে কখনও হয়নি। এরূপ অগ্রগতি প্রত্যেকের বাঞ্ছিত হওয়া উচিত। তথাপি, এ সম্বন্ধে আমি কি বলি তা শোন — মানুষ মাত্রেই 'আমার' 'আমার' রূপ অস্মিতা দ্বারায় সর্বদা প্রকৃষ্ট জ্ঞানকে আবৃত করে রাখে। আমি সংক্ষেপে বললাম। তোমরা যে যা বলেছ, তা অস্মিতার মধ্যেই পড়ে। কাজেই আর বিশেষ ব্যাখ্যা প্রয়োজন নেই। আজকের প্রশ্ন হল — মানুষের সাধারণ জ্ঞান কাদের দ্বারা পরিচালিত এবং কাদের দ্বারায় পরিবর্ধিত বা বিকশিত হয়? এ সম্বন্ধে যে যেমন বোঝ লিখে নিয়ে আসবে। আজকের মত এখানেই শেষ।

সপ্তষষ্ঠীতম অধিবেশন — মানিকতলা — বুধবার — ২০/০২/৮৫

ষটষষ্ঠিতম অধিবেশনে তোমাদের যা লিখে আনতে বলা হয়েছিল, তা তোমরা যে যেমনটি বুঝেছ তেমনটি আজ সপ্তষষ্ঠিতম অধিবেশনে লিখে এনেছ। তোমাদের লেখা মোটামুটি ঘুরিয়ে ফিরিয়ে সবারই ঠিক হয়েছে। কেউ বা গুছিয়ে লিখতে পেরেছ কেউ বা পারোনি। যা হোক আস্তে আস্তে

তোমাদের জ্ঞান এই অধিবেশনের সহায়তায় যতটা পরিপুষ্ট হবে, ততটা গুছিয়ে লিখেতে পারবে; এই ভরসা আমার কাছে। এখন আমি একটু বলি লেখ ঃ

সাধারণ জ্ঞান পিতামাতা ও গুরুজনদের নির্দেশ-উপদেশ, স্কুল-কলেজের এবং নানা প্রকার সদ্‌গ্রন্থের দ্বারায় যে শিক্ষা বিদ্যাভাসের পরে যখন মানব উপার্জন ও সংসারক্ষেত্রে নিয়োজিত হয়, তখন সেই সাধারণ জ্ঞানকে বিচার ও বিবেক সমন্বিত বুদ্ধির দ্বারায় মানব তার সংসারটিকে সুন্দর সরলভাবে পরিচালিত করতে সক্ষম হয়। এত শিক্ষার পরেও যদি মানব রিপু আদির অধীনস্থ হয়ে অবিবেকী বিচারহীন বুদ্ধির দ্বারা পরিচালিত হয়, তবেই সংসারক্ষেত্রে নানা প্রকার দুঃখ, কষ্ট ও বিভ্রান্তির মধ্যে পতিত হয়ে থাকে। এই সাধারণ জ্ঞানই যখন বিবেকসম্পন্ন ও মনষ্যত্বের প্রভাবে বিকশিত হয় তখন তা সাধারণ সংসারের মেরুদণ্ড বলে জেনো। এই কারণেই সাধারণ জ্ঞান সম্বন্ধে লিখতে বলা হয়েছিল। যাদের সাধারণ জ্ঞান সম্বন্ধে কিছুই জানা নেই তাদের পক্ষে অধ্যাত্ম পথে অগ্রসর হওয়া অত্যন্ত কঠিন। এই সাধারণ জ্ঞানই অধ্যাত্ম জ্ঞানের কিনারায় পৌঁছে দেয়। আগামী অষ্টষষ্ঠিতম অধিবেশনে এই সাধারণ জ্ঞানের ঊর্ধ্বগতি ও অধোগতি কি কি ভাবে বা কারা ঘটিয়ে থাকে সে সম্বন্ধে যে যেমনটি বোঝ তেমনটি বিস্তারিতভাবে লিখে নিয়ে এসো। সাধারণজ্ঞান সম্বন্ধে যদি বিশেষভাবে না জানো বা না বোঝ, তাহলে অসাধারণ জ্ঞানের কথা শুধু লিখে বা জেনে কি হবে? এই প্রসঙ্গে যার যার নিজ নিজ অভিজ্ঞতার কথাও যদি প্রকাশ করতে পার তো আরো মধুর হবে।

অষ্টষষ্টীতম অধিবেশন — মানিকতলা — বুধবার — ২৭/০২/৮৫

সপ্তষষ্টিতম অধিবেশনে যে প্রশ্নের উত্তর লিখে আনতে বলা হয়েছিল তা তোমরা যে যেমনটি বুঝেছ তেমনটি লিখে নিয়ে এসেছ। সাধারণ জ্ঞানের সুক্রিয়ায় ঊর্ধগতি ও দুষ্ক্রিয়ায় অধোগতি সম্বন্ধে তোমরা সবাই যা লিখেছ তার কোনটাই উপেক্ষা করার মত নয়। তবে আর একটু বিশদভাবে লিখলে

লেখাটি আরও সুষ্ঠু বা বিকাশ-প্রকাশ হত। যাইহোক, এখন এ সম্বন্ধে আমি কিছু বলি লেখ ঃ

সাধারণ জ্ঞানের আহারাদি ও পরিধেয় বিচার দ্বারা গ্রহণ করলে তাতে দেহের কোন ক্ষতি ঘটে না। কর্মজীবনেও সাধারণ জ্ঞানে প্রকৃষ্ট কর্মীর উপদেশ-নির্দেশমত কর্ম করাই শ্রেয়। এর ব্যতিক্রমে কর্মের ফল শুভাশুভ ঘটে। চলার পথেও সাধারণ জ্ঞানের প্রভাবে বিচার দ্বারা চললে তাতেও ফল শুভ হয়; ব্যতিক্রমে ফল অশুভ হয়। সম্পর্ক স্থাপন বা মেলামেশা — এও সাধারণ জ্ঞানে যতটুকু সম্ভব দেখে শুনে করা উচিত। ব্যতিক্রমে ফল অনেক সময় অশুভ ঘটে। প্রকৃত পক্ষে সাধারণ জীবনযাত্রার পথে নিজেকে সাধারণ ভেবে পরিচালিত করাই শ্রেয়। তুমি যা নও বা তুমি যা, তার অধিক কিছু করা বা প্রকাশ করার ফল অশুভ। সাধারণভাবে বাক্য প্রয়োগ করা — তাও সর্বদা সতর্কভাবে স্থান, কাল, পাত্র অনুযায়ী করা শ্রেয়। আলাপ আলোচনাতেও তাই। ব্যতিক্রমে ফল অশুভ।

সাধারণভাবে তোমাদের দৃষ্টিশক্তিকেও বিচার দ্বারা শোধন করা কর্তব্য; কারণ যা দেখ, তা প্রত্যক্ষভাবে না বুঝে সে সম্বন্ধে কোন মন্তব্য করা উচিত নয়। তার ফল অশুভ। তুমি যা শ্রবণ কর, তাও গ্রহণীয় বা অগ্রহণীয় বিচার করে ত্যাগ বা গ্রহণ করা উচিত। সাধারণ জ্ঞানে ব্যবহারিক ধারাটিও স্থান, কাল, পাত্র অনুসারে প্রয়োগ করা বিধেয়; অন্যথায় ফল অশুভ, সাধারণ জ্ঞানে যখনই যা কর না কেন, তা নিজে প্রকৃষ্টভাবে বুঝলে তো শ্রেয়, না বুঝলে ঐ বিষয়ে জ্ঞাত ব্যক্তির কাছে উপদেশ নিয়ে করা শ্রেয়। যারা সাধারণ জ্ঞানকে এভাবে ক্রমের মাধ্যমে পরিচালিত করে, তারা সাধারণতঃ সুখী বা শান্তিতে জীবন যাপন করে। তাদের ঊর্ধগতি অবশ্যম্ভাবী; এ ব্যতীত ফল অধোগতি হয়ে থাকে।

আগামী ঊনসপ্ততিতম অধিবেশনে জীবনপথে সাধারণ জ্ঞানের পেয় ও শ্রেয় সম্বন্ধে যে যা বোঝ লিখে আনবে এবং দুয়ের ফলাফলও লেখার মধ্যে প্রকাশ করবে।

উনসপ্ততিতম অধিবেশন — মানিকতলা — বুধবার — ০৬/০৩/৮৫

অষ্টষষ্টিতম অধিবেশনে তোমাদের যে প্রশ্নের উত্তর লিখে আনতে বলা হয়েছিল তা তোমরা যে যেমনটি বুঝেছ, তেমনটি লিখে নিয়ে এসেছ। আজকের লেখা ব্যাখ্যার মাধ্যমে সবারই কমবেশী সাফল্যমণ্ডিত হয়েছে। এখন এই প্রশ্ন সম্বন্ধে আমি কিছু বলি তা লেখ ঃ

সাধারণ জ্ঞানের মাধ্যমে পেয় জ্ঞান ও শ্রেয় জ্ঞান সম্বন্ধে তোমাদের লিখবার কথা ছিল। পেয় জ্ঞান কর্তব্যাকর্তব্যের মাধ্যমে জীবন পথে ও সাধনপথে একান্তই প্রয়োজন। পেয় জ্ঞন না থাকলে ঈশ্বরের সৃষ্টি রক্ষা পেত না এবং জীবগণও ক্রমোন্নতির পথও খুঁজে পেত না। তবে ব্যতিক্রমের পথে পেয় জ্ঞান সততঃই ক্ষতিকারক এবং সমস্ত পথে বিঘ্নদায়ক। কর্তব্যাকর্তব্যের মাধ্যমে পেয় জ্ঞানে কর্তব্যপালনের মধ্যে যে সেবাবৃত্তি বা লালনপালনবৃত্তি এবং সাধন পথে যে সাধনরীতির উদয় হয় তাই শ্রেয় জ্ঞান। এই শ্রেয় জ্ঞানই কর্তব্যাকর্তব্যের প্রেরণাতে স্তরে স্তরে উন্নত হয়ে বিশেষ জ্ঞান ও পরম জ্ঞানে উপনীত হয়। তোমরা অনেকেই লিখে ফেলেছে যে, পেয় জ্ঞানই অনিষ্ট সাধন করে; তা ঠিক। তোমরা পেয়জ্ঞানের ভাবটি লক্ষ্য করে লিখতে পারো নি। ব্যতিক্রমের পথে আত্মচরিতার্থে বা দুর্বৃত্ত মনের দুবৃত্তি পূরণার্থে পেয় জ্ঞান সত্যই ক্ষতিকর, নিম্ন গতি কারক। কিন্তু ভেবে দেখ, কর্তব্যাকর্তব্যবোধে পেয় জ্ঞানের ক্রিয়াতেই সুখ, শান্তি; পরমানন্দের অধিকারী পর্যন্ত করায়। সাধনার প্রভাবে যখন সাধক মনাতীত হয় অর্থাৎ চাওয়া, পাওয়ার অতীত হয়, তখন আর পেয় জ্ঞানের প্রয়োজন হয় না। সাধারণ জীবের সাধারণ পেয় জ্ঞান সম্বন্ধে লেখার কথা। তাহলে দেখা গেল, পেয় জ্ঞান থেকেই শ্রেয় জ্ঞানের প্রকাশ পায়। যে সাধারণ ব্যক্তি পেয় জ্ঞানকে কর্তব্যকর্তব্যের মাধ্যমে পরিচালিত করে তার পক্ষেই এটা সম্ভব। তাই বলি প্রত্যেক মানব-মানবীরই কর্তব্যাকর্তব্যজ্ঞানে পেয় জ্ঞানকে পরিচালিত বা কর্মে লাগানো উচিত। এখন, সাধারণ মানুষ যে সেবাপূজা এবং ভজন-সাধন করে তার মধ্যে কোন জ্ঞানের প্রাধান্য থাকে? এ সম্বন্ধে

যে যেমনটি বোঝ তেমনটি লিখে নিয়ে এসো আগামী সপ্ততিতম অধিবেশনে।

সপ্ততিতম অধিবেশন — মানিকতলা — বুধবার — ১৩/০৩/৮৫

উনসপ্ততিতম অধিবেশনে তোমাদের যে প্রশ্নের উত্তর লিখে আনতে বলা হয়েছিল তা তোমরা যে যেমনটি বুঝেছ তেমনটি লিখে নিয়ে এসেছ। আজকের লেখা সকলেরই নিরঙ্কুশ আনন্দের উপযোগী হয়েছে। আশা করি, তোমরা এভাবে নির্ভুল লেখা লিখে আনন্দ পেতে ও দিতে উদ্যোগী হবে। আজকের লেখা সম্বন্ধে তবু আমি কিছু বলি, তা লেখ।

সাধারণ মানুষ যখন দেখে, অপর লোকজন সেবাপূজা করে বেশ আনন্দে আছে এবং আরও শুনতে পায় যে, এরূপ সেবাপূজায় মানুষের সর্বপ্রকারের বাসনা পূর্ণ হয়, তাই এই সেবাপূজা করার ইচ্ছা মানুষের মধ্যে জাগে এবং সেবাপূজা করেও। এই সেবাপূজায় বিশেষতঃ সকাম জ্ঞানেরই প্রকাশ। একে পেয় জ্ঞানও বলতে পার। কারো বা বাসনা পূর্ণ হয়, কারো বা হয় না। হয় না বলেই এই সাধারণ জ্ঞানের সেবাপূজা থেকে বিচ্যুত হয় না; কারণ মনে করে যে, হয়তো বা আমার পূজা ঠিক ঠিক নিষ্ঠা অনুসারে হয়নি, তাই বাসনা পূর্ণ হয়নি। তখন তারা আরো সাংস্কারিক নিষ্ঠার আবর্তনে পড়ে সেবাপূজা করে। যার বাসনা পূর্ণ হয়, আর যার হয় না, তাদের মধ্যে কখনো কখনো এই অনুশোচনা জাগে যে, এই চাওয়া-পাওয়ার অতীত কিভাবে হওয়া যায়। নিজের মধ্যে যখন এ পথের সন্ধান খুঁজে পায় না, তখনই সদগ্রন্থপাঠ সাধুসঙ্গ করার ইচ্ছা মনে জাগে। এখন প্রশ্ন রইল যে, গুরুকরণের ইচ্ছা কোন জ্ঞানে জাগ্রত হয়, কোন জ্ঞানেই বা শ্রীগুরুদেবকে গুরুরূপে গ্রহণ করতে ইচ্ছা জাগে? তখন এই ইচ্ছার মধ্যে যে অবস্থা জাগ্রত হয় সেই অবস্থাটাই বা কি অবস্থা এবং সেই অবস্থাই বা কোন জ্ঞানের বিকাশ প্রকাশ? এই সম্বন্ধে যে যেমনটি বোঝ তেমনটি লিখে আনবে এক সপ্ততিতম অধিবেশনে।

একসপ্ততিতম অধিবেশন — মানিকতলা — বুধবার — ২০/০৩/৮৫

সপ্ততিতম অধিবেশনে তোমাদের যে যে বিষয় সম্বন্ধে লিখতে বলা হয়েছিল, তা তোমরা যে যেমনটি বুঝেছ, তেমনটি লিখে নিয়ে এসেছ। আজকের অনেকেরই উত্তর লিখতে গিয়ে অপ্রাসঙ্গিক আলোচনাই বেশীর ভাগ যুক্ত হয়েছে। তবে এই টুকুই আনন্দের বিষয়, তোমাদের লেখায় লক্ষ্য বিষয়ে বিচ্যুত হওনি; লক্ষীভূতই হয়েছ। এইটুকুই যা আনন্দের। প্রত্যেকেই প্রশ্নের অন্তরস্থ বিষয় প্রকাশ করতে চেষ্টা করবে; লক্ষ্য রাখবে অপ্রাসঙ্গিক বিষয় যেন যুক্ত হযে না পড়ে। এখন এ প্রশ্ন সম্বন্ধে আমি কিছু বলি লেখ ঃ

গুরু করণের ইচ্ছা মানুষের যে কোন অবস্থার মধ্যেই হোক না কেন বা যে কোন প্রসঙ্গগুণেই হোক না কেন, এই ইচ্ছার প্রভাবে যে জ্ঞানের উদয় তাকে সদ্‌জ্ঞানের আভাস বলা হয় যেহেতু জড়জ্ঞানের মধ্যেই তা প্রকাশ পায়। মানুষের যখন এই সদজ্ঞানের আভাসিক অবস্থায় গুরুকরণের ইচ্ছা প্রবল হয়ে ওঠে, তার অন্তরীক্ষে দেখা যায় যে, গুরুকে সর্বময় কর্তারূপে গ্রহণ করবার ইচ্ছা জাগে; কারণ জাগতিক জগতে কর্তার অভাব না থাকলেও অধ্যাত্ম জগতে কর্তার অভাব নিশ্চিত ভেবেই গুরুকে কর্তারূপে পেতে ইচ্ছা জাগে। এখন, কথা হল এইটা কোন জ্ঞানের ইচ্ছা? এটাও জড়জ্ঞানের মধ্যে ঐ সদ্‌জ্ঞানের যে আভাস জ্ঞান, তারই পরিপক্ক অবস্থা। এই পরিপক্ক অবস্থায় যাকে গুরুরূপে পাওয়ার ইচ্ছা মনে জাগ্রত হয়, সেই দেহধারী গুরুও যখন এই ইচ্ছার পরিপ্রেক্ষিতে গ্রহণ করবেন বা কৃপাদানে স্বীকৃতি দেন — এই ভাবীগুরুর করুণা যতক্ষণ পর্যন্ত বর্ষিত না হয়, ততক্ষণ যে তীব্র উৎকণ্ঠা সেই উৎকণ্ঠার যে প্রকাশরূপ ভাব, তাকেই বলা হয় পূর্বানুরাগ। অতএব এই অবস্থাটির নাম হল তীব্র উৎকণ্ঠারূপ পূর্বানুরাগ অবস্থা। আর এই আভাষ জ্ঞান পরিপক্ক হয়ে এই অবস্থায় যে জ্ঞানের প্রকাশ পায়, সেই জ্ঞানের নাম প্রগাঢ় উৎকণ্ঠা জ্ঞান বা উৎকণ্ঠা জ্ঞানেরই প্রকাশ বিকাশ।

এখন প্রশ্ন হল, গুরু করণ হয়ে গেল, বীজমন্ত্র লাভ হল, তারপরে গুরুর সঙ্গে কি সম্পর্কে স্থাপন হল বা কোন জ্ঞানেই বা গুরুকে ভজনা করবে?

কবিতা —

আমিতে তুমি রয়েছ চিরস্মরণে।

তবু তোমায় মায়ায় ভুলে রয়েছি বিস্মরণে।

এ মায়া মোহ কাটাইতে তুমি বিনে

নাই তো কেহ ত্রিভুবনে।।

এ মায়া মোহ থেকে

তোমায় যত করি স্মরণ-মনন,

এ সকলি শুধু জড় সুখের কারণে

বৃথা ভজন আয়োজন।

তুমিই তো জড়দেহে আত্মাস্বরূপে

আমার সবই দেখিতেছ রয়ে সাক্ষীস্বরূপে।।

আবার তুমি জড় দেহ ধরে

করুণাময় শ্রীগুরুরূপে

সদা ব্যস্ত রহ মায়ার হাত হতে

জড় দেহীকে উদ্ধারিতে।

অত করুণা তোমার বুঝে সাধ্য কার

না বুঝালে তুমি, ওহে ভবকর্ণধার।।

তাই নিজগুণে এবার তুমিই তো কাণ্ডারী সবার

পার কর, — পুণঃ প্রতিষ্ঠিত কর

যে ঘর ছেড়ে এসেছি, সেই ঘরে এবার।।

তবেই তোমার আমার মাঝে

বিভেদ প্রভেদ মুছে যাবে

চিরতরে অনিবার।।

মাধব — ১৮/৩/৮৫

দ্বিসপ্ততিতম অধিবেশন — মানিকতলা — বুধবার — ২৭/০৩/৮৫

এক সপ্ততিতম অধিবেশনে তোমাদের যে প্রশ্নের উত্তর লিখে আনতে বলা হয়েছিল, আজ দ্বিসপ্ততিতম অধিবেশনে তার উত্তর যে যেমনটি বুঝেছ, তেমনটি লিখে নিয়ে এসেছ। আজকের উত্তরটি একটু ব্যাখ্যাবহুল হলেও প্রত্যেকেরই উত্তর প্রায় সঠিক হয়েছে। আশা করি, তোমরা সঠিকভাবে প্রশ্নের বিষয়বস্তু জ্ঞাত হয়ে সঠিক লিখতে সক্ষম হবে। তাতে আমিও আনন্দ পাব, তোমরাও লিখে আনন্দ পাবে। এখন এ সম্বন্ধে আমি কিছু বলি, তোমরা লেখ ঃ

প্রথম কথাই ছিল দীক্ষার পরে শ্রীগুরুর সঙ্গে কি সম্পর্ক নিয়ে ভজনা করতে হয়। অন্তরে যার যেমন ভাব থেকে যে কোন সম্পর্কের উদয়ই হোক না কেন, তা অন্তরে রেখে প্রকাশ্যে পরমপিতা সম্পর্ক বজায় রেখে বাবা সম্বোধনে, প্রভু বা ঠাকুর সম্বোধনে ডাকাই শ্রেয়। যখন ভজনা করতে বসবে তখন তোমার অন্তরের ভাবটি প্রকাশ করে অন্তর থেকে সেইভাবে ডেকে ভজনা করবে। স্বামীর স্বামী পরম স্বামীরূপে, সেবকরূপে ইত্যাদি যা ভাব — সে ভাবগুলো ভজন-সাধন, সন্ধ্যাহ্নিকে প্রযোজ্য। প্রকাশ্যে সেবাপূজা যা করণীয় তা পিতারূপে, প্রভুরূপে ঠাকুররূপে করা উচিত; এ প্রকাশ্য সেবার বিধান। তারপর কথা ছিল, কোন জ্ঞানে সাধনা বা ভজনা করবে। পূর্ণ ব্রহ্ম সনাতন বা পরমেশ্বর এবং ভগবান স্বরূপ জ্ঞানে ভজনা করাই বিধেয়। এই যে প্রশ্নটি লিখে আনতে বলা হয়েছিল এর যথার্থ কারণ হল প্রকাশ্যে গুরুর সঙ্গে তোমরা কিভাবে, কি মন নিয়ে চলবে বা কিভাবে সেবা করবে বা কিভাবে তাঁকে ডাকবে, তা জানানোর জন্যই প্রশ্ন করেছিলাম। কারণ প্রক্যেক

মানবমানবীরই এটা জ্ঞাত হওয়া প্রয়োজন। তোমাদের বহুদিন বলেছি, শ্রীগুরু পূর্ণ ব্রহ্ম সনাতন; দেহোপযোগী দেহের মধ্যে জাগ্রত হয়ে শিষ্যকে ব্রহ্মবীর্যরূপ মন্ত্র প্রদান করেন। কাজেই সেই দেহীকে লক্ষ্য করে শ্রীগুরুদেবকে মনুয্যজ্ঞানে চিন্তা করা অপরাধ। এই বিষয়ে বিশেষভাবে জ্ঞাত হলে তোমাদের সাধনপথে ও প্রকাশ্যে গুরুর সঙ্গে সঙ্গ করা সহজ হবে। আজকের মত লেখা এখানে শেষ হল।

এখন শ্রীগুরুকে সাক্ষাতে প্রণাম করা এবং সাধন ভজনের সময় অর্থাৎ অসাক্ষাতে উদ্দেশ্যে প্রণাম করা — এই দুটি প্রণাম। এই দুটি প্রণামই কিভাবে কি মন নিয়ে করবে ও শ্রীগুরুকে স্মরণ, মনন, চিন্তন, ধ্যান-ধারণাদি কিভাবে, কি জ্ঞান নিয়ে করবে — এ সম্বন্ধে যে যেমনটি বুঝবে, তেমনটি লিখে নিয়ে আসবে। বার বার একই কথা উল্লেখ করছি যে, প্রশ্নের বিষয়বস্তু ছাড়া অতিরিক্ত বিশ্লেষণ দিয়ে লেখার চেষ্টা কোর না। যথাযথ উত্তর লিখতে চেষ্টা কোর। আজ এখানেই শেষ।

ত্রিসপ্ততিতম অধিবেশন — মানিকতলা — বুধবার — ০৩/০৪/৮৫

দ্বিসপ্ততিতম অধিবেশনে যে যে বিষয় লিখে আনতে বলা হয়েছিল, তা তোমরা যে যেমনটি বুঝেছ তেমনটি লিখে নিয়ে এসেছ। আজকের লেখায় যথার্থ উত্তর না হলেও যথার্থ উত্তর দেবার যে ঐকান্তিক চেষ্টা করেছ, সেই উদ্দীপনাকে ধন্যবাদ না দিয়ে থাকা যায় না। এখন আমি যা বলি তা লেখ ঃ

সাক্ষাতে তোমরা যে ভাব বা যে মন নিয়েই প্রণাম কর না কেন, এ সকলই মনোময় জ্ঞানের অন্তর্গত হয়ে পড়ে কারণ মন বিষয় ছাড়া অন্য কিছু বোঝে না। তাই প্রকাশ্যে যে গুরুকে প্রণাম করা হয়, সেই প্রণামের মধ্যে যে কোন বিষয় প্রাপ্তির ইচ্ছা বিশেষভাবে জাগ্রত হয়। সবারই যে হয়, তা নয়; ব্যতিক্রমও আছে। তাদের কথা স্বতন্ত্র। আর, অসাক্ষাতে তোমরা যখন আহ্নিক কর, নাম জপ কর, স্মরণ —মনন-চিন্তন কর, তখন গুরুকে বিরাট বা পূর্ণ ব্রহ্ম সনাতন রূপেই কর। এই ভাবনাটিকে বলে বিজ্ঞানময় ভাবনা বা

চিন্তা, যাই বল। সাধারণ মানুষ সাক্ষাতে বা অসাক্ষাতে দৈহিক, মানসিক, বাচনিক দুরবস্থার ভাব নিয়েই গুরুকে প্রণাম জানায়। যখন আহ্নিক করতে বসা হয় বা নিরালায় বসে ডাকে, তখন স্মরণ, মনন, চিন্তন দ্বারা যে ডাকা সেই ডাকা ভক্তি সহকারেই ডাকা হয়। এই যে ভক্তির ভাবটা তাকে বলা হয় প্রণম্য ভাব। আর শেষ হলে যে প্রণাম কর তাকে বলা হয় বিজ্ঞানময় প্রণাম। আর একটু চিন্তা করে দেখ সমস্ত প্রণাম বা ভক্তি মনোময় জ্ঞানের অন্তর্গত বলে সকলেই বিষয়াসক্ত বলে বর্ণিত হয়। আর নিরালায় তাঁকে বিরাটভাবে চিন্তা করা হয় বা পূর্ণ ব্রহ্ম সনাতন ভেবে ডাকা হয় — এই চিন্তা বা ডাকাই প্রণাম। এটি হল বিজ্ঞানময় প্রণাম। তাহলে দেখা গেল সাক্ষাতে প্রণাম মনোময় জ্ঞানে আর অসাক্ষাতে যে সাধন-ভজন উদ্দেশ্যে প্রণাম তা বিজ্ঞানময় জ্ঞানে। বিজ্ঞানময় জ্ঞানে মনের সহায়তা থাকলেও তা বিজ্ঞানময় প্রণাম। যখন ধ্যান করছ, তখন মানুষ ধ্যান করছ না। এটা বিজ্ঞানময় জ্ঞান। তোমরা বিজ্ঞানময় জ্ঞানেই সব সময় প্রণাম করতে চেষ্টা করবে, তবেই এই শিবিরের সার্থকতা।

নাম মনোময় জ্ঞানের অন্তর্গত; কিন্তু নামীর চিন্তা বিজ্ঞানময় জ্ঞানের অন্তর্গত।

নাম যখন করছ তখন মনোময় জ্ঞানে আছ; আর নাম করতে করতে যখন নামীর চিন্তা করছ তখন বিজ্ঞানময় জ্ঞানে।

সাক্ষাৎ-অসাক্ষাৎ মনের গুরু সাক্ষাৎকার।

এখন আগামী অধিবেশনে আজ যে যে জ্ঞানের কথা জানতে পারলে, এই দুটি জ্ঞান দেহের কোন কোন স্থান থেকে প্রকাশ পায়? এই মনোময় জ্ঞান যখন বিজ্ঞানময় জ্ঞানে মিশে স্থিত বা স্থির হয়, সেই অবস্থা কি জ্ঞান?

চতুর্সপ্ততিতম অধিবেশন — মানিকতলা — বুধবার — ১০/০৪/৮৫

মৌখিক প্রশ্ন — ১) উত্তম পুরুষ কে ও কেন?

বিশ্ব সৃষ্টির ইচ্ছা জাগ্রত হওয়ার সঙ্গে সঙ্গেই পুরুষের যে অবস্থা, সেই অবস্থা সমন্বিত পুরুষই উত্তম পুরুষ; আর যখন শক্তিতে প্রবেশ করার ইচ্ছা জাগল, তখন তিনি অক্ষর পুরুষ; অক্ষর পুরুষ যখন অনন্ত স্ফরিত হবার উপযোগী হলেন, তখন তিনি ক্ষরপুরুষ। সেই ক্ষর পুরুষেরই অনন্ত প্রকাশ অনন্ত বিশ্বভুবন; তাই তিনি অক্ষর, আর বিশ্ব ক্ষর। এই ক্ষর অক্ষরের ওপরে, যিনি, তিনিই উত্তম পুরুষ। অনন্ত বিশ্ব সৃষ্টির উত্তম ইচ্ছা জাগল বলেই তিনি উত্তম পুরুষ। যখন এই উত্তম ইচ্ছাকে ক্রিয়মান করার জন্য শক্তিতে অনুপ্রবিষ্ট হলেন, তখন তিনি অক্ষর পুরুষ। অনুপ্রবিষ্ট অবস্থায় ক্ষরিত হবার অবস্থায় তিনি অজয়ক্ষর, এবং সৃষ্ট হবার পর ক্ষর পুরুষ।

কারণ পুরুষ — যা থেকে যা কিছু সৃষ্টি হয়েছে, তা বীজ। সেই বীজরূপে তিনি যখন, তখন তিনি কারণ পুরুষ।

২) মন ধারণ করে কি কি? গ্রহণ করে কি কি?

মন পঞ্চভূতকে ধারণ করে; যেমন এই দেহটা। পঞ্চভূতে গঠিত দেহে মন আছে; মনই দেহটাকে ধারণ করে রাখে।

মন যাদের ধারণ করে আছে তাদের সক্রিয় করা প্রাণের কাজ।

তাই এই পঞ্চভূতের মধ্যে ঈশ্বরের জড়লীলা সুসম্পন্ন হচ্ছে। তা না হলে হোত না। ধারণ করলেও যখন মনাতীত হবে তখন ভূতগণ তোমার সহায়তা করবে না। তখন মহাশক্তি মহামায়াই ধারণ করে রাখছে।

ত্রিসপ্ততিতম অধিবেশনে তোমাদের যে প্রশ্নের উত্তর লিখে আনতে বলা হয়েছিল, তা তোমরা যে যেমনটি বুঝেছ, তেমনটি লিখে এনেছ। আজ তোমাদের প্রত্যেকের লেখাই সুচারুমণ্ডিত হয়েছে। আশাকরি এভাবে উত্তর

লিখতে তোমরা দিনে দিনে আরও অগ্রগতি প্রাপ্ত হবে। এখন আমি কিছু বলি তা লেখ —

মন ইন্দ্রিয়াদির সঙ্গে যুক্ত হয়ে যে সমস্ত ক্রিয়াদি সম্পাদন করে, তা মনোময় জ্ঞানেরই প্রকাশ; আর এই জ্ঞান মনের চৌহদ্দির মধ্যেই স্থির থাকে। আবার এদের সঙ্গে বিশেষ বুদ্ধি যখন যুক্ত হয়, তখন তার নাম হয় বিজ্ঞানময় জ্ঞান। এই বিজ্ঞানময় জ্ঞানের ক্রিয়া হল সূক্ষ্মাতীত সূক্ষ্ম বিষয়ের মধ্য হতে কি ভাবে স্থূল বিষয় বা তার শক্তি, গুণ প্রকাশ হয়, তা নির্ণয় করা বা অনুসন্ধান করা। এই জ্ঞানের যে ক্রিয়ানন্দ, তা চিত্তদেশে প্লাবিত হয়। এই বিজ্ঞান মনোময় জ্ঞানের মাধ্যমে চিত্তদেশে স্থির থাকে। এই জ্ঞানই আনন্দময় জ্ঞানে পৌঁছে দেয়।

এখন আগামী পঞ্চসপ্ততিতম অধিবেশনে তোমরা সম্যক জ্ঞান কি কি সহায়তায় হয় এবং কাকে বলে, এ সম্বন্ধে যে যেমনটি বোঝ তেমনটি লিখে নিয়ে এসো।

পঞ্চসপ্ততিতম অধিবেশন — মানিকতলা — বুধবার — ১৭/০৪/৮৫

চতুর্সপ্ততিতম অধিবেশনে তোমাদের যে প্রশ্ন সম্বন্ধে লিখে আনতে বলা হয়েছিল, তা তোমরা যে যেমনটি বুঝেছ তেমনটি লিখে নিয়ে এসে আজ পঞ্চসপ্ততিতম অধিবেশনে পাঠ করেছ। আজকের লেখা কারো কারো একটু ব্যাখ্যায় বেষ্টিত হলেও মোটামুটি ভুল বলা চলে না; কারণ সম্যক জ্ঞান সম্বন্ধে বহু ভাষায় বহুভাবে মহাপুরুষগণ লিপিতে প্রকাশ করেছেন। অতএব তোমাদেরও বহুভাবে বহুভাষায় উত্তর দেওয়া বিশেষ অসম্পূর্ণ হয়নি। এখন এই লেখা সম্বন্ধে আমি একটু বলি, তা লেখ —

সাধারণ মানুষের পক্ষে সম্যক জ্ঞানের উদয় হওয়া বিশেষ সম্ভব নয়। সাধক সাধিকাগণ যতদিন পর্যন্ত সাধনায় রত থাকে, ততদিন তারা মনোরাজ্যে মনের অধীনে থেকে সাধনা করে। এ অবস্থার নাম হল জীবাত্মার অবস্থা। এই সাধনায় যখন মনের সহযোগিতা এবং রিপু আদির বৈরীতা বর্জন করে

যে সহানুভূতি করে এবং সাধনশক্তির পূর্ণ সহায়তায় যখন সাধক মনোরাজ্যের অতীত হয়ে আত্মরাজ্যে পৌঁছায়। আত্মরাজ্যে পৌঁছালে মনোরাজ্য থেকে বর্হিদৃষ্টির প্রত্যক্ষতায় যে জ্ঞানের উদয় হয়ে থাকে, তা আরাধ্য সম্পর্কে আনুমানিক জ্ঞান আর আত্মরাজ্যে গিয়ে শ্রীগুরুর করুণা বলে যে অন্তর্দৃষ্টি প্রস্ফুটিত হয়, সেই প্রস্ফুটিত অন্তর্দৃষ্টিতে আমি যে ঈশ্বরের অভিন্ন সত্তা, তা উপলব্ধিতে আসে। তখনই ঈশ্বরকে সম্যক দর্শন হয়। এই দর্শনে ঈশ্বর সম্বন্ধে প্রকৃষ্টভাবে যা জানা যায়, সেই জানার নাম সম্যক জ্ঞান। এই সম্যক জ্ঞান না হওয়া পর্যন্ত সাধনার পরিসমাপ্তি ঘটে না। এই সম্যক জ্ঞানের উদয় হলে তা আর অস্তমিত হয় না। এটাই লেখার উত্তর।

এখন স্থিতপ্রজ্ঞ সম্বন্ধে তোমরা যে যেমনটি বোঝ এবং এই স্থিতপ্রজ্ঞ কার কার সহায়তায় উদয় হওয়া সম্ভব তা লিখে আনবে আগামী ষট্‌সপ্ততিতম অধিবেশনে।

মন্তব্য — (জীবাত্মা অবস্থায় যে কোন প্রশ্নের ইঙ্গিত দেওয়া সম্ভব হয় কিন্তু আত্ম অবস্থায় কোন ইঙ্গিত দেওয়া সম্ভব নয়। অন্তর্দৃষ্টিতে ঈশ্বরের সব কিছুই যখন প্রতিভাত হয়, তা সম্যক জ্ঞান বা সম্যক দৃষ্টি)।

ষষ্ঠসপ্ততিতম অধিবেশন — মানিকতলা — বুধবার — ২৪/০৪/৮৫

পঞ্চসপ্ততিতম অধিবেশনে তোমাদের যে প্রশ্নের উত্তর লিখে আনতে বলা হয়েছিল তা তোমরা যে যেমনটি বুঝেছ তেমনটি লিখে নিয়ে এসেছ। আজকের লেখার বাচনভঙ্গী সকলেরই প্রশ্নের উত্তরের মূলে পৌঁছাতে প্রয়াসী হয়েছে। এইটাই আনন্দের বিষয়। এখন এই স্থিতপ্রজ্ঞ সম্বন্ধে আমি কিছু বলি তা লেখ —

মানুষ যখন জীবনপথে বা সাধনপথে এটা সেটা নানাপ্রকার জানতে ইচ্ছা করে, তা যে যতটুকু জানতে পারে ততটুকুই জ্ঞানের উদয় হয়। সেই জ্ঞান দ্বারা যখন সৎ অসৎ প্রকৃষ্ট ভাবে বোধে আনতে পারে তার নাম হল প্রজ্ঞা বিশেষ। এই জ্ঞানগুলো যখন সাধক গুটিয়ে আনতে সমর্থ হয়, অর্থাৎ এটা

সেটা আর কিছু জানার ইচ্ছা থাকে না, তখনই এই সমস্ত জ্ঞানগুলো কোথা হতে এসে উদয় হয়েছে বা কোথায় ছিল, সে সম্বন্ধে সাধক সচেতন হয়। তখন সেই সচেতন অবস্থায় সাধক জানতে পারে যে, প্রজ্ঞা হতেই এসমস্ত জ্ঞানের প্রকাশ বিকাশ। অতএব এই জ্ঞানগুলো যা হতে প্রকাশ বিকাশ হয়েছে তাতে স্থির করাই একমাত্র কাম্য হয়ে ওঠে। এই জ্ঞানের প্রভাবে সমস্ত জ্ঞানগুলো গুটিয়ে নিয়ে মনাতীত হতে সমর্থ হয় অর্থাৎ মনোজগতের এই জ্ঞান যেখানে যেখানে বিচ্ছুরিত ছিল, সমস্ত গুটিয়ে নিয়ে মনাতীত হয়ে প্রজ্ঞাতে স্থিত করে। সাধক যখন প্রজ্ঞাতে স্থির করতে সমর্থ হয়, সেই সাধক স্থিতপ্রজ্ঞ নামে রূপায়িত হয়; অর্থাৎ প্রজ্ঞায় যে স্থিত হতে পারে, সেই স্থিতপ্রজ্ঞ। তখন আর সেই সাধকের জড় জগতের জড় মায়া ও সুখ-দুঃখের ছায়া ঐ স্থিতপ্রজ্ঞের ওপর পড়ে না। এই স্থিতপ্রজ্ঞ ব্যক্তির উভয় জগতে যাতায়াতের আর কোন বাধা থাকে না অর্থাৎ মনোরাজ্যে হতে হতে আত্মরাজ্যে বিচরণ করতে সক্ষম হয়। মনোরাজ্যে যখন বিচরণ করে তখন মনোরাজ্যে স্থিত ব্যক্তিদিগকে মনাতীত হবার সর্বপ্রকার নির্দেশ, উপদেশ ও সহায়তা করে থাকে। তখনও জড়রাজ্যের কোন ছায়া তার ওপর পতিত হয় না। কেন হয় না? জড়রাজ্যের সমস্ত বিষয়ের ওপর যে জ্ঞান আগে প্রভাবিত ছিল, সেই স্থিতপ্রজ্ঞে গুটিয়ে নিয়েছে বলে। এই স্থিতপ্রজ্ঞ অবস্থায় সাধকের আর কোন সাধন ভজনের প্রয়োজন হয় না; অর্থাৎ মনোরাজ্যে যতক্ষণ পর্যন্ত বিচরণ করেছিল, চঞ্চল মনের স্বভাবে স্বাভাবিত হয়ে সাধকও চঞ্চল ছিল ও তার জ্ঞানও নানাদিকে বিচ্ছুরিত হয়ে চাঞ্চল্যভাবে ছিল। আর অচঞ্চল স্থিতপ্রজ্ঞে পৌঁছে যখন সাধকও স্থিতপ্রজ্ঞ হয়, তখন তার আর কোন রকমের চঞ্চলতা থাকে না বলে প্রকাশেরও অবকাশ থাকে না। মনোরাজ্যে যখন আসে তখনও চঞ্চল মন তাকে আর চঞ্চলিত করতে পারে না।

আগামী সপ্তসপ্ততিতম অধিবেশনের জন্য প্রশ্ন রইল এই স্থিতপ্রজ্ঞ ব্যক্তি এর পরে কোথায় যেয়ে অধিষ্ঠিত হয় এবং সেই অধিষ্ঠিত বিষয় কি? অর্থাৎ এই স্থিতপ্রজ্ঞই শেষ কথা নয়; এরপরেও আছে। স্থিতপ্রজ্ঞের নাম মহাজ্ঞান বা মহাজ্ঞানী। আজকের মত এখানেই শেষ।

সপ্তসপ্ততিতম অধিবেশন — মানিকতলা — বুধবার — ০১/০৫/৮৫

গত অধিবেশনে তোমাদের যে প্রশ্নের উত্তর লিখে আনতে বলা হয়েছিল তা আজ সপ্তসপ্ততিতম অধিবেশনে তোমরা যে যেমনটি বুঝেছ তেমনটি পড়ে প্রকাশ করেছ। আজকের লেখায় তোমাদের যে অকৈতব চিন্তাধারার অবদান প্রকাশ পেয়েছে তোমাদের লেখার মাধ্যমে, সেই অবদান মূল লক্ষ্যে পৌঁছাতে না পারলেও পৌঁছাবার অগ্রগতি ক্রিয়মান আছে। এটাই বিশেষ আনন্দের বিষয়। তোমাদের এই প্রচেষ্টা নিশ্চয়ই প্রসংশনীয়; কারণ মহা মহা সাধক সাধিকাগণও এই পর্যায়ের বিষয় প্রকাশ করতে বিশেষ সক্ষম হয় না। যারা স্থিতপ্রজ্ঞে পৌঁছাতে পারে বা পেরেছে তারাই এ সম্বন্ধে প্রকৃষ্টভাবে প্রত্যক্ষ প্রকাশ করতে পারে। সেই সম্বন্ধে তোমাদের যে ক্লান্তিশূণ্য প্রচেষ্টা তা প্রসংশার যোগ্য। এখন এই লেখা সম্বন্ধে আমি কিছু বলি তা লেখ —

এই জ্ঞান অর্থাৎ স্থিতপ্রজ্ঞ জ্ঞান যা হতে প্রকাশ পেয়েছে সেইখানে সাধক পৌঁছাতে পারলেই অবস্থানে অবকাশ পায়; যেমন সাধক যখন স্থিতপ্রজ্ঞে পৌঁছায় তখন সেই স্থিতপ্রজ্ঞের আনন্দ উপলব্ধিতে সততই উপলব্ধি করে। এই আনন্দের নামই প্রজ্ঞানান্দং ব্রহ্ম। এই আনন্দে যখন বিরাজ করে তখন ঐ স্থিতপ্রজ্ঞ ব্যক্তির অন্তরে এটাই উদ্ভাসিত হয় যে, এই আনন্দ যে জ্ঞানে ধরা পড়ে এমন অভূতপূর্ব জ্ঞান বা প্রজ্ঞার উৎস কোথায়? তখন সেই উৎস স্থানটি পরিভ্রমণের ইচ্ছা জাগে। এখানে একটি আশ্চর্যের কথা এই যে, এখান থেকে ঐ উৎস স্থানে পৌঁছাবার কারণে কোন প্রকার সাধ্য সাধনার প্রয়োজন হয় না। যা হতে এই প্রজ্ঞা উৎসারিত, সেই উৎসারিতের আকর্ষণেই স্থিতপ্রজ্ঞ ব্যক্তি আকর্ষিত হয়ে আপনা হতে সেই উৎসে পৌঁছায়। তখন এই স্থিতপ্রজ্ঞ ব্যক্তি সেখানে পৌঁছে যা জানতে পারে, সেই জানার বিষয়ই বোধ। এই বোধ হতে প্রজ্ঞা, প্রজ্ঞা হতেই জ্ঞান, জ্ঞান হতে পুনরায় বোধ (জড় বোধ)। এই বোধ হতে অনুভব, অনুভব হতেই স্পর্শশক্তি এবং সর্বপ্রকার জ্ঞানের প্রকাশ।

এখন দেখা যায়, সাধক সমস্ত বিচ্ছুরিত জানার বিষয় বা জানা অর্থাৎ জ্ঞান — সব কিছু গুটিয়ে নিয়ে শেষ পর্যন্ত প্রজ্ঞা। সেই প্রজ্ঞাকেও গুটিয়ে নিয়ে বোধেই অধিষ্ঠিত হয়। যতক্ষণ পর্যন্ত এই বোধে অধিষ্ঠিত থাকে, ততক্ষণ এই বোধকেই ধাম বলা হয়। পূর্ব পূর্ব ঋষিগণ এই ধামকে কৈবল্য ধাম নাম দিয়েছেন। এই কৈবল্যধামে অধিষ্ঠিত থেকে ঐ প্রজ্ঞা যে জ্ঞানের রূপ নেয়, তাকে বলা হয় কেবলি জ্ঞান; কেউ কেউ কৈবল্য জ্ঞানও বলে। এখানে কেবল জ্ঞান; অন্য কিছু নেই। এই অবস্থাকে সোহহং ব্রহ্মাস্মি বলা হয়। আর এই বোধকেই ব্রহ্ম বলা হয় অর্থাৎ বোধই ব্রহ্ম। বোধই ব্রহ্ম বলা হলে তখন পর্যন্ত তাকে নির্গুণ, নিরাকার ব্রহ্ম বলা হয় না। কারণ, যতক্ষণ পর্যন্ত উপাধিযুক্ত ততক্ষণ পর্যন্ত নির্গুণ, নিরাকার নন। এই ধামটির নামই আমাদের সনাতন ধর্মে বৈকুণ্ঠ নাম দিয়েছে। আর জৈন ধর্মে কৈবল্যধাম নাম দিয়েছে। তাদের এখানেই শেষ। বৌদ্ধদের নির্বাণ এখানেই। সব ধর্মের এখানেই শেষ। কেবল সনাতন ধর্মে আরও আছে; বৈকুণ্ঠ কারণ এই ধামে যিনি পৌঁছান তাঁর মধ্যে কোন কুণ্ঠার অবকাশ থাকে না, অর্থাৎ কুণ্ঠাহীন বলেই এই ধামকে বৈকুণ্ঠ বলা হয়।

এখন আগামী অষ্টসপ্ততিতম অধিবেশনে এই কৈবল্য বা এই বোধ সম্বন্ধে কার কি ধারণা অর্থাৎ কে কি বুঝেছ, তা কোন বই পুস্তকের সহায়তা না দিয়ে স্ব-জ্ঞানে প্রকাশ করতে চেষ্টা কোর। তোমরা কে কি লিখেছ সে কথা নয়, আমার বলার মাধ্যমে যা বুঝবে তা লিখবে। আজকের মত শেষ।

সোহহং ব্রহ্মাস্মি — আমি তোমার সৃষ্টির দিক; তুমি আমার উৎসের দিক। তখনও কিছু তফাৎ আছে।

অষ্টসপ্ততিতম অধিবেশন — মানিকতলা — বুধবার — ০৮/০৫/৮৫

সপ্তসপ্ততিতম অধিবেসনে যে বিষয় সম্বন্ধে আলোচনা হয়েছিল, সেই আলোচনার বিষয়বস্তু জেনে যে যেমনটি বুঝেছ, তেমনটি লিখে নিয়ে এসেছ; যদিও তোমাদের লেখায় সেই বিষয়বস্তু বোঝার পরশ পায়নি

তথাপি পরশ পাওয়ার জন্য যে উদ্যাম দেখিয়েছ, তা সত্যই আনন্দের বিষয়। তোমাদের প্রেরণা যে দিন দিন বৃদ্ধি পাচ্ছে, তোমাদের এই উদ্দীপনা তার প্রমাণ। পরশ পায়নি বলে দুঃখ করার কারণ কিছু নেই, কারণ এ সম্বন্ধে বোঝা সাধারণ মানুষের পক্ষে দুরূহ। বুঝিয়ে না দিলে বোঝা যায় না; আর বুঝিয়ে দিলেও অনেকের পক্ষে বুঝে নেওয়া কষ্টকর। কাজেই, সে সম্বন্ধে বুঝে কিছু লেখা সাধারণের পক্ষে অসম্ভব। এখন তোমাদের এই বোঝা সম্বন্ধে আমি কিছু বলি লেখ—

তোমাদের কাছে সেদিন যা ব্যাখ্যা করেছিলাম, সে ব্যাখ্যা সম্বন্ধে যে যেমনটি বুঝবে তেমনটি লেখার কথা ছিল। তেমরা বোঝার পরিবর্তে সেই লেখারই পুণর্বিন্যাস করেছ বিভিন্ন ভাষায়; আর অতিরিক্ত কিছু ব্যাখ্যা করেছ। সেই বোঝা সম্বন্ধে একটি উপমা দেই — ধরে নাও, ছাদের ওপরতলায় তোমার আরাধ্য বসে আছেন। তাঁকে দর্শন করার জন্য তোমরা ধাবিত হয়েছ। দেখা যাচ্ছে কত কতকগুলি সিঁড়ি আছে। সেগুলো পরপর পার না হলে তোমরা দর্শন করতে পারছ না। সেই সিঁড়িগুলো অতিক্রম করার ক্ষমতা যার আছে, সেই ক্ষমতা প্রভাবে আস্তে আস্তে সিঁড়িগুলোকে অতিক্রম করে ওপরে উঠছে। আর যাদের সিঁড়ি অতিক্রম করার ক্ষমতা নেই, তারা নীচে জড়িত হয়ে নৈরাশ্যের নিঃশ্বাস ত্যাগ করছে। এখন দেখা যাচ্ছে — কেন তারা সিঁড়ি অতিক্রম করতে পারছে না, কারো বা দৈহিক দুর্বলতা, কেউ বা নানা প্রকার ব্যাধি-পীড়ার আক্রমণে আক্রান্ত, কেউ বা শিশু, কেউ বা জরা ব্যাধিগ্রস্ত বৃদ্ধ — ইত্যাদি কারণে তারা সিঁড়ি অতিক্রম করতে পারছে না। অধ্যাত্ম ক্ষেত্রে দেখা যায়, তাদের মূল ব্যাধি অজ্ঞানতা। জড়জ্ঞানের জড়তাই তাদের জড়ব্যাধি। ষড়রিপু, অষ্টপাশাদি শতাধিক রিপুগণের আক্রমণে আক্রান্ত নানাপ্রকার ব্যাধির আক্রমণে আক্রান্ত অবস্থার স্বরূপ। তাই তারা ঐ সমস্ত সিঁড়িগুলো অতিক্রম করতে সক্ষম হচ্ছে না; তাই তাদের নৈরাশ্যের প্রকাশ। এখন দেখা গেল, প্রত্যেকটি সিঁড়িরই গুণ, ক্রিয়া, অস্তিত্ব আছে। আর যে অতিক্রম করছে, তারও ঐ আরাধ্যের প্রতি বিশ্বাস, নির্ভরতা, ভক্তি, প্রেম, অনুরাগ ইত্যাদি থাকার কারণে যে শক্তি প্রকাশিত হয়েছে, সেই শক্তিতে সিঁড়ির কোনখানে পা দিলে সেখানে স্থিত থাকতে পারবে — পড়ে যাবে না,

হোঁচট খাবে না — সেই অনুভব জুগিয়েছে। আর সিঁড়িরও ক্ষমতা প্রভাবে — ঠিক ঠিকমত পা ফেললে সিঁড়ি বুঝিয়ে দিচ্ছে অজ্ঞান ভূমিকে তুমি কতটুকু অতিক্রম করতে পেরেছ। এইভাবে পর পর সিঁড়ি অতিক্রম করে যখন ওপরের সিঁড়ি পর্যন্ত পৌঁছাল, তখন তার জ্ঞান, বুদ্ধি যা কিছু ছিল সমস্ত কিছুই ক্রিয়াশূণ্য, চঞ্চলতাশূণ্য — আর, সিঁড়ি পেরতে হবে — এই যে আশা-আকাঙ্খা — সমস্ত কিছু শূণ্য হয়ে স্থিত হয়ে গেল; যাক্ এবার এসেছি, আর চিন্তা নেই; এরই নাম স্থিতপ্রজ্ঞ।

এই স্থিতপ্রজ্ঞ হতে দেখতে পাচ্ছে — তার আরাধ্য কোন স্থানে বসে আছেন — সেটি দেখা যাচ্ছে, আরাধ্যকে দেখা যাচ্ছে না। স্থানটি দেখার কারণে সে ব্যক্তি আনন্দ-উল্লাসে নিজেকে হারিয়ে ফেলেছে। সেই আঙ্গিনার যে চাতালটুকু — সেখানে সে কিভাবে পৌঁছাল, সে নিজেই জানে না; কোন আকর্ষণে কে যে টেনে আনল, তাও সে নিজে জানে না। তখন সেখানে অবস্থান করছে; কারণ আরাধ্যের দ্বার দেখতে পাচ্ছে না। তখন তার যে জ্ঞান, সে জ্ঞানে শুধু আরাধ্য আর আরাধ্যেরই জ্ঞান। আর, ঐ শেষ সিঁড়ি পর্যন্ত যত জ্ঞানের প্রয়োজন ছিল, সমস্ত জ্ঞান ঐ জ্ঞানে যুক্ত হয়ে গেছে। তাকে দর্শন করবে, স্পর্শন করবে, তাকে নিয়ে আনন্দ করবে, তাকে নিয়ে আনন্দে থাকবে — এই একটি জ্ঞানই তখন বিকাশ-প্রকাশমান। এর নাম কেবল জ্ঞান। আর, যে স্থানে অবস্থান করছিল, তার নাম কৈবল্য ধাম। আর, সমস্ত অবস্থার পরিসমাপ্তি, নির্বাণ হয়েছে বলে এই অবস্থার নাম মহানির্বাণ; আর স্থানটির নাম নির্বাণক্ষেত্র। কোন প্রকার কুণ্ঠা নেই বলে একে বিকুণ্ঠ জ্ঞান বলে; আবার মহাবিশুদ্ধ জ্ঞানও বলে। এই অবস্থার নাম মহা অদ্বৈত জ্ঞান; আর স্থানটি সর্বপ্রকার কুণ্ঠাহীন বলে বৈকুণ্ঠ বলা হয়।

এবং ঐ কেবলি জ্ঞানে ব্রহ্মই কেবল অনন্ত ব্রহ্মাণ্ডের প্রকাশক; ব্রহ্ম হতেই সর্ব দেব দেবী, সর্ব মূর্তি বা অনন্ত বিশ্বভুবন প্রকাশমান এটা উপলব্ধিতে অবগত হয়ে তখন ঐ অবস্থাতে সিঁড়ির নীচে জড়জ্ঞানে জড়ীভূত মানব-মানবীর কথা স্মরণে আসে। তখন ঐ উপলব্ধিতে প্রেরণা পায়, তুমি যা জেনে বুঝে যে স্থানে অবস্থান করছ, সেই পন্থাদি ঐ জড়জ্ঞানে জড়ীভূত

মানব-মানবীকে প্রদান করে এ স্থানে পৌঁছানোর সুযোগ বিধান করা তোমার কর্তব্য। তাই তারা পুণরায় ঐ প্রেরিত হয়ে ঐ সিঁড়ির কাছে এসে — যে মন পৌঁছে দিয়ে সিঁড়িতে অবস্থান করছিল — সেই মনের সহায়তায় নিম্নগতিতে একে একে সিঁড়ি অতিক্রম করে, যে সমস্ত জ্ঞানগুলোকে গুটিয়ে নিয়েছিল — তা পুনরায় প্রকাশ করে অভিনয়ের জ্ঞানে ঐ জড়জ্ঞানী জড়ীভূত মানব মানবীর মধ্যে এসে নিজ শক্তি অনুসারে ঐ ব্যাধিগ্রস্ত ব্যক্তিদের বা ঐ অবস্থাপ্রাপ্ত ব্যক্তিদের মুক্তির ব্যবস্থা করে থাকে। যারা গ্রহণ করতে সমর্থ হয় এবং গ্রহণ করে যথার্থভাবে পালন করতে সমর্থ হয়, তারাই ঐ ব্যক্তির মত ঐ সিঁড়ি অতিক্রম করে স্থিত প্রজ্ঞে পৌঁছায় ও স্থিত প্রজ্ঞ হতে ঐ কৈবল্যধামে অবস্থান করে।

ঐখানে অবস্থান করে কেউ কেউ আরাধ্যকে দর্শন করে। এখানে আরাধ্য বলতে পরা-অপরার অতীত যে নির্গুণ ব্রহ্ম তাকেই বোঝায়। সাধারণের আরাধ্য বলতে বোঝায় সগুণ মূর্তি — অপরার প্রকাশ; আর এই মূর্তির যে বিমূর্ত অবস্থা, তার নাম হল পরামূর্তি। এই পরামূর্তিরও অতীত হল নির্গুণ ব্রহ্ম। এখানে বোঝা যায়, আরাধ্যও তোমাদের সাধনার ক্রম অনুসারে পরপর কিভাবে তোমাদের কাছে প্রকাশ-বিকাশ হন। পরা-অপরার পরে প্রকাশ বিকাশের অবকাশ থাকে না অর্থাৎ সোহহং ব্রহ্মাস্মির পরিপক্ক অবস্থায় সাধক অবস্থান করে। তখনও ব্রহ্মময় হলেও ব্রহ্মের সঙ্গে যে ভেদটুকু থাকে, তা প্রকাশের বিষয় নয়। ঐ ভেদটুকু যখন উঠে যায়, তখন তার নাম পরম মোক্ষ বা মহামিলন। কেবলি জ্ঞান পর্যন্ত সেদিন আলোচনা হয়েছিল।

এখন এই কেবলি জ্ঞান সম্বন্ধে কে কি বোঝ লিখে আনতে বলা হয়েছিল; তা লিখে আনা উচিত ছিল; এই যে কেবলি জ্ঞান পর্যন্ত বোঝালাম, এতে বোঝা গেল যে, আমরা গুরু নির্দেশিত মতে, পথে পরিচালিত হয়ে যে কৈবল্যধামে অবস্থান করছি তা, আমি যে সাধন সমর করেছি আমার রিপু আদি দমনের কারণে। সেই রিপু আদি দমন হয়ে আমার মধ্যে যে শক্তি প্রকাশ পেয়েছিল, সেই শক্তি বলেই আমি পরপর সিঁড়িগুলি অতিক্রম

করেছি এবং সেই সিঁড়িগুলি বুঝিয়ে দিয়েছে — তুমি যে আমার এই স্থানে অবস্থান করছ, নীচের দিকে তাকিয়ে দেখ, তোমার অজ্ঞানতা কতটা ঝরে পড়েছে, আমি-আমার অজ্ঞানতা দূর হয়েছে এবং আমিত্ব বুদ্ধি কতটা দূরীভূত হয়ে গেছে। পরপর সিঁড়ি উঠে দেখ, তোমার আমিত্ব-বুদ্ধি, অজ্ঞানতা যা কিছু আছে, সমস্ত দূরীভূত যখন হবে, তখন তুমি তোমার স্বরূপে ফিরে যেতে পারবে। তখনই তোমার আত্মদর্শন হবে। আর, আত্মদর্শন হলে — আত্মা তোমার অভিন্ন — এই জ্ঞানের উদয় হবে। শেষ সিঁড়িতে গিয়ে দেখবে, আত্মাই তোমার আরাধ্য। এই আত্মাই অনন্ত ব্রহ্মাণ্ডের বহিরন্তরে ওতপ্রোতভাবে বিরাজিত। যে আত্মা এতদিন তোমার কাছে ছিল নিষ্ক্রিয় সাক্ষীস্বরূপ, সেই আত্মাই তোমার মধ্যে অবস্থান করে অতি সুকৌশলে তোমাকে তোমার জীবনপথে পরিচালিত করছে। এই অবস্থায় সাধক বুঝতে পারে যে, তিনিই সব করান — আমি পুতুল মাত্র। এতএব এই অবস্থা থেকে কৈবল্যধামে কি ভাবে পৌঁছায় বা কিভাবে তিনি নিয়ে যান — এটাই সাধনার শেষ অবস্থা। সাধনার আর কিছু থাকে না। স্থিতপ্রজ্ঞ পর্যন্ত শেষ অবস্থা। সাধনার আর কিছু থাকে না। সেদিনের লেখা থেকে এইটুকু বোঝা গেল।

আজকের এই যে, কথা লিপিবদ্ধ করলে, তা সর্ব সাধনার চূড়ান্ত সমাধান, সমাপন ও জীবের জীবন-নাটকের পরিসমাপ্তি।

আগামী উনআশীতিতম অধিবেশনে তোমরা লিখে নিয়ে আসবে ত্রিগুণের অবস্থা (সত্ত্বঃ, রজঃ, তমঃ) — সাধকের এই অবস্থায় কিরূপ প্রকাশ পেল।

উনআশীতিতম অধিবেশন — মানিকতলা — বুধবার — ১৫/০৫/৮৫

অষ্টসপ্ততিতম অধিবেশনে যে প্রশ্নের উত্তর লিখে আনতে বলা হয়েছিল, তা তোমরা যে যেমনটি বুঝেছ তেমনটি লিখে নিয়ে এসেছ। তোমাদের লেখা পূর্ণাঙ্গ পরিস্ফুট না হলেও লেখার যে অনুসন্ধিৎসা সেই অনুসন্ধিৎসায় আনন্দ

যোগাতে আপেক্ষা করেনি। এখন এই লেখা সম্বন্ধে আমি কিছু বলি তা লেখ —

সাধক যখন কেবালিজ্ঞানে পৌঁছায় তখন সমস্ত প্রকার জ্ঞানও অর্থাৎ যে কেবলি জ্ঞানের থেকে জ্ঞান বিভিন্ন প্রকারে ক্রিয়া-কর্মাদি সুসম্পন্ন করতে বিস্তার লাভ করেছিল, সেই বিস্তারিত জ্ঞান আবার কেবলি জ্ঞানেই গুটিয়ে যায় বলেই একে কেবলই জ্ঞান বলে। সেইরূপ মহাশক্তি ত্রিভাগে বিভক্ত হয়ে বিশ্বের কর্ম-ক্রিয়াদি বিভিন্নভাবে ক্রিয়মান করায়। আবার এই গুণাদিও যে শক্তি হতে ত্রিভাগে বিস্তার লাভ করেছিল, পুণরায় ঐ শক্তিতেই গুটিয়ে যায়। এই অবস্থার নাম ত্রিগুণের সাম্য অবস্থা। এই সাম্য অবস্থাতেই সাধকের মধ্যে শক্তি মহাশক্তিরূপে বিরাজ করে। ঐ অবস্থায় সাধক তূরীয় অবস্থা প্রাপ্ত হয়। আর সাধকের তূরীয় অবস্থার মধ্যে শক্তিও তূরীয় অবস্থায় বিরাজ করে। যদি ঐ অবস্থায় ঈশ্বরের ইচ্ছায় কোন সাধক ধরার মঙ্গলার্থে ঘুরে আসে তখন তাকে মুক্ত পুরুষ বলে আখ্যা দেওয়া হয়। ঘুরে আসতে হলে পুণরায় মনেরই সহায়তায় সাধারণ মানব-মানবীর সঙ্গে সাধারণ অবস্থার মধ্যে বিরাজ করে। তখন জীব-কল্যাণের উদ্দেশ্যে কর্ম ও ক্রিয়ার মাধ্যমে কর্মক্রিয়ার প্রযোজনার্থে যখন যে গুণের প্রকাশ হয়, তা ঐ মহাশক্তির ইচ্ছাতেই সত্ত্ব, রজ, তম — এই তিন গুণের মধ্যে প্রয়োজন উপযোগী গুণের বিকাশ প্রকাশ হয়। গুণ, কর্ম, ক্রিয়া যা প্রকাশ হয়, তা সাধকের নয়। জীব-কল্যাণ প্রয়োজনে পরমেশ্বর বা পরমেশ্বরীই বিকাশ প্রকাশ করে থাকেন।

এখন আগামী আশীতিতম অধিবেশনে এই জীব কল্যাণে যখন মুক্ত পুরুষ গুণ, ক্রিয়া, কর্ম প্রকাশ করে তখন পরমবোধের কি অবস্থা বা কি অবস্থায় প্রকাশ পায়? এ সম্বন্ধে যে যেমনটি বোঝ তেমনটি লিখে নিয়ে আসবে।

আজকের মত লেখা এখানেই শেষ।

আশীতিতম অধিবেশন — মানিকতলা — বুধবার — ২২/০৫/৮৫

গত উনআশীতিতম অধিবেশনে তোমাদের যে প্রশ্নের উত্তর লিখে আনতে বলা হয়েছিল, তা আজ আশীতিতম অধিবেশনে যে যেমনটি বুঝেছ তেমনটি লিখে নিয়ে এসেছ। আজকের লেখা প্রশ্নের মূল উত্তরের প্রয়াসী না হলেও অদম্য উৎসাহ প্রশংসনীয় কারণ প্রশ্নের যে উত্তর লিখে আনতে বলা হয়েছিল তা সত্য সত্যই তোমাদের কারোরই যথার্থভাবে জানা নেই তথাপি এই উত্তর দেওয়ার যে অদম্য প্রয়াস তা সত্যই প্রসংশনীয়। এখন এই লেখা সম্বন্ধে আমি কিছু বলি লেখ —

কেবলি জ্ঞান-সম্পন্ন সাধক যখন মুক্ত পুরুষরূপে ধরার মঙ্গলার্থে অর্থাৎ জীবগণের মুক্তি অর্থে ক্রিয়া-কর্ম করে, তখন বোধ তার কি অবস্থায় প্রকাশ পায় — এই প্রশ্ন ছিল। আগেও তোমাদের বলেছি যে, সমস্ত জ্ঞান গুটিয়ে নিয়ে যখন একমাত্র পরমজ্ঞানে অধিষ্ঠিত বা সম্মিলিত হয়, তখন আর ভিন্ন কোন জ্ঞান থাকে না। তা থাকে না বলেই একে কেবলি জ্ঞান বলা হয়। সেই কেবলি জ্ঞানে বোধও ভিন্ন ভিন্ন ভাবে জড়ের মধ্যে প্রকাশ বিকাশ থাকলেও তা গুটিয়ে গিয়ে পরমবোধে সম্মিলিত হয়। ঐ মুক্তপুরুষের মধ্যে যে কেবলি জ্ঞান বিরাজমান সেই কেবলি জ্ঞানের মধ্যে বা কেবলি জ্ঞানের বিষয়বোধে পরমবোধই বিরাজ করে। ঐ মুক্ত পুরুষের ক্রিয়াকর্ম যখন ক্রিয়মান হতে থাকে, তখন মুক্ত পুরুষের চেতনায় (সামান্য চেতনায়) বোধ চৈতন্যরূপে প্রকাশ পায়। এই চৈতন্যই পরম বোধ; পরমবোধই ব্রহ্ম। যেমন ক্রিয়াকর্মে বোধ চেতনার মাধ্যমে চৈতন্যরূপে প্রকাশ পায়। আবার মুক্তপুরুষ যখন এই ক্রিয়াকর্ম নিজের মধ্যে গুটিয়ে আত্মস্থ হয়, তখন বোধ মহাভাবরূপে প্রকাশ পায়। আবার এই মুক্ত পুরুষ যখন অপরকে ব্রহ্মজ্ঞানে উপনীত করার চেষ্টা করে, তখন এই বোধই মহাশক্তিরূপে প্রকাশ পায়। আবার এই মুক্তপুরুষ যখন বস্তু, অবস্তু ও বিষয় — এই তিনই একাকার করে (অপরের মধ্যে) উপলব্ধির মধ্যে আনয়ন করে তখন বোধ বস্তুরূপে প্রকাশ হয়ে বস্তু ও অবস্তু যে এক, তাই উপলব্ধি করায়। শাস্ত্রকারগণ এই চারটিকে বোধের চতুষ্পাদ

বলে ব্যাখ্যা করেছেন। প্রকৃতপক্ষে পরমবোধের চতুষ্পাদ বলে কিছু নেই। বোধের চতুষ্পাদ আছে। পরমবোধে এই চতুষ্পাদকে চতুরবস্থা বলা হয়েছে। এই পরমবোধ ঐ মুক্তপুরুষের মধ্যে পূর্ণ অবস্থায় বিরাজ করে বলে অন্যান্য জড় আদি বোধে লিপ্ত হয় না বা তার বোধগম্যের প্রয়োজন হয় না। এখন এই বোধ সম্বন্ধে যতটুকু সংক্ষেপে বলা হল, তা অবগত হয়ে এই সম্বন্ধে তোমরা যা বোঝ বা বুঝেছ, তা বিশেষভাবে প্রকাশ করবে। যে যেমনটি বোঝ তেমনটি লিখবে। আগামী বুধবার বন্ধ থাকবে; তার পরের বুধবার প্রত্যেকেই যার যার লেখা শোনাবে।

— বস্তু, ভাব, শক্তি, চৈতন্য বোধ (মনোজগতের)

মনোজগতে কূটস্থ চৈতন্য, ভাব, শক্তি, বস্তু (জড় বিষয়)

মনোজগতে চৈতন্য চেতনারূপে প্রকাশ করে। আত্মজগতে চেতনা চৈতন্যরূপে প্রকাশ পায়।

একআশীতিতম অধিবেশন — মানিকতলা — বুধবার — ০৫/০৬/৮৫

আশীতিতম অধিবেশনে বোধ সম্বন্ধে তোমরা যা লিখে নিয়ে এসেছিলে, সেই লেখার পরিপ্রেক্ষিতে আমি যা বলেছিলাম, সেই বলার বিষয় সম্বন্ধে তোমরা যে যেমনটি বুঝবে তেমনটি লিখে আনার কথা ছিল। আজ একআশীতিতম অধিবেশনে সে সম্বন্ধে তোমরা যা লিখে নিয়ে এসেছ, সেই লেখা তোমরা যা বুঝেছ, তা প্রকাশ না করে এর আরও কি কি উত্তর লেখা যায়, সেই সম্বন্ধেই তোমরা লেখার গতিকে প্রকাশ করেছ। কাজেই আমি যা বলেছিলাম, সে সম্বন্ধে তোমাদের স্বল্পজ্ঞানে বোঝা নিশ্চয়ই দুরূহ। তথাপি তোমাদের লেখার যে উদ্দীপনা, সেই উদ্দীপনা সত্য সত্যই আনন্দদায়ক। এখন এই সম্বন্ধে তোমাদের বোঝার জন্য আমি একটু বলি।

তোমাদের লেখা উচিত ছিল যে, পূর্ব পূর্ব আলোচনাতে বোধ সম্বন্ধে অনেক কিছু লিখেছ, তাতে নিশ্চয়ই এটা বুঝেছ যে, বোধ কি পদার্থাদির মাধ্যমে ও সর্বপ্রকার জীবাদির মাধ্যমে এবং জীবের মধ্যে মানুষ সবার শ্রেষ্ঠ — সেই

মানুষের মধ্যে মানুষের সাধন প্রচেষ্টার মাধ্যমে স্থিত থেকে কিভাবে সগুণাদি বিশেষে, বিশ্বের পদার্থাদি বিশেষে, সর্বপ্রকার জীবাদি বিশেষে এবং মানুষের জীবন বিশেষে ক্রিয়া করে পুনরায় সেই ব্রহ্মে নিরাকাররূপে বোধ ব্রহ্ম ব্রহ্মই রয়ে যায়। তা কি সুন্দর চিত্রমালায় সাধকের হৃদয়-উপলব্ধিতে উপলব্ধি করায় — এটাই তোমাদের বোঝার বিষয় ছিল। এই বোঝার বিষয় স্বল্পবুদ্ধি বা জ্ঞানের পরিপ্রেক্ষিতে তোমাদের কাছে ভীষণ বোঝার স্বরূপ, তা জেনেও আমি লিখতে বলেছিলাম এই কারণে যে, বোধ সম্বন্ধে যে যতটুকু বোঝ, ততটুকুই তোমাদের জীবনের সার্থকতা। তাই পুণরায় আজও এই বোধরূপী চিত্রমালা সম্বন্ধে তোমরা যে যতটুকু বোঝ লেখার চেষ্টা কোর। সেই লেখাটুকু আগামী দ্বিঅষ্টতিতম অধিবেশনে লিখে নিয়ে আসতে বলছি। কারণ বোধ সম্বন্ধে বোধ না হওয়া পর্যন্ত পর পর এভাবে তোমাদের লিখতেই হবে। দিনের পর দিন ক্লাশ করা, তোমাদের দিয়ে লেখানো আমার উদ্দেশ্য নয়। আমার উদ্দেশ্য এই বোধরূপী চিত্রমালাকে তোমাদের জীবন বোধে আনয়ন করা। এই চিত্রমালাকে বোধে আনতে গেলে যে সমস্ত বিষয়াদির প্রয়োজন হয়, তা তোমাদের আজ পর্যন্ত সমস্ত অধিবেশনেই জানানো হয়েছে। কাজেই এই বোধরূপী চিত্রমালাকে বোধে না নেওয়া পর্যন্ত আমি আমার উদ্দেশ্যকে সত্যই পূর্ণ করতে পেরেছি বলে মনে করি না। এই বোধ সম্বন্ধে বোধ হলেই বোধ দ্বারা কি কি কর্ম করা সম্ভব হয়, সে সমস্ত পরে জানতে পারবে। কাজেই এই জ্ঞান-মার্গ কতদিন কত অধিবেশন লাগবে তা কিছুই অনুমান করা যায় না। আজকের মত এখানেই লেখা শেষ।

(পরে — একটু উপমার সঙ্গে বলি — আমার বক্তব্য সম্বন্ধে যা বুঝবে, তা লিখবে। তোমাদের কাছ থেকে উত্তর আমি চাই না। চুণ আর হলুদ মেশালে লাল হয় বুঝতে পারলে। এবার চুণ আর হলুদ কোথায় কিভাবে প্রয়োগ হয় সেটা বুঝে নেবে — কোন কোন ক্ষেত্রে প্রয়োগ করা যায়। কার দ্বারা কি হয়, তাও জানতে চাই না। আমার বক্তব্য শুনে যা বুঝবে তা লিখবে।)

দ্বি-অষ্টতিতম অধিবেশন — মানিকতলা — বুধবার — ১২/০৬/৮৫

এই অষ্টতিতম অধিবেশনে তোমাদের যে বিষয় সম্বন্ধে লিখে আনতে বলা হয়েছিল, তা তোমরা আজ দ্বিঅষ্টতিতম অধিবেশনে যে যেমনটি বুঝেছ তেমনটি লিখে নিয়ে এসেছ। যে দুর্বোধ্য বিষয় সম্বন্ধে তোমরা লিখতে প্রয়াসী হয়েছ, তা সত্যই তাৎপর্যপূর্ণ। এই তাৎপর্যপূর্ণতাই আনন্দ প্রদানে বিরত হয়নি। এখন এ সম্বন্ধে আমি কিছু বলি, তা লেখ — বোধ যখন অজড় বিষয়াদির মধ্যে বিরাজ করে ততক্ষণ পর্যন্ত বোধ তার পরমত্বই প্রকাশ করে। সেই বোধ যখন জড়ের মধ্যে অর্থাৎ পদার্থাদির মধ্যে ও প্রাণী আদির মাধ্যমে — মানুষ পর্যন্ত জড়বোধ সূক্ষ্মাতিসূক্ষ্মভাবে — মালার সূত্রবৎ প্রকাশিত রয়েছে। সমস্ত সৃষ্টির পরে মানুষ; সেই মানুষের মধ্যে মেধারূপ ধারণ করে সত্যাসত্য, ধর্মাধর্ম, শুভাশুভ বিচারে চলেও যখন মানুষ তৃপ্ত হয় না, তখন মানুষ অপূর্ণের থেকে পূর্ণে পৌঁছাতে যে সমস্ত সাধন ক্রিয়াদি করে থাকে তাও বোধরূপী মেধার প্রভাবে। এই বোধই মানুষকে তত্ত্বাতীত অর্থাৎ মনাতীত করিয়ে যখন হৃদয়ে অবস্থান করে, তখন বোধ উপলব্ধিরূপ ধারণ করে। বোধ তখন মানুষকে ব্রহ্মে অর্থাৎ পূর্ণে মহামিলন করিয়ে থাকে বা মিশে যায়। এখন এই বোধ সবার মধ্যে থেকেও কিভাবে জড় জগতে প্রাণী আদি ও মানুষের প্রয়োজন উপযোগী বিষয়াদি মিলন করায় বা ভোগ করায়; বোধের কোন অবস্থায় ভোগ করায় এবং কোন অবস্থায় মুক্ত করায়, — এ সম্বন্ধে যে যেমনটি বুঝবে তেমনটি লিখে নিয়ে আসবে। আজকের মত এখানেই শেষ। মানবের মধ্যে বোধ কোন অবস্থায় পতন ঘটায় কোন অবস্থায় ঈশ্বরমুখী করায়?

আগামী বুধবার দিন আমার জন্মতিথি উপলক্ষ্যে শিক্ষা শিবিরের অধিবেশন বন্ধ থাকবে।

ত্রি-অষ্টতিতম অধিবেশন — মানিকতলা — বুধবার — ২৬/০৬/৮৫

গত দ্বিঅষ্টতিতম অধিবেশনে বোধ সম্বন্ধে তোমাদের যা লিখতে বলা হয়েছিল, সে বিষয়ে তোমরা যে যেমনটি বুঝেছ তেমনটি লিখে নিয়ে এসেছ আজ ত্রি-অষ্টতিতম অধিবেশনে। তোমাদের প্রত্যেকের লেখায়ই যথাযথ উত্তরে পৌঁছে যাবার প্রয়াস রয়েছে। অতএব এইরূপ লিখে আনন্দ দিতে চেষ্টা করবে। এখন এ সম্বন্ধে আমি কিছু বলি তা লেখ —

বোধ যখন জড়ের মধ্যে বিরাজ করে, তখন জড়ের সঙ্গে মিলিত হয়ে জড় বোধ রূপ ধারণ করে। এই জড়বোধের ক্রিয়া সততই ভোগমুখী। ভোগমুখী বলেই কখনও কখনও কর্তব্যের অতীত অবস্থায় গিয়ে আত্মচরিতার্থ-বিলাসে বোধ ক্রিয়মান হয়। এইরূপ বোধের ক্রিয়াই পতনমুখী। আবার, বোধের মধ্যে যখন বোধ হয় যে, আমরা মানুষ হয়েও মনুষ্যত্বহীন কর্মে ক্রিয়মান হয়ে অমনুষ্যত্বের ক্রিয়ায় ব্রতী হয়েছি। এই বোধ যখন যথার্থভাবে ক্রিয়মান হয় তখন মনুষ্যত্ব জাগরণে বোধ যে ক্রিয়া করে, ইহাই উত্থানের সোপান। এইভাবে স্তরে স্তরে উন্নত হতে হতে ভগবৎমুখী হয়ে উত্থানের চরম পর্যায়ে পৌঁছাতে সমর্থ হয়।

এখন মানুষের নিদ্রিত অবস্থায় বোধের ক্রিয়া কি? স্বপ্ন অবস্থায় বোধের ক্রিয়া কি? সাধারণ জাগ্রত অবস্থায় বোধের ক্রিয়া কি?

এখন, মানুষের নিদ্রিত অবস্থায় বোধের ক্রিয়া কি? স্বপ্ন অবস্থায় বোধের ক্রিয়া কি? সাধারণ জাগ্রত অবস্থায় বোধের ক্রিয়া কি? এ সম্বন্ধে যে যেমনটি বোঝ লিখে নিয়ে আসবে আগামী চতুর্অষ্টতিতম অধিবেশনে। আজকের মত এখানেই শেষ।

চতুর্অষ্টতিতম অধিবেশন — মানিকতলা — বুধবার — ০৩/০৭/৮৫

ত্রি-অষ্টতিতম অধিবেশনে তোমাদের যে প্রশ্নের উত্তর লিখে আনতে বলা হয়েছিল, তা তোমরা যে যেমনটি বুঝেছ তেমনটি লিখে নিয়ে এসেছ।

তোমাদের আজকের লেখা কমবেশী উত্তরমুখী হয়েছে। কাজেই তোমরা প্রশ্নগুলি বিশেষভাবে বুঝে নিয়ে লিখলেই উত্তর আরও পরিষ্কার হবে। এখন এ সম্বন্ধে আমি কিছু বলি তা লেখ—

নিদ্রিত অবস্থায় বোধের ক্রিয়া কি বলতে গেলে আগেই আমাদের জানতে হবে নিদ্রা কাকে বলে? নিদ্রা কাকে বলে জানতে গেলেই দেখা যায় যে, আমদের কর্মেন্দ্রিয়, জ্ঞানেন্দ্রিয়, মন, বুদ্ধি, চিত্ত ও অহংকার জাগ্রত অবস্থায় মনের ইচ্ছাপূরণ করতে সর্বদাই ব্যতিব্যস্ত হয়ে পড়ে অর্থাৎ মন এই সমস্ত ইন্দ্রিয়াদির দ্বারাই বিষয় ভোগ করে বলে ইন্দ্রিয়াদির বিষয়কে মনের সন্নিধানে পৌঁছাতে অর্থাৎ নিকট বা দূর থেকে ইন্দ্রিয়াদি সদাই পরিশ্রান্ত বা ব্যতিব্যস্ত হয়ে পড়ে। এই সমস্ত ইন্দ্রিয়াদি যখন ক্লান্ত হয়ে পড়ে তখন আস্তে আস্তে ইন্দ্রিয়াদির ক্রিয়া সুপ্ত হতে থাকে। এই ইন্দ্রিয়াদি যখন গভীর সুপ্ততা প্রাপ্ত হয় তখনই এই অবস্থায় নাম গভীর নিদ্রা। এই নিদ্রারও প্রয়োজন আছে। ইন্দ্রিয়াদি বা দেহের যে ক্ষয়-ক্ষতি ঘটে, ঐ নিদ্রায় ঐ সমস্ত ক্ষয়ক্ষতি পূরণ করে; ক্লান্তি দূর করে। তখন মন আর এদের দ্বারা বিষয়াদি গ্রহণ করতে পারে না এবং দেহের অন্যান্য তত্ত্বাদি ঐ সমস্ত ইন্দ্রিয়াদির দ্বারা বিশেষভাবে নিজেদের প্রকাশ করতে পারে না। মন তখন ইন্দ্রিয়াদির দ্বারা বিষয়ভোগ করতে পারে না বলে জীবের অনাদিকালের বিষয়াদি — ইন্দ্রিয়াদির দ্বারা যা চিত্তের মধ্যে চিত্রিত হয়ে আছে — মন তার মধ্যে যে কোন চিত্র নিয়ে বা চিত্রের নির্বাচিত স্থানে গিয়ে — সে সমস্ত বিষয় উপভোগ করে। একেই আমরা স্বপ্ন বলি। এ অবস্থাতেও বোধ সুপ্ত জ্ঞানের দ্বারায় তা জীবকে অনুভব করিয়ে থাকে। তাই জীব জাগ্রত হলে তা কেউ কেউ বলতে বা প্রকাশ করতে সক্ষম হয়। তাই আমরা মনে করি, আজ এই স্বপ্ন দেখেছিলাম ও তৃপ্তি পাই।

নিদ্রিত অবস্থায়ও বোধ নিজে চৈতন্যরূপেই বিরাজ করে এবং চৈতন্যরূপে বিরাজ করেও চেতনাকেও সতেজ রাখে; কিন্তু ইন্দ্রিয়াদির দ্বারা প্রকাশ হতে পারে না। কেবলমাত্র নাসা ইন্দ্রিয় প্রাণবায়ুকে তিন অবস্থায় ক্রিয়মান রাখে, যথা সমান, উদান ও ব্যান। নাসা ইন্দ্রিয়ের কাজ গন্ধ গ্রহণ করা। শুধুমাত্র নাসা বিবরের ক্রিয়ায় প্রাণবায়ু ক্রিয়মান থাকে; যেমন চক্ষু উন্মীলিত

থাকলেও দৃষ্টি সসুপ্ত থাকে বলে কিছু দর্শন করতে পারে না। জিহ্বা ইন্দ্রিয় মুক্ত থাকলেও তার দ্বারা আস্বাদন বা বাক প্রকাশ করতে পারে না। যদি কোন ইন্দ্রিয় কোন বিষয়কে অনুভব করতে পারে, তাহলে বুঝতে হবে, নিদ্রা গভীরতা পায় নি। বোধও তখন এই সমস্ত ইন্দ্রিয়াদির দ্বারা কোন ক্রিয়া প্রকাশ করতে পারে না। তবে, এই সুপ্ত অবস্থারও সীমারেখা আছে; বাইরের কোন সংঘাত যদি এই সীমা লঙ্ঘন করে, তবে সঙ্গে সঙ্গে নিদ্রাভঙ্গ হয়। নিদ্রাভঙ্গ হলে তাকে জাগ্রত অবস্থা বলে অর্থাৎ বোধের ক্রিয়া সঙ্গে সঙ্গে ইন্দ্রিয়াদির দ্বারা বিকাশ প্রকাশ হতে থাকে।

এই যে সুপ্ত বা নিদ্রিত অবস্থার কথা বললাম — সাধক যখন সাধনার দ্বারা এই সমস্ত ইন্দ্রিয়াদিকে নিজ আয়ত্তে এনে তাদের ক্রিয়াকে সুপ্ত করে অর্থাৎ বর্হির্মুখী ক্রিয়া বন্ধ করে অন্তর্মুখী অবস্থায় সাধক সক্রিয় হয়ে সাধন ক্রিয়ায় পূর্ণাঙ্গ সমর্থ হয় বলে বোধ তখন ঐ অবস্থায় সাধকের আমি-সত্তার বোধকে পরমসত্যের দিকে আকর্ষিত বা ধাবিত করায়। নিদ্রিত অবস্থাকে বলে সুপ্ত অবস্থা। আর সাধক যখন ইন্দ্রিয়াদিকে আয়ত্তে এনে সুপ্ত করে, সেই অবস্থাকে বলে সুসুপ্তি অবস্থা। জাগ্রত অবস্থায় যতক্ষণ পর্যন্ত জড় মোহে মোহগ্রস্ত থাকে, ততক্ষণ বোধের ক্রিয়া হল ইন্দ্রিয়াদির দ্বারা বিষয়াদিকে অনুভবে বা অনুভূতিতে আনা ভাল আর মন্দ উভয় অবস্থায়। এই অবস্থায় সাধক যখন অনুশোচিত হয় যে, আমি কে? কোথা হেতে এসেছি? কোথায় আছি? কোথায় যাব? এবং আমার করণীয় কর্ম কি? এই অনুশোচিত অবস্থায় যখন বুঝতে পারে যে, এসেছি যথা হতে তথায় পুণরায় না পৌঁছানো পর্যন্ত কোনটা আমার সুকরণীয় কর্ম, কোনটা বিকর্ম, কোনটা অকর্ম — তখন বোধের ক্রিয়া হল — বোধ তখন এই অবস্থায় বুদ্ধির সহায়তায় তার বোধে এনে দেয় তার প্রকৃষ্ট করণীয় কি? জাগ্রত অবস্থায় এটাই বোধের ক্রিয়া। বোধ সম্বন্ধে আজ পর্যন্ত তোমরা অনেক কিছু লিখলে — এখন এই বোধ সদসৎ উভয় অবস্থায় কিভাবে ক্রিয়া করছে — এ সম্বন্ধে তোমরা যে যেমনটি বোঝ তেমনটি আগামী পঞ্চ-অষ্টতিতম অধিবেশনে লিখে নিয়ে আসবে।

পঞ্চ-অষ্টতিতম অধিবেশন — মানিকতলা — বুধবার — ১০/০৭/৮৫

চতুর্অষ্টতিতম অধিবেশনে তোমাদের যে প্রশ্নের উত্তর লিখে আনতে বলা হয়েছিল তা তোমরা আজ পঞ্চ অষ্টতিতম অধিবেশনে যে যেমনটি বুঝেছ তেমনটি লিখে নিয়ে এসেছ। আজকের লেখায় সকলেরই উত্তর প্রাধান্য লাভ করেছে, এটা বড়ই আনন্দের বিষয়। এইভাবে তোমরা পর পর উন্নত হও — তাই এই অধিবেশনের মূল লক্ষ্য। এই মূল লক্ষ্য সম্পূর্ণ করতে তোমরা সকলেই সমর্থ — এ বিশ্বাস আমার কাছে। তবে সংসারের নানা ঝঞ্ঝাট ও বিব্রত অবস্থার মধ্যে থেকে তোমরা যে যতটুকু অগ্রসর হচ্ছ, তা সত্যই আশ্চর্যজনক বিষয় — এতে সন্দেহ নেই। এখন এই লেখা সম্বন্ধে আমিও কিছু বলি তা লেখ —

বোধ সততঃই স্বচ্ছ, নির্মল। এই বোধের ছায়া যখন জড় অবস্থার মধ্যে অধিষ্ঠিত হয়, তখন মনের বিষয়ভোগ ইচ্ছা চরিতার্থরূপী ভোগমুখী হয়। তখন ষড় রিপু আদি শতাধিক রিপুগণ ঐ ভোগের বিষয় ইন্দ্রিয়াদির সহায়তায় যখন মনের সমীপস্থ করায়, তখন বোধ চরিতার্থের বিষয় আদিকে মনের মধ্যে বিলাসী সুখ বোধ করায়। এর পরিণতি অসৎমুখী — সে বোধও করায়। এই হল অসৎমুখী বোধের ক্রিয়া। আবার যখন মনের ক্রমের মাধ্যমে বিষয় গ্রহণের ইচ্ছা জাগে তখন ইন্দ্রিয়াদি বিবেক সহকারে বিষয়াদি মনের সমীপস্থ করায়। তখন বোধ এই বিষয়ের মধ্যে সৎআনন্দের বোধ করায় এবং মনের মধ্যেও সৎ আনন্দ জাগ্রত করায়। জড় অবস্থায় এই যে আনন্দ তা পরমানন্দের ছায়া আনন্দ-স্বরূপ — তাও বোধ করায়। জড় ক্ষেত্রে বোধের এই যে ক্রিয়া, তাই সৎক্রিয়া। এখন চিন্তা করে দেখ, তোমরা আজ পর্যন্ত জেনে এসেছ — সৎ, অসৎ দুটি কথা। মনের বহির্মুখীভাবে যখন মন নিজে আবিষ্ট থাকে, তখন মনের দুটি ধারা — সৎ, অসৎ।

এই যে সদসৎ দুটি ধারা — মানুষ নানাপ্রকার অবস্থায় বিভ্রান্ত, বিব্রত অবস্থায় চলে যখন ক্লান্ত, শ্রান্ত বা পরিশ্রান্ত হয়, তখন এই বর্হিমুখী দুইটি ধারার সৎ ধারাটি — এর মধ্যে পরমবোধের ছায়া থাকে — সেই ছায়ায় আশ্রয় নিয়ে

মানুষ ক্লান্তি দূর করতে প্রয়াসী হয়। সেই ছায়াটি জাগতিক ক্ষেত্রে কোথায় কিভাবে? মঠে, মন্দিরে, গির্জায়, মসজিদে আশ্রয় নিয়ে সাধু, সন্ত, বৈষ্ণব ও গুরুপদে আশ্রয় নেয়। এই যে সৎ অংশে প্রকাশ্যভাবে রয়েছে — এদের আশ্রয় নেওয়াই পরমবোধের ছায়ায় আশ্রয় নেওয়া। সেইখান থেকে মানুষ নিজের মোড় ঘুরিয়ে বিপথ থেকে সুপথী হয়ে সাধক নামে অধিষ্ঠিত হয়। তখন সাধকের বহির্মুখী ধারাটি হল সাধনা; আর অন্তর্মুখী দুটি ধারার একটি হল সাধনার চরম, আরেকটি হল সাধনার পরম। ঐ ছায়ারূপী বোধই সাধকের চরম ও পরম পথের অনুসন্ধানরূপ বোধ জাগ্রত করিয়ে দেয়। সাধক যতক্ষণ মনাধীন অবস্থায় সাধনা করে ততক্ষণ বোধের ছায়া তার মধ্যে বোধ আনয়নের ক্রিয়া করে। এই ক্রিয়ায় সাফল্য অর্জন করে সাধক মনকে বাহন করে অর্থাৎ অধীনস্থ করে বোধের ছায়া থেকে আত্মবোধে অধিষ্ঠিত হলেই "আমিত্ব বোধ" দূরীভূত হলে "পাকা আমি" বোধে পৌঁছায়। পাকা-আমি বোধে পৌঁছালে সেই বোধে সাধনার চরম অবস্থায় পৌঁছায়। ঐ বোধের প্রেরণায় সাধক এই অবস্থা প্রাপ্ত হয়। বাহন বা তরীরূপ মন যখন সাধককে হৃদয়পুরের ঘাটে পৌঁছে দেয়, তখন তরী ঘাটেই পড়ে থাকে; আর সাধক হৃদয়পুরের হৃদয়পুরীতে চলে যায়। সেখান থেকে সাধকের অন্তর্মুখী যে পরমমুখী পথ, সেখানে যেতে আর কোন সাধনার প্রয়োজন হয় না। পরমবোধের আকর্ষণে সেই পরমবোধে উপনীত হতে সক্ষম হয় অর্থাৎ এই বোধই সাধককে তখন সঙ্গে নিয়ে নিজে পরমবোধে পরিণত হয়ে সাধককে পরমবোধ উপলব্ধি করায়। এখন, সদসৎ অবস্থায় বোধের ক্রিয়া সম্বন্ধে তোমাদের সামান্য একটু যা লেখালাম, এইটি তোমরা বিশদভাবে চিন্তা করে হৃদয়ঙ্গম করার চেষ্টা কোর। এখন, এই বোধ জড় থেকে অজড়ে যেতে কিরূপ ক্রিয়া করে এবং জড়ের মধ্যেও যে অজড় আছে তা তোমাদের কিভাবে অনুভূত করায় সে সম্বন্ধে যে যেমনটি বোঝ লিখে নিয়ে আসবে।

ষট-অষ্টতিতম অধিবেশন — মানিকতলা — বুধবার — ২৪/০৭/৮৫

পঞ্চ-অষ্টতিতম অধিবেশনে তোমাদের যে প্রশ্নের উত্তর লিখে আনতে বলা হয়েছিল তা তোমরা যে যেমনটি বুঝেছ তেমনটি লিখে নিয়ে এসেছ। আজকের লেখাও যথার্থ উত্তর প্রকাশে সযতন রয়েছে — এটাই আনন্দের বিষয়। আমি আশা করি, তোমরা এভাবে প্রশ্নের উত্তর দিতে পর পর অগ্রগতি লাভ করবে। এখন এই প্রশ্ন সম্বন্ধে আমি কিছু বলি, তা লেখ —

প্রশ্ন ছিল, জড় হতে অজড়ে যেতে বোধ কিরূপ ক্রিয়া করে এবং জড়ের মধ্যেও যে অজড় আছে, তা বোধ কিভাবে অনুভূত করায়?

বোধ যখন জড়ের মধ্যে বিরাজ করে সেই বিরাজিত স্থানটি অন্তঃকরণ বলে অভিহিত হয়। এই অন্তঃকরণ থেকে দেহের চব্বিশ তত্ত্বের মাধ্যমে এবং দেহের সমস্ত গ্রন্থিস্থানে থেকে ও প্রতি শিরায় শিরায় প্রবাহিত হয়ে এই সমস্ত ইন্দ্রিয়াদি, গ্রন্থি আদি এবং শিরাদির গুণ, ক্রিয়া অনুসারে এই সমস্ত ইন্দ্রিয়াদি, গ্রন্থি আদি ও শিরাদিকে তদ্রূপভাবে বোধ করায়। এদের গ্রহণীয় বোধের বিষয়গুলোকে গ্রহণ করবে কি করবে না — সেই যে বোধ — তা বুদ্ধির মধ্যে যে বোধশক্তি রয়েছে, তার দ্বারা বিচার অনুষ্ঠিত হয়ে গ্রহণ ও ত্যাগ হয়ে থাকে। এ সমস্তের মধ্যে কে কিভাবে গ্রহণ করল বা করল না, তা অন্তঃকরণ দ্বারা ঐ সমস্ত বোধগুলির ভাল-মন্দ অনুভব করে। এই অনুভব শক্তি থেকেই সাধকগণ সত্যে প্রতিষ্ঠিত হতে অগ্রসর হয়। প্রতিষ্ঠিত হতে গেলে যে সমস্ত করণীয় ক্রিয়া-কর্ম আছে, তা পালন করতে গেলে উপদেশ নির্দেশকারী সাধু, গুরু, বৈষ্ণবের আশ্রয় নিয়ে আপন আপন সাধন ক্রিয়া অনুসারে এই বোধই যে জড় হতে অজড়ে নিয়ে যাচ্ছে, তা প্রথমতঃ অনুভব করতে সমর্থ হয়। এখন দেখা গেল, জড়ের মধ্যে অজড়রূপী বোধের ক্রিয়া কি।

আবার এই জড় হতে যখন জড়াতীত হবে, তখন বোধ স্বয়ং-ক্রিয়ায় ক্রিয়মান হয়ে সাধককে সক্রিয় করবে। আজকের মত লেখা এখানেই শেষ হল।

পরবর্তী প্রশ্ন রইল — যোগীর লক্ষ্য যেমন সহস্রারে পৌঁছে পরমাত্মায় সমহিত হওয়া, ভক্তির লক্ষ্য যেমন ভগবানের সমীপস্থ হওয়া, জ্ঞানীর লক্ষ্য যেমন ব্রহ্মে মিশে যাওয়া — তার মধ্যে যোগীর যে সহস্রারে পৌঁছানোর লক্ষ্য থাকে, বোধ তখন যোগীকে এই জড়ের মাধ্যমে ক্রিয়া করে ইন্দ্রিয়াদি, গ্রন্থি আদি ও শিরাদির সহায়তায় কিভাবে আসা-যাওয়া করে যথাস্থানে পৌঁছাতে সমর্থ করায় — এ সম্বন্ধে যে যেমনটি বুঝবে তেমনটি লিখে নিয়ে আসবে।

সপ্ত-অষ্টতিতম অধিবেশন — মানিকতলা — বুধবার — ৩১/০৭/৮৫ ও

অষ্ট-অষ্টতিতম অধিবেশন — মানিকতলা — বুধবার — ০৭/০৮/৮৫

গত ষড়-আশীতিতম অধিবেশনে তোমাদের যে প্রশ্ন দেওয়া হয়েছিল, তা তোমরা যে যেমনটি বুঝেছ তেমনটি লিখে নিয়ে এসেছ আজ সপ্ত অষ্টতিতম অধিবেশনে। তোমাদের লেখা কমবেশী ওলট পালট হলেও লেখার গতি যে মূল লক্ষ্যের দিকে গতিশীল, এ সম্বন্ধে কোন সন্দেহ নেই। তোমাদের এই গতিশীল লেখনী শক্তি দিন দিন আরও বর্ধিত হোক বা হবে — এই ভারসা আমার আছে বলেই তোমাদের লেখায় আমি হতাশ হইনা। এখন এ সম্বন্ধে আমি কিছু বলি তা লেখ।

তোমাদের প্রশ্ন ছিল — যোগীর লক্ষ্য যেমন সহস্রারে পৌঁছে পরমাত্মায় সমাহিত হওয়া, ভক্তির লক্ষ্য যেমন ভগবানের সমীপস্থ হওয়া, আর জ্ঞানীর লক্ষ্য ব্রহ্মে মিশে যাওয়া — তার মধ্যে এই জড়ের মাধ্যমে বোধ কি ভাবে ক্রিয়া করে ইন্দ্রিয়াদি, গ্রন্থি আদি ও শিরাদির সহায়তায় আসা-যাওয়া করে এই তিন পথের সাধককে লক্ষ্যস্থানে পৌঁছাতে সমর্থ করায় — এ সম্বন্ধে যে যেমনটি বুঝবে তেমনটি লিখে নিয়ে আসবে।

মনোরাজ্যে বোধের কেন্দ্র হল অন্তঃকরণ স্থল; আর মনাতীত অবস্থায় বোধের কেন্দ্র হল হৃদয় স্থল। ইন্দ্রিয়গণ যেমন বহির্বিষয়াদি মনকে পৌঁছে

দেয়, তেমন অনুভবশক্তি বহির্বিষয়াদির অস্তিত্বরূপ কারণ-রহস্য ও মঠ মন্দিরের দেব-দেবী আদির এবং পূজা, হোমাদির অস্তিত্বরূপ কারণ রহস্য মনের সহায়তায় অন্তঃকরণে বোধকে পৌঁছে দেয়। তখন বোধ সেই অনুভবীয় বিষয়াদি নিয়ে মন ও অনুভবশক্তির সহায়তায় দেহের শিরা উপশিরা দ্বারা এবং গ্রন্থি আদির মাধ্যমে মস্তকে বোধের মেধাকেন্দ্র উপস্থিত হয়। মেধাকেন্দ্রে উপস্থিত হয়ে মেধাশক্তির দ্বারা বুদ্ধি ও জ্ঞানশক্তির মাধ্যমে ঐ সমস্ত বিষয়ের গুণ, ক্রিয়া, পরিণাম সুবিচার দ্বারা নির্ণয় করে থাকে। তখন ঐ বিচারের মূল নির্ণয়ে ইহাই মানুষের বোধে আসে যে, আমার প্রকৃষ্ট করণীয় কি? যা গ্রহণীয় তা গ্রহণ করার উদ্দেশ্যই বা কি? এ কি শুধু নিজের উদ্দেশ্যেই গ্রহণ করা, না গ্রহণীয় বিষয় দ্বারা নিজ কর্তব্য পালনের পরেও গ্রহণীয় বিষয় দ্বারা ভগবৎ উদ্দেশ্যে কিছু করণীয় থাকে? নিজের উদ্দেশ্যে যা গ্রহণ করা হয়, তা গ্রহণ করে তো ভোগময় গ্রন্থিতেই অবস্থান বা স্থিতির কারণ হয়ে পড়ে।

এখন দেখা যাক যে, ভোগময় গ্রন্থিতে থেকেও, এমন কি কর্ম দ্বারা, কোন পন্থায় ভোগময় গ্রন্থিমুক্ত হওয়া যায় এবং ঈশ্বরের উদ্দেশ্যে গ্রহণীয় বিষয়াদি দ্বারা কোন পন্থায় ঈশ্বরে পৌঁছাতে সক্ষম হওয়া যায়। এই অবস্থায় মেধা, বুদ্ধি ও বোধ — এই তিনের সম্মিলন-শক্তিতে প্রকাশ পায় যে, লক্ষ্যে পৌঁছাবার তিনটি পথ; একটি যোগ পথ, একটি ভক্তি পথ, একটি জ্ঞানের পথ। স্থান, কাল, পাত্র অনুসারে বিবেকের সহায়তায় ঐ তিন পথের যে কোন একটি পথ সুগম বোধে সাধক গ্রহণ করে থাকে। ঐ তিনটি পথে যাতে বিশ্ববাসীগণ যাতে সুষ্ঠুভাবে বিচরণ করতে পারে বা সাধন-সমরে জয়যুক্ত হতে পারে, তার কারণেই এই বিশ্বে নানাপ্রকার তন্ত্র-মন্ত্র ও শাস্ত্রাদি পূর্ব পূর্ব মুনিঋষিগণ মহাসাধনায় উপলব্ধির বলে বিশ্ববাসীগণের কারণে প্রকাশ করে গিয়েছেন। তাই চন্দ্র সূর্য যতদিন আছে, ততদিন আর নতুন করে কোন শাস্ত্র বা তন্ত্র-মন্ত্র প্রকাশের প্রয়োজন হবে না; কারণ পরমবোধময় ঈশ্বরই ঐ সমস্ত মুনিঋষিদের মাধ্যমে তাঁদের বোধে আনিয়ে দিয়েছেন যে, অনাদি কাল হতে মহাপ্রলয়ের শেষ দিন পর্যন্ত মানব-মানবী কি কি মন্ত্র-তন্ত্র বা শাস্ত্রাদি

বোধে ঐ তিন পথের যে কোন একটি পথের মাধ্যমে অনুলোম হতে বিলোমে পৌঁছাবে।

ঐখানে যেমন বোধ অনুভূতির বিষয়াদি-বোধ নিয়ে মেধাকেন্দ্রে উপস্থিত হয়, তেমন সাধক যখন ঐ তিনপথের যে কোন একটি পথের মাধ্যমে মনাতীত হয়ে বোধেরই সহায়তায় যে উপলব্ধি সাধকের মধ্যে জাগ্রত হয়, সেই উপলব্ধির বিষয় এবং উপলব্ধিকারীকে হৃদয় কেন্দ্রে মহাবোধে নিয়ে মহামিলন করিয়ে দেয়।

তাহলে দেখা গেল, বোধের কেন্দ্র দেহের মধ্যে তিনটি; যথা — অন্তঃকরণ কেন্দ্র, মেধা কেন্দ্র ও হৃদয় কেন্দ্র। আর, দেহের বাইরে আর একটি কেন্দ্র হল এই জগৎ কেন্দ্র। জগৎ কেন্দ্রে বোধ পূর্ণ বিরাজমান বলেই বহির্বিষয়াদির অস্তিত্বরূপ কারণ রহস্য দেহের ভিতরের বোধকেন্দ্রে পৌঁছায় এবং তার গ্রহণীয়, অগ্রহণীয়ের বিচার তো আগেই শুনতে পেয়েছ। বাইরের বিষয়াদির মধ্যে বোধ আছে বলেই ভিতরের বোধ বাইরের বোধের সঙ্গে মিলিত হয়ে বোধক্রিয়ায় সক্ষম হয়। তাহলে দেখা গেল যে, বোধই ওতঃপ্রোতভাবে জীবের বহিরন্তরে বিরাজমান; তেমনই বিশ্বক্ষেত্রেও বোধ বিশ্বের বহিরন্তরে পূর্ণ ব্রহ্মরূপে বিরাজমান।

যোগ, ভক্তি, জ্ঞান — এই তিনটিই একে অপরের সঙ্গে অঙ্গাঙ্গীভাবে ক্রিয়মান। এর কাউকে ছাড়া কেউ ক্রিয়মান হতে পারে না, তবে, যোগমার্গে যেমন যোগই মুখ্য, ভক্তি ও জ্ঞান সেখানে গৌণভাবে ক্রিয়া করে। সেইরূপ ভক্তিমার্গে ভক্তিই মুখ্য, যোগ ও জ্ঞান সেখানে গৌণভাবে ক্রিয়া করে থাকে এবং জ্ঞানমার্গে জ্ঞানই মুখ্য, যোগভক্তি সেখানে গৌণভাবে ক্রিয়া করে থাকে।

যোগপথে সাধকের বোধক্রিয়ায় বোধের কার্য ঃ

যোগপথের সাধক মূলাধার হতে দ্বিদল পর্যন্ত নান প্রক্রিয়াদি ও প্রাণায়ামাদি যাই করুকনা কেন, যখন যে কারণে যে দলে পৌঁছায়, বোধশক্তিই সে সমস্ত কারণ সাধকের বোধে এনে দিয়ে বায়ু শক্তির সহায়তায় পরবর্তী দলে

পৌঁছিয়ে দেয়। আর, যখন যে দলে পৌঁছায়, সেই দলে পৌঁছানোর কারণকে যদি বোধে আনতে সক্ষম না হয়, তবে পরবর্তী দলে অগ্রসর না হয়ে সেই দলে থেকেই সাধন ক্রিয়ায় রত থেকে যখন সেই দলের কারণকে সম্পূর্ণ বোধে আনতে পারে, তখনই পরবর্তী দলে পৌঁছানোর সুযোগ ঘটে, নতুবা নয়। এই যোগসাধনার ক্ষেত্রে যত প্রকার ক্রিয়া প্রক্রিয়াই থাক না কেন, সমস্ত ক্ষেত্রে বোধেরই ক্রিয়ার প্রাধান্য। বোধের ক্রিয়া ব্যতিরেকে কোন প্রক্রিয়াই সাফল্যমণ্ডিত হয় না। এই যোগ পথেও ভক্তি ও জ্ঞানের ক্রিয়া বিশেষভাবে সহায়ক। এই যোগপথের নানা শাখা প্রশাখা স্বরূপ অনেক পথই আছে; তবে সমস্ত পথেই বোধেরই ক্রিয়া-প্রাধান্য।

ভক্তিপথে সাধকের সাধন-ক্রিয়ায় বোধের কার্য ঃ

ভক্তিপথে সাধক দাস্য, সখ্য, বাৎসলা, শান্ত ও মধুর — এই পঞ্চভাবের যে কোন একটি ভাব গ্রহণ করে নব- বিধা ভক্তিস্বরূপ সেবা, পূজা, স্মরণ, মনন, শ্রবণ, কীর্তন, বন্দন, ধ্যান ও ধারণাদি যে সমস্ত প্রক্রিয়াদি দ্বারাই ভগবানের উপাসনা করুক না কেন, বোধশক্তিই প্রত্যেক প্রক্রিয়ার কারণকে বোধে এনে দিয়ে পরবর্তী প্রক্রিয়ায় অগ্রসর করায়। এইভাবে বোধই সাধককে মনের সহায়তাতেই মনাতীত করিয়ে হৃদয়ে পৌঁছিয়ে দেয় এবং হৃদয়ে থেকে ভগবৎ উপলব্ধি করানোও বোধেরই কার্য। সেখান থেকে বোধই পরম বোধরূপী ভগবানের সমীপস্থ করায়। এই ভক্তিপথেও যোগ ও জ্ঞানের ক্রিয়া বিশেষভাবে সহায়ক।

জ্ঞানপথে সাধকের সাধনক্রিয়ায় বোধের কার্য ঃ

জ্ঞান পথে সাধক যোগ ও ভক্তি পথের সহায়তায় যখন মনাতীত হওয়ার উপযোগী হয়, তখন বোধশক্তিই এই অবস্থায় পৌঁছিয়ে দিয়ে সাধকের বোধে আনিয়ে দেয় যে, নিরাকার পরমেশ্বরের অভিন্ন সত্তাই আমি। এই বোধেই সাধক যখন নিরাকার সাধনায় অগ্রসর হয়, তখন বোধই সক্রিয় থেকে আসতে আস্তে সাধককে ব্রহ্মে পৌঁছে দেয়। এই জ্ঞান পথের নানা প্রকার

শাখা-প্রশাখা থাকলেও সমস্ত ক্ষেত্রেই বোধেরই ক্রিয়া-প্রাধান্য। জ্ঞান পথেও যোগ ভক্তির ক্রিয়া বিশেষভাবে সহায়ক।

সত্ত্ব, রজঃ, তম গুণ বোধের সমস্ত পথেই ক্রম-ব্যতিক্রম ঘটায়। অতএব মনাতীত না হওয়া পর্যন্ত বোধের প্রকৃষ্ট ক্রিয়ার অধিকারী হওয়া যায় না; এক্ষেত্রে শ্রীগুরুর উপদেশ-নির্দেশ অনুসারে কোন গুণ সাধন ক্ষেত্রে অনুকূলে ক্রিয়া করে এবং কোন গুণ প্রতিকূলে ক্রিয়া করে তা বুঝে নিয়ে সাধনপথের ক্রিয়া সম্পন্ন করা উচিত।

মন্তব্য — বোধই সব কিছুকে সজীব রাখে। সচল ও সজীব ক্ষেত্রে বোধের ক্রিয়া অন্তরের বোধে ধরা দেয়। বোধই সাধন জগতে সর্ব সার। অসৎ থেকে সৎ-এ যাওয়ার মূলে বোধ। বোধই সাধন জগতের মেরুদণ্ড। শৃঙ্গার রস বোধের প্রধান ক্রিয়া। তুমি যা জেনেছ, তা ভুলে যাও; জানার অহং যতক্ষণ আছে, ততক্ষণ পর্যন্ত সোহহং হবে না। এরই নাম অবোধ।

এখন বোধ হয়, আমার এত দিনের বোধ সম্বন্ধে যা কিছু আলোচনা করেছি, তাতে তোমাদের যে বোধ উদয় হয়েছে, সেই বোধের দ্বারা নিশ্চয়ই বুঝতে পারবে যে, বোধ কেন এই বিষয়াদি বা সাধন-প্রক্রিয়ায় — কোন পন্থায় এ সমস্ত নিয়ে দেহের মধ্যে ঘোরা ফেরা করছে — তা নিশ্চয়ই তোমাদের বোধে আসবে। এখন প্রশ্ন হল — মনোরাজ্যে জড় অবস্থাতে বোধের ক্রিয়া কি এবং কেন? এ সম্বন্ধে তোমরা যে যতটুকু বুঝবে অর্থাৎ যে যেমনটি বুঝবে তেমনটি লিখে নিয়ে আসবে। আজকের মত এখানেই শেষ।

উননবতিতম অধিবেশন — মানিকতলা — বুধবার — ০৪/০৯/৮৫

পূর্ব অধিবেশনে যে বিষয়ের উত্তর যে যেমনটি বুঝেছ সে তেমনটি লিখে নিয়ে এসেছ। আজকের লেখা তোমাদের প্রত্যেকেরই ভাল হয়েছে। কেউ বা ব্যাখ্যা বেশী করেছ, কেউ বা কম করেছ। ততে কারো লেখা লক্ষ্য ভ্রষ্ট হয়নি। এইভাবে পরবর্তী লেখাগুলিও যথাযথভাবে উত্তরের মূল লক্ষ্যে পৌঁছাক, ইহাই তোমাদের কাছে আমি আশা করি। তোমরা তো ভাল

লিখেছই; তবুও আমি একটু বলি তা লেখ — প্রশ্নটি ছিল, মনোরাজ্যে জড় অবস্থায় বোধের ক্রিয়া কি বা কেন?

মনোরাজ্যে জড় অবস্থায় বোধের ক্রিয়া হল, কোন কোন বিষয় গ্রহণ করা বা না করা — এইই জীবের বোধে আনিয়ে দেওয়া। এইই হল বোধের ক্রিয়া। এখন জড় অবস্থায় বোধ অবস্থিত থেকে এই গ্রহণীয়-অগ্রহণীয় বোধে এনে গ্রহণীয় বিষয় ও অগ্রহণীয় বিষয়ের ক্রিয়ার পরিণাম — পতন বা উত্থান — এ সম্বন্ধে অনুশোচিত করিয়ে ভগবৎ-মুখী করানোই বোধের মূল ক্রিয়ায় কারণ।

এখন বোধ সম্বন্ধে আর একটি প্রশ্ন করি। বোধি, বোধ, বিষয়, ক্রিয়া — এই যে চারটি কথা, এই চারটি কথার মধ্যে বোধ ছাড়া বাকী তিনক্ষেত্রে বোধের ক্রিয়ার হেতু কি? এবং জড় ক্ষেত্রে বোধ ক্রিয়মান হওয়ার হেতুই বা কি? কারণ বোধ যখন হেতুবিহীন থাকে তখন সাক্ষীস্বরূপ আত্মারূপে বিরাজ করে। সেই পরমাত্মারূপী বোধের মনোরাজ্যে জড়ের মধ্যে থাকার হেতু কি বা কি কি? — এ সম্বন্ধে তোমরা যে যেমনটি বোঝ তেমনটি লিখে নিয়ে আসবে আগামী নবতিতম অধিবেশনে।

নবতিতম অধিবেশন — মানিকতলা — বুধবার — ১১/০৯/৮৫

গত অধিবেশনে তোমাদের যে যে প্রশ্নের উত্তর লিখে আনতে বলা হয়েছিল তা আজ তোমরা নবতিতম অধিবেশনে যে যেমনটি বুঝেছ লিখে নিয়ে এসেছ। আজকার লেখার উত্তর প্রত্যেকেরই এলোমেলো হয়ে গেছে। তবে, এই এলোমেলোটা হওয়াই স্বাভাবিক কারণ এ সম্বন্ধে তোমরা কেউই বিশেষভাবে অবগত নও। যাইহোক, যা এলোমেলো হয়ে গেছে তা একদিন না একদিন তোমরা গুছিয়ে লিখতে সক্ষম হবে — এ বিশ্বাস আমার আছে। তাই তোমাদের এলোমেলো লেখায় আমাকে আনন্দ দিতে বঞ্চিত করে নি। এ প্রশ্ন সম্বন্ধে আমি কিছু বলি তা লেখ ঃ

তোমাদের প্রথম প্রশ্নটি ছিল, বোধি, বিষয় এবং ক্রিয়া — এ তিনের মধ্যে বোধের ক্রিয়ার হেতু কি? এখানে বোধি অর্থে সাধারণ জীবনপথে সুশৃঙ্খলিতভাবে চলার বোধ যাদের মধ্যে আছে, তারাই বোধি; এতদ্ব্যতীত নির্বোধ বলে প্রকাশ পায়। আর অধ্যাত্ম ক্ষেত্রে জড়বোধের অতীত যে পরমবোধ, সেই বোধ সম্বন্ধে যাঁর বিশেষভাবে বোধ আছে, তিনিই বোধী। এখন আমাদের বক্তব্য বিষয় হল, জীবনপথে বোধির মধ্যে বোধের ক্রিয়ার হেতু কি? এই সমস্ত বোধিদের মধ্যে যাতে নির্বোধের ক্রিয়া প্রকাশ না পায়, সেই হেতু বোধের ক্রিয়া বোধিকে সক্রিয় রাখা। তাহলে বোধির মধ্যে বোধের ক্রিয়া হল সক্রিয় রাখা।

এখন বিষয়ের মধ্যে বোধের ক্রিয়ার হেতু কি? বিষয়াদির মধ্যে বোধের ক্রিয়ার হেতু হল — জীবের মধ্যে বিষয়ের প্রয়োজনীয়তা প্রকাশ করা। তোমাদের মধ্যে যে বিষয় আছে, সেই বিষয় বাইরের বিষয়কে চায়, তাই প্রয়োজনীয়তা জাগায়। সেই বিষয়ের প্রেরণায় বিষয় পাবার জন্য তোমরা অনুপ্রাণিত হও। বিষয়ের মধ্যে প্রেরণাই হল হেতু।

সমস্ত প্রকার ক্রিয়ার মধ্যে বোধের ক্রিয়ার হেতু হল ক্রিয়াকে সক্রিয় করা। কাজেই ক্রিয়ার মধ্যে বোধের ক্রিয়ার হেতু। সক্রিয়তা; তা না হলে সব নিষ্ক্রিয় হয়ে যেত।

এখন প্রশ্ন হল, বোধ যখন নিষ্ক্রিয় তখন সব জীবের মধ্যেই সাক্ষীস্বরূপ আত্মারূপে বিরাজ করছে। সেই বোধ মনোরাজ্যে জড়ে ক্রিয়মান হওয়ার হেতুটা কি? এখানে জড়ের মধ্যে বোধের ক্রিয়ার হেতু হল — জীবজগতে এবং জীবন সুচারু করতে জড়ের মধ্যে বোধের ক্রিয়ার হেতু হল — জীবকে জড়ে বিজড়িত করা। জীবকে জড়ে বিজড়িত করাই হল হেতু। আবার জড়কে সক্রিয় করে — বোধের ক্রিয়ায় জড় সক্রিয় হয়ে জড় জ্ঞানে জীবকে অভিভূত করাই হল জড়কে সক্রিয় করা — এটাই জড়ের মধ্যে বোধের ক্রিয়ার হেতু এবং জীবকে আমিত্বে বা অস্মিতায় পরিপূর্ণ করা। ইহাও জড়ের বোধের ক্রিয়ার হেতু।

এখন এই বোধ জীবনপথে ও সাধন পথে মানব-মানবীকে কিভাবে সুস্থির করে রাখে বা প্রাজ্ঞ করে থাকে — এ সম্বন্ধে তোমরা যে যেমনটি বোঝ তেমনটি লিখে নিয়ে আসবে আগামী একনবতিতম অধিবেশনে।

(অস্থিরতা সুপ্ত হলে সুস্থির)

(নির্ণয় করা — সুস্থির)

একনবতিতম অধিবেশন — মানিকতলা — বুধবার — ১৮/০৯/৮৫

নবতিতম অধিবেশনে তোমাদের যে প্রশ্নের উত্তর লিখে আনতে বলা হয়েছিল, তা তোমরা আজ একনবতিতম অধিবেশনে যে যেমনটি বুঝেছ তেমনটি লিখে নিয়ে এসেছ। আজকের লেখা তোমাদের প্রত্যেকেরই একটু এদিক ওদিক হলেও যথার্থ উত্তরের দৃষ্টিভঙ্গীর বিশেষ অভাব হয়নি।

এখন তোমাদের প্রশ্নের উত্তর সম্বন্ধে আমি বলি তা লেখ ঃ প্রশ্নটি ছিল — বোধ জীবনপথে ও সাধনপথে মানবমানবীকে কিভাবে সুস্থির বা প্রাজ্ঞ করে থাকে? বোধ যখন মনোকেন্দ্রে বিরাজ করে তখন মনকে বিষয়ভোগে উদ্বুদ্ধ করে। তখন মন ভোগবোধে চঞ্চল হয়ে পড়ে; তার সঙ্গে সঙ্গে কি বিষয় ভোগ করবে সঙ্কল্প করে থাকে। সেই সঙ্কল্প অনুসারে ইন্দ্রিয়াদির সহায়তায় বিষয়ভোগে লিপ্ত হয় অর্থাৎ মানবমানবীকে লিপ্ত করায়। এই চঞ্চলিত ক্রিয়ায় মানবমানবীদেরও চঞ্চলিত করে থাকে। এই অবস্থায় মানবমানবীদের অজ্ঞান বা মূঢ় বলা হয়। এই অবস্থায় ক্রিয়ার প্রভাবে মানবমানবীগণ যে সমস্ত ক্রিয়া করে থাকে, সে সমস্ত কর্মেও স্বস্তি পায় না; অস্থিরতাই প্রকাশ পেয়ে থাকে। আবার এই বোধ যখন মনের মধ্যে অনুশোচনার সৃষ্টি করে অর্থাৎ এই সমস্ত ভোগাদি ও কর্মাদির অনুশোচনা সৃষ্টি করে তখন মানবমানবী অনুশোচিত হয়। মন এই অনুশোচিত অবস্থায় নিজ আত্মজ স্বরূপ বিবেকের সহায়তা গ্রহণ করে। তখন বিবেকের মধ্যে বোধ ক্রিয়মান হয়ে মনকে বিবেকপূর্ণ করে। মন তখন এই বোধেরই ক্রিয়ায় কর্তব্যাকর্তব্য বোধে ইন্দ্রিয়াদির সহায়তায় বিষয়াদি যথাযথ প্রয়োজনীয়

ক্ষেত্রে কাজে লাগায়। তখনই বিষয় যথাযথ প্রয়োজনের কর্মে প্রয়োজন পূর্ণ করছে — এই বোধে মন আশ্বস্ত হয়। মনের এই আশ্বস্ততার প্রভাবে মানবমানবীর জীবনপথের কর্মে যথাযথ ক্ষেত্রে ক্রিয়মান হচ্ছে — এই বোধে জীবনপথ সুস্থির হয় এবং নিজেও আশ্বস্ত হয়। তেমন এই বিবেকসম্পন্ন মন সাধনপথে গুরুনির্দেশ উপদেশাদি প্রকৃত রীতি অনুসারে ইষ্ট-সাধনে বা ইষ্ট সেবায় এবং ইষ্টভজনে এই মনই মানবমানবীকে ক্রিয়মান করায়। তখন মানবমানবীর মধ্যে গুরু নির্দেশ উপদেশাদি যথাযথ রীতি অনুসারে সাধনপথের ক্রিয়ায় ক্রিয়মান হওয়ায় মানবমানবী আশ্বস্ত হয় যে, গুরু-উপদেশ-নির্দেশ যথাযথভাবে পালন করতে পেরেছি, এই যে ভাব — এই ভাব বোধে এলে সাধনপথে সাধন ক্রিয়া সুস্থির করা সম্ভব হয় এবং এরূপ মানবমানবীকে সাধন প্রাজ্ঞ বলা হয়। এর ক্রম-ব্যতিক্রমে সাধনপ্রাজ্ঞের ব্যতিক্রম ঘটে; তাকে সাধন-প্রাজ্ঞ বলা হয় না। এখন, আমি এ প্রশ্নের যে উত্তর দিলাম, আর তোমরা যা লিখেছ, তার মধ্যে কোথায় কোথায় অমিল হয়েছে তা মিল করে লিখতে চেষ্টা কোর এবং মিল করে চলতেও চেষ্টা করবে, না হলে শুধু লিখে লাভ হবে না।

এখন, এই বিশ্বের সমস্ত জীব ও বিশ্বের সমস্ত কিছুই যে ঈশ্বরের অভিন্ন সত্তা, ইহা কিভাবে মানব মানবীদের সাধন মাধ্যমে কাহার সহায়তায় বোধই বোধে এনে দেয় — এই প্রশ্নের উত্তর আগামী দ্বিনবতিতম অধিবেশনে যে যেমনটি বোঝ তেমনটি লিখে নিয়ে আসবে। আজকের মত এখানেই শেষ।

(রীতি — গুরুক্ষেত্রে শিষ্যদের প্রয়োজনে যে বাণী ঋত হয়, তা পালন করা রীতি)

(নীতি — গুরু যা করে দেখান ও তা শিষ্য পালন করে তা নীতি)।

দ্বিনবতিতম অধিবেশন — মানিকতলা — বুধবার — ২৫/০৯/৮৫

এক নবতিতম অধিবেশনে তোমাদের যে প্রশ্নের উত্তর লিখে আনার কথা ছিল, আজ দ্বিনবতিতম অধিবেশনে তা তোমরা যে যেমনটি বুঝেছ, তেমনটি

লিখে নিয়ে এসেছ। আজকের লেখা তোমাদের প্রত্যেকেরই যথেষ্ট উন্নত ধরণের উত্তর হয়েছে; কিন্তু প্রশ্ন ছিল — কার সহায়তায় বোধ অনন্ত বিশ্বের সমস্ত কিছুই যে ঈশ্বরের অভিন্ন সত্তা তা বোধে এনে দেয়? সেটুকু লিখতে অনেকেই হয়ত বিশেষ লক্ষ্য করনি। তবে এ লক্ষ্য করনি বলে তোমাদের অদম্য প্রচেষ্টার প্রসংশায়ই এ ভুলটুকু ঢেকে যায়। আশা করি, এই ভুলটুকুর সংশোধন তোমাদের আপনা হতেই হয়ে যাবে। এখন তোমাদের এই প্রশ্নের উত্তর সম্বন্ধে আমি কিছু বলি, তা লেখ ঃ

এই বোধ যখন যে কেন্দ্রে বা স্থানে অবস্থান করে ক্রিয়মান হয়, কিন্তু অন্যশক্তির সহায়তা ভিন্ন পরিচালিত হতে পারে না; যেমন বর্হিদৃষ্টিতে কোন কিছু পরশ পেতে গেলে বা সে পরশের বিষয়কে বোধে আনতে হলে তুমি এক স্থানে বসে বসেই পরশ পেতে পার না এবং সেই পরশের বিষয় তুমি বোধে আনতে পার না, যতক্ষণ পর্যন্ত পরশ-বিষয়কে পরশ না কর। এখন, পরশ বিষয়কে কার সহায়তায় পরশ করতে যাচ্ছ, তা চিন্তা করলেই দেখা যায় যে, ইচ্ছাশক্তির সহায়তায় পরশ বিষয়কে পরশ করতে পারছ বা না পারলেও পুনঃ পুনঃ চেষ্টা করছ। সেরূপ তোমাদের প্রশ্নের ক্ষেত্রে অনন্ত বিশ্ব আর ঈশ্বর যে অভিন্ন — তা বোধে আনতে গেলে তোমাদের বিশুদ্ধ ইচ্ছাশক্তির সহায়তাতেই ঐ ঈশ্বরের অভিন্নতা বোধে আনতে গেলে যে সমস্ত ক্রিয়া প্রয়োজন — সেই সমস্ত ক্রিয়াও ইচ্ছাশক্তির সহায়তায়ই সুসম্পন্ন হয়। তাহলে দেখা গেল, এই বোধের লক্ষ্য হল, ঈশ্বর ও অনন্ত বিশ্বের অভেদত্ব। তাই ইচ্ছাশক্তির সহায়তায়ই অভেদত্বের যে বোধ আছে, সেই বোধকে এই বোধ যখন স্পর্শ করতে পারে, তখন দুই বোধ সম্মিলিত হয়ে অনন্ত বিশ্ব ও ঈশ্বরের অভিন্নতা বোধ পরিপূর্ণ করায়। এইটুকু তোমাদের উত্তর সম্বন্ধে একটু বললাম। এখন জানতে পারলে ইচ্ছাশক্তির সহায়তায় বোধ পরিচালিত হয়। এখন বল, উপলব্ধির মধ্যে এই বোধ কার সহায়তায় ঈশ্বরত্বকে বোধে আনে?

(মন্তব্য — বোধ যখন কেন্দ্রীভূত হয়, নিজে নিজের পরিচালিত হওয়ার শক্তি সংযত করে রাখে।)

ত্রিনবতিতম অধিবেশন — মানিকতলা — বুধবার — ০২/১০/৮৫

আগের দিনের সংলগ্ন প্রশ্ন হল — ঈশ্বরের কি বা কাকে বলে? এ সম্বন্ধে বিস্তারিত লিখে নিয়ে আসবে এবং বোধ ঈশ্বরত্বের মধ্যে কি কি ভাবে ক্রিয়মান — আগামী চতুর্নবতিতম অধিবেশনে যে যেমনটি বুঝবে লিখে নিয়ে আসবে।

// (আগের উত্তরটার সঙ্গে এটার উত্তর যোগ করে লিখে আনবে)।

// (ঈশ্বরত্ব বলতে ঈশ্বর নয়, এটা যেন খেয়াল থাকে। ঈশ্বরের ঈশ্বরত্ব, যেমন মানুষের মনুষ্যত্ব; কিন্তু মনুষ্যত্বটা মানুষ নয়)।

// (ব্রহ্মাণ্ডটা ব্রহ্ম কখন, যখন সোহহং ব্রহ্মাস্মিতে গিয়ে জ্ঞান পরিপূর্ণ হবে। অনন্ত ব্রহ্মাণ্ডের সমষ্টি ব্রহ্ম, কিন্তু ব্রহ্মাণ্ডটা ব্রহ্ম নয়)।

চতুর্নবতিতম অধিবেশন — মানিকতলা — বুধবার — ০৯/১০/৮৫

দ্বিনবতিতম অধিবেশনে তোমাদের যে প্রশ্নের উত্তর লিখে আনতে বলা হয়েছিল তা তোমরা ত্রিনবতিতম অধিবেশনে যে যেমনটি বুঝেছ তেমনটি লিখে নিয়ে এসেছিলে ত্রিনবতিতম অধিবেশনে ঐ সঙ্গে যে প্রশ্ন তোমাদের লিখে আনতে বলা হয়েছিল তা তোমরা চতুর্নবতিতম অধিবেশনে যে যেমনটি বুঝেছ তেমনটি লিখে নিয়ে এসেছ। তোমাদের দুই অধিবেশনের লেখা যথার্থ প্রশ্নের উত্তরমুখী না হলেও তোমাদের লেখার অনুকম্পা বা অনুসন্ধিৎসা উত্তরমুখী হয়েছে। এতেই আমার যে, তোমাদের উত্তর দেওয়ার যে চেষ্টা — এ চেষ্টাকে ধন্যবাদ না দিয়ে থাকা যায় না। এখন দ্বি এবং ত্রিনবতিতম অধিবেশনে যে প্রশ্ন ছিল সে সম্বন্ধে আমি কিছু বলি তা লেখ ঃ

দ্বিনবতিতম অধিবেশনে প্রশ্ন ছিল উপলব্ধির মধ্যে বোধ কার সহায়তায় ঈশ্বরত্বকে বোধে আনে? সৃষ্টির মূল তত্ত্ব সম্বন্ধে যে জ্ঞান, সেই জ্ঞানের সহায়তায় বোধ ঈশ্বরত্বকে হৃদয় উপলব্ধিতে আনয়ন করে। এখন,

ত্রিনবতিতম অধিবেশনে প্রশ্ন ছিল — ঈশ্বরত্ব কি বা কাকে বলে এবং বোধ ঈশ্বরত্বের মধ্যে কি কি ভাবে ক্রিয়া করে?

অনন্ত বিশ্ব-সৃষ্টির যে সমস্ত উপাদান ব্রহ্মের মধ্যে বা ঈশ্বরের মধ্যে ছিল, সেই সমস্ত উপাদানই অনন্ত বিশ্ব বা অনন্ত জীবরূপে প্রকাশমান হয়েছে। এখন দেখা যায় যে, এই অনন্ত বিশ্বের মূল উপাদানই ঈশ্বরত্ব; তেমন সমস্ত সৃষ্টির পরে মনুষ্য সৃষ্টি হয়েছে। এখানে দেখা যায় যে, মনুষ্য সৃষ্টির আগে যা কিছু সৃষ্টি হয়েছে, সমস্ত কিছুই মানুষের জীবনধারণ বা বেঁচে থাকার উপাদান। তাহলে দেখা যায়, এ সমস্ত উপাদান ব্যতিরেকে মানুষ এক মুহূর্ত ও বেঁচে থাকতে পারে না। তাই মানুষ সৃষ্টির আগে যা সৃষ্টি হয়েছে তা বোধে আনয়ন করে সেই সৃষ্টি কর্তাকে জানা বা সেখানে পৌঁছানো মানুষের সর্ব উদ্দেশ্যের মধ্যে মূল হওয়া উচিত। এখন ভেবে দেখ, এই বোধ সমস্ত উপাদানের মধ্যে ক্রিয়মান হয়ে উপাদানগুলিকে আকার এবং গুণ, ক্রিয়াদি ও শক্তি আদির প্রকাশ বিকাশ করাচ্ছে। তা বোধেরই ক্রিয়া। এখন ভালভাবে বুঝতে পারলে যে, ঈশ্বরত্বের মধ্যে বোধ কি কি ভাবে ক্রিয়া করছে। এ সম্বন্ধে আর বিশেষ কিছু বলা প্রয়োজন মনে করি না; কারণ, আজ পর্যন্ত তোমাদের যতদিন অধিবেশন হয়েছে, ততদিন এই উপদান সম্বন্ধেই আলোচনা করেছি। দেহতত্ত্ব সম্বন্ধে আলোচনা করেছি, — তাও বিশ্বসৃষ্টির উপাদানেরই অবদান। ভক্তিতত্ব সম্বন্ধে আলোচনা করেছি। সেই উপাদান সমষ্টির সারফল যে মানুষ, সেই মানুষ ভক্তিপথে কিভাবে সেই স্রষ্টারূপী ঈশ্বরের সন্ধান পেতে পারে, তা আলোচনা করেছি। তারপর জ্ঞান যোগ সম্বন্ধে আলোচনা করেছি বা করছি — তাও সেই স্রষ্টা কিভাবে তোমাদের জ্ঞানে আসেন, তাই আলোচনা করছি। তা যে বোধের সহায়তা ছাড়া হয় না, সেই বোধ সম্বন্ধেও আলোচনায় বর্তমান অধিবেশন চলছে।

এখন মানুষের মনুষ্যত্বের মধ্যে অন্তর্মুখী ও বহির্মুখী অবস্থায় বোধ কিভাবে ক্রিয়া করছে, এ সম্বন্ধে তোমরা যে যেমনটি বোঝ তেমনটি লিখে নিয়ে আসবে আগামী ভ্রাতৃদ্বিতীয়ার পর যে বুধবার সেই বুধবারে পঞ্চনবতিতম অধিবেশনে। আজকের মত লেখা এখানেই শেষ হল। এখন তোমরা মায়ের

আগমনীতে মায়ের সেবাপূজাতে আত্মনিয়োগ করবে। তারই ফাঁকে এই প্রশ্নের উত্তর লিখতে চেষ্টা করবে। আজ এই পর্যন্ত শেষ।

পঞ্চনবতি অধিবেশন — মানিকতলা — বুধবার — ২০/১১/৮৫ ও

ষষ্ঠনবতি অধিবেশন — মানিকতলা — বুধবার — ২৭/১১/৮৫

(আমাদের উত্তর লিখতে হয়নি)

এই বিশ্বের সমস্ত ভোগ্য অভোগ্য বস্তু বোধের দ্বারাই মন গ্রহণ ও উপেক্ষা করে থাকে; যেমন দৃষ্টি দ্বারা মন যা যা অনুভব করে, গ্রহণ ও উপেক্ষা করে, তাও বোধেরই ক্রিয়া; তেমন শ্রবণ দ্বারা মন যা যা অনুভব করে, গ্রহণ ও উপেক্ষা করে, গন্ধ দ্বারা যা অনুভব করে গ্রহণ ও উপেক্ষা করে, আস্বাদন দ্বারা যা অনুভব করে গ্রহণ ও উপেক্ষা করে — সকলই বোধেরই ক্রিয়া। এই গ্রহণ ও উপেক্ষার মধ্যে সদভাবে অগ্রহণীয় বিষয় উপেক্ষা করে গ্রহণীয় বিষয় গ্রহণ করাই মানুষের মনুষ্যত্বের মধ্যে বোধের বহির্মুখী ক্রিয়া। কারণ এই সমস্ত বহির্মুখী বিষয় মন ভোগ করে বলেই একে মানুষের মনুষ্যত্বের মধ্যে বোধের বহির্মুখী ক্রিয়া বলা হয়।

এই বোধই মনাতীত অবস্থায় হৃদয়ে ভগবদ্ প্রেম, ভগবৎলীলা বা কর্মাদি এবং ঈশ্বর বা সত্যের অভিন্ন সত্তাই যে মনুষ্যত্ব — তা বোধ করায়। এ সমস্ত হল মানুষের মনুষ্যত্বের মধ্যে বোধের অন্তর্মুখী ক্রিয়া। গুরু শক্তি বলে মনাতীত হয়ে বোধের ক্রিয়াতে এ সমস্ত হৃদয়ে উপলব্ধি করার উপযোগী হতে চেষ্টা কর। এই বোধকেই পরমবোধ বলা হয়।

(বাবার উপরোক্ত বাণীর ব্যাখ্যা)

যতক্ষণ পর্যন্ত মানুষের মনুষ্যত্বের জাগৃতি না ঘটে, ততক্ষণ পর্যন্ত মন স্বার্থপর অর্থাৎ বোধও তখন মনের ভোগেচ্ছা পূরণের নিমিত্ত স্বার্থান্বেষী হয়ে ক্রিয়া করছে। ইন্দ্রিয়গণও স্বার্থসিদ্ধির জন্য বিষয়াদিকে গ্রহণ করছে।

বোধ সর্বক্ষেত্রে এই ক্রিয়া করছে একেক রকম ভাবে। মনের স্বার্থের বিরোধী যেটা, সেটা গ্রহণীয় হলেও মন কখনোই গ্রহণ করছে না, উপেক্ষা করছে। স্বার্থের প্রয়োজনেই মন সব গ্রহণ করে থাকে। স্বার্থন্বেষী মনের ক্রিয়ায় জীব যখন ভোগাভোগের কবলে পড়ে, তখন সে কি ভাবে বা কার কাছে গেলে ঐ ভোগাভোগের থেকে মুক্তি পাবে — সে চিন্তা করে। কৃতকর্মের অনুশোচনায় দগ্ধ হয়ে এই যে চিন্তাগ্নির সূচনা হল — এটা মনুষ্যত্ব জাগরণের সূত্রপাত বা সুরু। তখন যাঁর আশ্রয় নিলে পূর্ণ মনুষ্যত্বের জাগরণ হবে, তাঁর আশ্রয় সে নেয়। এই অবস্থায় জীবের মধ্যে বোধের সৎভাবে ক্রিয়া ঘটে; অর্থাৎ যেটা সৎ সেটা প্রয়োজনে গ্রহণ করে, অসৎ কিছু গ্রহণ করে না। মন তখন স্বার্থান্বেষী ভাব ছেড়ে সদভাবে প্রয়োজনবোধে সব কিছু গ্রহণ করতে সচেষ্ট হয়। এটা মনুষ্যত্বের মধ্যে বোধের বহির্মুখী ক্রিয়া। মনুষ্যত্ব জাগ্রত হলেও বহির্মুখীভাবে মনই সব কিছু গ্রহণ করে অর্থাৎ বিচারবুদ্ধি জাগ্রত হলেই মনের ক্রিয়া স্বার্থান্বেষীভাব ছেড়ে প্রয়োজন ও কর্তব্যবোধে সৎভাবে সব কিছু গ্রহণ ও উপেক্ষা করে থাকে। এটাই বহির্মুখী ক্রিয়া বলতে পার (যতক্ষণ পর্যন্ত মনুষ্যত্বের পূর্ণ জাগৃতি না হয়, ততক্ষণ সে অজ্ঞ মানুষ; তাই বলে অমানুষ নয়।)

মনুষ্যত্ব জাগ্রত হলেই যে মন ডুবে গেল, তা নয়; মনের ক্রিয়া সংশোধিত হতে সুরু করল বলতে পার। সৎভাবে ক্রিয়া করে যখন আনন্দ পায়, তখনই বোধ আস্তে আস্তে অন্তর্মুখী করে নিচ্ছে যাতে এই মনের সহায়তায় জীব ভগবৎ পথে অগ্রসর হতে পারে অর্থাৎ বোধ মনের একটা ক্রিয়ায় বাইরে মনকে ভোগ করাচ্ছে বলে বহির্মুখী; আর মনুষ্যত্বের মধ্যে থেকে ঈশ্বর বা সত্যের সন্ধান করছে, তখন অন্তর্মুখী। অসৎ কাজের পরিনাম ভোগেই জীবের মনে ধিক্কার রূপ অনুশোচনায় মনুষ্যত্বের জাগরণ ঘটে। তখন সৎ কাজ, ভাল কাজ করার জন্য মানুষ ব্যগ্র হয়ে খোঁজে এরপর কী এবং তখনই অন্তর্মুখী হওয়ার সুযোগ পায় অর্থাৎ বোধই তখন ক্রিয়ার দ্বারা সত্তাকে বা মনকে সত্যের দিকে ধাবিত করায়। এটাই মনুষ্যত্বের মধ্যে বোধের অন্তর্মুখী ক্রিয়া বলতে পার। আরও সহজভাবে বলি — এই বোধই মনকে বহির্মুখীভাবে সৎভাবে ক্রিয়া করে বহির্মুখী আনন্দ ভোগ করায় অর্থাৎ সর্বদা

সৎভাবে প্রভাবিত করে সৎ আনন্দ দান করে। আবার এই বোধই যখন সত্তারূপ মনকে সত্যের দিকে ধাবিত করায়, সেটাই অন্তর্মুখী ক্রিয়া। বোধের অন্তর্মুখী ক্রিয়ায়ই মনুষ্যত্বের পূর্ণ জাগরণ হয়। যতক্ষণ পর্যন্ত লীন না হচ্ছে, ততক্ষণ মনুষ্যত্বের বহির্মুখী ও অন্তর্মুখী এই দুই প্রকার ক্রিয়াই জীবের মধ্যে থাকবে। যার মনুষ্যত্ব জাগ্রত হয়নি, তাকে অমানুষ নয়, বলতে পার অজ্ঞ মানুষ। অমানুষ বলতে হীন কর্ম করা বোঝায়; যেমন একটি শিশুর মধ্যে মনুষ্যত্বের জাগরণ হয় না বলে তাকে কি অমানুষ বলা যায়? অমনুষ্যত্ব কথাটি আরও নীচের।

ষষ্ঠনবতিতম অধিবেশন — মানিকতলা — বুধবার — ২৭/১১/৮৫

পঞ্চনবতিতম অধিবেশনে যে প্রশ্নের উত্তর তোমাদের লিখে আনতে বলা হয়েছিল, তা তোমরা লিখে এনেছ কি আননি, তা জানার বা তোমাদের দিয়ে তা পড়ার অপেক্ষা না করেই অগ্রভাগে সেই প্রশ্নের উত্তর বিশদভাবে তোমাদের কাছে প্রকাশ করেছি। এই প্রকাশ করার কারণ হল, তোমাদের পক্ষে বিশদভাবে যথার্থ উত্তর লেখা হয়ত সম্ভব হবে না; তাই অগ্রে আমি প্রকাশ করেছি। সেই প্রকাশিত বিষয় তোমরা অবগত হয়ে যে যেমনটি বুঝেছ, তেমনটিভাবে আমাকে শোনালে। তা ঠিক হল কি না হল, সেটি বড় কথা নয়। আমি মনে করি, আমি তোমাদের সেটি ভাল করে বুঝিয়ে দেব বা দিয়েছি। তা যদি তোমরা হৃদয়ঙ্গম করে থাক, — তা আমার আনন্দের বিষয়।

এখন সাধারণ মানুষের বোধজ্ঞান জীবনপথে কিভাবে ক্রিয়া করে — এ সম্বন্ধে যে যেমনটি বোঝ তেমনটি লিখে আগামী সপ্তনবতিতম অধিবেশনে আনবে (অর্থাৎ বোধ কি ভাবে ক্রিয়া করে?)

সপ্তনবতিতম অধিবেশন — মানিকতলা — বুধবার — ০৪/১২/৮৫

গত ষষ্ঠনবতিতম অধিবেশনে যে প্রশ্নের উত্তর যে যেমনটি বোঝ, তেমনটিভাবে তোমাদের লিখে আনতে বলা হয়েছিল, সেই উত্তর আজ

সপ্তনবতিতম অধিবেশনে তোমরা পাঠ করলে। তোমাদের পাঠ শুনে সত্যই আনন্দ পেলাম; কারণ এই প্রশ্নের উত্তর সাধারণ মানুষের পক্ষে লেখা অত্যন্ত কঠিন। তথাপি তোমরা যে সাহসিকতার পরিচয় দিয়েছ তাতেই আমার মধ্যে আনন্দের সঞ্চার হয়েছে। এখন এ সম্বন্ধে আমি কিছু বলি, তা লেখ —

প্রশ্ন ছিল, সাধারণ মানুষের জীবনপথে বোধের ক্রিয়া কি? সাধারণ মানুষ দৈহিক, মানসিক ও আর্থিক অভাবরূপ শূণ্যতা বোধ করে, সেই অভাব পূরণের কারণে যে কর্ম করলে সেই সমস্ত অভাব পূরণ হতে পারে, বোধ সেইভাবে ক্রিয়া করে থাকে। যখন মানুষ দেখতে পায় যে, এর পরেও কি? সেই প্রশ্নের মীমাংসা করতে গিয়ে দেখে ভগবৎ সম্বন্ধে কিছুই জানা নেই বা কিভাবে জানতে হবে, তাও জানা নেই। তখন বোধ গ্রন্থ-পাঠ, সাধুসঙ্গ এবং গুরুর প্রয়োজনীয়তা বোধ করে। এই ভাবে বোধ সততঃই জীবন যাতে উন্নতমানে রাখা যায় সে ক্রিয়াও করে থাকে। আবার এও দেখা যায়, বোধ যখন জীবের জীবনপথে কামাদি ষড়রিপু এবং অষ্ট পাশাদির ক্রিয়ায় ও হীন বোধরূপে ক্রিয়া করে তার পরিণামে জীবন পতিত মুখে ধাবিত হয়। সংক্ষেপে সাধারণ মানুষের জীবনপথে বোধের ক্রিয়া এইভাবেই ক্রিয়মান হয়। এখন, জীবের ধর্ম ও কর্ম — এই দুইক্ষেত্রে বোধ কার কার সহায়তা নিয়ে ক্রিয়া করে — এ সম্বন্ধে যে যেমনটি বোঝ তেমনটি লিখে নিয়ে আসবে।

কর্ম — কার্য; ধর্ম — সৎকর্ম।

অষ্টনবতিতম অধিবেশন — মানিকতলা — বুধবার — ১১/১২/৮৫

সপ্তনবতিতম অধিবেশনে যে প্রশ্নের উত্তর লিখে আনতে বলা হয়েছিল, তা আজ অষ্টনবতিতম অধিবেশনে যে যেমনটি বুঝেছ তেমনটি লিখে এনেছ। আজকের লেখা প্রত্যেকেরই মোটামুটি ভাল হয়েছে; কারণ লেখার মূল উদ্দেশ্যগুলি একটু এদিক ওদিক হলেও তা প্রকাশ পেয়েছে। আমি আশা

করি, প্রত্যেক লেখাই এরূপে আস্তে আস্তে সম্পূর্ণ করতে তোমরা সমর্থ হবে। এখন আমি কিছু বলি, তোমরা লেখ —

প্রশ্ন ছিল কর্ম ও ধর্ম — উভয়ক্ষেত্রে বোধ কাদের সহায়তায় ক্রিয়া করে। এমনিতে বলি সাধারণ মানুষ কোন কর্ম করতে গেলেই প্রথমতঃ পঞ্চ জ্ঞানেন্দ্রিয়ের দ্বারা সে কর্ম করণীয় কি অকরণীয় তা স্থির করে। তখন একাদশ ইন্দ্রিয় মন ও পঞ্চ কর্মেন্দ্রিয়ের সহায়তায় করণীয় কর্মের মধ্যে বোধ ক্রিয়া করে; অর্থাৎ কর্মের ফলাফল বোধে আনে। তারপর, সাধারণ মানুষ ধর্ম-কর্মে যখন যুক্ত হয় তখন সরলতা নম্রতা ইত্যাদি বিংশতি প্রকার তত্ত্বের দ্বারা ধর্ম-কর্মে নিযুক্ত হয়। বোধ তখন এদের সহায়তায় ধর্ম-কর্মে ক্রিয়মান হয়ে সেই কর্মে আনন্দ ও নিরানন্দ ভোগ করায়। এখন দেখা গেল, বোধ কিভাবে জীবের মধ্যে ধর্ম-কর্মে ক্রিয়মান হয়। এখন প্রশ্ন হল, এই ধর্ম এবং কর্ম — এই দুয়ের মধ্যে অর্থাৎ কর্মের মধ্যে বোধ কার সহায়তায় গ্রহণ করায় ও কার সহায়তায় ত্যাগ করায় (করব কি করব না), ধর্মের মধ্যেও কি কি কর্ম বা কি কি বিষয় ত্যাগ করায় ও গ্রহণ করায় এবং কার সহায়তায়? এর উত্তর যে যেমনটি বোঝ আগামী নবনবতিতম অধিবেশনে লিখে নিয়ে আসবে।

নবনবতিতম অধিবেশন — মানিকতলা — বুধবার — ১৮/১২/৮৫

অষ্টনবতিতম অধিবেশনে তোমাদের প্রশ্ন ছিল — জীবের কর্মে এবং ধর্মে বোধ কার কার সহায়তায় গ্রহণ ও ত্যাগ করায়; এই প্রশ্নের উত্তর লিখতে হলে এই গ্রহণ ও ত্যাগে কার কার সহায়তা রয়েছে? তাতে দেখা যায়, মন, বুদ্ধি, চিত্ত, অহঙ্কার, পঞ্চভূত, পঞ্চ জ্ঞানেন্দ্রিয়, পঞ্চ কর্মেন্দ্রিয় এবং তন্মাত্রাদির মধ্যে — বোধ প্রত্যেকটি তত্ত্বের মধ্যেই — বিরাজমান রয়েছে। এই সমস্ত তত্ত্বের মধ্যে মনই হল পরিচালক। তাই মন সুকৌশলে যখন যে বিষয় গ্রহণ করতে ইচ্ছা করে তখনই মনের সহায়তায় অর্থাৎ মনের গ্রহণীয় বিষয়ের প্রয়োজন উপযোগী স্বভাব অনুসারে বোধ ক্রিয়মান হয়। তখন ঐ সমস্ত বিষয়াদির দ্বারা মনের সহায়তায় কর্ম ও ধর্ম উভয় ক্ষেত্রেই বোধ তদ্রূপ ক্রিয়া করে। প্রথমেই দেখা যায় গুণ বা বোধ এবং মন ব্যতীত ইন্দ্রিয়াদি কারও

কোন স্বাধীনতা নেই। মনের ইচ্ছানুসারে অর্থাৎ মনের ইচ্ছারূপ সহায়তায় বোধ অহঙ্কারের মধ্যে অহংবোধের সৃষ্টি করে। সেই অহঙ্কারই ত্যাগের প্রাধান্য ঘটায়। তখন ঐ ত্যাগের প্রয়োজন অপ্রয়োজন সম্বন্ধে বিচারবুদ্ধি নিষ্ক্রিয় হয়ে পড়ে। দেখা যায় মন জীবাত্মাকে ঘট সাজিয়ে গ্রহণীয় বিষয়ের ফলাফল ঘটেই স্থাপন করে। তাই কর্মাকর্মের ফলাফল জীবই ভোগ করে। অতএব জীবের মধ্যে বিষয়ের প্রয়োজনটি দেখা যায় তিন প্রকার। একটি হল কর্তব্যের মাধ্যমে সংসার পরিচালনা করতে যে যে বিষয়ের প্রয়োজন, সেই প্রয়োজনটি উত্তম প্রয়োজন; আর জীবের আত্মচরিতার্থের যে সমস্ত বিষয়ের প্রয়োজন, তা দেখা যায় অধম প্রয়োজন। এই অধম প্রয়োজনের বিষয়ভোগেই জীব অধোগামী হয়ে থাকে। ঐ উত্তম প্রয়োজনের মধ্যে জীব যখন পরম প্রকৃষ্ট প্রয়োজনের অভাব বোধ করে, তখন বোধ তাকে চিৎ-এর সহায়তায় পরম সত্যলাভের প্রেরণা জোগায় আর জীবনপথে সত্যে প্রতিষ্ঠিত করে সৎ পথে পরিচালনা করার প্রেরণা জোগায়। আর যার মধ্যে ভোগময় বিষয় নিয়ে ভোগ চরিতার্থতার ইচ্ছা জাগে তাকে মনের সহায়তায় বোধ ঐরূপ ভোগেই ডুবিয়ে রাখে। এখন দেখা যায় যে, কর্মে বা ধর্মে বোধ যাদের সহায়তায় সদসৎ কর্ম করায়, সে সম্বন্ধে প্রত্যেক মানব-মানবীর সচেতন হয়ে কর্ম করা উচিত।

বোধের ক্রিয়া-কলাপ সম্বন্ধে তোমরা তো বহুদিন বহুকিছু লিখেছ— বোধ এই চব্বিশ তত্ত্বাদির ও পঞ্চ তন্মাত্রার মধ্যে বিরাজমান থেকে কিরূপ স্বরূপ ধারণ করে আর তার কিরূপ ক্রিয়াই বা প্রকাশ পায় — এ সম্বন্ধে তোমরা যে যেমনটি বোঝ লিখে নিয়ে আসবে। (পঞ্চপ্রাণসহ)

শততম অধিবেশন — মানিকতলা — বুধবার — ০৭/০১/৮৬

চব্বিশ তত্ত্ব, পঞ্চ প্রাণ পঞ্চ তন্মাত্রার মধ্যে বোধের স্বরূপ ও ক্রিয়া ঃ

তত্ত্ব	বোধের স্বরূপ	বোধের ক্রিয়া
ক্ষিতি	ধারণ	ধারণ করা
অপ	সৃজন	সৃষ্টি করা

তেজ	শৌর্য	প্রকাশ করা
মরুৎ	সঞ্চরণ	গতিশীল করা
ব্যোম	শূণ্যতা	অভাব সৃষ্টি করা
চক্ষু	দৃষ্টি	রূপকে গোচর করা
কর্ণ	শ্রবণ	শব্দকে গ্রহণ করা
নাসিকা	আঘ্রান	গন্ধকে গ্রহণ করা
জিহ্বা	আস্বাদন	রসের স্বাদ নেওয়া
ত্বক	স্পর্শ	স্পর্শের দ্বারা অনুভব করা
বাক্	ধ্বনি	ধ্বনির দ্বারা ভাব প্রকাশ
পাণি	গ্রহণ	গ্রহণাগ্রহণ করা
পাদ	ধাবন	গমনাগমন করা
পায়ু	নিষ্ক্রমন	ত্যাগ করা
উপস্থ	নিঃসরণ	রসত্যাগ করা
মন	ইচ্ছা	সংকল্প করা
বুদ্ধি	জ্ঞান	অজ্ঞানকে জ্ঞাত করা
চিত্ত	চিন্তন	চিন্তা করা
অহঙ্কার	অভিমান	কর্তৃত্বকে প্রকাশ করা
প্রাণ	সঞ্জীবন	শ্বাস-প্রশ্বাসে সঞ্জীবিত রাখা
অপান	নির্গমন	দেহকে সুস্থ রাখা
উদান	নিয়ন্ত্রণ	স্বর সৃষ্টি ও অন্নজলের বিভাগ করা
সমান	ধমনী বেগ	ধমনীশক্তি সৃষ্টি করা

ব্যান	পূরণ	ক্ষয় পূরণ ও ক্লেদ মুক্তি করা
শব্দ	সংঘাত	সংঘাত দ্বারা শব্দ সৃষ্টি করা
স্পর্শ	অনুভব	বিষয়কে অনুভবে আনা
রূপ	আকার	আকৃতি দেওয়া
রস	স্নিগ্ধতা	কাঠিন্য হ্রাস করা
গন্ধ	ঘ্রাণ	গন্ধকে বহন করা

একাধিক শততম অধিবেশন — মানিকতলা — বুধবার — ২২/০১/৮৬

নবনবতিতম অধিবেশনে তোমাদের যে প্রশ্নের উত্তর লিখে আনতে বলা হয়েছিল তা তোমরা যে যেমনটি বুঝেছ তেমনটি লিখে নিয়ে এসেছ। আজ ১০১তম অধিবেশনে তোমরা লিখিত বিষয় পাঠ করে শোনালে। আগেই বলেছিলাম যে, এ বিষয়ে তোমাদের কোন ধারণাই নেই তথাপি তোমরা লেখার মাধ্যমে যথার্থ উত্তর দেবার যে চেষ্টা করেছ, সত্যই এই উদ্দীপনার প্রসংশা করতেই হয়। উত্তর হোক বা না হোক এই উদ্দীপনার গুরুত্ব অনেক এবং এর মূল্যও অনেক, কারণ তোমাদের উদ্দীপনা যাতে দিন দিন বাড়ে সেজন্যই আমার এই অধিবেশনের প্রতিষ্ঠা করা। উদ্দীপনা ছাড়া ঈশ্বরীয় জ্ঞান কখনো কারো প্রকাশ পেতে পারে না। তাই তোমাদের লেখায় উত্তর হল কি না হল সে দিকে বিশেষ লক্ষ্য না রেখে তোমাদের এই উদ্দীপনার যথার্থ গুরুত্ব দিতেই আমি অভিলাষী। এখন প্রশ্ন সম্বন্ধে আমি যা বলি তা লেখ ঃ

১) ব্যোমতত্বের মধ্যে যে নিরাবিল নীরবতা তাহাই বোধের স্বরূপ; আর ত্যাগ হল বোধের ক্রিয়া।

২) মরুতের মধ্যে সংযোগকারীতাই বোধের স্বরূপ; আর সঞ্চরণ হল বোধের ক্রিয়া।

৩) তেজের মধ্যে বোধের স্বরূপ হল জ্যোতি;

আর ব্যতিক্রম বা অন্যায়ের বিরুদ্ধে সংগ্রামই হল বোধের ক্রিয়া।

৪) অপের মধ্যে শীলতাই বোধের স্বরূপ;

সঞ্চালন হল বোধের ক্রিয়া।

৫) ক্ষিতির মধ্যে বোধের স্বরূপ হল ধারণকারক।

আর ধারণীয় বিষয় স্বরূপে প্রকাশ করাই বোধের ক্রিয়া।

৬) চক্ষুর মধ্যে বোধের স্বরূপ হল দৃষ্টি প্রকাশক;

আর বোধের ক্রিয়া হল ভাল-মন্দ রূপের বিচার।

৭) কর্ণের মধ্যে বোধের স্বরূপ হল শব্দ ও ভাষা গ্রহণ কারক;

আর ক্রিয়া হল শব্দ ও ভাষা মনে বা হৃদয়ে পৌঁছে দেওয়া।

৮) নাসিকার মধ্যে বোধের স্বরূপ হল গন্ধ গ্রহণ কারক;

আর ক্রিয়া হল আনন্দ বা নিরানন্দ মনে বা হৃদয়ে পৌঁছে দেওয়া।

৯) জিহ্বার মধ্যে বোধের স্বরূপ বিভিন্ন আস্বাদ গ্রহণ কারক;

আর ক্রিয়া হল খাদ্য বিষয়ের লোভ ও ত্যাগ।

১০) ত্বকের মধ্যে বোধের স্বরূপ হল অনুভব কারক;

আর ক্রিয়া হল স্পর্শকাতরতা।

১১) বাক্ এর মধ্যে বোধের স্বরূপ হল বাক্য বা বিবিধ শব্দ প্রকাশক;

আর ক্রিয়া হল কর্ম সিদ্ধ ও অসিদ্ধ করা।

১২) পাণির মধ্যে বোধের স্বরূপ আদান-প্রদান কারক

আর ক্রিয়া হল সংরক্ষণ কারক।

১৩) পাদ-এর মধ্যে বোধের স্বরূপ হল চলন কারক;

আর ক্রিয়া হল দূরত্বকে অতিক্রম কারক।

১৪) পায়ুর মধ্যে বোধের স্বরূপ হল নিঃসরণ কারক;

আর ক্রিয়া হল স্বস্তিকারক।

১৫) উপস্থের মধ্যে বোধের স্বরূপ হল স্খলন কারক;

আর ক্রিয়া হল জনন ক্রিয়া ও মূত্রাদি ত্যাগ ক্রিয়া কারক।

১৬) মনের মধ্যে বোধের স্বরূপ হল মনন কারক;

আর ক্রিয়া হল গ্রহণ ও ত্যাগ কারক।

১৭) বুদ্ধির মধ্যে বোধের স্বরূপ হল জ্ঞান;

আর ক্রিয়া হল বিচার কারক।

১৮) চিত্তের মধ্যে বোধের স্বরূপ হল চিন্তা কারক;

আর ক্রিয়া হল চিন্তন-বিষয়কে রূপ দেওয়ার কর্তৃত্ব।

১৯) অহঙ্কারের মধ্যে বোধের স্বরূপ হল অভিমান কারক;

আর ক্রিয়া হল আত্মম্ভরিতার প্রকাশক।

২০) প্রাণের মধ্যে বোধের স্বরূপ হল সঞ্জীবত্ব রাখার কর্তৃত্ব;

আর ক্রিয়া হল ঐ সঞ্জীবত্ব রক্ষা করার কর্তব্য।

২১) অপানের মধ্যে বোধের স্বরূপ হল নিষ্কাশন কারক;

আর ক্রিয়া হল ঐ নিষ্কাশনের পরে স্বস্তির প্রকাশক।;

২২) সমানের মধ্যে বোধের স্বরূপ হল দেহের সাম্যরক্ষক;

আর ক্রিয়া হল দেহের সর্বস্তরে খাদ্যরস বিতরণ কারক।

২৩) উদানের মধ্যে বোধের স্বরূপ হল নবদ্বার ও লোমকূপাদির আবদ্ধতা মুক্ত কারক;

আর ক্রিয়া হল দেহের বায়ুকে উর্ধগামী করে উচ্চগ্রামের বিষয়াদি পৌঁছে দেওয়া।

২৪) ব্যান বায়ুর মধ্যে বোধের স্বরূপ হল দেহের রসাদি ও খাদ্যরসাদি পরিশোধন কারক;

আর ক্রিয়া হল দেহের ভিতরে আবর্জনাময় অবস্থাকে ক্ষয় করা এবং নির্মল বিষয় সংগ্রহ করা।

আজকের মত প্রশ্নের উত্তর এখানে শেষ হল। এখন তোমাদের আর একটি প্রশ্ন বলি — উপলব্ধি ও অনুভূতি এবং অনুভবের মধ্যে বোধ কিভাবে ক্রিয়া করে মানুষকে উর্ধগ্রামে পৌঁছায় সে সম্বন্ধে তোমরা যে যেমনটি বোঝ তেমনটি লিখে নিয়ে আসবে আগামী দ্বি-অধিক শততম অধিবেশনে। আজকের মত এখানেই শেষ।

দ্ব্যধিক শততম অধিবেশন — মানিকতলা — বুধবার — ২৯/০১/৮৬

একাধিক শততম অধিবেশনে তোমাদের যে প্রশ্নের উত্তর লিখে আনতে বলা হয়েছিল তা তোমরা যে যেমনটি বুঝেছ তেমনটি লিখে নিয়ে এসেছ। তোমাদের অনেকেরই লেখা যথার্থ উত্তরের সম্মুখীন হয়নি। তথাপি তোমরা নিরুৎসাহ না হয়ে তোমাদের লেখা যাতে যথার্থ উত্তরের সম্মুখীন হয় সেদিকে যত্নবান হওয়াই তোমাদের একান্ত প্রয়োজন। আর যাদের লেখা উত্তরের সম্পূর্ণ সম্মুখীন না হলেও লেখা সম্মুখীন করার যে চেষ্টা দেখিয়েছ এটা সত্যই আনন্দের বিষয়। আশা করি আর একটু যত্নবান হলে তোমরা সম্পূর্ণ উত্তরের সম্মুখীন হতে পারবে। এখন এই প্রশ্ন সম্বন্ধে আমি কিছু বলি তা লেখ ঃ

তোমাদের প্রশ্ন ছিল, অনুভব, অনুভূতি ও উপলব্ধির মধ্যে বোধ কিভাবে ক্রিয়া করে নিম্নগ্রাম হতে উর্ধগ্রামে পৌঁছে দেয়। প্রথমতঃ অনুভবের মধ্যে বোধ কিভাবে ক্রিয়া করে নিম্নগ্রাম হতে উচ্চদিকে ধাবিত করে, তাই বলি। মন ইন্দ্রিয়াদির মাধ্যমে যখন বিষয় ভোগ করে, সেই বিষয়ভোগ প্রকৃতপক্ষে

জীবই করে; কারণ জীব যতক্ষণ পর্যন্ত মনাধীন থাকে, ততক্ষণ পর্যন্ত মন বিষয় গ্রহণ করে জীবকেই ভোগ করায়। তাই জীব এই ভোগের জন্য দায়ী হয়। যদিও তোমরা তত্ত্বের মাধ্যমে জেনেছ ইন্দ্রিয়াদির মাধ্যমে মনই বিষয় ভোগ করে। মন গ্রহণ করে; গ্রহণ করে যে জীবকে ভোগ করায় এ সম্বন্ধে প্রকৃষ্টভাবে তত্ত্বের মধ্যে লেখা নেই। কারণ মনই যদি ভোগ করে, তবে ভোগের জন্য মনেরই দায়ী থাকা উচিত। জীব কেন দায়ী হবে? ভোগের বেলা দেখা যায় যে, মন ভোগের জন্য দায়ী হয় না। তাই মনের অধোগতি, ঊর্ধগতি, মোক্ষমুক্তি বলে কিছু নেই। অধোগতি, ঊর্ধগতি, মোক্ষমুক্তি জীবেরই হয়ে থাকে। এমন অবস্থায় এই ভোগের বিষয় জীবই যখন ভোগ করে মনের দ্বারা এবং ইন্দ্রিয়াদির দ্বারায় জীবের অনুভবের মধ্যে তখন বিবেকাদি বুদ্ধির দ্বারা বিচারে যখন দেখে যে, কোনটা কর্তব্যরূপ প্রয়োজনে ভোগ করা হল, আর কোনটা অকর্তব্যরূপ প্রয়োজনে অবিবেকীভাবে ভোগ করা হল। তখন অনুভবের মধ্যে বোধের ক্রিয়ায় অকর্তব্যের ভোগের কারণে যে অনুশোচনার জাগরণ হয় তখন এ হতে মুক্তির কারণে জীবকে দিয়ে অনুভবের মধ্যে বোধের ক্রিয়ায় সাধুসঙ্গ, ধর্মগ্রন্থ সঙ্গ, সদালোচনার দ্বারা বোধ অনুভবের মধ্যে এটাই জাগরণ করায় যে, এ হতে মুক্তি হতে গেলে মুক্তি কর্তা গুরুর শরণাপন্ন হওয়া প্রয়োজন। তাই গুরুপদে আশ্রয় নিয়ে গুরুর উপদেশ-নির্দেশ অনুসারে নিজে পরিচালিত হয়ে এটাই অনুভব করে যে, এর ওপরেও আছে। তখন বোধ সাধককে চিত্ত দেশে অবস্থান করায়। এই চিত্তই হল মনের উচ্চগ্রাম। অনুভবের ক্রিয়া চিত্তগ্রামের মূল কেন্দ্রে — অন্তঃকরণে পৌঁছে দেয়। তখন অনুভবের ক্রিয়া ঐখানে শেষ হয়ে যায়। কারণ অনুভব অন্তঃকরণে পৌঁছে দিল। তখন গুরুর নির্দেশ, উপদেশ অনুসারে অন্তঃকরণের সহিত (আন্তরিকতার সঙ্গে) তিনটি ভাগে বিভক্ত সাধন পথের মধ্যে কেউ বা ভক্তিপথ, কেউ বা যোগপথ, কেউবা জ্ঞানের পথ অবলম্বন করে সাধনায় লিপ্ত হয়। এই সাধনায় যখন যা সাধনার মধ্যে বোঝে তা অনুভূতির দ্বারা গ্রহণ করে। অনুভূতির মধ্যে বোধ তখন সাধককে বুঝিয়ে দেয় যে, সাধ্য বিষয়ের আনন্দ কোনটি আর জড়বোধের জড় আনন্দ কোনটি। তখন এই জড় বিষয়ের অকর্তব্যের পথে যে সমস্ত

বিষয়ভোগে পতন অবশ্যম্ভাবী, তা উপেক্ষা করার শক্তি জোগায় এই বোধেরই ক্রিয়াতে। এই বোধের ক্রিয়াই সাধককে বৈরাগ্যে পৌঁছে দেয়। সাধকের মধ্যে যখন বৈরাগ্যের উদয় হয় তখনই অনর্থ বিষয়ভোগে বিরাগ জন্মে; আর ভগবদ আনন্দ বা ইষ্ট আনন্দে সাড়া জাগায়। যখন ক্রমে ক্রমে এই বোধের ক্রিয়ার দ্বারা সাধকের ক্রমোন্নতি হতে থাকে; যতটা উন্নতি হতে থাকে ততটাই মন সাধকের বশ্যতা স্বীকার করে। যখন সাধন সম্বন্ধে পূর্ণ অনুভূতি হওয়ার উপযোগী হয়, তখন মন সম্পূর্ণভাবে সাধকের অনুগত হয়। একেই বলে মনের নিরোধ অবস্থা। সাধক যখন অনুভূতির দ্বারা জানতে পারে যে, আমি ইন্দ্রিয়াদিও নই, আর ইন্দ্রিয়াদির রাজা যে মন — মনও নই — চব্বিশ তত্ত্বের কোন তত্ত্বই নই। তবে আমি কে? কোথা হতে এসেছি? যেথা হতে এসেছি, তিনিই বা কে? — এই অনুশোচনা অনুভূতির মধ্যে বোধের ক্রিয়ায় যখন পূর্ণত্ব প্রাপ্ত হয়, তখনই সাধক সাধনার পরিপক্কতার ফলে জানতে পারে যে, আমি ব্রহ্মের বা ঈশ্বরের অভিন্ন সত্তা। তবে যার অভিন্ন সত্তা, আমি তাতে পৌঁছাতে গেলে আমার আর তার মধ্যে বাধাই বা কি? এই বাধা দূরীকরণের উপায়ই বা কি? তখনই অনুভূতির মধ্যে বোধের ক্রিয়ায় সাধকের নিজের মধ্যে অনুসন্ধান করে দেখার উদ্দীপনা জাগায়। তখন সাধক এই সাধন ক্রিয়ায় জানতে পারে যে, হৃদয়ই সেই ঈশ্বরকে বোধে আনার স্থান। তখন বোধেরই ক্রিয়ায় অনুভূতি-প্রভাবে হৃদয় কেন্দ্রে পৌঁছাবার পথ নিরূপিত হয়। তখন গুরু-নির্দেশিত উপদেশে তদ্রূপ করণ-কর্মের প্রভাবে ও সাধন-কর্মের প্রভাবে অনুভূতি সাধককে হৃদয়-কেন্দ্রে পৌঁছাবার কারণে মনোরথে চড়ে হৃদয়পুরের ঘাটে পৌঁছাবার উপযোগী হয়। তারপর মনোরথ হতে অবতরণ করে সাধক হৃদয়পুরে পৌঁছায়। মন অনুভব অনুভূতি — এদের নিয়ে হৃদয়পুরের ঘাটেই পড়ে থাকে। তাহলে দেখা গেল, সাধক যখন হৃদয়পুরে পৌঁছায়, তখন উপলব্ধির স্থান এই হৃদয়পুরে; তাই উপলব্ধি সাধকের মধ্যে যখন জাগ্রত হয়, তখন বোধ উপলব্ধির মাধ্যমে সাধককে বুঝিয়ে দেয় যে, ব্রহ্ম বা ঈশ্বর হতে আমি নিম্নভাগে গিয়েছিলাম; আজ গুরুকৃপা বলে অনুভবের মাধ্যমে বোধের সহায়তায় সাধন ক্রিয়ায় অনুভূতিতে পৌঁছেছিলাম। অনুভূতির মাধ্যমে

বোধের ক্রিয়ায় মনের সহায়তায় ও অনুভূতির সহায়তায় আজ হৃদয়পুরে পৌঁছে উপলব্ধির মাধ্যমে এইই বুঝতে পারলাম যে, আমি কোথা হতে নিম্নগ্রামে পৌঁছেছিলাম আর নিম্নগ্রাম হতে উপলব্ধির সহায়তায় আমি যে "কাঁচাআমি" ছিলাম, সেই কাঁচা আমি পরিপক্ক হয়ে আজ যে "পাকা আমি" — সেই আমিটিকেও পরমেশ্বরে মিলিয়ে যাওয়ার উপযোগী হয়েছে। তখন বোধ মহাবোধরূপে সাধককে বোধী করে পরমবোধে অর্থাৎ ঈশ্বরে বা ব্রহ্মে মিলিয়ে দেওয়ার উপযোগী করে। ব্রহ্ম বা ঈশ্বরে এই মিলিয়ে যাওয়াটাই উপলব্ধির মাধ্যমে বোধের পরিক্রমায় উচ্চগ্রামে পৌঁছে দেওয়া। আজকের মত লেখা এখানেই শেষ হল। এই লেখাগুলো আমার বলার এদিক-ওদিক হতে পারে। বিশদভাবে লিখে রেখে সবাই রক্ষাকবচের মতই কণ্ঠস্থ করতে চেষ্টা কোর। তাতে তোমাদের এই আজ পর্যন্ত যত অধিবেশনে যোগ দিয়েছ, সমস্ত অধিবেশনের প্রশ্নগুলোই উচ্চগ্রামে পৌঁছাবার কারণে — তা হৃদয়ঙ্গম করে, তদ্রূপ ক্রিয়া করে তোমরাও উচ্চগ্রামে পৌঁছাবার অধিকারী হতে পারবে।

এখন তোমাদের জীবনপথে ছোটবড়, সমস্থানীয় এবং গুরুর প্রতি বোধের ক্রিয়া কি হওয়া উচিত তা তোমরা আগামী অধিবেশনে যে যেমনটি বোঝ তেমনটি বিশেষভাবে লিখে নিয়ে আসবে। আজকের মত এখানেই শেষ হল।

ত্র্যধিক শততম অধিবেশন — মানিকতলা — বুধবার — ০৫/০২/৮৬

দ্ব্যধিক শততম অধিবেশনে তোমাদের যে প্রশ্নের উত্তর লিখে আনতে বলা হয়েছিল তা তোমরা যে যেমনটি বুঝেছ তেমনটি লিখে নিয়ে এসেছ। আজকের লেখায় প্রত্যেকেরই উত্তর মোটামুটি আনন্দদায়কই হয়েছে। তবে এই রূপভাবে প্রশ্নের উত্তর লিখতে তোমাদের উদ্দীপনা বৃদ্ধি পাক, এটাই আমি আশা করি। এখন, এই লেখা সম্বন্ধে আমি কিছু বলি, তা লেখ ঃ

আজ এই প্রশ্নের সম্মুখীন হয়ে তোমরা ভেবে দেখো তোমাদের জীবনের গত দিনগুলো কিভাবে কেটেছে। যথাযোগ্যভাবে যার সঙ্গে তোমরা মেলামেশা করে থাক না কেন, প্রথমতঃ নিজের সংসারের লোকেদের সঙ্গে, তার পরে বাইরের চলার পথের লোকেদের সঙ্গে কি আচরণ, কি ব্যবহার তোমরা করেছ। যে যে মানের লোক সেই মান হিসাবে যথাযোগ্য মানরক্ষা করে চলতে পেরেছ কিনা, তা চিন্তা করলে যদি দেখা যায় যে, অধিকাংশ ক্ষেত্রেই মান উপযোগী মান দেওয়া সম্ভব হয়নি যেমন ছোটদের মান অনুসারে তোমার কাছে তাদের যে মান প্রাপ্য ছিল তা কতটুকু দিতে পেরেছ ও গুরুক্ষেত্রে সেই মহামানীর মান কতটুকু দিতে পেরেছ বা দিচ্ছ বা দিতে পারবে, তা চিন্তা করে যদি দেখ — মানীর মান অনুসারে মান কেন দিতে পার নি এবং যতটুকু দিতে পেরেছ ততটুকুই বা কোন কারণে দিয়েছ? এই মান দেওয়া নেওয়ার ভাগও দুটি। একটি স্বার্থদ্বারে মান দেওয়া বা নেওয়া — তা যথাযোগ্য মানীর মান দেওয়াও নয়, নেওয়াও নয়। তাহলে দেখা যায়, যার যার প্রাপ্য মান অনুসারে মান পাওয়া যেটা, সেটা স্বভাবতঃই স্বার্থের ঊর্ধে; যেমন মা সন্তানকে স্নেহ করে সেখানে স্বার্থের গন্ধ নেই। সন্তান পিতামাতাকে ভক্তি করে সেখানেও স্বার্থের গন্ধ নেই। এরূপ যারা বড় তাদেরও মান পাওয়ার মধ্যে বা দেওয়ার মধ্যে কোন স্বার্থের গন্ধ নেই, যেমন বাবা, জেঠা, কাকা — তারা স্বভাবতঃই মান্যের পাত্র। তাদের মান পাওয়ার মধ্যে স্বার্থের গন্ধ নিশ্চয়ই থাকে না। গুরুদেবও যে শিষ্যের কাছ থেকে মান পান, সেটুকুও শিষ্যের একান্তভাবে নিঃস্বার্থে দেওয়া; এখানেও স্বার্থের গন্ধ নেই। তবে স্বার্থের গন্ধ নেই বললে তোমাদের মনে হবে নিশ্চয়ই আছে। গুরুজনকে যোগ্য মান দিলে গুরুর কাছে আমি প্রিয় হব এবং আমাকে অশেষ করুণা করবেন। এইরূপ অন্যান্য ছোট বড় জনও মান পেলে প্রিয় বলে গণ্য করবে। ছোটদেরও ভালবাসবে এবং প্রয়োজন যা তা পূরণ করবে। একটু চিন্তা করে দেখ, গুরু যিনি তিনি শিষ্যের প্রতি অহৈতুকী করুণা সর্বদাই বর্ষণ করে থাকেন। তিনি কখনও তাঁকে মান দিলে কি দিলে না সেদিকে লক্ষ্য করেন না বরং অশালীনতা সংশোধনের কারণে কখনও বা শাসনের সুরে কখনও বা আদেশ নির্দেশের মাধ্যমে সংশোধিত করার চেষ্টা

করেন। গুরুজন ও কনিষ্ঠের অশালীনতা শাসনের মাধ্যমে শোধন করার চেষ্টা করেন। তাদের দেয় যা তা অশালীনতা বিঘ্ন ঘটায় না; তবে দেখা যায়, ছোট বড় গুরুজন — সকলের কাছে একই ভাব, একই কথা। তবে আমরা কেন যথাযোগ্য মানীর মান দিতে পারি না? তা চিন্তা করলে দেখা যায় আমাদের অমনুষ্যত্বের কারণে যে অকর্তব্যের প্রকাশ পায় তারই কারণে অস্মিতাভাবে বা অহং জ্ঞানে আমরা ডুবে থাকি বলে যথাযোগ্য মানীর মান দিতে সক্ষম হই না। এই চিন্তায় চিন্তিত হয়ে যদি সাধু, গুরু, বৈষ্ণব বা ধর্মগ্রন্থের সঙ্গ করা যায়, তবে এদের করুণায় এবং আদেশ-নির্দেশ যথাযথ পালনের ফলে যতটুকু মনুষ্যত্বের জাগরণ হয় ততটুকুই কর্তব্যপরায়ন হয়, ততটুকু মান সম্বন্ধে বোধগম্য হয়, তখনই বোধের ক্রিয়া ততটুকুই প্রকাশ পেয়ে যথাযোগ্য মানীর মান দেওয়ার বোধ ক্রিয়মান হয়ে মানব মানবীকে দিয়ে মান দিইয়ে নেয়। এখন দেখা গেল যে, অকর্তব্যের সময়ে বোধের ক্রিয়া জাগ্রত হয়নি কেন? অমনুষ্যত্বের আবরণে অকর্তব্যের প্রভাবে বোধ তাদেরই প্রভাব অনুসারে ক্রিয়া করে থাকে। আর, মনুষ্যত্ব জাগ্রত হলে কর্তব্যের প্রভাবের মধ্যে বোধের ক্রিয়া যথাযোগ্য মানীয় মান দিয়ে মানবমানবীকে ঊর্ধগামী করিয়ে দেয়। তাহলে এখন দেখা গেল, বোধের ক্রিয়া ভিন্ন যথাযোগ্য মানীর মান দেওয়া করো পক্ষেই সম্ভব নয়। কাজেই যাতে বোধের ক্রিয়ায় প্রকৃষ্ট বোধগম্য হয়ে যথাযোগ্য মানীর মান দিয়ে জীবন যাপন করতে পার, সেই চেষ্টা কর; তবেই মানবজীবন সফল হবে।

এখন আমি একটি প্রশ্ন করি; প্রশ্নটি হল — তোমাদের জীবনধারণের ক্ষেত্রে বা অন্ন সংস্থানের ক্ষেত্রে বোধের ক্রিয়া কি হওয়া উচিত? এ সম্বন্ধে যে যেমনটি বোঝ তেমনটি লিখে আনবে আগামী শতোত্তর চতুর্থ অধিবেশনে। আগামী বুধবার অধিবেশন বন্ধ থাকবে। আজকের মত এখানেই শেষ।

শতোত্তর চতুর্থ অধিবেশন — মানিকতলা — বুধবার — ২৬/০২/৮৬

শতোত্তর তৃতীয় অধিবেশনে তোমাদের যে প্রশ্নের উত্তর লিখে আনতে বলা হয়েছিল তা তোমরা যে যেমনটি বুঝেছ তেমনটি লিখে নিয়ে এসেছ।

আজকের লেখা প্রত্যেকেরই যথাযথ উত্তর হয়েছে। এইভাবে প্রশ্নের যথাযথ উত্তর লিখে আনন্দ দিতে বা পেতে কেউ যেন ভুল কোর না। এখন এ সম্বন্ধে আমি কিছু বলি তা লেখ ঃ

জীবনপথে বা অন্নসংস্থানের পথে তোমাদের বোধের ক্রিয়া কি হওয়া উচিত এটাই প্রশ্ন ছিল। জীবনপথে পরিচালিত হতে গেলে প্রত্যেকেরই এই বোধে পরিচালিত হওয়া উচিত যাতে বিপথগামী না হয়ে কর্তব্যের পথে পরিচালিত হয়ে নিজ মনুষ্যত্বকে জাগরণ করে অপরকে আনন্দ দেওয়াও নিজেও আনন্দ পাওয়া। অন্নসংস্থানের পথে বোধের ক্রিয়া হওয়া উচিত ন্যায়পথে অন্নসংগ্রহ করা ও অন্যায়ের পথে বিরত থাকা। ন্যায়ের পথে অন্নসংস্থান দ্বারা জীবনধারণে যদি কষ্টও হয় সে কষ্টকে বরণ করে ন্যায়ের পথেই জীবনধারণ করাই একান্ত প্রয়োজন। এই যে বোধের ক্রিয়ার কথা বললাম, তা শুধু লেখার কথা নয়; যাতে তোমরা বোধসম্পন্ন নিজেরাও সৎপথী হতে পার এবং ছেলেমেয়ে ও আশ্রিতদের সেভাবে এমন শিক্ষা দেওয়া উচিত। তবেই প্রত্যেক সংসারে শান্তির ছায়া নেমে আসবে। এখন আগামী শতোত্তর পঞ্চম অধিবেশনের একটি প্রশ্ন বলি লেখ ঃ

প্রশ্নটি হল যার যার নিজের মধ্যে তোমাদের মনুষ্যত্ব জাগরণ করতে বিঘ্ন ঘটাচ্ছে কারা এবং বিপথে প্রলোভিত করছে কারা এবং বিবেক সহকারে সৎপথে অনুগামী করাতে পারে কারা; তা বিবেক সহ বোধের দ্বারা বিচার করে যার যার ভিতরের কথা সেই সেই বিচার লিখবে। আজকের মত লেখা এখানেই শেষ।

শতোত্তর পঞ্চম অধিবেশন — মানিকতলা — বুধবার — ০৫/০৩/৮৬

শতোত্তর চতুর্থ অধিবেশনে তোমাদের যে প্রশ্নের উত্তর লিখে আনতে বলা হয়েছিল তা তোমরা যে যেমনটি বোধে আনতে পেরেছ তেমনটি আজ লিখে নিয়ে এসেছ। আজকের লেখা একান্তভাবে যার যার নিজের ভিতরের কথাই লেখার কথা ছিল। তাই একের লেখা অন্যের সঙ্গে বিশেষ মিল না

হলেও যার যার প্রকাশিত লেখা মন্দ হয়নি। তোমরা যে নিজের ভিতরের কথা প্রকাশ করতে চেষ্টা করেছ, এটাই আনন্দের বিষয়। এখন এ সম্বন্ধে আমি কিছু বলি তা লেখ — প্রথমে কথা ছিল যে তোমরা বাইরের কিছু লিখবে না। যার যার ভিতরের কথা টেনে এনে লিখবে। অনেকেরই বাইরের বিষয় লেখা হয়েছে। চিন্তা করা উচিত ছিল কারা কারা বিপথগামী করছে এবং কারা মনুষ্যত্বের অনুগামী করছে এবং কারা সৎপথে বা ভগবৎ পথে অনুগামী করাচ্ছে। এখানে চিন্তা করতে হবে, আমাদের জন্মের পর যখন চলার পথের উপযোগী জ্ঞান বা বুদ্ধির বিকাশ হয়েছিল, তখন তোমাদের মধ্যে কিসের অভাব ছিল? প্রথমতঃ অভাব ছিল — ভবিষ্যৎ চলার পথে চলার কারণে স্থান, কাল, পাত্র অনুসারে জীবনপথে চলার জন্য বিদ্যা অধ্যায়নের অভাব ছিল; সমাজের সামাজিকতা বোধের অভাব ছিল; অর্থনীতির অভাব ছিল এবং ঋষিনীতির অভাব ছিল। পিতামাতার সহযোগীতায় বা অভিভাবকের সহযোগীতায় তাদের সাধ্যোচিত বিদ্যাশিক্ষার মাধ্যমে যতটুকু পেরেছি গ্রহণ করেছি। তারপর যখন জীবনে যৌবন দেখা দিল, তখন যৌবনের পরিতৃপ্তি, পরিতুষ্টির জন্য বা যৌবন জীবন-পথে অতিবাহিত করার আরও যে সমস্ত অভাব দেখা দিয়েছিল তা কিছুটা অভিভাবকদের সহায়তায় আর বাদবাকী অভাবগুলো পূরণ ইচ্ছায় প্রবৃত্তির প্রভাবে আমাদের মধ্যে সুর অসুরগণ রয়েছে — অভাবের প্রয়োজনীয় বা কর্তব্যের মাধ্যমে অভাব পরিপূর্ণ করিয়েছে। আর আমাদের মধ্যে এই প্রবৃত্তিরই প্রেরণায় পেয়েও যখন আমরা তুষ্ট হইনি, অতিরিক্ত চরিতার্থতার মোহে যখন যেরূপ বিষয়কে ভোগ করতে ইচ্ছা হয়েছে — সে ক্ষেত্রে ঐ অসুরগণের সহায়তাতে আমরা বিপথগামী হয়ে পড়েছি বা হই। আর ঐ অসুরগণের প্রভাবে মনুষ্যত্ব ব্যতিরেকে অমনুষ্যত্বের বৃত্তিগুলি যে আমাদের সংস্কাররূপে রয়েছে তারাই জাগ্রত হয়ে আমার মনুষ্যত্ব জাগরণে প্রতিবন্ধক হয়েছে। তখনই বিবেকের সঙ্গে বোধ যুক্ত হয়ে বুদ্ধির দ্বারায় বিচারে যখন দেখা গেছে যে, আমি আস্তে অন্ধকারে ডুবে যাচ্ছি তখন সাধু, গুরু, বৈষ্ণবের সঙ্গ করার অনুপ্রেরণা জাগিয়েছে আমার বিবেক সম্মিলিত বোধ। বোধের মধ্যে তখন সত্যের আলো বা জ্যোতি পাওয়ার ইচ্ছা

জেগেছিল বা জাগে। তখন বোধেরই আকর্ষণে ইচ্ছা সততঃ শুদ্ধভাবে সদিচ্ছায় ক্রিয়মান হয়। এই সদিচ্ছা সহ এরা সবাই সৎপথে অনুগামী করিয়ে থাকে। তাহলে দেখা গেল, বোধ আমার ইন্দ্রিয়াদির সঙ্গে যখন যুক্ত হয় তখন মনের প্রবৃত্তি অনুসারে ঐ বোধের আকর্ষণে ইন্দ্রিয়গুলো বিষয়কে মনের কাছে পৌঁছে দেয়। তাহলে, এই বোধ প্রবৃত্তি মার্গে মনের ইচ্ছা অনুসারে প্রবৃত্তির প্রভাবে বোধের মধ্যে সেইরূপ আকর্ষণই প্রকাশ পায়। আবার সেই বোধই বিবেক-সহযোগে সৎপথগামী করার আকর্ষণ তার মধ্যে জাগে। বোধের ওপর লক্ষ্য করে শাস্ত্রে পরিষ্কার বলেছে — "ঈশ্বরই সব করায়, ঈশ্বরই সব করে।" বোধই ব্রহ্ম, বোধই ঈশ্বর, কিন্তু নিম্নগ্রামে এসে সমস্ত তত্বের মধ্যে বা ইন্দ্রিয়ের থেকে মনের প্রবৃত্তিবোধের আকর্ষণ অনুসারে যখন তদ্‌বিষয় আকর্ষিত করে, তখন আকর্ষিত বিষয় অনুসারে সমস্ত রিপু আদি, অষ্টপাশাদি তদ্রূপ ক্রিয়া করে মনকে ভোগ করায়। আর যতটুকু কর্তব্যপরায়ণশীল হয় ততটুকু মানুষের মনুষ্যত্বের স্থিতি বা অভ্যুদয়ের পথে ক্রিয়া করে। আর অকর্তব্যের পথে যতটুকু ক্রিয়মান, সেই ক্রিয়া অনুসারে মানুষ ততটুকু বিপথগামী হয়। এটি শাস্ত্রের গুহ্য রহস্য; তাই সাবধান। সাবধান। সাবধান। যখন যে কর্ম কর, কর্তব্যের পথে করতে চেষ্টা কোর; তবেই মানুষের জীবন-পথ সাফল্যমণ্ডিত হবে, নতুবা নয়।

এখন প্রশ্ন হল, বোধ সম্বন্ধে অনেক কিছুই লিখলে, অনেক কিছুই জানলে — বোধের কোন ক্রিয়ায় দশ ইন্দ্রিয় এবং একাদশ ইন্দ্রিয় মন সংশোধিত হয় — এ সম্বন্ধে যে যেমনটি বোঝ তেমন লিখে আনবে আগামী শতাধিক ষষ্ঠ অধিবেশনে।

শতাধিক ষষ্ঠ অধিবেশন — মানিকতলা — বুধবার — ১২/০৩/৮৬

গত শতাধিক পঞ্চম অধিবেশনে তোমাদের যে প্রশ্নের উত্তর আজ শতাধিক ষষ্ঠ অধিবেশনে যে যেমনটি বুঝেছ তেমনটি লিখে আনতে বলা হয়েছিল এবং তোমরা যা লিখেছ তা যথাযথ উত্তরের দিকে না গেলেও তোমাদের বুঝে লেখা ভুল হয়নি। এখন এ সম্বন্ধে আমি কিছু বলি তা লেখ ঃ

প্রশ্ন ছিল বোধের কোন ক্রিয়ায় দশ ইন্দ্রিয় ও একাদশ ইন্দ্রিয় মন সংশোধিত হয়? বিশ্বে প্রত্যেক মানবমানবীরই এই ইন্দ্রিয়াদি সংশোধন ক্রিয়া একান্ত প্রয়োজন অর্থাৎ দশ ইন্দ্রিয় ও একাদশ ইন্দ্রিয় মন যতক্ষণ না সংশোধিত হয় ততক্ষণ জীবনপথে ও অধ্যাত্মপথে — কোন পথেই জয়লাভ করা সম্ভব হয় না এবং শান্তি বা আনন্দের অধিকারীও হওয়া যায় না — ভগবৎ প্রাপ্তি তো দূরের কথা। এখন দেখতে হবে এই দশ ইন্দ্রিয় ও একাদশ ইন্দ্রিয় মন কলুষিত হয় কাদের দ্বারা? দেখা যায়, ষড়রিপু, অষ্টপাশাদি, আরও অন্যান্য শতাধিক রিপুই এই ইন্দ্রিয়াদি কলুষিত হওয়ার মূলে। এখন, এই রিপুআদির হাত হতে মুক্ত হয়ে দশ ইন্দ্রিয় ও একাদশ ইন্দ্রিয় মন সংশোধিত হতে গেলে বোধের কোন ক্রিয়ার প্রয়োজন? এক্ষেত্রে এই কথাই বলা যায় যে, এই ইন্দ্রিয়গণ যদি মানবমানবীর জীবনধারণের কারণে স্ব স্ব ধর্মে স্থিত থেকে স্ব স্ব ক্রিয়ায় ক্রিয়মান হয়, তবে রিপুগণও কোন অবস্থাতেই এই ইন্দ্রিয়দিগকে প্রলোভিত করে বিপথগামী করতে পারে না; বরং সহায়তাই করে অর্থাৎ ইন্দ্রিয়গণ যদি স্ব স্ব ধর্মে নিয়োজিত থেকে জীবের জীবনধারণের কর্তব্যরূপ প্রয়োজনে বিষয় গ্রহণ করে তবে সে বিষয়ের দ্বারা কখনো কোন ইন্দ্রিয় কলুষিত হয় না। বোধ যখন প্রত্যেক ইন্দ্রিয়ের মধ্য থেকে বোধের অনুপ্রেরণায় স্বধর্মে স্থিত রেখে ক্রিয়া করলেই ইন্দ্রিয়গণ পূর্ব কলুষ হতে মুক্ত হয়ে সংশোধিত হতে পারে। এখানে দেখা যায়, ইন্দ্রিয়গণ যখনই পরধর্ম অর্থাৎ রিপুদের ধর্ম গ্রহণ করে তখনই ইন্দ্রিয়গণ কলুষিত হয়। মানুষ যখন গুরুর আদেশ-নির্দেশ ও উপদেশ পালন করতে দৃঢ়সংকল্প হয়, তখনই বোধ নিজ ক্রিয়ার দ্বারা ঐ সঙ্কল্প পূর্তির ক্রিয়া করিয়ে থাকে। তখনই সমস্ত ইন্দ্রিয়াদির মধ্যে ঐ দৃঢ় সঙ্কল্প ক্রিয়া জাগরণ করিয়ে প্রত্যেক ইন্দ্রিয়কে স্ব স্ব ধর্মে স্থিত করে ইন্দ্রিয়গণ স্ব স্ব ধর্মে স্থিত না হওয়া পর্যন্ত ইন্দ্রিয়গণের সংশোধিত হওয়ার আর কোন উপায় নেই; আর ইন্দ্রিয়গণ সংশোধিত না হলে জীবনপথেও শান্তি নেই। ভগবৎ পথে ভগবৎ প্রাপ্তির আশাও নেই।

এখন প্রশ্ন হল, ইন্দ্রিয়গণ সংশোধিত হলে মানবমানবীর মধ্যে জীবন পথে ও অধ্যাত্ম পথে বোধের ক্রিয়া কি? এ সম্বন্ধে যে যেমনটি বোঝে তেমনটি লিখে আনবে আগামী সপ্তাধিক শততম অধিবেশনে।

সপ্তাধিক শততম অধিবেশন — মানিকতলা — বুধবার — ০২/০৪/৮৬

ষড়াধিক শততম অধিবেশনে যে প্রশ্ন দিয়েছিলাম সেই প্রশ্নের উত্তর সপ্তাধিক শততম অধিবেশনে আজ তোমরা যে যেমনটি বুঝেছ তেমনটি লিখে নিয়ে এসেছ। আজকের লেখা দুই একজনের একটু এদিক ওদিক হলেও আর সবার লেখাই আনন্দদায়ক। আমি আশা করি, তোমরা প্রশ্নের উত্তর এরূপে যথাযথ লিখে আনন্দ দেবে।

এখন এ সম্বন্ধে আমি কিছু বলি তা লেখ ঃ ইন্দ্রিয় সংশোধিত অবস্থায় জীবনপথে এনে দেয় ধীরতা, সহিষ্ণুতা, সরলতা, নম্রতা ও উদারতা। আরও এনে দেয় আন্তরিক বল ও শক্তি; যে শক্তি বলে জীবনপথে পরিচালিত হয়ে মানব-মানবী শান্তির অধিকারী হয়। আধ্যাত্মিক পথে বোধ সাধক সাধিকাকে যার যার প্রকৃষ্ট সাধনপথে পরিচালিত করে দেয়। আর নৈকষ্ঠভাবে সাধন ক্রিয়ায় ব্রতী করায় এবং সাধন-সমরে জয়ী করিয়ে আরাধ্যের সমীপস্থ করায়।

এখন প্রশ্ন হল এই ইন্দ্রিয় পরিশোধিত অবস্থায় তোমরা জীবনপথে ও অধ্যাত্মপথে বোধের ক্রিয়ার কথা যা লিখেছ সত্যই আনন্দদায়ক। এই অবস্থায় ষড়রিপু ও অষ্টপাশাদির ক্রিয়া কিরূপ হয় ও সে পরিপ্রেক্ষিতে বোধের ক্রিয়াই বা কিরূপ হয়? এই প্রশ্নের উত্তর আগামী অষ্টাধিক শততম অধিবেশনে যে যেমনটি বোঝ লিখে নিয়ে আসবে। আজকের মত এখানেই শেষ।

অষ্টাধিক শততম অধিবেশন — মানিকতলা — বুধবার — ০৯/০৪/৮৬

সপ্তাধিক শততম অধিবেশনে তোমাদের যে প্রশ্নের উত্তর লিখে আনতে বলা হয়েছিল তা তোমরা আজ যে যেমনটি বুঝেছ তেমনটি লিখে নিয়ে এসেছ। প্রশ্নের উত্তর কেউ বা যথার্থভাবে সংক্ষেপে লিখেছ; কেউবা বিস্তার করেছ। এইভাবে লেখাটাই সর্বজনপ্রিয় এবং আমারও আনন্দ হয়েছে। এইভাবে

তোমরা প্রশ্নের উত্তর লিখে আনবে। এইটাই তোমাদের কাছে আমি আশা করি। তোমরা যথার্থ উত্তর লিখেছ; তবুও আমি একটু বলি, লেখ —

ইন্দ্রিয় সংশোধিত হলে রিপুগণ আর নিজ বৃত্তি প্রকাশের সহযোগীতা না পেয়ে বৃত্তিসকল সংযত করে জীবের জীবনপথে ও সাধনপথে বিরোধীতা না করে সহায়তাই করে। জীবের যখন কোন পথেই বৈরীতা না থাকে তখন সকল পথই সহজ সরল হয়ে ওঠে। বোধ তখন অসত্যের মধ্যেও যে সত্য আছে তা জীবকে অবগত করায়; নিরানন্দের মধ্যেও আনন্দ আছে, দুষ্কর্মের মধ্যেও যে সুকর্ম আছে, রাগের মধ্যেও যে অনুরাগ আছে, হিংসা দ্বেষের মধ্যেও যে অহিংসা আছে, অসত্য কামের মধ্যেও যে সত্যকাম আছে, লোভের মধ্যেও যে সত্য চাওয়া আছে, ক্রোধের মধ্যেও যে ভগবৎ প্রেরণা আছে, সমস্ত বৈরীর মধ্যেও যে অবৈরীতা আছে — তা একমাত্র বোধই জীবকে অবগত করায়। এই অবগতির বোধ হৃদয়ে উপলব্ধি করায় যে, শাশ্বত সত্যই সগুণে ভগবান, নিগুর্ণে ঈশ্বর, আত্মা বা ব্রহ্ম। এ সমস্তই বোধের ক্রিয়া।

শেষ পর্যন্ত বোধই বোধে আনিয়ে দেয় যে, বোধই পরব্রহ্ম তখন সাধকের স্বরূপ হয় বোধী। বোধই জীবনের সাথী হয়ে সমস্ত চাওয়া বা পাওয়া, না হওয়া, না-পাওয়া, কর্ম বা অকর্ম, জানা বা অজানা — এই সমস্তের মধ্যে মন, বুদ্ধি, চিত্ত ও অহঙ্কার, দশ ইন্দ্রিয়, পঞ্চপ্রাণ — এদের বৃত্তি অনুসারে ক্রিয়া করে তোমাদের ভালমন্দ ভাবে পরিচালিত করছে। আবার, এদেরই বৃত্তি সংযত হয়ে সংশোধন হওয়ার কারণে বোধ সক্রিয়ভাবে জীবকে লক্ষ্যস্থানে পৌঁছে দেয় এবং আরাধ্যকে জানিয়ে, বুঝিয়ে, মিলন করিয়ে বোধই যে ব্রহ্ম তা উপলব্ধি করায়। এই সমস্ত ক্রিয়া, সুক্রিয়া এবং বিক্রিয়ার মূলে আরও একটি শক্তি আছে। সেই শক্তিটি চিন্তা নামে চিহ্নিত হয়েছে। সে চিন্তা সবার মধ্যেই আছে। সেই চিন্তাকে সক্রিয় করার মূল কি কি বিষয়? এই সদসৎ সক্রিয় চিন্তার মধ্যে বোধের ক্রিয়াই বা কি? — তাই আজকের প্রশ্ন। এই প্রশ্নের উত্তর আগামী নববর্ষের দ্বিতীয় বুধবারে যে যেমনটি বোঝ

নবাধিকশততম অধিবেশনে লিখে আনবে। আজকের মত লেখা এখানেই শেষ।

নবমাধিক শততম অধিবেশন — মানিকতলা — বুধবার — ২৩/০৪/৮৬

অষ্টাধিক শততম অধিবেশনে তোমাদের যে প্রশ্নের উত্তর লিখে আনতে বলা হয়েছিল, তা তোমরা আজ নবাধিক শততম অধিবেশনে যে যেমনটি বুঝেছ তেমনটি লিখে নিয়ে এসেছ। আজকের লেখা প্রত্যেকেরই মোটমুটি ভালই হয়েছে। তবে, এর চেয়েও ভাল বা সঠিক উত্তর দিতে সচেষ্ট হওয়া প্রত্যেকেরই উচিত। এখন এ সম্বন্ধে আমি কিছু বলি, তা লেখ ঃ

আহার, নিদ্রা, ভয়, অর্জন, বর্জন, রক্ষণ, আকিঞ্চন, ব্যাধিপীড়া, কল্পনার বিষয় রূপে সম্পূর্ণ করা, দুরূহ বিষয় প্রাপ্তি, অলক্ষ্য বিষয় লক্ষ্যে আনয়ন করা, মনুষ্যত্বে স্থিত থাকার উপযোগী হওয়া, অধ্যয়ন, সংগঠন মিলনামিলন, লালন-পালন, সুষ্ঠু জীবন ধারণ, দান ও ভ্রমণ — এই বিংশতি প্রকার বিষয় মানবমানবীর চিন্তাকে সততই সক্রিয় করে থাকে। এই বিংশতি প্রকার বিষয় হতে অনন্ত চিন্তার জাগৃতি হলেও অনন্ত বিশ্বের সব কিছুই — আধ্যাত্মিক বা জাগতিক — এই বিংশতি প্রকার বিষয়ের মধ্যেই পড়ে; এর মধ্যে বোধের ক্রিয়া হল, চিন্তার বিষয়কে বোধ বোধগম্য করিয়ে সে বিষয়ের অগ্রসর করানো বা না করানো (বুদ্ধির দ্বারা বিচারের মাধ্যমে)। এখন চিন্তা করে দেখ তোমাদের যে প্রশ্ন লিখে আনতে বলা হয়েছিল — আমার কথাগুলো সংক্ষিপ্ত হলেও সে উত্তরের সমাধান এর মধ্যেই রয়েছে। এই বিংশতি প্রকার বিষয়ের যথাযথ ব্যাখ্যা দিতে গেলে লেখা বিরাট আকার ধারণ করবে। কাজেই সংক্ষিপ্তভাবে বলাই সমীচীন বলে মনে করি। এখন প্রশ্ন হল চিন্তার বিষয় গ্রহণ ও ত্যাগে বোধের ক্রিয়া কি? এ সম্বন্ধে তোমরা যে যেমনটি বোঝ তেমনটি আগামী দশাধিক শততম অধিবেশনে লিখে নিয়ে আসবে।

দশাধিক শততম অধিবেশন — মানিকতলা — বুধবার — ৩০/০৪/৮৬

নবাধিক শততম অধিবেশনে তোমাদের যে প্রশ্নের উত্তর লিখে আনতে বলা হয়েছিল, তা তোমরা যে যেমনটি বুঝেছ তেমনটি লিখে নিয়ে এসেছ। তোমাদের লেখা — গত অধিবেশনে যা লিখেছিলে — তার চেয়েও নিম্নতর হয়েছে; কারণ প্রশ্ন ছিল — চিন্তার বিষয় গ্রহণ বা ত্যাগের বোধের ক্রিয়া কি? এটা লিখতে গিয়ে একটা দিক একেবারে বাদ দিয়ে গেছ। চিন্তার বিষয় ভাল বা মন্দ দুইই থাকতে পারে। মানব যখন ষড়রিপুর অধীনস্থ হয়ে চিন্তার বিষয়কে ভোগ করতে প্রয়াসী হয়, তখন যে বিষয় ভোগ করতে চিন্তা করা হচ্ছে, সেই বিষয় সম্বন্ধে বোধ এমনভাবে ক্রিয়া করে যেন তা ভোগ করলেই তৃপ্ত হবে। এ অবস্থায় সজ্জনের সৎকথা বা সৎপথ বা সৎভাব — তা অতৃপ্তজনক বলে মানব মানবীকে বোধ করায় এবং তা উপেক্ষা করে ভোগের পথেই ধাবিত করায়। আবার মানব-মানবী যখন সৎপথগামী হওয়ার চিন্তা করে বা সাধ্য-সাধনা করার চিন্তা করে বা সুবিষয় গ্রহণ করার চিন্তা করে, তখন এই সমস্ত চিন্তার বিষয় গ্রহণে তৃপ্ত করার ক্রিয়া করে বোধ বা তা পেলে তৃপ্ত হবে এমন ক্রিয়ায় বোধই বোধে আনে। তখন আবার ঐ অসৎ ভাব, অসৎ-চিন্তা, অসৎপথ ভয়ানক পরিণামশীল বা দুঃখদায়ক বলে বোধ বোধে আনে বা মানব মানবীর মধ্যে তা পরিত্যাগ করার ক্রিয়া করে। তাহলে দেখা গেল যে, বোধ ভালমন্দ চিন্তার বিষয় গ্রহণ অগ্রহণের ক্রিয়া চিন্তার মূল কেন্দ্র অনুসারে করে, অর্থাৎ চিন্তার মূল কেন্দ্র যদি রিপু আদি হয়, তার ক্রিয়া কি জানতে পারলে; আর মূলকেন্দ্র যদি রিপু আদির অতীত অবস্থা হয় — সে ক্ষেত্রে বোধের ক্রিয়া কি তাও জানতে পারলে।

এখন স্বার্থে এবং নিঃস্বার্থে সাধারণ সেবাপূজায় বোধের ক্রিয়া কি? এ সম্বন্ধে যে যেমনটি বোঝ লিখে আনবে আগামী একাদশাধিক শততম অধিবেশনে।

একাদশাধিক শততম অধিবেশন — মানিকতলা — বুধবার — ০৭/০৫/৮৬

গত অধিবেশনে তোমাদের যে প্রশ্নের উত্তর লিখে আনতে বলা হয়েছিল, তা তোমরা আজ যে যেমনটি বুঝেছ তেমনটি লিখে নিয়ে এসেছ। আজ তোমাদের লেখা প্রত্যেকেই যেমন যেমন বুঝেছ তেমন তেমন লিখেছ।

আজকের লেখা প্রত্যেকেরই ভাল হয়েছে। আশাকরি, এইভাবে প্রশ্নের উত্তর লিখে সবাইকে আনন্দ দিতে পারবে। এখন এ সম্বন্ধে আমি কিছু বলি তা লেখ —

তোমাদের প্রশ্ন ছিল স্বার্থে এবং নিঃস্বার্থে সাধারণ সেবা পূজায় বোধের ক্রিয়া কি? সাধারণ সেবাপূজা কথাটি এজন্য উল্লেখ করা হয়েছে যে, সংসারী মানবমানবী অর্থাৎ সর্বসাধারণে যে সেবাপূজা করে তার ওপর লক্ষ্য করেই সাধারণ সেবাপূজার কথা বলা হয়েছে। অসাধারণ বলতে যোগী, ঋষি, মুণি ইত্যাদি — এরা যে তপস্যা করে — সাধারণ সংসারী মানবের কাছে তা অসাধারণ। কাজেই সাধারণ সেবাপূজা শুধুই সংসারী মানবমানবীর ক্ষেত্রেই প্রযোজ্য। এখানে সেবা ও পূজা দু'ভাগে বিভক্ত। সেবা বলতে পিতামাতার সেবা, আর্তজনের সেবা, দশের বা দেশের সেবা, গুরুসেবা এবং শ্রীমূর্তির সেবা ইত্যাদি; আর পূজা বলতে শ্রীমূর্তির পূজা বা মৃন্ময় পূজা ও গুরু পূজা ইত্যাদি। এই যে সেবাপূজা — সাধারণ মানবমানবীর পক্ষে আশা-আকাঙ্ক্ষা বিজড়িত এবং স্বার্থসিদ্ধির তরে সেবাপূজা করাটাই শ্রেয়। তবে এর মধ্যেও যে সমস্ত সেবক সেবা করে তাদের মধ্যে যদি উদ্দেশ্য প্রণোদিত সেবা হয় তাও স্বার্থের এবং যে ভাবেই সেবা করুক না কেন সবই স্বার্থের পর্যায়ভুক্ত। পূজাও তেমন স্বার্থের পর্যায়ভুক্ত। তাহলে কি নিঃস্বার্থের সেবা পূজা বলতে কিছু নেই? নিশ্চয়ই আছে। যতদিন পর্যন্ত সেবক বা পূজকের মধ্যে বোধ প্রাপ্তি-সন্ধানী ক্রিয়া করে ততদিন পর্যন্ত সে সমস্ত সেবাপূজা স্বার্থের পর্যায়ভুক্তই হয়ে পড়ে। এর মধ্যে যদি কোন সেবক বা পূজকের মধ্যে গুরুকরুণা বলে এই স্বার্থন্বেষী সেবাপূজায় অনুশোচনা জাগে, সেই অনুশোচনায় তাকে এটাই বোঝায় যে, যতদিন পর্যন্ত মনাধীন হয়ে সেবাপূজা করা যায়, তা স্বার্থের পর্যায়ে থাকবে; নিঃস্বার্থে কখনো পৌঁছাবে না। স্বার্থান্বেষী মানবমানবী সেবাপূজায় যে আনন্দ পায়, তা সেবাপূজার বিনিময়ে প্রাপ্তির ওপরেই নির্ভর করে। তবে, এই অবস্থায় সেবকের বা পূজকের মধ্যে এটা জাগে যে, সর্বপ্রথমে মনাতীত হওয়ার পন্থা কি? যদি গুরুকরুণা বলে মনাতীত অবস্থায় পৌঁছায় তখনই তার পক্ষে নিঃস্বার্থে সেবাপূজা করা সম্ভব হয়। যদি বল সে নিঃস্বার্থের সেবাপূজা কি? তখন সে এটাই উপলব্ধি করে

যে, আমি সেবা পূজা করার কেউ নই; ঈশ্বরই আমার মধ্যে জাগ্রত হয়ে সর্ব প্রকার সেবা এবং পূজা আমাকে দিয়ে করান তিনি নিজেই। এটাই বোধের ক্রিয়া। কাজেই এ অবস্থাতে স্বার্থের কোন কথাই উঠতে পারে না। সে যখন সেবাপূজা করে তখন সাধারণে দেখে যে, সেই করছে; কিন্তু যে করে তার উপলব্ধিতে আছে — "আমি পাত্র মাত্র"। এই পাত্রে জাগ্রত হয়ে তাঁর সেবা তিনিই করেন, — সমস্ত পাত্রের মধ্যেই তিনি আছেন। অতএব তাঁর পূজা তিনিই করেন, এটাই তার সর্বশেষ উলব্ধিতে আসে।

এখন প্রশ্ন হল — জপ ও ধ্যানে বোধের ক্রিয়া কি?

দ্বাদশাধিক শততম অধিবেশন — মানিকতলা — বুধবার — ১৪/০৫/৮৬

গত অধিবেশনে তোমাদের যে প্রশ্নের উত্তর লিখে আনতে বলা হয়েছিস তা তোমরা যে তেমনটি বুঝেছ তেমনটি লিখে নিয়ে এসেছ। তোমাদের লেখার মধ্যে দেখা গেল — মূল বক্তব্য ছেড়ে দিয়ে বর্হিবিষয়ের অবতারণা করেছ অনেক লেখক লেখিকা। কাজেই যারা মূল বক্তব্য ছেড়ে দিয়ে বর্হিবিষয় ব্যাখ্যা করতে প্রয়াসী হয়েছ, তারা যখনই যে প্রশ্ন থাকে সেই প্রশ্নের মূল বক্তব্য নিয়ে লেখার চেষ্টা করবে। তবেই লেখাটি সুন্দর হতে সুন্দর হবে। এখন এ সম্বন্ধে আমি কিছু বলি তা লেখ —

প্রশ্ন ছিল, জপ ও ধ্যানে বোধের ক্রিয়া কি? সব সময় সাধক সাধিকাদের লক্ষ্য রাখতে হবে জপ ধ্যানের মূল লক্ষ্য পরমারাধ্য। যারা বর্হিবিষয় নিয়ে জপ ধ্যান করে তাদের কথা বা সে বিষয়ে লেখা অবান্তর। জপ ও ধ্যানের লক্ষ্য পরমারাধ্য — সেই পরমারাধ্য জীবের মধ্যে মায়া প্রাচীরের অন্তরালে চিরজাগ্রত; শাশ্বত, নিত্য সত্য ভাবে বিরাজমান। এই জপ ও ধ্যানের প্রতিবন্ধক ষড় রিপু আদি এবং মায়ার প্রভাব ইত্যাদি। এই প্রতিবন্ধক মুক্ত হতে গেলে যে যে অস্ত্রের প্রয়োজন সেই সমস্ত অস্ত্র হল যোগ, ভক্তি, জ্ঞান (বিশুদ্ধ যোগ, বিশুদ্ধ ভক্তি, বিশুদ্ধ জ্ঞান) এবং সাধকের মূল অস্তিত্ব যে মনুষ্যত্ব ইত্যাদি তাও মায়ার অন্তরালে জাগ্রত রয়েচে। প্রকৃষ্ট জপ ও ধ্যানের

দ্বারা বোধের ক্রিয়ায় আস্তে আস্তে ঐ সমস্ত অস্ত্রসকল যখন সাধকের মধ্যে অর্থাৎ হৃদয়ে ভাসমান হয়, তখনই সাধক মায়ার আবরণ ছিন্ন করতে এবং মনাতীত হওয়ার উপযোগী হয়। এখন নিশ্চয়ই এ লেখার মধ্যে বুঝে নিলে যে, বোধের ক্রিয়া ব্যতীত জপ ও ধ্যান পূর্ণতা প্রাপ্ত হয় না।

এখন প্রশ্ন হল, এই যে অস্ত্রসকল হৃদয়ে ভাসমান হয় এবং ভাসমান হয়ে যখন সাধককে মনাতীত বা মায়ামুক্ত হতে সহায়তা করে — ঐ সকল অস্ত্রাদির মধ্যে বোধের ক্রিয়া কি?

ত্রয়োদশাধিক শততম অধিবেশন — মানিকতলা — বুধবার — ২৮/০৫/৮৬

গত অধিবেশনে তোমাদের যে প্রশ্নের উত্তর লিখে আনতে বলা হয়েছিল তা আজ তোমরা যে যেমনটি বুঝেছ তেমনটি লিখে এনেছ। আজকের লেখায় স্বল্পতম ভাবের ক্রম ব্যতিক্রম হলেও সকলের লেখাই বেশ ভাল হয়েছে। যাতে এর ভাবান্তর না ঘটে সেদিকে বিশেষ লক্ষ্য রেখ। এখন এই প্রশ্ন সম্বন্ধে আমি কিছু বলি, তা লেখ—

বিশুদ্ধ যোগ বলতে আমি সত্তার আমার পরমারাধ্যে সংযোগ হওয়ার নামই বিশুদ্ধ যোগ। বোধ সেই বিশুদ্ধ যোগের মধ্যে ক্রিয়মান হয়ে এই সংযোগের পথে বিয়োগ ঘটাবার যে কারণ বা উপকরণ থাকে তা দমন করাই ঐ অস্ত্রের দ্বারা ক্রিয়া করায়। তবেই নির্বিঘ্নে এই সংযোগ সম্ভব হয়। বিশুদ্ধ ভক্তি বলতে যে ভক্তির মধ্যে কোন প্রকার চাওয়া-পাওয়া বা স্বার্থের গন্ধ থাকে না, এমন ভক্তিকে বিশুদ্ধ ভক্তি বলা হয়। সেই ভক্তিরও প্রতিবন্ধক যদি কিছু ঘটে, তা বোধের ক্রিয়ার ভক্তিরূপ অস্ত্রকে ক্রিয়মান করে প্রতিবন্ধককে দমন করে সাধককে ভক্তরূপে রূপায়িত করে ভগবানে ভুক্ত করায়। বিশুদ্ধ জ্ঞান বলতে বিশুদ্ধ জানার নামই বিশুদ্ধ জ্ঞান অর্থাৎ তোমার জানার মধ্যে যখন জানতে পার যে, আমি পরমসত্যের অভিন্ন সত্তা, তথাপিও এই অভিন্নতার মধ্যে অজ্ঞানতা ও মায়ার প্রভবে ভিন্ন বোধ অনাদি কাল হতে স্থিতমান রয়েছে — তাও ঐ বিশুদ্ধ জ্ঞানেই জানা যায়। তাই ঐ বিশুদ্ধ জ্ঞানের মধ্যে

বোধ ক্রিয়মান হয়ে অনাদি কালের অনাধিকারস্থিত অন্ধতা বা মায়ার অধিষ্ঠানকে মুক্ত করে তুমিই যে পরমসত্যের অভিন্ন সত্তা, তা প্রকৃষ্টভাবে জানিয়ে দেয়। এরই নাম মহামিলন। মনুষ্যত্ব — আমি-সত্তাই মনুষ্যত্ব (পাকা আমি)। এই মনুষ্যত্বের মধ্যে অনাদি কাল হতে জন্মজন্মান্তরের সংস্কার বশতঃ যে অমনুষ্যত্ব বাসা বেঁধে আছে, এই মনুষ্যত্বের মধ্যে বোধ ক্রিয়মান হয়ে ঐ বিশুদ্ধ মনুষ্যত্বরূপ অস্ত্র দ্বারা ঐ বাসা ভেঙে চূরে দিয়ে মনুষ্যত্ব ও পরমসত্য যে অভিন্ন তা বোধে এনে দেয়। এমন কি পরমসত্যের অভিন্ন প্রকাশই যে মনুষ্যত্ব ও অনন্ত বিশ্ব — তাও বোধে এনে দেয়। এ বুঝে মানুষ তখন তার মনুষ্যত্বের প্রভাবে মনবমানবীদিগকেও মনুষ্যত্ব জাগরণের প্রেরণা জোগায়। আজকের মত লেখা এখানেই শেষ হল। বোধ আর পরমবোধ মূলতঃ এক হলেও বোধের ভিন্ন ক্রিয়ার কারণ কি? — এ সম্বন্ধে তোমরা যে যেমনটি বোঝ তেমনটি লিখে আনবে আগামী চতুর্দশাধিক শততম অধিবেশনে।

মন্তব্য ঃ

(এক) — রসের আশায় শৃঙ্গার। জড়ের রস অজড়ের প্রাণ। এই বিশুদ্ধ রসই ভগবানের ঔরস। সেই ঔরসে ভক্তের সৃষ্টি হয়। সেই ভক্তই ভগবানে ভুক্ত হতে পারে। ২৮.৫.৮৬

(দুই) — দেহের রাজা মন। "আমি"র রাজা বোধ। বোধই মনুষ্যত্বের রাজা। ৪.৬.৮৬

চতুর্দশাধিক শততম অধিবেশন — মানিকতলা — বুধবার — ০৪/০৬/৮৬

ত্রয়োদশাধিক শততম অধিবেশনে যে প্রশ্নের উত্তর লিখে আনতে বলা হয়েছিল, তা তোমরা আজ যে যেমনটি বুঝেছ তেমনটি লিখে এনেছ। এখন তোমাদের প্রশ্ন সম্বন্ধে আমি কিছু বলি, তা লেখ। প্রশ্নটি ছিল পরমবোধ ও বোধ মূলতঃ অভিন্ন হলেও বোধের ভিন্নবোধে ভিন্ন ভিন্ন ক্রিয়ার কারণ কি?

বোধই ব্রহ্ম, ব্রহ্মই বোধ — অখণ্ড। এই অখণ্ডতা অনন্ত খণ্ডে খণ্ডিত হওয়াই বোধের ভিন্ন ভিন্ন খণ্ডে ভিন্ন ভিন্ন ক্রিয়ার কারণ। আজকের মত লেখা এখানেই শেষ। এখন প্রশ্ন হল — এই অনন্ত খণ্ডের সঙ্গে ঐ ক্রিয়মান বোধের সম্পর্ক কি? ভেদ কি? অভেদই বা কি? এ সম্বন্ধে যে যেমনটি বোঝ আগামী পঞ্চদশাধিক শততম অধিবেশনে লিখে আনবে।

পঞ্চদশাধিক শততম অধিবেশন — মানিকতলা — বুধবার — ১৮/০৬/৮৬

চতুর্দশাধিক শততম অধিবেশনে যে প্রশ্নের উত্তর লিখে আনতে বলা হয়েছিল, তা তোমরা যে যেমনটি বুঝেছ তেমনটি লিখে নিয়ে এসেছ। তোমাদের লেখার উত্তর প্রায় সকলেরই সঠিক হয়েছে। তবে, এ সম্বন্ধে আর একটা ভেবে চিন্তে লেখা উচিত। এখন এ সম্বন্ধে আমি একটু বলি, লেখ —

তোমাদের প্রশ্ন ছিল, অনন্ত খণ্ডের সঙ্গে ক্রিয়মান বোধের সম্পর্ক কি, ভেদ কি, অভেদই বা কি? অনন্ত খণ্ডের সঙ্গে বোধের সম্পর্ক হল অন্ধের সঙ্গে অন্ধের যষ্টির যে সম্পর্ক — অনন্তখণ্ডের সঙ্গে তেমন প্রেরণাদায়ক বন্ধুর সম্পর্ক; অর্থাৎ বোধ ব্যতীত শুভাশুভ কোন কর্মেরই প্রেরণা জাগরণ হতে পারে না। যে কর্মই করনা কেন, সে কর্মের ফলাফল বোধে জাগৃতি হলেই সে কর্ম করতে প্রেরণা জাগে। অতএব বোধ ব্যতীত শুভাশুভ কোন কর্মের প্রেরণা জাগে না। এমন যে প্রেরণা জাগরণকারী বন্ধু সেই বন্ধুই সমস্ত খণ্ডের সঙ্গে অখণ্ডতায় প্রকাশ করে থাকে। এই অখণ্ডতার মাঝে মায়া মোহের ক্রিয়াই ভিন্ন বোধ করায়। এখন বেশ বুঝতে পারলে অনন্ত খণ্ডের সঙ্গে বোধের সম্পর্ক কি, ভেদ কি, অভেদই বা কি।

প্রশ্ন — মানুষ যখন সাধারণ অবস্থায় নানাভাবে বিভ্রান্ত হয়ে পড়ে, তখন মানুষ সৎপথী বা ভগবৎপথী হওয়ার চেষ্টা করে। এরূপ ক্ষেত্রে বোধের ক্রিয়া কিরূপ — এ সম্বন্ধে যে যেমনটি বোঝ তেমনটি লিখে নিয়ে এসো আগামী ষোড়শাধিক শততম অধিবেশনে। আজকের মত লেখা এখানেই শেষ।

ষোড়শাধিক শততম অধিবেশন — মানিকতলা — বুধবার — ২৫/০৬/৮৬

পঞ্চদশাধিক শততম অধিবেশনে তোমাদের যে প্রশ্নের উত্তর লিখে আনতে বলা হয়েছিল, তা তোমরা যে যেমনটি বুঝেছ তেমনটি লিখে নিয়ে এসেছ। আজকের লেখা একটু কমবেশী সকলেরই ভাল হয়েছে। এইভাবে লিখে তোমরাও আনন্দ পাও, আমাকেও আনন্দ দাও — এটাই তোমাদের কাছে আমি আশা করি। আজকের লেখা সম্বন্ধে আমি কিছু বলি, তা লেখ —

মানুষ যখন নানাভাবে বিভ্রান্ত হয়ে পড়ে তখনই দুষ্কৃতকর্মের অনুশোচনায় অনুশোচিত হলে বোধের প্রভাবে বিবেক যে দংশন করে, সেই বিবেকের দংশনমুক্ত হতে আর কারো সহায়তা পায় না। তখন নিজেকে নিঃস্ব ও একাকী মনে করে। এ অবস্থায় তাকে অন্ধকার হতে আলোতে পৌঁছাতে বোধ অন্ধের যষ্টির মত কাজ (ক্রিয়া) করে। সেই ক্রিয়ার ফলেই সাধু, গুরু, বৈষ্ণবের কৃপাপ্রাপ্ত হয়ে বা গুরু করুণা বলে আলোতে পৌঁছাতে পারে এবং তখন সে নিজেকে আর নিঃস্ব, নিঃসঙ্গ বলে মনে করে না। প্রধানতঃ গুরুসঙ্গ ও সাধুসঙ্গ বলেই নিজেকে আর সঙ্গহীন বলে মনে করে না। এমন বেশ বুঝতে পারলে ঐ বিভ্রান্ত ব্যক্তির পক্ষে বোধের ক্রিয়া কি।

এখন প্রশ্ন হল — মানুষের জীবন-অন্ধকারের মধ্যে বোধ যে সমস্ত ক্রিয়া করে থাকে, সেই বোধই আবার যেমন প্রভাতে সূর্যোদয় হয়, তেমন জীবের মধ্যে কিভাবে বোধোদয়রূপে প্রকাশ পায় — এ সম্বন্ধে যে যেমনটি বোঝ তেমনটি লিখে আনবে। আজকের মত এখানেই শেষ।

সপ্তদশাধিক শততম অধিবেশন — মানিকতলা — বুধবার — ০২/০৭/৮৬

ষোড়শাধিক শততম অধিবেশনে তোমাদের যে প্রশ্নের উত্তর লিখে আনতে বলা হয়েছিল, তা তোমরা আজ যে যেমনটি বুঝেছ সে তেমনটি লিখে নিয়ে এসেছ। আজকের লেখায় প্রত্যেকেরই উত্তর ঠিক হয়েছে। কিন্তু তোমাদের বলা হয়েছিল যে, প্রশ্নটি পড়ে সেই প্রশ্নের ভিতরে থেকে উত্তর দেওয়ার

চেষ্টা কোর; তা অনেকেরই উত্তর লিখতে গিয়ে বাইরের প্রসঙ্গ টেনে এনেছ। এটা আস্তে আস্তে না লেখার চেষ্টা কোর এবং প্রশ্নের মধ্যে থেকেই উত্তর দেওয়ার চেষ্টা কর। প্রশ্ন যদি নিজেরা না বোঝ তাহলে আমার কাছ থেকে ভাল করে বুঝে নিও; তবেই প্রশ্নের যথাযথ উত্তর দিতে পারবে। এখন এ প্রশ্ন সম্বন্ধে আমি কিছু বলি, তা লেখ —

তোমাদের প্রশ্নটি ছিল — প্রভাতসূর্যের মতো বোধের বোধোদয় জীবের জীবনান্ধকারে কিভাবে হয়? এখন চিন্তা করতে হবে, জীবনান্ধকার কেন বলা হল? জীবনপথে আময়ময় কর্ম বা ভোগময় কর্মফলেই মানুষের জীবন অন্ধকারময় হয়ে পড়ে। এই আময়ময় কর্মে বা ভোগময় নানাবিধ কর্মে বোধ যেমন ঐ সমস্ত কর্মের ফল বোধের মধ্যে আনার ক্রিয়া করাতে জীবের ইচ্ছা যা প্রখরিত হয় সেই সেই কর্ম করতে প্রয়াসী হয়েছিল বলেই জীব তার জীবনপথে অন্ধকারাচ্ছন্ন হয়ে পড়েছিল। যখন সে সাধুগুরু বৈষ্ণবের মুখে বা নানাবিধ ধর্মগ্রন্থাদির মাধ্যমে জানতে পারে যে, জীবনপথে যে বোধ ক্রিয়া করেছিল, সেই বোধই অন্ধকারময় পথ হতে মুক্ত করার ক্রিয়া করে ভগবদ প্রেম, ভগবৎ আনন্দ এবং পরমাত্মা বা ঈশ্বরকে ও বোধে আনতে বোধই সমর্থ। তখন জীব শ্রীগুরুর শরণাপন্ন হয়ে গুরুর আদেশ-নির্দেশ যথাযথভাবে পালন করে বোধের ক্রিয়াতেই যে প্রেরণা জাগে, সেই প্রেরণাতে অনুপ্রেরিত হয়ে যে কর্ম করে সেই কর্মের দ্বারাই যে অন্ধকার হতে আলোতে যাওয়া যায়, তা ঐ নৈষ্ঠিক ক্রিয়াতে বোধে আনতে সমর্থ হয়। তখনই তার মধ্যে সেই বোধই প্রভাতী নবীন সূর্যোদয়ের মত উদিত হয় বা বোধ নিজেই আত্মপ্রকাশ করে। এরই সঙ্গে জ্ঞানের অভেদ সম্বন্ধ। বোধ যখন জীবন অন্ধকারের মধ্যে ক্রিয়া করে, জ্ঞান তখন অজ্ঞানরূপে ক্রিয়া করে। বোধ যখন অন্ধকারমুক্ত করে নবীন ভাস্করের মত ক্রিয়া করে, জ্ঞানও তখন নিজে বিশুদ্ধ হয়ে জ্ঞান সূর্যরূপে ক্রিয়া করে। এই বিশুদ্ধ জ্ঞান আর বোধ সম্মিলিত হলে জীবের তখন বোধোদয় অবস্থা পরিপক্ক হয় এবং জ্ঞানও বিজ্ঞানরূপে পরিণত হয়। সাধকের হৃদয়ে যখন বোধও বিজ্ঞান একই সঙ্গে ক্রিয়মান হয় তখন আত্মা, ঈশ্বর, ভগবান একই বোধে বোধ করে অর্থাৎ হৃদয়ে উপলব্ধি করে। এই অবস্থায় ঈশ্বর আর সাধক অভিন্ন বোধের বোধে

হৃদয় উপলব্ধির ফলে সেই সাধকই বোধপূর্ণ হয়ে বোধী নামে খ্যত হয়। আজকের মত লেখা এখানেই শেষ হল।

এখন প্রশ্ন হল, প্রত্যেক জীবের মধ্যেই ঈশ্বর পরমাত্মারূপে বিরাজমান তা ঐ বোধী ভিন্ন অন্য কারো বোধে আসে না; তবে পরমাত্মারূপে যে সর্বজীবে বিরাজমান সাক্ষীস্বরূপ আত্মা আছেন, তা জানা অন্যের পক্ষে অপরাজ্ঞানের লক্ষণ অর্থাৎ সাধু-গুরুর মুখে শুনে জেনেছ বা গ্রন্থাদি পাঠ করে জেনেছ। তাই এ অবস্থায় অপরাজ্ঞানে অজ্ঞেয়রূপে পরিচিতি; আর পরাজ্ঞানে জ্ঞেয় রূপে পরিচিতি হয়ে থাকে। এখন, তোমাদের মধ্যে যে পরমাত্মা আছেন, তা বোধের কোন অবস্থায় বা কোন ক্রিয়ায় বোধগম্য হওয়া যায় — এ সম্বন্ধে যে যেমনটি বোঝ তেমনটি লিখে আনবে আগামী বুধবারের পরের বুধবারে।

অষ্টদশাধিক শততম অধিবেশন — মানিকতলা — বুধবার — ১৬/০৭/৮৬

সপ্তদশাধিক শততম অধিবেশনে তোমাদের যে প্রশ্ন লিখে আনতে বলা হয়েছিল, তা তোমরা যে যেমনটি বুঝেছ তেমনটি লিখে নিয়ে এসেছ। আজকের লেখা যে যেমনটি বোঝের পক্ষে মন্দ হয়নি। তবে আর একটু গভীরভাবে চিন্তা করে যথার্থ উত্তর লিখতে সমর্থ হও, এটাই আমি তোমাদের কাছে আশা করি। এখন প্রশ্ন সম্বন্ধে আমি কিছু বলি, তা লেখ —

প্রশ্ন ছিল — তোমাদের মধ্যে যে পরমাত্মা আছেন তা বোধের কোন অবস্থায় বা কোন ক্রিয়ায় বোধগম্য হওয়া যায়? দেহ চব্বিশ তত্ব সম্মিলিত। তাই দেহীর দেহবোধ রূপে বোধ ক্রিয়া করে থাকে। আবার প্রত্যেক ইন্দ্রিয়াদির ও তত্বাদির নিজ নিজ ধর্মানুসারে বোধ ক্রিয়া করে থাকে। এই বোধ আবার আত্মসত্তায় স্থিতমান আছে, তা বোধের ঐ সমস্ত ক্রিয়ার প্রভাবে দেহীর উপলব্ধি হয় না। সাধকের যে অবস্থায় ঐ আত্মসত্তায় বোধ ক্রিয়মান হয়ে ওঠে, তখন দেহীর বা আত্মসত্তার এটাই বোধ হয় যে, এই চব্বিশ তত্ব সমন্বিত দেহ আমি নই বা চব্বিশ তত্বের কোন তত্বও আমি নই। তখনই বোধের ক্রিয়ায় আত্মসত্তায় এটাই জাগ্রত হয় যে, পরমাত্মা থেকেই সমস্ত

তত্ত্বের প্রকাশ হয়েছে এবং আমি রূপ যে আত্মসত্তা তাও ঐ পরমাত্মা থেকে প্রকাশিত হয়েছে এবং এই আত্মসত্তা পরমাত্মারই অভিন্ন সত্তা। ঐ পরমাত্মা থেকে যত জীব প্রকাশ হয়েছে, সমস্ত জীবের মধ্যে এই আত্মসত্তার ক্রিয়াও দেহীর দেহক্রিয়ায় সাক্ষীস্বরূপ দর্শন করছে। এখন বেশ বুঝতে পারলে বোধের কোন ক্রিয়ায় বা অবস্থায় আত্মাকে জানা যায় এবং আত্মাই যে অনন্তজীবে ও সর্বভূতে বিরাজমান তা জানা যায়। এই জানার অপর নাম পরাজ্ঞান বা পরম প্রজ্ঞা। এখন প্রশ্ন হল — বোধের কোন ক্রিয়ায় তত্ত্বাদির নিজ নিজ ধর্ম জেনে সেই সকল ধর্মের মধ্যে অবস্থান করেও সে ধর্ম তাকে স্পর্শ করতে পারে না? এই প্রশ্ন সম্বন্ধে যদি কারো কিছু বোঝার থাকে, তবে তা আমার কাছ থেকে ভালভাবে বুঝে নিয়ে গভীর চিন্তার দ্বারা যথাযথ প্রত্যুত্তর দিতে চেষ্টা কোর। আজকের মত লেখা এখানেই শেষ।

উনবিংশাধিক শততম অধিবেশন — মানিকতলা — বুধবার — ২৩/০৭/৮৬

অষ্টদশাধিক শততম অধিবেশনে তোমাদের যে প্রশ্নের উত্তর লিখে আনতে বলা হয়েছিল, তা তোমরা যে যেমনটি বুঝেছ তেমনটি লিখে এনেছ। তোমাদের প্রত্যেকের লেখাই শুনলাম। তোমাদের লেখা যথাযথভাবে প্রশ্নের উত্তরের উপযোগী বিশেষভাবে না হলেও তোমাদের এই লেখার আন্তরিকতা ও উদ্দীপনাকে প্রশংসা না করে থাকা যায় না। তোমরা যথাযথ উত্তর লিখবে তা তোমাদের কাছে কখনই আশা করি না। কেন আশা করি না? যে এ সমস্তের উত্তর তোমাদের কারোরই প্রকৃষ্টভাবে জানা নেই বা আমিও বিশেষভাবে জানাই নাই, তোমাদের এই উদ্দীপনাময় লিপিপাত্র শূণ্য থাকলেও তা পূর্ণ করবার মানসেই এই ইচ্ছা পোষণ করে থাকি। এখন তোমাদের শূণ্য পাত্র পূর্ণ করতে আমি যা বলি তা দিয়ে ঐ শূণ্য পাত্র পূর্ণ কর।

তোমাদের প্রশ্ন ছিল — বোধের কোন ক্রিয়ায় তত্ত্বাদির নিজ নিজ ধর্ম জেনে সেই সকল ধর্মের মধ্যে অবস্থান করেও সে ধর্ম তাকে স্পর্শ করতে পারে না? দেহের মধ্যে চব্বিশ তত্ত্বের ধর্ম জানা যায় তখনই যখন চিত্তাকাশে

গুরুকরুণা বলে সাধন ক্রিয়ায় বোধ ভাস্কররূপে উদিত হয়; সেই জ্যোতির প্রভাবেই সমস্ত প্রকার তত্ত্বাদির ধর্ম অন্তর্দৃষ্টিতে দেখা যায় এবং এই সমস্ত চব্বিশ তত্ব সমন্বিত ধর্ম সমষ্টিকে দেহধর্ম বলা হয়। এই দেহধর্মকেও প্রকৃষ্টভাবে দেখে জানা যায় যে, এর কোন ধর্মই আমার নয়। কিন্তু তা জানা সত্বেও ঐ সমস্ত ধর্মোচিত কর্মের পরিণামে মেঘ যেমন সূর্য্যকে ঢেকে ফেলে, তেমন ঐ পরিণামরূপী মেঘ ও চিত্তাকাশে সূর্যকে ঢেকে ফেলে। তখন সাধক গুরুকরুণা বলে সাধন ক্রিয়ায় নিজ ধর্ম কি তা বুঝতে পারে তখন হৃদয় মহাদেশে বোধ মহাসবিতারূপে প্রকাশ পায়। তখনই বোধের স্বচ্ছ ক্রিয়াতে মানুষ — তার মনুষ্যত্বের ক্রিয়াই যে প্রকৃষ্ট মানব-ধর্ম — তা বুঝে সেই মানবীয় ধর্মে লিপ্ত হয়ে, মানবীয় কর্মে যুক্ত হয়ে সমস্ত প্রকার তত্বাদিকে নিজ অধীনে মনুষ্যত্বের বোধে ক্রিয়মান করে নিজে সেই সমস্ত তত্বাদির ধর্মের মধ্যে ডুবে থাকলেও বোধের ঐ স্বচ্ছ ক্রিয়ার প্রভাবে ঐ তত্বাদির স্বধর্ম সাধককে আর স্পর্শ করতেও পারে না। তখনই সাধক উপলব্ধি করতে পারে যে, এই তত্বাদির মধ্যে বোধের যে ক্রিয়া তা মায়ায় বিজড়িত এবং অস্মিতার প্রভাবে অবিদ্যায় প্রকাশমান হয়ে বোধ ক্রিয়া করে থাকে ঐ তত্বাদির স্ব স্ব ধর্ম অনুসারে। সেই বোধই আবার স্বচ্ছ মহাজ্যোতি সম্পন্ন ভাস্কররূপে হৃদয়ে উদয় হয়ে সাধককে সমস্ত প্রকার সাধনার সার যে পরমেশ্বর পরমাত্মারূপে সাক্ষীস্বরূপে এই দেহের মধ্যে বিরাজমান — তা উপলব্ধি করায়।

এখন প্রশ্ন হল, প্রত্যেক জীবই সেই এক পরমেশ্বর হতে প্রকাশমান হয়ে দেহধারণ করেছে, তা আমরা অনাদি কালের মায়া প্রভাবিত প্রভাবে বিস্মৃত হয়ে ঈশ্বর হতে বিচ্ছিন্নভাবে বিরাজ করছি — এই পৃথক বোধটি উদয় হয়েছে। এখন এই পৃথকত্ব নাশ হয়ে আমরা যে ঈশ্বরের অভিন্ন — এই উপলব্ধি বোধের কোন ক্রিয়াতে সম্ভব হয়? — তা তোমরা যে যেমনটি বোঝ তেমনটি লিখে নিয়ে এসো আগামী অধিবেশনে। আজকের মত লেখা এখানেই শেষ হল।

বিংশাধিক শততম অধিবেশন — মানিকতলা — বুধবার — ০৬/০৮/৮৬

উনবিংশাধিক শততম অধিবেশনে তোমাদের যে প্রশ্নের উত্তর লিখে আনতে বলা হয়েছিল তা তোমরা যে যেমনটি বুঝেছ তেমনটি লিখে নিয়ে এসেছ। আজকের লেখা প্রত্যেকেরই বেশ ভাল হয়েছে। তবে আর একটু গূঢ় তত্ত্বের দিকে গুরুত্ব দিলে আরও উত্তম গ্রহণীয় হত। আশাকরি, তেমনরা উন্নত হতে উন্নত স্তরের লেখনীতে সকলেই আগ্রহী এবং অনুসন্ধিৎসার অভাব রাখবে না।

তোমাদের প্রশ্ন ছিল — পৃথকত্ব নাশ হয়ে আমরা যে ঈশ্বরের অভিন্ন এই উপলব্ধি বোধের কোন ক্রিয়াতে সম্ভব হয়? সাধক যখন তার ইষ্ট দেবতাকে ভক্তি সহকারে সেবন, পূজন করে তখন সততঃই দেখা যায়, জড়জ্ঞান বা জড়বুদ্ধি ও মায়ার প্রহেলিকা এবং ষড়রিপু অষ্টপাশাদি সেই ইষ্টদেবের দর্শন পথে প্রতিবন্ধক হয়ে দাঁড়ায়। এই অবস্থায় যখন শ্রীগুরুর শরণাপন্ন হয়, তখন জানতে পারে যে, তুমি তোমার আরাধ্যের বা ঈশ্বরের অভিন্ন সত্তা। এই সত্তা তুমি হয়েও ভিন্নবোধে সাধন-কর্ম করছ। এই সাধন-কর্মের দ্বারাই তুমি বুঝতে পারবে যে, আমি মানুষ দেহ ধারণ করেও অমনুষ্যত্বের কর্মই অধিকতর সম্পন্ন করেছি। তখনই নিজের মধ্যে অনুশোচনা জাগে যে, কোন সাধন ক্রিয়ার দ্বারা ইহা হতে মুক্ত হতে পারব। সেই সঙ্গে এটাও জাগে যে, আমি যদি তাঁর অভিন্ন সত্তা হয়ে থাকি, তবে আমি কে? তা জানার উপায়ই বা কি? তখন শ্রীগুরু জানিয়ে দেন যে, তুমি যে দেহের মধ্যে বিরাজমান আছ, বিরাজমান থেকেও তুমি তোমাকে জানার চেষ্টা করছ না, বরং মন, বুদ্ধি, চিত্ত, অহঙ্কার ও তত্ত্বাদি সমন্বিত যে দেহ সেই দেহধর্মেই ডুবে আছ। কাজে কাজেই যে দেহরূপ পাত্রে আছ, সেই দেহকে জান এবং দেহকে জানার পরিপ্রেক্ষিতে তোমার মধ্যে বোধের যে স্বচ্ছ ক্রিয়া তা প্রকৃষ্টভাবে ক্রিয়মান হলে তবেই তুমি জানতে পারবে কোন তত্ত্ব বা কোন বিষয় তোমার বিরোধিতা করছে বা কোন তত্ত্ব তোমায় দাস করে রেখে তারই প্রভাবে প্রভাবিত করে তোমাকে পরিচালিত করছে। কাজেই এই তত্ত্বাদির অধীনস্থ

হয়ে পরিচালিত কি করে তোমার মধ্যে অভিন্ন বোধের জাগৃতি হবে? ঐ বোধের স্বচ্ছ ক্রিয়ায় আস্তে আস্তে যখন তোমার অস্মিতা নাশ হবে, তখনই ইন্দ্রিয়ের বিষয়ভোগে বিরক্তি যতটুকু আসবে তোমার মধ্যে ততটুকু বৈরাগ্যের উদয় হবে। এই বৈরাগ্য পরিপক্ক হলে মায়ার প্রহেলিকাদি ও সর্বপ্রকার তত্ত্বাদি তোমারই অধীনস্থ হয়ে ঐ বোধের স্বচ্ছ ক্রিয়া অনুসারে আস্তে আস্তে তোমাকে জানতে পারবে।

তোমাকে জানতে পারলে আরাধ্য যে তোমা হতে অভিন্ন — এই বোধ হবে; ভিন্ন বোধ আস্তে আস্তে লোপ পাবে। আজকের মত এখানেই শেষ। এখন একটি প্রশ্ন বলি, তা লেখ — সাধন ভজনের সমাপ্তি ঘটে বোধের কোন ক্রিয়াতে? এ সম্বন্ধে যে যেমনটি বোঝ লিখে নিয়ে আসবে আগামী ১২১তম অধিবেশনে। আজকের মত এখানেই শেষ।

একবিংশাধিক শততম অধিবেশন — মানিকতলা — বুধবার — ১৩/০৮/৮৬

গত অধিবেশনে তোমাদের যে প্রশ্নের উত্তর লিখে আনতে বলা হয়েছিল তা তোমরা যে যেমনটি বুঝেছ তেমনটি লিখে নিয়ে এসেছ। তোমাদের লেখা তোমাদের যেমনটি বোঝার পক্ষে সত্যই সুষ্ঠু উত্তর হয়েছে। এখন আমি এই প্রশ্নের সম্বন্ধে কিছু বলি তা লেখ—

সাধকের সাধনার মূল কারণ হল অনাদিকালের বহির্মুখতা এবং অনাদিকালের কর্মাকর্মের ফলাফলের প্রতিবন্ধকতা। ইহা দূর করতে হলে সাধকের প্রয়োজন হয় গুরুকরণের। গুরুকরণের পর গুরু নির্দেশিত বাণী যথাযথভাবে ক্রিয়ার মাধ্যমে পালন করা — এই ক্রিয়ারই নাম সাধনা। এখন, এই সাধনার প্রভাবেই ক্রমে ক্রমে অনাদিকালের কর্মাকর্মের ফলাফলের প্রতিবন্ধকতা দূর হতে থাকে। এই প্রসঙ্গে দেহধর্ম এবং সমস্ত প্রকার তত্ত্বাদির নিজ নিজ ধর্ম যে জড়বোধের ক্রিয়া ক্রিয়মান হয়, তাও সাধন পথের ঘোর প্রতিবন্ধক। এই সমস্ত প্রতিবন্ধকতা ঐ সাধনার প্রভাবে যখন আস্তে আস্তে বিলোপ হয়ে যায়, সেই অবস্থার নামই মনের নিরোধ অবস্থা

অর্থাৎ সমস্ত ইন্দ্রিয়াদির জড়বোধের ক্রিয়া যখন নিরোধ হয়ে যায় তখন আর মনের জড়বোধ ক্রিয়া থাকে না। তাই মনের এ অবস্থার নাম মনের নিরোধ অবস্থা। এই অবস্থায় সাধক সাধু নামে খ্যাত হয়। সাধুর তখন ইহাই বোধে জাগ্রত হয় যে, সমস্ত তত্বাদির মধ্যে বোধ জড়বোধরূপে যে সমস্ত ক্রিয়া করেছিল, তা সাধনার প্রভাবে সেই জড়বোধ এবং জড়বোধের জড়ক্রিয়া রোধ হয়ে বোধ সততঃই স্বচ্ছ-সক্রিয় হয়ে সাধুর মধ্যে এই বোধই জাগ্রত করে যে, আমি ঈশ্বরের অভিন্ন সত্তা। এই অভিন্ন অবস্থাকেই অদ্বৈত অবস্থা বলা হয়। এই অদ্বৈত অবস্থায়ও অদ্বৈত সাধনার প্রয়োজন আছে। আমি ঈশ্বরের অভিন্ন সত্তা — এই যে অদ্বৈত ভাব — এর মধ্যেও সূক্ষ্মাতিসূক্ষ্মভাবে দ্বৈতভাবের সুপ্রকাশ রয়েছে। এই যে ‘‘আমি ঈশ্বরের অভিন্ন সত্তা’’ — তার মধ্যেও পরম অহং এর গন্ধ আছে। তখন এই অবস্থায় সাধনার মূল চিন্তা করলে দেখা যায় যে, ‘‘স্ব’’ ‘‘অধন’’ — আমার ধন বলতে যা, সবই অধন। আমি যে ঈশ্বরের অভিন্ন সত্তা — এই সত্তাটুকুও পরম অধন। পূর্বে যে সাধনার দ্বারায় জড় অধন বিলোপ হয়েছে তাকে বলে দ্বৈত সাধন। তাহলে কোন সাধনায় এই সত্তারূপ অদ্বৈত ভাবটিও বিলোপ হয়ে যেতে পারে? তখন স্বচ্ছ চিন্তনের দ্বারায় যে স্থিত প্রজ্ঞার উদয় হয় — বোধের ক্রিয়ায় তখন ইহাই বোধে আনয়ন করে যে, অনন্ত বিশ্বের সমষ্টি এক ব্রহ্ম, দ্বিতীয় নাস্তি। তখন স্বতঃ স্ফূর্ত গুরুই যে পরমগুরু, পূর্ণ ব্রহ্ম সনাতন — তিনিই জাগ্রত হয়ে যে অদ্বৈত সাধনের ক্রিয়া জানায় সেই জানার নাম পরম জ্ঞান বা অদ্বৈত জ্ঞান এবং কেবল জ্ঞান। সেই কেবল জ্ঞানের কেবলি বোধে হৃদয়ে স্থিত হয়ে যে অচিন্ত্যের চিন্তায় চিন্তিত হয়ে পড়ে, সেই অচিন্ত্যের স্বতস্ফূর্ত উদয়ে সেই চিন্তাও বিলোপ হয়ে যায়। তারই নাম পাকা অদ্বৈত সাধন। এই অচিন্ত্যকে অচিন্ত্য হলা হয় এই কারণে যে কোন চিন্তার দ্বারায় তাঁকে জানা যায় না; তাই অচিন্ত্য। এই চিন্তার দ্বারায়ই আমি যে ঈশ্বরের অভিন্ন সত্তা, তা বিলোপ হয়ে পরমের সঙ্গে অর্থাৎ পরম ব্রহ্মের সঙ্গে সত্তাভাব বিলোপ হয়ে এক ব্রহ্ম ভাবটির পুণর্জাগৃতি ঘটে, এরই নাম মহামিলন। এ অবস্থায়ও দেহ থাকে; তত্বাদিও থাকে; থাকলেও তারা ঐ এক ব্রহ্ম বোধ জাগৃতির প্রভাবে প্রভাবিত হয়ে ঐ সাধুকে জড় জগতের

মানবমানবীদিগকে ঐ দ্বৈত-অদ্বৈত সাধনবোধের পূণঃ জাগৃতি ঘটিয়ে তা ঐ মানবমানবীদের জ্ঞাত করাবার কারণে পুণরায় দেহধর্মের অভিনয় করে জীবন্মুক্তির পথ দেখায়। এখন বেশ বুঝতে পারলে বোধের কোন কোন ক্রিয়ায় কোন কোন সাধনার পরিসমাপ্তি কিভাবে ঘটল।

এখন তোমরা বলতে পার যে, এর পরে কি প্রশ্ন থাকে? মহামিলনের কথা জানতে পারলাম, এরপর আর প্রশ্ন কি? একথা যথার্থ সত্য। তথাপি প্রশ্ন হল — ঐরূপ সাধু যিনি অর্থাৎ তিনি গুরু সমতুল্য ও মহাবৈষ্ণব সমতুল্য। তাই শাস্ত্র বাক্যে বলা হয়, সাধু, গুরু, বৈষ্ণবের সঙ্গ করা উচিত। এই সাধু, গুরু, বৈষ্ণবের সঙ্গ যখন সাধারণ মানবমানবী করে, তা বোধের কোন ক্রিয়ায়?

দ্বাবিংশাধিক শততম অধিবেশন — মানিকতলা — বুধবার — ০৩/০৯/৮৬

একবিংশাধিক শততম অধিবেশনে তোমাদের যে প্রশ্নের উত্তর লিখে আনতে বলা হয়েছিল, তা তোমরা যে যেমনটি বুঝেছ এই অধিবেশনে তেমনটি পাঠ করেছ। তোমাদের উত্তর সকলেরই যথাযথভাবে উত্তম হয়েছে। এইভাবে উত্তর লিখে উত্তম লেখার অধিকারী হয়ে তোমরা নিজেরাও আনন্দের অধিকারী হবে এবং আমাকেও আনন্দিত করতে পারবে। এখন এ সম্বন্ধে আমি বলি তা লেখ —

মানুষ যখন সংসার জীবনে নানা বিভ্রান্তির মধ্যে পড়ে সকলের কাছেই ধিকৃত বা উপেক্ষিত হয় এমন কি নিজ পরিবারের কাছেও অর্থাৎ স্ত্রী, পুত্র, কন্যা, পিতা, মাতা — তাদের কাছেও উপেক্ষিত হয়, তখনই তার বোধে আসে যে, তবে কি আমি কারো নই? বা কেউ আমার নয়? এই ভাবটি মানুষকে যখন বিহ্বল করে তোলে তখনই তার আরও বোধে আসে, তবে আমি কার? কে আমার? এই বোধে এইই বোধে আসে যে, আমি যদি কারো না হই আর কেউ যদি আমার না হয়, তবে কে আমার বা আমিই বা কার — এর সন্ধানে ঐ বোধই সাধুসঙ্গ করায়, কারণ তাদের কাছে কোন সন্ধান পাওয়া যায় কিনা। সাধুর নির্দেশ-উপদেশের প্রেরণায় নিজের মধ্যে যে প্রকৃষ্ট প্রেরণা জাগে,

সেই প্রেরণায় গুরুর সন্ধানে সন্ধানী হয়। গুরুর করুণায় ঐ সন্ধানী যখন গুরুকৃপা লাভ করে, তারপর যথাযথভাবে গুরুর উপদেশ, নির্দেশ পালন করে বা গুরুর নির্দেশিত বাণী ব্রহ্মবাণী বলে অনুধাবণ করে তখনই তার উপলব্ধিতে আসে যে, গুরুই পূর্ণ ব্রহ্ম সনাতন, পরম ঈশ্বর। সেই ঈশ্বরই আমার অর্থাৎ আমার গুরুই আমার, আমি গুরুর। এই ভাবটি যখন স্তরে স্তরে সাধনযোগে পরিপক্ক হয়, তখনই ঐ মানব-সাধকের "কে আমার" "আমি কার" — এই প্রশ্নের সমাধান। এখন দেখা গেল, বোধের সন্ধানী বোধটুকুই মানুষকে সত্যের বা সাধু-গুরু-বৈষ্ণবের সন্ধানী করে থাকে। এই সন্ধানী বোধই মানুষকে সাধুসঙ্গ করায়। এই সমাধানের প্রভাবেই তার আমিত্ব বা অস্মিতা নাশ হয়ে আমি কে? তা জানতে পারে। ব্রহ্ম কি? প্রপঞ্চ কি? তাও উপলব্ধিতে আসে। তখনই সে বুঝতে পারে, প্রপঞ্চের অতীত আমি; আর ব্রহ্মের অভিন্ন সত্তা আমি। তখনই তার মনুষ্যজীবন পরিপূর্ণ হয় বা সমস্ত প্রশ্নের অতীত হয়ে এবং সমস্ত সমস্যার নিবারণ হয়ে পরমানন্দে জীবন যাপন করে সেই আনন্দের সন্ধান সর্বসাধারণে বিতরণ করতে বা সেই আনন্দ প্রাপ্তির পথ দেখাতে নিজেকে জীব মাঝে রেখে পুণরায় দৈহিক বা জড় বুদ্ধির অভিনয় করে জড়-বুদ্ধি সম্পন্ন মানব মানবীকে জড়াতীত অবস্থায় আসার পথ দেখিয়েই ক্ষান্ত হয় না, যতক্ষণ পর্যন্ত পরমানন্দের সন্ধান না পায়, ততক্ষণ তাদের সর্বাবস্থার সঙ্গী হয়ে নিজে হাতে ধরে পূর্ণানন্দের ভাগী করতে চেষ্টা করে; অর্থাৎ তার বোধে আসে যে, যতক্ষণ আমি সবার, সবাই আমার — এই বোধ আমার না আসবে ততক্ষণ আমি ঈশ্বরের, ঈশ্বর আমার — এই বোধের তাৎপর্য ক্ষুণ্ণ হবে। আজকের মত লেখা এখানেই শেষ। এখন প্রশ্ন হল — জড় আনন্দ প্রাপ্তির কারণে সাধারণের মধ্যে বোধের ক্রিয়া কি? এবং সাধকের মধ্যে পরমানন্দের কারণে বোধের ক্রিয়া কি? — এর উত্তর যে যেমনটি বোঝ তেমনটি লিখে নিয়ে আসবে আগামী একশো তেইশতম অধিবেশনে।

ত্রিবিংশাধিক শততম অধিবেশন — মানিকতলা — বুধবার — ১০/০৯/৮৬

গত দ্বাবিংশাধিক শততম অধিবেশনে যে প্রশ্নের উত্তর তোমাদের লিখে আনতে বলা হয়েছিল, তা তোমরা আজকের অধিবেশনে পাঠ করলে যে যেমনটি বুঝেছ তেমন। আজকের লেখা তোমাদের প্রত্যেকেরই মোটামুটি উত্তরের সম্মুখীন হয়েছে। তবে যখন যে প্রশ্ন থাকে, সেই প্রশ্ন সম্বন্ধে নিশ্চয়ই তোমরা গভীরভাবে চিন্তা কর, এ বিষয়ে সন্দেহ নেই। কিন্তু লেখার সময়ে গভীর হতে গভীরতম চিন্তায় উপবিষ্ট হয়ে প্রশ্নের উত্তর লিখলে আরও স্বচ্ছ সরলভাবে প্রকাশ করতে পারবে — এটাই আমি আশা করি। তোমাদের প্রশ্ন ছিল জড় আনন্দ প্রাপ্তির কারণে সাধারণের মধ্যে বোধের ক্রিয়া কি এবং পরমানন্দ লাভের কারণে সাধকের মধ্যে বোধের ক্রিয়া কি? এখন এ সম্বন্ধে আমি কিছু বলি, তা লেখ —

বোধ সম্বন্ধে বা বোধের ক্রিয়া সম্বন্ধে কিছু বলা প্রয়োজন বলে মনে করি; কারণ এই বোধ সম্বন্ধে বা বোধের ক্রিয়া সম্বন্ধে জ্ঞাত থাকলে সাধারণের জীবনপথে ও সাধকের সাধনপথে কিছু লিখতে হলে তা সহায়তা করবে।

বোধ মূলে পূর্ণ ব্রহ্ম অর্থাৎ বোধই ব্রহ্ম, ব্রহ্মই বোধ। ব্রহ্মই বোধরূপে সমস্ত প্রকার তত্ত্বে বিরাজিত এবং তত্ত্বের স্বভাব অনুসারে বোধের ক্রিয়া মনের সহায়তায় ক্রিয়মান হয়ে থাকে কিবা জীবনপথে কিবা সাধনপথে। এমন কি, ব্রহ্ম বা পরমেশ্বরের অভিন্ন সত্তা যে জীবসত্তা, সে সত্তার মধ্যেও বোধ বিরাজমান। এই বোধই পরমাত্মারূপে বিশ্বের বহিরন্তরে এবং সর্বজীবের মধ্যে সাক্ষী স্বরূপ বিরাজমান। মানবের মানবীয় সত্তার মধ্যে অর্থাৎ দেহীর সত্তার মধ্যে বোধ বিরাজমান থাকলেও, তা সর্ব তত্ত্বের মধ্যে যে বোধ তত্ত্বাদির স্বভাব অনুসারে ক্রিয়া করে — সেই ক্রিয়ার প্রভাবে দেহীর সত্তা আবৃত থাকে। এই বোধের ক্রিয়াশক্তিকেই মায়াশক্তি বলে। এই মায়াশক্তির প্রভাবেই মানব মায়াধীন। তাই বলা হয়, এই বিশ্ব মায়ার আবৃত এবং দেহীও ঐ মায়ায় আবৃত বলে দেহী পরমেশ্বর বা পরমেশ্বরের করুণা বিস্মৃত হয়ে থাকে। এই তত্ত্ব-সমন্বিত বোধকেই জড় বোধ বলা হয়। এই জড় বোধ হতেই

জড় আনন্দের প্রকাশ, জড় সত্যের প্রকাশ, ভালমন্দের প্রকাশ, সুখ, দুঃখ, শোক, শান্তি, প্রেম, প্রীতি, ভালবাসা, মধুরত্ব, বন্ধুত্ব, বিচার, বুদ্ধি, জ্ঞান, বিজ্ঞান, আলো, অন্ধকার, দর্শন, অদর্শন, স্পর্শ, অস্পর্শ, বাক্-বৈখরী, জন্ম, মৃত্যু, সুন্দর, অসুন্দর, স্বাদ-আস্বাদ, আস্বাদন, অম্ল, কষায়, তিক্ত, মধুর, কটু, ত্যাগ, গ্রহণ, নৃত্য, গীতি, সেবা-পূজা, মান-অপমান, সুস্থ-অসুস্থ, কৃতি, যশ, অযশ, বিকৃতি, স্নেহ, মায়া, মমতা ইত্যাদি সকলই বোধের ক্রিয়া বা প্রকাশ। তা সকলই বোধ হতে জড়ের মাধ্যমে প্রকাশ বলে তা সকলই জড় বা জড় ক্রিয়া। এই কারণে বোধও জড়বোধ নামে চিহ্নিত। যে বোধ হতে এই সমস্ত ক্রিয়ার প্রকাশ, সেই বোধের মধ্যে সাধনার ফলে গুরুকৃপায় যখন পুণরায় সমস্ত ক্রিয়া ঐ বোধেই লোপ পায়, তখন এ অবস্থাকে চিত্তনিরোধ বা মনোনিরোধ বলা হয়।

এখন চিন্তা করে দেখ, বোধ জাগ্রত আছে বলেই বোধের থেকে যখন যা ঐ সমস্ত ক্রিয়া প্রকাশ পায়, সেই ক্রিয়ার ফলপ্রাপ্তির কারণেই মানবের জীবনপথে কর্ম, অকর্ম, বিকর্ম ইত্যাদির এত চেষ্টা। যদিও এই সমস্ত ক্রিয়ার দ্বারাই জীবনলীলার পরিপূর্ণতা বা অপরিপূর্ণতা ঘটে থাকে; ঐ সমস্ত ক্রিয়াই ঈশ্বরের বিশ্বলীলার মূলে অর্থাৎ বিশ্বলীলার মূলেও এই জড়বোধ। সৃষ্টি, স্থিতি, প্রলয়ের মূলেও এই জড়বোধের ক্রিয়া। বোধ ভিন্ন সমস্ত তত্ত্ব ও রিপু আদি, স্থূল, সূক্ষ্ম, কারণ এবং দেহীর দেহ ও দেহীর সত্তা নিষ্ক্রিয় অর্থাৎ ক্রিয়াশক্তি ভিন্ন, বোধ অরূপ, অব্যক্ত, নিরাকার। আবার, এই ক্রিয়ার দ্বারাই বোধ সমস্ত তত্ত্বের মাধ্যমে আকারে আকরিত হয়েও গুণ সম্পন্ন হয়ে সমস্ত লীলায় ও ভোগাভোগের মাধ্যমে সদা সক্রিয় বা ক্রিয়মান। এখন ঠিকই বুঝতে পারলে যে, সাধারণ মানুষের মধ্যে ভগবৎ প্রাপ্তির পথে বোধের ক্রিয়া কি। এই জড়বোধের ক্রিয়া হল সর্বমূলে। দেখা যায়, ভোগই একমাত্র মূলে। আর, নিরুদ্ধ অবস্থায় সাধকের মধ্যে বোধের ক্রিয়া হল ভোগবিষয়ে নিষ্ক্রিয়তা, ঈশ্বরবিষয়ে সজাগতা এবং আত্ম সম্বন্ধে সজাগ করিয়েই সাধককে সাধনা ভুলিয়ে সোহহং ব্রহ্মাস্মি ও আমিই ব্রহ্ম — এই বোধে প্রতিষ্ঠিত করে। এখন দেখা গেল, জড় আনন্দই হোক আর পরমানন্দই হোক, বোধ হতে যখন জড় আনন্দের প্রকাশ হয়, সেই প্রকাশ হওয়ার মূলে মন দ্বারা তত্ত্বাদির

গ্রহণীয় অনুসারে ফলপ্রাপ্তির করানো বোধের ক্রিয়া। এই ক্রিয়ার ফলে বোধ হতে আনন্দ প্রকাশ পায় — যদিও জড় আনন্দ। তেমন ঈশ্বর পথে বা ভগবৎ পথেও অনুভূতি, উপলব্ধি — তাও বোধের প্রকাশ। যাঁর উপলব্ধি করতে উপলব্ধি বা অনুভূতির প্রকাশ, তাঁরই জাগৃতিতেই বোধ হতে পরমানন্দের প্রকাশ। এ সমস্ত প্রকাশই যখন ঐ বোধেই লয় হয়ে যায়, তখনই বোধও ব্রহ্ম। সাধক তখন বোধী হয়ে যায় বলে সাধকও ব্রহ্ম। ব্রহ্মাণ্ড ব্রহ্ম, জগৎ ব্রহ্ম। সকলই যখন ব্রহ্মময় হয়ে যায়, তারই নাম মহা মহা প্রলয়। এই মহা মহা প্রলয়ের প্রকাশই একাকার এক ব্রহ্ম, দ্বিতীয় নাস্তি। এই অবস্থাই একমেবাদ্বিতীয়ম্। সাধকের এ অবস্থাকে বিলোম অবস্থাও বলা হয়। আর জড় অবস্থাকে বলা হয় অনুলোম অবস্থা।

এখন বেশ বুঝতে পারলে, এই বোধ সাধকের মধ্যে কি ক্রিয়া করে। এখন প্রশ্ন হল, আজকের লেখা পড়ে তোমরা কে কি বুঝলে তা লিখে আনবে আগামী শতাধিক চতুর্বিংশতিতম অধিবেশনে।

চতুর্বিংশাধিক শততম অধিবেশন — মানিকতলা — বুধবার — ২৪/০৯/৮৬ ও ১/১০/৮৬

ত্রিবিংশাধিক শততম অধিবেশনে যে প্রশ্নের উত্তর আলোচনা হয়েছিল, সেই আলোচনা সম্বন্ধে তোমরা কে কি বুঝেছ, তা যে যেমনটি বুঝেছ তেমনটি লিখে নিয়ে এসেছ আজ চতুর্বিংশাধিক শততম অধিবেশনে। তোমাদের প্রত্যেকের লেখাই মনোযোগ সহকারে শুনলাম; শুনে এটাই বুঝলাম যে, তোমাদের বলা হয়েছিল, এ আলোচনা সম্বন্ধে তোমরা কে কি বুঝেছ, তাই লিখবে; কিন্তু তোমরা সেই আলোচনারই বিষয় এবং বোধের ক্রিয়া কি, গুণ কি, তাই যে যেমন পেরেছ লিখে এনেছ। এ তো লেখার কথা ছিল না; কারণ বোধের গুণ, ক্রিয়া, মন, বুদ্ধি, চিত্ত, অহঙ্কার, চব্বিশ তত্ব, দশ ইন্দ্রিয়, পঞ্চভূত, পঞ্চপ্রাণ এবং ষড়রিপু, অষ্টপাশাদির মধ্যে বোধের ক্রিয়া কি এবং কোন ক্রিয়ায় মনের সহযোগিতায় ইন্দ্রিয়াদির দ্বারা ক্রমের পথে বা ব্যতিক্রমের পথে বিষয়ভোগ করে মানুষকে সদসতের কবলে পড়তে হয় ও তার পরিণামও ভোগ করতে হয়। আবার এই বোধের দ্বারাই অনুভব,

অনুভূতির দ্বারায় পরমেশ্বরকেও উপলব্ধির মাধ্যমে বোধে আনা সম্ভব হয়, এ সম্বন্ধে আলোচনার মাধ্যমে তোমাদের বিশেষভাবে বলা হয়েছে। কাজেই তা বার বার বলার প্রয়োজন ছিল না; প্রয়োজন ছিল এই আলোচনা শুনে বা পুড়ে কি বুঝেছ। তোমাদের বোঝা উচিত ছিল — বোধের সবই যখন জানতে পারলাম, তখন যতক্ষণ পর্যন্ত আমরা জড়বোধে আছি ততক্ষণ পর্যন্ত ব্যতিক্রমের কর্মকে বোধে আনয়ন করে কিভাবে অতিক্রম করে ক্রমের পথে ক্রমের কর্মনিষ্ঠার ফল বোধে আনা যায়। কিভাবে ভোগময় জীবনকে ক্রমের মাধ্যমে ক্রমনিষ্ঠা বোধে ক্রমে সেই বোধের দ্বারা ভগবৎ পথের ভগবৎ আনন্দ বোধে এনে সেই বোধের অনুপ্রেরণায় ভগবৎ পথে অগ্রসর হয়ে পরমেশ্বরকে বা ভগবানকে উপলব্ধির মাধ্যমে বোধে আনা যায় — তাই তো সকলের একান্ত বোঝা বলে মনে করি। বোধের ব্যাখ্যা এক্ষেত্রে নিষ্প্রয়োজন বলেই মনে করি। যাই হোক, তোমরা যখনই যে আলোচনা শোন বা লেখ, তা বিশেষভাবে বোধের মাধ্যমে অবগত হয়ে বিশেষ করে বোধ করে বোধের মাধ্যমেই প্রকাশ করবে, আশা করি।

এখন ব্যতিক্রম বা অধর্মের পথ হতে সত্যের পথে বা ভগবৎ পথে বোধের সহায়তায় কোন অনুভূতিতে বা অনুভবে ভগবৎমুখী হওয়া যায় বা ক্রমে ক্রমে অগ্রসর হওয়া যায় — এ সম্বন্ধে ধীর, স্থির হয়ে এই প্রশ্নের প্রতিপাদ্য বিষয় ভাল করে বুঝে লিখে নিয়ে এসো আগামী ভ্রাতৃদ্বিতীয়ার পর যে বুধবার হবে, সেই অধিবেশনে। যে যেমন বোঝ তেমন লিখে এনো। কারণ দুর্গাপূজা, কালীপূজা, ভাইফোঁটা উপলক্ষ্যে অধিবেশন বন্ধ থাকবে এবং সবাই পূজানন্দে মেতে থাকবে। তাই বন্ধ রইল।

(দুর্গাপূজার পর আমাদের শিক্ষাশিবিরের যে যেমনটি বোঝার আসরে পঞ্চবিংশাধিক শততম আধিবেশনে সর্বসম্মতিক্রমে বিজয়া সম্মিলনী অনুষ্ঠান সহকারে সম্পন্ন হল।)

ষষ্ঠবিংশাধিক শততম অধিবেশন — মানিকতলা — বুধবার — ১২/১১/৮৬

আজ ষষ্ঠবিংশাধিক শততম অধিবেশনে তোমাদের যে প্রশ্নের উত্তর লিখে আনতে বলা হয়েছিল গত চতুর্বিংশাধিক শততম অধিবেশনে, তা তোমরা যে যেমনটি বুঝেছ তেমনটি — দীর্ঘ বন্ধের মধ্যে দুর্গাপূজার ও কালীপূজার আনন্দ-উৎসবে যোগদান করেও লিখে নিয়ে এসেছ। তোমাদের এই দীর্ঘ অবসরকালীন উত্তর দেখে মনে হল যে, অবসরশেষে তাড়াহুড়ো করে কোন রকম করে যে যেমনটি বুঝেছ, তেমনটি লিখে নিয়ে এসেছ। তবে, এটা স্বাভাবিক, বন্ধের অবসরে যথাযথভাবে লেখায় মন নিয়োজিত করা অনেকের পক্ষেই সম্ভব হয়নি। তথাপি যে উত্তর তোমরা দিয়েছ, তা প্রত্যেকেরই মন্দ হয়নি। তবে এটাও ঠিক, তোমাদের পক্ষে এর বেশী লেখা আশাও করা যায় না। কারণ তোমরা প্রত্যেকেই জীবনযাত্রার পথে যে যতটুকু ধর্মাধর্ম সম্বন্ধে উপলব্ধি করেছ বা কর, তাই প্রচ্ছদপটে আবিষ্কৃত করেছ। যাইহোক, এখন এ সম্বন্ধে আমি কিছু বলি, তা লেখ —

তোমাদের প্রশ্ন ছিল, ব্যতিক্রমের বা অধর্মের পথ হতে সত্যের পথে বা ভগবৎপথে বোধের সহায়তায় কোন অনুভবে বা অনুভূতিতে ক্রমে ক্রমে অগ্রসর হওয়া যায়? তোমরা যেগুলো লিখেছ, প্রত্যেকগুলো লেখাই বিষয়ভুক্ত বোধের প্রকাশ, কারণ, একবার চিন্তা করে দেখ, অধিকাংশ মানব-মানবী বিষয়সুখের কারণে দেবদেবীর অর্চনা, সেবাপূজা, দীক্ষা নেওয়া, গুরু-আশ্রয়ী হওয়া, গুরুমন্ত্র জপ করা, গুরুপূজা, নাম, সেবা করার মূলে দেখা যায় বিষয় উন্নতি এবং বিষয়ানন্দ বা বিষয়সুখ অনুভবে বা ভোগে আনারই উদ্দেশ্যে। এই সমস্ত অবস্থায় যদি কোন মানবমানবীর মধ্যে সত্যের কারণে বোধের জাগৃতি হয়, তখনই তার বোধে আসে যে এ সুখ, এ আনন্দ ক্ষণস্থায়ী এবং মূলে অসত্য। প্রকৃষ্ট ধর্মের বিকাশ-প্রকাশ তা নয়।

তাই প্রকৃষ্ট ধর্ম এ সবকে ধারণ করতে পারে না। তাই কেউ কেউ বা অধর্মে পতিত হয়ে সুখের জীবনকে বা শান্তির জীবনকে দুঃখময় পরিনামশীল আবর্তে আবর্তিত হয়ে পড়ে। এই অবস্থায় কিংবা ঐ বিষয়ভুক্ত কর্ম অবস্থা

— দুই অবস্থাই আবদ্ধময় — এই আবদ্ধ অবস্থা হতে মুক্ত হওয়ার কারণে ঘুরতে ঘুরতে যদি প্রকৃষ্ট সাধুসঙ্গ পায়, সেই সাধুসঙ্গের প্রভাবে গুরুকরুণা লাভ করার পর প্রকৃষ্টভাবে মনুষ্যত্বের প্রভাবে গুরু উপদেশ বা নির্দেশে সাধনভজন দ্বারা অনুভবে আসে যে, ধর্মই একমাত্র ধারণ করতে পারে। উপলব্ধিতে আসে, গুরুকরুণায় ধর্মই ধারণ করেছে। এরূপ ব্যক্তি ভগবৎপথী হয়ে জীবনপথে ও সাধনপথে জয়লাভ করে ভগবৎ আনন্দে বিভোর হতে সক্ষম হয়। এই আনন্দ চিরস্থায়ী; ক্ষণস্থায়ী নয়।

এখন প্রশ্ন হল, এই যে সাধনভজনের কথা বলা হল — মানবমানবীর এই সাধনভজনের প্রয়োজন কি? তা বোধের কোন অবস্থায় বোঝা যায়?

সপ্তবিংশাধিক শততম অধিবেশন — মানিকতলা — বুধবার — ১৯/১১/৮৬ ও

অষ্টবিংশাধিক শততম অধিবেশন — মানিকতলা — বুধবার — ২৬/১১/৮৬

ষষ্টবিংশাধিক শততম অধিবেশনে যে প্রশ্নের উত্তর লিখে আনতে বলা হয়েছিল, তা সপ্তবিংশাধিক শততম অধিবেশনে লিখে আনলেও তাতে পরিপক্কতা না থাকায় পুণরায় অষ্টবিংশাধিক শততম অধিবেশনে লিখে আনতে বলা হয়েছিল। আজ তোমাদের সেই পরিপক্ক লেখার বিষয় প্রত্যেকেরই উত্তরমুখী হওয়াতে লেখায় আনন্দ দেওয়ার বিঘ্ন ঘটেনি। প্রত্যেকেরই যখন সঠিক উত্তর প্রকাশ পেয়েছে, কাজেই আমার নতুন করে কিছু বলার অভিলাষ নেই। এখন প্রশ্ন হল, মানুষ সংসার-ধর্ম পালন করেও ভগবৎ সাধনমার্গে সাধনা করার প্রয়োজনীয়তা কি? বোধের কোন অবস্থায় তা বোধগম্য হয়? কারণ, সংসার ধর্মও একটি শ্রেষ্ঠ সাধনমার্গ। এ সম্বন্ধে তোমরা যে যেমনটি বোঝ তেমনটি লিখে আনবে আগামী উনত্রিংশাধিক শততম অধিবেশনে। আজকের মত লেখা এখানেই শেষ।

(আমাদের উত্তর ছিল — মানুষের নিজধর্ম যে মনুষ্যত্ব — সেই পূর্ণ মনুষ্যত্বে স্থিত বোধই মানুষের বোধগম্য করায় সাধনভজনের প্রয়োজনীয়তা — যাতে করে সাধনভজন দ্বারা নির্মল হয়ে সে তার মনুষ্যত্বের অধিকারী হতে পারে)।

উনত্রিংশাধিক শততম অধিবেশন — মানিকতলা — বুধবার — ০৩/১২/৮৬

অষ্টবিংশাধিক শততম অধিবেশনে তোমাদের যে প্রশ্নের উত্তর লিখে আনতে বলা হয়েছিল, আজ উনবিংশাধিক শততম অধিবেশনে তা যে যেমনটি বুঝেছ, তেমনটি লিখে এনেছ। আজকের লেখায় প্রত্যেকেরই কমবেশী উত্তর হয়েছে। তবে আশা করি, ক্রমে ক্রমে তোমরা সঠিক উত্তর লিখতে আরও সচেষ্ট হবে। এখন তোমাদের লেখা সম্বন্ধে আমি কিছু বলি, তা লেখ —

তোমাদের প্রশ্ন ছিল, সংসার ধর্ম শ্রেষ্ঠ সাধনমার্গ হলেও ভগবৎ সাধনের প্রয়োজন কেন হয় এবং তা বোধের কোন অবস্থায় বোঝা যায়? এখন চিন্তা করে দেখ, এই সংসার ধর্ম পালন করতে গিয়ে যে কর্তব্যের মাধ্যমে ন্যায়পরায়নশীল হয়ে সংসারধর্ম পালন করে, তার পক্ষে আলাদা করে কোন সাধনভজন করার প্রয়োজন না থাকলেও, যেহেতু মায়াময় সংসারে আবর্তিত আছে, সেই হেতু এই আবর্তনমুক্ত হওয়ারও প্রয়োজন আছে। এই আবর্তন মুক্ত হতে যেটুকু সাধনভজন করতে হয়, তাতেও তা ক্রম-সম্পন্ন-নিষ্ঠ সংসার ধর্ম সম্পূর্ণভাবে সহায়তা করে। তাই সে অতি সহজে এই আবর্তনমুক্ত হতে সমর্থ হয়। আর, যারা ক্রম-ব্যতিক্রম পথের অনুগামী হয়ে সংসারধর্ম পালন করে, তারা অধিকাংশই ব্যতিক্রমের পরিণামভোগী হয়ে নানাপ্রকার দুর্ভোগের কবলে দিন অতিবাহিত করে এবং অন্ধকার হতেও ঘোর অন্ধকারে বিজড়িত হয়ে পড়ে। তখন তার সুপ্ত মনুষ্যত্বের মধ্যে বোধের যে জাগৃতি হয়, সেই বোধেই তাকে বুঝিয়ে দেয় যে, ভগবৎ সাধনসমর ব্যতীত এই অন্ধকারময় মায়াকূপ হতে মুক্ত হওয়া সম্ভব নয়। তখনই তার মধ্যে সাধনভজনের প্রয়োজনীয়তা কি, তা বিশেষভাবে উদয় হয়। তখন গুরু করুণা প্রাপ্ত হয়ে গুরুনির্দেশিত মতে গুরু

ব্রহ্মনামরূপ অস্ত্রের প্রভাবে সাধন সমরে কেউ কেউ জয়লাভ করতে সমর্থ হয়। আর, যারা ঐ সাধনসমরের নাম করে ঐ অমোঘ অস্ত্রকে স্বার্থসিদ্ধির সমরে ব্যবহার করে, তারাও সে সমরে জয়ী হয় বটে, কিন্তু মায়ার বন্ধনমুক্ত হয় না। তাই তাদের কর্মের ফল অনুসারে পুণঃ পুণঃ ধরায় গতাগতি করতে হয়, অর্থাৎ প্রারব্ধ কর্মের ফল ভোগ করতে আসতে হয়।

এখন প্রশ্ন হল, এই প্রারব্ধ কর্মফল হতে কি করে দূরে সরে থাকা যায় এবং কি করে প্রারব্ধ কর্ম হতে মুক্ত হওয়া যায়, — তা বোধ কোন অবস্থায় মানুষকে জ্ঞাত করিয়ে দেয়? এর উত্তর যে যেমনটি বোঝ তেমনটি আগামী ত্রিংশাধিক শততম অধিবেশনে লিখে আনবে। আজকের মত লেখা এখানেই শেষ হল।

ত্রিংশাধিক শততম অধিবেশন — মানিকতলা — বুধবার — ১০/১২/৮৬

উনত্রিংশাধিক শততম অধিবেশনে তোমাদের যে প্রশ্নের উত্তর লিখে আনতে বলা হয়েছিল, তা তোমরা যে যেমনটি বঝেছ, তেমনটি লিখে নিয়ে এসেছ আজ ত্রিংশাধিক শততম অধিবেশনে। তোমরা সকলেই আজকের লেখা যে যতটুকু লিখতে পেরেছ, সেটুকু লেখার আনন্দ অপরিহার্য; কারণ এ প্রশ্নের উত্তর সাধারণ মানব-মানবীর পক্ষে লেখা অত্যন্ত দুষ্কর। তবুও যে যতটুকু বুঝেছ, লিখেছ তা সত্যই আনন্দের বিষয়। তোমাদের প্রশ্ন ছিল, প্রারব্ধ কর্মফল হতে দূরে থাকা যায় কি করে? মুক্ত হওয়া যায় কি করে এবং বোধের কোন অবস্থায় তা জ্ঞাত হওয়া যায়?

এখন চিন্তা করে দেখ, পূর্ব আরব্ধকেই প্রারব্ধ বলে একথা সত্য। পূর্ব আরব্ধের ফলে পিতৃমস্তক হতে যখন মানব-মানবী বা জীব মাতৃজঠরে অধিষ্ঠিত হয়, তাও প্রারব্ধেরই ফল এবং মাতৃজঠরে দশমাস দশ দিন অধিষ্ঠিত থেকে মায়ের দেহজাত রক্ত হতে প্রাপ্ত হয়ে চব্বিশ তত্বাদি বিজড়িত যে দেহপ্রাপ্ত হয়েছিল, তাও প্রারব্ধেরই ফল। মাতৃজঠরে ঐ দশমাস দশদিনও প্রারব্ধের ফল হতে মুক্ত ছিল না। তখনও প্রারব্ধ কর্মের ফলে

সুখ-দুঃখ ভোগ করতে হয়েছে। ভূমিষ্ঠ হওয়ার পর যতদিন পর্যন্ত শিশু এবং বালক অবস্থায় শিশু সুলভ অজ্ঞানতা ছিল, ততদিন পর্যন্ত পূর্ব প্রাবব্ধের সুখ-দুঃখ (সংমিশ্রিত ফলই) ভোগ করতে থাকে। ঐ অবস্থা হতে মানুষ যখন নানা শিক্ষা-দীক্ষার মাধ্যমে এবং ষড়রিপু, অষ্টপাশাদি শতাধিক রিপুর মাধ্যমে ভালমন্দ কর্ম করতে সেই থেকে নতুন করে কর্মফল হতে থাকে। যারা এর মধ্যেও প্রথম হতেই মনুষ্যত্বের প্রভাবে ক্রমের পথে পুরুষাকারের সহায়তায় মানবোচিত কর্ম করতে সক্ষম হয়, সেই কর্মই ঈশ্বরীয় কর্ম বলে জানবে; কারণ মানবধারায় আসার কারণই হল ঈশ্বরীয় কর্ম করা। তার আর নতুন করে ভালমন্দ প্রারব্ধের অধীন হতে হয় না। তবে এরকম মানব কোটীতে গোটি মেলাও দুষ্কর। অতএব সাধারণ মানবমানবীর পক্ষে কর্মফল হতে, কর্মের প্রারব্ধ ফল ভোগ হতে দূরে থাকা বা মুক্ত হওয়া অত্যন্ত দুষ্কর। তবে, এরা কি কোনদিনই মুক্ত হবে না? হ্যাঁ, নিশ্চয়ই মুক্ত হবে। যদি কোন ব্যক্তি সদ্গ্রন্থের সহায়তায় সাধুসঙ্গ, সৎসঙ্গ করে, তবে সেই সাধুসঙ্গ, সৎসঙ্গের সহায়তায় যদি গুরুকরুণা লাভ করতে পারে, তখন সেই ব্যক্তি নিজ অস্তিত্ব শ্রীগুরুপাদপদ্মে সমর্পণ করতে সমর্থ হয় অর্থাৎ জন্মজন্মান্তরের সংস্কার ও বর্তমান দেশ, কাল, পাত্র বা ধর্ম অনুসারে সংস্কার-বিবর্জিত হয়ে এবং অপরে নির্ভরতা দূরীভূত হয়ে সর্বৈবভাবে গুরুতে নির্ভরতা আনয়ন করতে সক্ষম হয়, সেই ব্যক্তি নির্দ্বিধায় প্রারব্ধ কর্মের ফলভোগ হতে মুক্তি ইচ্ছা না করে যথাযথভাবে ঐ ফলভোগ প্রয়াসে গুরুনির্দেশ বা উপদেশ অনুসারে চলতে পারে, তবে তার আর ঐ প্রারব্ধ ফল ভোগ ছাড়া নতুন করে কোন প্রারব্ধের সৃষ্টি হয় না এবং এই প্রারব্ধ ফল ভোগ করার মত সহনশীলতারূপ শক্তি গুরু করুণাতে প্রাপ্ত হয়ে নির্বিকারে তা ভোগ করে। এ অবস্থাতে বোধ তখন মনুষ্যত্বের মধ্যে ক্রিয়মান হয়ে মানুষের বোধে এনে দেয় যে, একমাত্র দৈহিক, মানসিক ক্ষুধাতেই মানুষকে কাম্য কর্মে নিয়োজিত করে। গুরুতে নির্ভরশীল ব্যক্তির মধ্যে গুরু নির্দেশিত কর্ম ভিন্ন কোন কাম্য কর্মের ক্রিয়া থাকে না বলে ঐরূপ ব্যক্তি আগত আরব্ধ কর্মফল হতে দূরে থাকতে সমর্থ হয় এবং উক্ত প্রারব্ধ কর্মের ফলভোগ প্রণালী অনুসারে প্রারব্ধ কর্ম হতেও মুক্ত হতে সমর্থ হয়।

এখন প্রশ্ন হল, জীব মাতৃজঠরে অধিষ্ঠিত হয়ে যে চব্বিশ তত্ত্ববিজড়িত দেহ প্রাপ্ত হয়ে থাকে, তা কি ঈশ্বরের সৃষ্টির নিয়ম অনুসারে সেই দেহ প্রাপ্ত হয় না, পূর্বজন্মের কর্মফল অনুসারে দেহ প্রাপ্ত হয়ে থাকে, তা বোধীগণ বোধের কোন অবস্থাতে অবগত হতে সমর্থ হয়? এ সম্বন্ধে যে যেমনটি বোঝ তা একত্রিংশাধিক শততম অধিবেশনে লিখে এনো। আগামী বুধবার সর্বসম্মতিক্রমে অধিবেশন বন্ধ রইল।

একত্রিংশাধিক শততম অধিবেশন — মানিকতলা — বুধবার — ০৭/০১/৮৭

গত ত্রিংশাধিক শততম অধিবেশনে তোমাদের যে প্রশ্নের উত্তর লিখে আনতে বলা হয়েছিল, তা পর পর তিনটি বুধবার অধিবেশন বিশেষ বিশেষ কারণে বন্ধ থাকার পর আজ চতুর্থ বুধবারে অর্থাৎ একত্রিংশাধিক শততম অধিবেশনে লিখে নিয়ে এসেছ। আজকের লেখা তোমাদের সাধারণ জ্ঞানে যা লিখে নিয়ে এসেছ, তা সত্যই প্রসংশনীয় যদিও উত্তর সম্পূর্ণভাবে পরিপূর্ণ হয়নি; তথাপি প্রসংশনীয়।

এখন এ প্রশ্ন সম্বন্ধে আমি কিছু বলি, লেখ—তোমাদের প্রশ্ন ছিল জীব চব্বিশ তত্ব-বিজড়িত যে দেহ মাতৃজঠরে পায়, তা ঈশ্বরের সৃষ্টির নিয়ম অনুসারে, না, প্রারব্ধ কর্মের ফলে, তা বোধীগণ বোধের কোন অবস্থায় অবগত হতে সমর্থ হয়?

জীবমাত্রেই বর্তমান কর্ম অনুসারে কোন যোনিগত দেহ প্রাপ্ত হবে, তা নির্ধারিত হয়। যে দেহই প্রাপ্ত হোক না কেন, সে দেহটি সৃষ্টিতত্ত্বের নিয়ম অনুসারে চব্বিশতত্ত্বের সংযোগে গঠিত হয়। সেই দেহ ভূমিষ্ট হওয়ার পরে পূর্ব কর্মফল বা বর্তমান কর্মফল অনুসারে সে দেহী সেরূপ ফল ভোগ করে। বোধীগণ সৃষ্টিতত্ব সম্বন্ধে প্রকৃষ্টভাবে বোধে এনে বোধী নামে খ্যাত হয় অর্থাৎ সৃষ্টিতত্ব বোধে আনার যে বোধের অবস্থা, সেই অবস্থায়ই ঐ প্রশ্নের মর্মবিষয় বোধে এনে ব্যক্ত করতে সক্ষম হয়।

এখন প্রশ্ন হল, এই বোধ প্রত্যেক তত্ত্বের মধ্যে বিরাজমান থেকে তা কি বোধের নিয়ম অনুসারে বোধের ক্রিয়া তত্ত্বের মাধ্যমে প্রকাশিত হয়, না তত্ত্বের প্রভাব অনুসারে তত্ত্বের স্বভাব বা ক্রিয়া অনুযায়ী বোধের ক্রিয়া প্রকাশিত হয়? এ সম্বন্ধে লিখে আনবে আগামী দ্বাত্রিংশৎ শততম অধিবেশনে।

দ্বাত্রিংশাধিক শততম অধিবেশন — মানিকতলা — বুধবার — ১৪/০১/৮৭

একত্রিংশাধিক শততম অধিবেশনে তোমাদের যে প্রশ্নের উত্তর লিখে আনতে বলা হয়েছিল, তা তোমরা যে যেমনটি বুঝেছ তেমনটি উত্তর লিখে এনেছ আজ দ্বাত্রিংশৎ শততম অধিবেশনে। তোমাদের উত্তর অনেকেরই ঠিক ঠিক সম্পূর্ণ না হলেও ভুল বলা চলে না। আশা করি, আস্তে আস্তে তোমরা নিষ্ঠা ও উদ্দীপনার দ্বারা যথার্থ উত্তর লিখতে সমর্থ হবে। তবেই এ সমস্ত অধিবেশনের সার্থকতা বলে মনে করি। এখন এই প্রশ্ন সম্বন্ধে আমি কিছু বলি, তা লেখ —

বোধ স্বচ্ছ, এ বিষয়ে কোন সন্দেহ নেই; তথাপি মানুষ যতদিন পর্যন্ত প্রবৃত্তিমার্গে ডুবে থাকে, ততদিন নানা প্রকার ভাল-মন্দ ভোগের মাধ্যমে জীবন অতিবাহিত করতে থাকে। এই ভোগাভোগের ভাল-মন্দ প্রভাব অনুযায়ী তত্ত্বাদি বা ইন্দ্রিয়াদি বিষয়কে গ্রহণ করে বোধেরই তদ্রূপ অনুপ্রেরণাতে। আবার যখন ঐ মানবমানবীগণ সাধনা বলে যতটুকু ভোগমার্গকে শিথিল করতে পারে, ততটুকু নিবৃত্তিমার্গের প্রকাশ হয়; যতটুকু নিবৃত্তিমার্গের প্রকাশ হয়, ততটুকুই মানুষ সদ্ভাব, সদিচ্ছায় যে সৎপথ গ্রহণ করতে চায়, স্বচ্ছ বোধ স্বচ্ছভাবে ইন্দ্রিয় বা তত্ত্বের মাধ্যমে প্রদান করতে থাকে। অতএব দেখা গেল, তত্ত্ব বা ইন্দ্রিয়াদির ক্রিয়ায় বোধ ক্রিয়া করে না; কেবল প্রবৃত্তি, নিবৃত্তির প্রভাব অনুসারে বোধ ক্রিয়া করে থাকে।

এখন প্রশ্ন হল, ইন্দ্রিয়াদি যে সমস্ত বিষয় গ্রহণ করে বোধের ক্রিয়ার দ্বারা, তা দেহের মধ্যে ভোগ করে কে? সে ভোগের পরিণামই বা ভোগ করে কে?

এ সম্বন্ধে যেমনটি বোঝ লিখে আনবে ত্রিত্রিংশৎ শততম অধিবেশনে। আজকের মত লেখা এখানেই শেষ হল।

ত্রিত্রিংশৎ শততম অধিবেশন — মানিকতলা — বুধবার — ২১/০১/৮৭

দ্বাত্রিংশৎ শততম অধিবেশনে তোমাদের যে প্রশ্নের উত্তর লিখে আনতে বলা হয়েছিল, তা তোমরা যে যেমনটি বুঝেছ তেমনটি লিখে নিয়ে এসেছ আজ ত্রিত্রিংশৎ শততম অধিবেশনে। আজ তোমাদের প্রত্যেকের লেখা শুনে এতদিন পরে সত্যসত্যই যথার্থ উত্তর শুনে আনন্দিত হলাম। কাজেই এ সম্বন্ধে আমি কিছু বলব না; তোমরা যা লিখেছ তা যথেষ্ট। এখন প্রশ্ন হল, এতদিন পর্যন্ত বোধ সম্বন্ধে যা লিখেছ, সবই বোধের ক্রিয়া সম্বন্ধে লিখেছ। এখন, সাধকের মধ্যে সাধকের কোন অবস্থায় নির্মল, স্বচ্ছ বোধের ক্রিয়াতেই চতুর্বিংশতি প্রকার তত্ত্বের ক্রিয়া প্রকাশ পায়, না, এ সমস্ত তত্বাদির ক্রিয়াতেই ঐ বোধের ক্রিয়া প্রকাশ পায়, না, বোধের ক্রিয়া বলতে কিছুই নেই, তা সাধক কোন অবস্থায় পৌঁছালে স্বচ্ছভাবে জেনে বোধ প্রকৃত পক্ষে দেহে বা দেহের বাইরে কিভাবে বা কেন বিরাজ করছে — তা উপলব্ধি করতে পারে, সে সম্বন্ধে যে যেমনটি বোঝ তেমনটি লিখে আনবে আগামী চতুর্ত্রিংশৎ শততম অধিবেশনে। আজকের মত লেখা এখানেই শেষ।

চতুর্ত্রিংশাধিক শততম অধিবেশন — মানিকতলা — বুধবার — ২৮/০১/৮৭

"সাধক যখন ব্রহ্মবোধে বোধী হয়, তখন উপলব্ধি করে যে, অনন্ত বিশ্ব বোধ সাগরে ভাসছে।"

গত ত্রিত্রিংশৎ শততম অধিবেশনে তোমাদের যে প্রশ্নের উত্তর লিখে আনতে বলা হয়েছিল, তা তোমরা আজ চতুর্ত্রিংশাধিক শততম অধিবেশনে যে যেমনটি বুঝেছ, তেমনটি লিখে এনেছ। এই প্রশ্নের উত্তর তোমাদের পক্ষে লেখা অসম্ভব হলেও তোমরা নিষ্ঠার সহিত এর উত্তর দেওয়ার যে চেষ্টা লেখার মাধ্যমে প্রকাশ করেছ, তা যথার্থ উত্তর না হলেও এই চেষ্টার প্রসংশা

না করে থাকা যায় না। এইরূপ চেষ্টার উদ্দীপনা প্রত্যেক মানব-মানবীর মধ্যেই থাকা উচিত তবেই একদিন না একদিন এ জাতীয় প্রশ্নের সম্মুখীন হয়ে উত্তর দিতে সমর্থ হবে।

এখন এই প্রশ্ন সম্বন্ধে আমি দুটো কথা বলি, লেখ —

বোধের স্বচ্ছ ক্রিয়া। প্রত্যেক তত্ত্বের স্বভাব অনুসারে ভিন্ন ভিন্ন ক্রিয়া করিয়েও বোধের ক্রিয়া একই থাকে বলে বোধের ক্রিয়াকে স্বচ্ছ বলা হয়। আর, এই অনন্ত বিশ্ব বোধ সাগরে শোলার মত ভাসমান বলে বোধ প্রত্যেক জীবের বা বিশ্বের বহিরন্তরে বিরাজমান — ইহা সাধক যখন ব্রহ্মজ্ঞ-বোধী অবস্থা প্রাপ্ত হয় তখনই উপলব্ধি করতে পারে।

এখন প্রশ্ন হল, বোধের ক্রিয়ায় ভিন্ন বোধ আর অভিন্ন বোধ কিভাবে বোঝ যায়? বা কোন তত্ব বা শক্তি বোধের মাধ্যমে ভিন্ন বোধ বা অভিন্ন বোধ গড়ে তুলেছে না বোধ নিজেই গড়ে তুলেছে?

পঞ্চত্রিংশাধিক শততম অধিবেশন — মানিকতলা — বুধবার — ০১/০৪/৮৭

চতুর্স্ত্রিংশাধিক শততম অধিবেশনে তোমাদের যে প্রশ্নের উত্তর লিখে আনতে বলা হয়েছিল, তা তোমরা আজ পঞ্চত্রিংশাধিক শততম অধিবেশনে লিখে নিয়ে এসেছ। তোমাদের প্রত্যেকের লেখাই যুক্তিসঙ্গত, নির্ভুল হয়েছে যদিও সাধারণ উত্তর দিতে গিয়ে অনেকেরই বেশী বেশী হয়েছে। এটা সংশোধন করার চেষ্টা কোর। তোমরা যখন যুক্তিসঙ্গত লিখেছ, এ লেখা সম্বন্ধে আর আমি কিছু বললাম না। এখন প্রশ্ন হল, সাধকের কোন ক্রিয়ার পরশে পরমানন্দের আভাস বোধে আসে? এ সম্বন্ধে যে যেমনটি বুঝবে তেমনটি লিখে নিয়ে আসবে।

বাণী — "অজানা শাশ্বতকে জানাই ক্রমবর্ধমান সত্যের উত্তরণ।"

চতুর্স্ত্রিংশাধিক শততম অধিবেশনের প্রশ্নের উত্তর ছিল —

বোধের ক্রিয়া স্বচ্ছ হলেও তত্ত্বাদির মাধ্যমে যখন তার ক্রিয়া প্রকাশ পায় তখন সেই ক্রিয়া তত্ত্বাদির স্বভাব অনুসারেই প্রকাশিত হয়। ফলে অস্মিতার মাধ্যমে প্রকাশিত বোধের ক্রিয়াতেই ভিন্ন বোধ আসে। আর, গুরু করুণা বলে ও সাধন প্রভাবে মনুষ্যত্বের জাগৃতিতে বোধের স্বচ্ছ ক্রিয়ায় কর্তৃত্ব ও ভোক্তৃত্ব বোধ দূরীভূত হলে অভিন্নতা বোধ আসে।

শিক্ষা শিবিরের একশো পঁয়ত্রিশটি অধিবেশনের পর আর কোন অধিবেশন হয়নি; কারণ গুরুদেবের শারীরিক অসুস্থতা। শিক্ষাশিবিরের শেষ অধিবেশনের সঙ্গে সঙ্গে মাধবলীলায় ষষ্ঠ ঐশ্বর্যের প্রকাশ সীমিতভাবে বন্ধ হল ঠিকই; তবে তার অর্থ এই নয় যে, তাঁর লীলার পরিসমাপ্তি ঘটল এবং তাঁর লীলার অন্য কোন দিক আর উন্মোচিত হবে না।

আমরা পূর্বে বলেছি, তিনিই কল্কি, তিনিই গুরু — অনন্তকালে, অনন্ত বিশ্বে অনন্ত জীবেরই গুরু; তিনিই চৈতন্য। তাঁর লীলা অশেষ। তবে, অনেক লীলার তাৎপর্যই আমরা অনুধাবন করতে পারি না। এই না পারাটা আমাদের অজ্ঞানতার জন্য; কিন্তু তাই বলে তাঁর লীলার অপূর্ণতা বোঝায় না।

বলা হয়, ঈশ্বরের লীলা চতুর্যুগ পরিমিত। সত্য, ত্রেতা, দ্বাপর ও কলি — এই চার যুগ ধরে তিনি জীবলীলা করে প্রলয় ঘটান এবং প্রলয়ের পরে আবার নতুন করে সৃষ্টি করেন। কিন্তু প্রশ্ন, প্রবহমান কালকে কোন মানদণ্ডে বিচার করে এই যুগ-বিভাগ করা হয়েছে? এ সম্বন্ধে নির্দিষ্ট কোন প্রমাণ না থাকলেও ধরে নেওয়া যায় যে, এই বিভাজনটি ধর্ম তথা সত্যের ভিত্তিতেই হয়েছে। বলা হয়, সত্যযুগে ধর্ম ছিল চতুষ্পাদ এবং অধর্ম ছিল না। কিন্তু তা সত্ত্বেও ঈশ্বর মৎস্য, কূর্ম, বরাহ, নৃসিংহ ও বামন রূপে অবতরণ করেছিলেন এই যুগেই। অধর্ম...না থাকলেও এই যুগে পাঁচ পাঁচবার ঈশ্বরের অবতারণার প্রয়োজন হল কেন?

এই প্রশ্নের উত্তর দেওয়ার পূর্বে অন্য একটি বিষয়ের দিকে দৃষ্টিপাত করা দরকার। সত্যযুগে অধর্ম না থাকলেও এবং চতুষ্পাদ ধর্ম থাকলেও, সেই যুগের মধ্যে অধর্মের অনুপ্রবেশ ঘটেছিল, আর, তা যদি না ঘটত, তাহলে পরবর্তী যুগগুলি আর আসতে পারত না। চতুষ্পাদ ধর্ম থাকলেও সত্যযুগের মানুষেরও দৃষ্টি ছিল বহির্মুখী; কারণ ঈশ্বর হতে বিচ্ছুরিত তারাও জগৎ অভিমুখে বিকাশ লাভ করেছে এবং জগতে এসে জীবনচর্যায় ভ্রান্তি ও বিভ্রান্তির কারণে নিজেদের অজ্ঞাতসারেই ব্যতিক্রমের পথ প্রশস্ত করেছে। এই পথ ধরেই অধর্ম এসেছে সত্যযুগে। তারপরে এল ত্রেতা — তার পুত্র অর্থাৎ সত্যের সন্তান। এই যুগে অধর্ম একপাদ, ধর্ম তিনপাদ। তারপরে এল দ্বাপর — ভাল-মন্দ দুই নিয়েই দ্বাপর। শেষ হল দ্বাপর; এল কলি। বলা হয়, এযুগে ধর্ম একপাদ এবং অধর্ম হল তিনপাদ। ফলে, কলিতে অধর্ম বা অসত্যের প্রতাপ প্রবল। একপাদ ধর্ম যেন এক ব্রাত্য অস্তিত্ব। আমরা কলির জীব; আমাদের চতুর্দিকে দৃষ্টিপাত করলেই আমরা অবস্থাটা পরিষ্কার বুঝতে পারব। আবার, এই চক্রাবর্তনের শেষ বিন্দুতে কলি এবং সুরুতে সত্য। কলির পরেই সত্যযুগ আসার কথা। সত্য হতে কলি পর্যন্ত ধর্মের তথা সত্যের অবক্ষয় এবং কলির শেষে সত্যের পুণরুত্থান বা পুণর্জাগরণের রহস্যটি কি তা অবশ্য ব্যাখ্যার অপেক্ষা রাখে।

এই যে যুগকে ভাগ করা হয়েছে, বিশেষ বিশেষ নাম দেওয়া হয়েছে, তা শুধু মানুষের জন্য। নিখিল বিশ্বের অগণিত সৃষ্টির মধ্যে মানুষই শ্রেষ্ঠতম; একমাত্র মানুষই পারে নিজেকে জানতে, স্রষ্টাকে জানতে। মানুষই পারে তাঁর সঙ্গে একাত্ম হতে। যুগ বিভাগের মাধ্যমে ধর্মাধর্ম, সত্যাসত্যের যে ভেদ বোঝানো হয়েছে, তা অন্য কোন প্রাণীর জন্য নয়; শুধু মানুষের জন্য। যাঁরা অনন্ত কাল প্রবাহকে এইভাবে ভাগ করেছিলেন, তাঁরা মানুষকে বিশেষভাবে কিছু শিক্ষা দেওয়ার জন্যই তা করেছিলেন এবং সেই শিক্ষাটি হল তাকে তার লক্ষ্যে লক্ষীভূত করা। এমন প্রচেষ্টা অনেকেই করেছেন এবং তাঁরা লোকশিক্ষক ও মহাপুরুষরূপে মানবসভ্যতার ইতিহাসে নিজেদের স্থান করে নিয়েছেন। তবে, শাস্ত্রই হোক বা মহাপুরুষের বাণীই হোক, সৎ চিন্তার ও সৎ শিক্ষার উপাদানের অভাব মানুষের সমাজে নেই; সে সব অতীতেও

ছিল, বর্তমানেও আছে। তবে, আমরা যদি নিজেদের দিকে তাকাই, তা হলে স্পষ্টভাবেই দেখতে পাব, সে সব উপাদান আমাদের চরিত্রে, চিন্তায়, কর্মে কতটা ফলপ্রসূ হয়েছে।

আবার আসি চতুর্যুগ প্রসঙ্গে। মানবশিশু ভূমিষ্ঠ হওয়া থেকে আমরা তার জীবন কাল হিসাব করি। সেটা ঠিকই। তবে, ভূমিষ্ঠ হওয়ার পূর্বেই তার জীবনের সূচনা হয়। মাতৃজঠরে গৃহীত বীজের মানব রূপে রূপান্তর ঘটে এবং তা পূর্ণাঙ্গ হলে পর ভূমিষ্ঠ হওয়ার কথা। বীজরূপে মাতৃজঠরে স্থান পাওয়া থেকে ভূমিষ্ঠ হওয়া পর্যন্ত সময়টি জীবনেরই অঙ্গ। জীবন থেকে সেই কালটিকে বাদ দেওয়া যায় না। মাতৃজঠরে স্থান পাওয়া থেকে বাল্যকাল পর্যন্ত জীবনের প্রথম পর্যায়। বাল্য হতে কৈশোর পর্যন্ত হল দ্বিতীয় পর্যায়, যৌবন ও প্রৌঢ়ত্ব হল তৃতীয় পর্যায় এবং বার্ধক্য — শেষ পর্যায়। মানবজীবনের এই চারটি পর্যায়ই দেহ ক্ষেত্রে চতুর্যুগ। মৃত্যুতে দেহের লয় হলে এবং আত্মা নতুন একটি দেহ পরিগ্রহ করলে চতুর্যুগের পর নব সৃষ্টি। কিন্তু প্রশ্ন, মানব জীবনের এই চারটি পর্যায় চার যুগ হল কি করে? বলা হয়েছে, সত্যযুগে সত্য বা ধর্ম ছিল চার পাদ। অধর্ম বা অসত্যের প্রবেশাধিকার সেখানে ছিল না। কিন্তু চারপাদ ধর্মের হিসাব হল কি করে? প্রত্যেকটি সৃষ্ট জীব বা পদার্থের একটি নিজস্ব ধর্ম আছে — সেকথা অনস্বীকার্য। ধর্মই অস্তিত্বকে বিশেষত্ব দান করে। জীবনের যে বীজ মাতৃজঠরে স্থান পেল, সেই বীজের মধ্যে মানবশিশুর সম্যক বিকাশের পূর্ণ সম্ভাবনা ছিল বলেই বীজ সেই লক্ষ্যে বিবর্তিত হয়। একটি পূর্ণাঙ্গ মানবশিশুর দেহগঠনের জন্য যে যে উপাদান বা তত্ত্ব প্রয়োজনীয় সেই তত্বগুলিও বীজাকারে ঐ বীজের মধ্যে নিহিত ছিল। বীজ বিবর্তিত হয়ে পূর্ণাঙ্গতা পেল অর্থাৎ মানবদেহ গঠিত হল। বীজাকারে বীজের মধ্যে নিহিত তত্ত্ব সমূহ আপন আপন চরিত্র বজায় রেখে নিজ নিজ ধর্ম পালন করে বলেই দেহ গঠন সম্ভব হয়। তত্ত্বগুলির ধর্মপালনের তাৎপর্য হল, তারা বিশ্ববিধানের ক্রমকে সর্বতোভাবে গ্রহণ করে সেই প্রাকৃতিক বিধান অনুসারে যথাকালে বিবর্তিত হয়ে বিশ্ববিধানকেই স্বীকৃতি দিয়েছে মানব শিশুর দেহ গঠন করে। ফলে, ভ্রূণ মাতৃজঠরে থাকাকালিন সর্বাংশে একমাত্র প্রকৃতি বা

বিশ্ববিধানের অধীন; তার এমন কোন দ্বিতীয় সত্তা ছিল না, যা তাকে প্রকৃতির বিধানকে অতিক্রম করার প্রেরণা দিতে পারে বা তেমন কোন শক্তির অধিকারী সে হতে পারে।

বলা হয়, সত্যযুগে ঈশ্বর পাঁচবার অবতাররূপে প্রকাশ হয়েছেন। প্রথম অবতার মৎস্য, দ্বিতীয় কুর্ম, তৃতীয় বরাহ, চতুর্থ নৃসিংহ ও পঞ্চম অবতার বামন। আমাদের মনে রাখতে হবে, সত্যযুগটির অনেকখানি অংশই মাতৃজঠরে অতিবাহিত এবং সামান্য কিছুকাল ভূমিষ্ঠ হওয়ার পরে। অতএব, প্রথম চার অবতার আবির্ভূত হয়েছিলেন মাতৃগর্ভে এবং পঞ্চম জন শৈশবে। উভয়ক্ষেত্রেই এই আবির্ভাবের কোন স্মৃতিই কলির জীব উদ্ধার করতে পারে না। তাই সত্যযুগের খবর আমাদের কাছে অজানাই থেকে যায়।

মানবশিশুর জন্মকে সম্ভব করার জন্য যে বীজ মাতৃজঠরে প্রোথিত হয়, তাকে আমরা বলি শুক্রকীট। আকার ক্ষুদ্রই তবে কীট। এই শুক্রকীট মায়ে গর্ভের পরিপোষণে বিবর্তিত হয়ে যে আকারটি প্রথম লাভ করে তা মাছের আকার। তৎপরবর্তী কালে ভ্রূণের বিবর্তন হেতু তার শরীরে অঙ্গ-প্রত্যঙ্গের প্রকাশ ঘটতে থাকে। এই অবস্থায় তার আকার কচ্ছপের মতই হয়। কচ্ছপ-রূপী ভ্রূণ ধীরে ধীরে বিবর্তিত হয়ে বরাহের আকার ধারণ করে। তখন তার অঙ্গ-প্রত্যঙ্গের আরও কিছু বিকাশ ঘটে। পরিশেষে সেই বরাহরূপী ভ্রূণ পূর্ণাঙ্গ মানব শিশুর রূপ পায়। এই রূপটিই নৃসিংহ অবতারের রূপ। মাছ, কচ্ছপ, বরাহ ও নৃসিংহ — শুধু এই চারটি রূপই মানবশিশু পায়, তা নয়, এদের মধ্যেবর্তীকালে সে আরও একাধিক রূপ পরিগ্রহ করে; তবে এই চাররূপের তুলনায় সে রূপগুলির স্থায়ীত্বকাল অপেক্ষাকৃতভাবে কম; সেই কারণেই এই চারটি রূপের প্রাধান্য।

এরপরে সত্যযুগে আর এক অবতারের আবির্ভাব হয়েছিল — তিনি বামন অর্থাৎ ক্ষুদ্রকায় পূর্ণাঙ্গ মানব। বামন হল মধ্য-শৈশবের মানবক যখন সে হাঁটতে পারে, কথা বলতে পারে, খেলতে শেখে, আব্দার করতে পারে। ব্রাহ্মণ বামন রাজা বলীর কাছে ভিক্ষা চেয়েছিল ত্রিপাদ মাত্র ভূমি। দুই পাদে স্বর্গও মর্ত অধিকার করার পর তৃতীয় পাদ স্থাপন করার স্থানাভাব। অতএব

বলীকে নিজের মাথাটি পেতে দিতে হল। স্বর্গ ও মর্ত যথাক্রমে জীবন ও মৃত্যুর প্রতীক; জীবমাত্রেই যার অধিকার আছে। কিন্তু তৃতীয় পাদের ভূমিটি কি? তা হল মনুষ্যত্ব। অমিততেজ মনুষ্যত্বের কাছে অমনুষ্যত্বকে মাথা নত করতেই হয়।

অবতারবাদ সকল ধর্মমতে বিশ্বাসীগণ স্বীকার করেন না। সনাতনপন্থীরা করেন; তবে সকলে নন। কেউ কেউ বলেন, এক ঈশ্বর নিজেই বহুরূপে রূপায়িত হয়েছেন মাত্র; সব রূপই তাঁর রূপ। বিশেষ একটি রূপকে অবতার বললে সব রূপকেই তা বলতে হবে। এযুক্তি অস্বীকার না করেও অনেকেই অবতারবাদ স্বীকার করেন। যাঁরা করেন তাঁদের জন্য এ আলোচনা। অবতারবাদ যাঁরা স্বীকার করেন, তাঁদের মধ্যে কেউ আজ পর্যন্ত বলেন নি যে, তিনি বা তাঁরা সত্যযুগকে প্রত্যক্ষ করেছেন বা কেউ প্রত্যক্ষ করেছেন এমন প্রামাণিক তথ্যও অনুপস্থিত। কিন্তু সত্যযুগ ছিল, এমন কথা অনেকেই বলেন ও বলেছেন, হয়তো ভবিষ্যতেও বলবেন। কলিকে বাদ দিলে অপর দুটি যুগের মধ্যে ত্রেতার আছেন রামায়ণ, দ্বাপরের কাছে মহাভারত, হরিবংশ ও ভাগবৎ — যে গ্রন্থগুলির মধ্যে বিশ্বাসীজন বিশ্বাসের সপক্ষে যুক্তির আশ্বাস পান। কিন্তু সত্যযুগ সম্পর্কে এমন কোন গ্রন্থ নেই; তবে কিছু কিছু বিক্ষিপ্ত কাহিনী ইতস্ততঃ সন্নিবেশিত। কাহিনীগুলি নিতান্তই বিশ্বাস-নির্ভর; যুক্তি-নির্ভর মোটেই নয়। তাই এ আলোচনা। তবে, অতীত যতই অজ্ঞাত হোক; অতীত না থাকলে বর্তমানও থাকত না, ভবিষ্যৎও আসত না।

যে যুগে এই সমস্ত কাহিনী রচিত হয়েছিল, সেই যুগে সমাজের একটি নগন্য ভগ্নাংশ মাত্র জ্ঞানের চর্চায় নিযুক্ত থাকতেন এবং বৃহত্তর জনসাধারণ তাঁদের সাধারণ যুক্তি, বিশ্বাস নিয়ে জ্ঞানের চর্চা হতে দূরেই থাকতেন; অবশ্য প্রয়োজনে জ্ঞানীদের মুখ থেকে ধর্মকথা শুনে ধর্মাচরণে প্রবৃত্ত হতেন এবং অন্যান্য আরও বহুরকম প্রয়োজনেই তাঁদের উপদেশাদি গ্রহণ করতেন। সাধারণ বুদ্ধির সাধারণ মানুষদের কাছে জ্ঞানীজনরা বিশ্বজনীন ও বৈজ্ঞানিক সত্য সরাসরি পরিবেশন করতেন না, কারণ বুদ্ধি প্রাখর্যের অভাবহেতু

গ্রহণীয় না হতে পারে বা স্মৃতিতে না থাকতে পারে। অতএব রূপকের মোড়কে পরিবেশন করা হত গল্প। গল্প সহজে মনে থাকে। তা ছাড়া প্রয়োজনীয় উপদেশটি দেওয়া হত ধর্ম বা ঈশ্বরের নামে যাতে সহজ ধর্মবিশ্বাসে উপদেশটি গৃহীত হয়। সমাজে এই সমস্ত গল্পের সুফলও পাওয়া যেত। আলোচ্য ক্ষেত্রে দেখা যাচ্ছে মাছ, কচ্ছপ ও বরাহকে ঈশ্বরত্ব দান করা হল যেন মানুষ খাদ্যের লোভে বা অর্থের লোভে এই প্রাণীগুলিকে যথেচ্ছভাবে নিধন না করে রক্ষা করে; তাতে মানুষেরই উপকার। একদিকে বৈজ্ঞানিক সত্য, অন্যদিকে জাগতিক প্রয়োজন — দুইয়েরই শিক্ষা এক রূপকের মাধ্যমে। কিন্তু চতুর্থ অবতারের ক্ষেত্রে ব্যাপারটা একটু অন্যরকম মাত্রা পেল। সে নৃসিংহ অবতার অর্থাৎ মানুষ ও সিংহের যুগ্মরূপে ভগবানের প্রকাশ। মানুষ ও সিংহের মিলিত রূপের কোন প্রাণী প্রকৃতিতে অসম্ভব; তবুও সেই অসম্ভবের গল্পই বলা হল। ভ্রূণ পূর্ণাঙ্গ মানবশিশুর রূপ পেলে তার আর মাতৃ-জঠরের কারাবাসের প্রয়োজন থাকে না। তখন তার একমাত্র লক্ষ্য বাইরের পৃথিবীতে আসা। কিন্তু নির্গমনের পথটি মসৃণ হলেও অপ্রশস্ত হওয়ার কারণে অতি সহজে তা সম্ভব হয় না, একদিকে বহিরাগমনের অদম্য প্রেরণা, অন্য দিকে পথের অপ্রশস্ততার বাধা। এই বাধাকে অতিক্রম করার জন্য শিশুর বিপুল ইচ্ছাশক্তির প্রকাশকে সিংহবিক্রমের সঙ্গে তুলনা করেই নৃসিংহ মূর্ত্তির কল্পনা। দ্বিতীয়তঃ সদ্যোজাত নাভিপদ্মের মৃণাল এবং ঐ জাতীয় কিছু নাল জাতীয় বস্তু শিশুকে জড়িয়ে থাকে; মনে হয় শিশু যেন সে গুলিকে খেতে চায়। নৃসিংহ মূর্তির বর্ণনার সঙ্গে শিশুর ভূমিষ্ঠ হওয়ার চিত্রটি ঠিক মেলে কিনা সুধী পাঠক মনশ্চক্ষে তা দেখে নেবেন; ব্যাখ্যা অপ্রয়োজনীয়। কাহিনী বলে নৃসিংহ অবতারের হাতে দৈত্য হিরণ্যকশিপুর মৃত্যু হয়েছিল প্রদোষকালে ও মাটীর ওপরে নয় — জানুর ওপরে। আর দৈত্য হিরণ্যকশিপু হল শিশুর নির্গমনের পথের বাধাস্বরূপ অপ্রশস্ততা। বাকী চিত্রকল্পটি পাঠক কল্পনায় দেখে নেবেন। দৈত্য হিরণ্যকশিপুর মৃত্যু হয়েছিল প্রদোষ কালে। প্রসূতি আগার উন্মুক্ত স্থানে হয় না এবং সেখানে উজ্জ্বল আলোর ব্যবস্থা প্রাচীন কালে থাকতও না। সেখানে সব সময়ই

প্রদোষ এবং প্রসূতিও মেঝেতে শায়িতা থাকে না। অবশ্য ইদানীং কালের আধুনিক শল্যাগারের ধারণা প্রাচীন কাহিনীকারদের কল্পনাতেও ছিল না।

এরপরে সত্যযুগের শেষ অবতার হলেন বামন। তাঁর লীলার কথা আগেই উল্লেখ করা হয়েছে। মানুষের কাছে তাঁর বার্তা — হে মানবসন্তান। মনুষ্যত্বের পথে পরিচালিত হও। নচেৎ বিনাশ অনিবার্য।

বামন অবতারকে দিয়ে অবসান হল সত্যযুগের। এল ত্রেতা। এ যুগের অবতার দাশরথি রাম যদিও আর একজন রাম দাবী করেছিলেন তিনিও রাম এবং তিনিও অবতার। রামের পূর্বজ পরশুরাম অংশ অবতার ছিলেন। এই দুই অবতারের জীবনেই ত্রেতার যুগধর্ম বিশেষভাবে প্রকট। ত্রেতার চরিত্রগত পরিচয় উভয়েই বিশেষভাবে প্রকাশ করেছেন তাঁদের জীবন দিয়ে। সেই পরিচয়টি হল পিতা-পুত্রের সম্পর্ক। একজন পিতৃ-আজ্ঞায় মাতৃহত্যা পর্যন্ত করেন এবং পৃথিবীকে নিঃক্ষত্রিয় করেন একুশ বার; আর একজন পিতৃ আজ্ঞা পালনে রাজ সিংহাসনের অধিকার ত্যাগ করে বনবাস স্বীকার করে নেন এবং অপহৃতা স্ত্রীকে উদ্ধার করতে যুদ্ধে লিপ্ত হতে বাধ হন। এভাবে চোদ্দ বছরের বনবাস শেষ হওয়ার পরেও পিতা-পুত্র সম্পর্কের হাত হতে রেহাই নেই। রাজা রাম প্রজাদের ইচ্ছা অনুসারে রাণী সীতাকে নির্দোষ জেনেও বনবাসে পাঠান। যদিও তিনি প্রজাদের পিতা-স্বরূপ, তবুও প্রজাদের ইচ্ছা অনুসারে নির্দোষ সীতাকে বনবাসে পাঠানো অন্যায় জেনেও অকুণ্ঠিতভাবে তা করেছিলেন কারণ তাঁর কাছে প্রজাদের ইচ্ছা ছিল পিতৃ-আজ্ঞা স্বরূপ এবং ত্রেতার যুগমানসের অনুসারী। রামের লীলায় যেমন ত্রেতার যুগধর্ম পরিপূর্ণতা পেয়েছে, তেমন তাঁর যুগের অবসানে দ্বাপরের আগমনের ইঙ্গিত তিনি দিয়েছেন সরযূতে আত্মবিসর্জনের মাধ্যমে। শাস্ত্র অনুসারে আত্মহত্যা নিষিদ্ধ জেনেও তিনি তা করেছেন ভ্রাতৃপ্রেমের দৃষ্টান্ত স্থাপন করতে। ঘটনাটি দ্বাপরের দ্যোতক।

পর হল পূর্ণ ব্রহ্ম সনাতন। বাকী যা কিছু সবই অপর এবং সকল "আমি" প্রথম অপর ও অন্যান্য সব কিছুই দ্বিতীয় অপর। দ্বিতীয় অপরের সঙ্গে মিলনামিলনে পরের সন্ধান করাই দ্বাপরের বৈশিষ্ট্য। দেহক্ষেত্রে এই যুগ

কৈশোর ও যৌবন কালে। কৈশোরে মানবসন্তান সমগোত্রীয় সঙ্গী-সাথীর সন্ধান করে; কিশোর কিশোরী সম্পর্কে এবং কিশোরী কিশোর সম্পর্কে কৌতূহলী হয় এবং এই কৌতূহল শনৈঃ শনৈঃ বৃদ্ধি পায়। যৌবনে একই কৌতূহল আকর্ষণে রূপান্তরিত হয়ে আসঙ্গ লিপ্সায় পরিণতি লাভ করে মানবমানবীর মিলনামিলনের কারণ হয়। কৈশোরের উচ্ছাস ও যৌবনের উদ্দামতায় জীবের প্রাণশক্তি নিঃশেষিত হয় না; অন্তর্নিহিত সত্য তাকে দিয়ে পরকে সন্ধান করিয়ে নেয়। মানবজীবনের একতম লক্ষ্যের দিকে ধাবমান হওয়ার অনুপ্রেরণার প্রকাশ যৌবনেই। যুগধর্মের দৃষ্টান্ত স্থাপন হেতু এ যুগের অবতার যদিও বলরাম ও কৃষ্ণ তবুও প্রকৃতপক্ষে কৃষ্ণস্ত স্বয়ং ভগবান। তাঁর লীলার প্রধান অধ্যায় তিনটি; প্রথমটি বৃন্দাবনে, দ্বিতীয়টি মথুরায় ও তৃতীয়টি দ্বারকায়। ভারত ভূ-খণ্ডের ইতিহাসে সর্বাধিক গুরুত্বপূর্ণ যুদ্ধটি তিনি পরিচালনা করেছিলেন তৃতীয় অধ্যায়ে কুরুক্ষেত্র রণাঙ্গণে। এই যুদ্ধে তাঁর বাণী — যা শ্রীমদ্ ভগবৎগীতা নামে পরিচিত — পরবর্তী যুগের মানবমানবীর কাছে সর্বাধিক নির্ভরযোগ্য শাস্ত্র এবং সাধনপদ্ধতিও বটে। কুরুক্ষেত্রে যুদ্ধ সমাপ্তিতে দ্বাপর যুগের অবসানের সূচনা। অবশ্য, কলির আগমনের লক্ষণ প্রকট হয়েছে আরও কিছু পরে। দুই অপরের মিলনামিলনের মাধ্যমে পরের সন্ধানের যে কথা পূর্বে বলা হয়েছে, তা বিশেষভাবে প্রকট তাঁর বৃন্দাবন লীলায় এবং কুরুক্ষেত্রে ধর্মযুদ্ধ পরিচালনায়; অবশ্য, ভিন্ন ধারায়। বৃন্দাবনে যেমন প্রেমের পূর্বরাগ, অনুরাগ, বিরহ, মিলন, উৎকণ্ঠিত, বিপ্রকর্ষ ইত্যাদিরূপ পরিপূর্ণতা পেয়েছে, তেমনই রাজনীতি, রণনীতি, কূটনীতি, সর্বোপরি ধর্মনীতি পূর্ণতা পেয়েছে কুরুক্ষেত্র রণাঙ্গণে। বৃন্দাবনের প্রেমলীলা যেমন গোপিনীদের লক্ষ্যচ্যুত করেনি, তেমন কুরুক্ষেত্রের যুদ্ধ-কোলাহল ও মৃত্যু মহোৎসবে সে লক্ষ্য স্থিরই ছিল। বৃন্দাবনের মত কুরুক্ষেত্রের রণনায়কদের সঙ্গে কৃষ্ণের সম্পর্ক সখ্যের। অন্য যে কোন অবতার লীলার তুলনায় এই লীলায় ব্যাপ্তি ও গভীরতা অনেক বেশী।

এরপরের যুগ কলি। কলি কথাটির অর্থ পাপ বা অধর্ম। বলা হয়েছে, এ যুগে সত্য বা ধর্ম একপাদ, অধর্ম তিন পাদ। ফলে, কলি যুগ যে অধর্মের রাজত্ব,

তা বিশেষভাবে বলার আর অপেক্ষা রাখে না। দেহক্ষেত্রে এই যুগটি হল প্রৌঢ়ত্ব হতে মৃত্যু পর্যন্ত। বলা হয়, এযুগে এখনও পর্যন্ত অবতার এসেছেন তিনজন — বুদ্ধ, চৈতন্য ও রামকৃষ্ণ। এযুগের শেষ অবতার হবেন কল্কি — যিনি কলিযুগের অবসান ঘটিয়ে সত্যযুগের আবির্ভাবকে সম্ভব করবেন। অবশ্য মনে রাখতে হবে এই যুগে ধর্ম মাত্র এক পাদ এবং অধর্ম ত্রিপাদ। অধর্মের প্রবল প্রতাপকে পরাভূত করে ধর্মের সংস্থাপন খুব একটা সহজ কর্ম নয়; তবুও সেই কঠিন কর্মটির ভিত্তি স্থাপন করলেন বুদ্ধ। জাতিভেদ, শাস্ত্রের জটিলতা, ধর্মীয় আচার-বিচার ও ভেদাভেদকে অস্বীকার করে তিনি মানুষের আচরণকে সংশোধন করতে, হিংসাকে পরিহার করতে আহ্বান জানালেন। বাইরে ঈশ্বরের সন্ধান না করে আত্মস্থ হতে বললেন — তাতেই শান্তি, তাতেই আনন্দ। অর্থাৎ মানুষের মনুষ্যত্বকে সর্বতোভাবে জাগ্রত করতে পারলে মানুষ স্বধর্মে প্রতিষ্ঠিত হতে পারবে।

বুদ্ধ হতে চৈতন্যের আবির্ভাব কালের মধ্যে ব্যবধান প্রায় দুহাজার বছর। এই দীর্ঘ সময়ে রাষ্ট্রে, সমাজে, ব্যক্তিজীবনে পরিবর্তন হয়েছে অনেক। এই পরিবর্তনের অন্যতম হল দৃঢ়মূল ধর্মীয় ও সামাজিক কুসংস্কার। সামাজিক কুসংস্কারের চেয়েও ধর্মীয় কুসংস্কারের প্রভাব ও শক্তি অনেক বেশী। তাই চৈতন্যকে সংগ্রাম করতে হয়েছে মূলতঃ কুসংস্কারের বিরুদ্ধে। জাতি, বর্ণ নির্বিশেষে তিনি মানুষকে গ্রহণ করেছেন, ভালোবেসেছেন এবং ভালবাসতে শিখিয়েছেন। তাছাড়া তাদের বহির্মুখী মনকে অন্তর্মুখী করার প্রয়াসে নামৌষধি দিয়েছেন যাতে নিদেনপক্ষে তাদের বহির্মুখী মন নামে যুক্ত থাকে। তিনি স্বয়ং প্রেম, বিনয়, তিতিক্ষার প্রতিমূর্তি। তাঁরও প্রায় চারশো বছর পরে এলেন রামকৃষ্ণ। তাঁর জীবনও কুসংস্কারের বিরুদ্ধে সংগ্রামের প্রতীক। তিনি বললেন — যত মত তত পথ অর্থাৎ মত ও পথ অভিন্ন এবং দুয়ের কোনটিই লক্ষ্য নয়। পথ কখনো পথের লক্ষ্য হতে পারে না। লক্ষ্য এক এবং সেই একের লক্ষ্যে বহুপথ থাকতেই পারে। পথের প্রয়োজন লক্ষ্যে পৌঁছানোর জন্য। ধর্মমত ধর্মে প্রতিষ্ঠিত হওয়ার পথ মাত্র। কিন্তু ধর্ম নয়। তাঁর নিজ বক্তব্যের সমর্থনে বিভিন্ন পথে বিচরণ করে যে একই লক্ষ্যে পৌঁছানো যায়, সে দৃষ্টান্তও স্থাপন করলেন। দ্বিতীয়তঃ, পথে অলস

পদচারণা যে লক্ষ্যে পৌঁছানোর জন্য যথেষ্ট নয়, সেটি বিশেষভাবে দেখিয়ে দিলেন। দৃঢ় সংকল্প ও ব্যাকুল আর্তি ব্যতীত যে অভীষ্ট লাভ হয় না, তারও দৃষ্টান্ত নিজেকে দিয়ে স্থাপন করলেন। তৃতীয়তঃ, শাস্ত্র-সমুদ্র মন্থন করে শাস্ত্রীয় উপদেশ নির্দেশকে তিনি অতিসাধারণ কথ্য ভাষায় এমন কি মাঝে মাঝে গ্রাম্য ভাষাও ব্যবহার করে পরিবেশন করলেন যার দ্বারা একজন নিরক্ষর মানুষেরও তা বুঝতে অসুবিধা না হয়। তৎকালিন সামাজিক, অর্থনৈতিক ও ধর্মীয় প্রেক্ষাপটে রামকৃষ্ণের আবির্ভাবের ঐতিহাসিক গুরুত্ব কতখানি তার মুল্যায়ণের জন্য ঐকান্তিক গবেষণার যথেষ্ট অবকাশ আছে।

বুদ্ধ, চৈতন্য, রামকৃষ্ণ — এই তিন অবতারের আবির্ভাবের পরেও কলিযুগের অবসান হল না; হওয়ার কথাও নয়। শাস্ত্র মতে কলিকে বিদায় দিয়ে সত্যকে আবাহন করবেন যিনি, তিনি কল্কি অবতার। তাঁর প্রকাশ এখনো হয়নি। এখন দেখা যাক, দেহক্ষেত্রে কলিযুগ কেমন। বলা হয়েছে, প্রৌঢ়ত্ব থেকে মৃত্যু পর্যন্ত কলিযুগ। জীবনের এই সময়ে বিগত দিনের উচ্ছ্বাস ও চঞ্চলতা স্তিমিত হয়ে আসে। পারিবারিক, সামাজিক, অর্থনৈতিক দায়িত্বের চাপ ব্যক্তিজীবনে বৃদ্ধি পায়। যুগধর্ম প্রভাবে মননে, চিন্তনে, কর্মে ক্রমের পরিবর্তে ব্যতিক্রমের কর্তৃত্ব হয় প্রবল। ফলে, লোভ, স্বার্থবুদ্ধি, চরিতার্থতার চিন্তা, কর্ম ও মৃত্যুভয় জীবনের এই অংশটিকে বড় কলুষিত করে ফেলে। ব্যতিক্রমকে পরিহার করে ক্রমকে অবলম্বন করা বা নিজের কৃতকর্মের মূল্যায়ন করা কঠিন হয়ে পড়ে। ফলে, সুখে-দঃখে আবর্তিত জীবন কালচক্রের আবর্তনে সত্যের দীপ্তিতে আনন্দের স্পর্শমণিরূপে উজ্জ্বল হয়ে ওঠে না।

এ প্রশ্ন আসতে পারে যে, সত্যযুগে সত্য বা ধর্ম ছিল চতুষ্পাদ; পরবর্তী কালে এক একটি করে যুগ এলো আর এক এক পাদ করে মোট তিনপাদ সত্যকে গ্রাস করে কলিতে রাখল মাত্র একপাদ। যে সত্য অসত্যের কাছে পরাজিত তার জন্য মাথাব্যাথা করার প্রয়োজন কিসের? দ্বিতীয়তঃ যে সত্য নিজেকেই নিজে রক্ষা করতে পারে না, সে বিশ্বকে রক্ষা করবে কি করে? এর উত্তর হল, সত্য সকল সময়েই সত্য এবং পূর্ণ; তার অপূর্ণতা নেই, হ্রাস-বৃদ্ধি নেই।

যা ঘটে, তা হল এক একটি যুগের প্রভাবে তার পূর্ণ প্রকাশের এক-চতুর্থাংশ করে প্রকাশ আবৃত হয় মাত্র; কিন্তু অস্তিত্ব পূর্ণই থাকে। চাঁদের কলার হ্রাস হলে তার উজ্জ্বল অংশ হ্রাস পায় বটে কিন্তু তার দ্বারা চাঁদের অস্তিত্বের কোন পরিবর্তন হয় না। সব যুগেই সত্য পূর্ণ অস্তিত্ব; শুধু যুগে যুগে তার প্রকাশ আবৃত হয়ে পড়ে। আবরণ অনস্তিত্ব প্রমাণ করে না। কোষবদ্ধ তরবারির তীক্ষ্ণতা হ্রাস পায় না।

পূর্বে বলা হয়েছে, মাতৃজঠরে মানবদেহের তত্বসমূহ বিশ্ববিধানের অধীন হয়েই বিকশিত হতে থাকে। তখন চতুষ্পাদ সত্যের সঙ্গে তারা যোগযুক্ত এবং ভ্রূণের নিজস্ব যে বোধ, সেই বোধও আপনাতে আপনি সমাহিত; তার বহিঃপ্রকাশের কোন অবকাশ থাকে না। কিন্তু মাতৃগর্ভে দেহস্থ তত্বগুলির ক্রমবিকাশের ফলে দেহ পূর্ণাঙ্গ হওয়ার পরে গর্ভে অবরুদ্ধ থাকার আর প্রয়োজন না থাকায় শিশু ভূমিষ্ঠ হয় এবং তার নতুন পরিবেশের সঙ্গে সে পরিচিত হতে চায়, হয়ও। মাতৃগর্ভে তার যে দেহবোধ সমাহিত ছিল, ভূমিষ্ঠ হওয়ার পর সেই বোধ বহির্দৃষ্টির প্রভাবে বিচ্ছুরিত হয় জগৎ তথা বিষয়ের উদ্দেশ্যে। বিষয় ও মনের বহির্দৃষ্টির যোগাযোগের করণে বিষয়কে সত্য বলে তার প্রতীতি জন্মায়। বিষয় অভিমুখী এই প্রতীতি সত্যের প্রকাশকে আবৃত করে। এ আকর্ষণ ও যোগাযোগ যত বৃদ্ধি পায়, ততই সত্যের প্রকাশ আবৃত হয়ে পড়ে। তবে যেহেতু বয়ঃসন্ধি কাল পর্যন্ত বিষয়ের বৈচিত্র্য ও পরিধি যথেষ্ট সীমিত, তাই বলা হয়েছে, ত্রেতায় অধর্ম বা অজ্ঞান একপাদ। কিন্তু বয়ঃসন্ধি কাল থেকে যৌবন পর্যন্ত দেহের বৃদ্ধি ও বিকাশের সঙ্গে সঙ্গে বিষয়ের প্রতি আকর্ষণ যেমন বাড়ে, তেমন বিষয়ের বৈচিত্র্যে ও পরিধিও বিস্তৃত হয়। অতএব বলা হল, দ্বাপরে সত্য ও অসত্য সম পরিমাণ। ক্ষয়িত শক্তি প্রৌঢ়ত্বে ও বার্ধক্যে বিগত জীবনের অসাফল্য, অপ্রাপ্তি ও অনাগত মৃত্যুর পদধ্বনি বিষয়-অভিমুখী মমত্ব বোধকে বিশেষভাবে জাগ্রত করে। সেইজন্য লোভ, স্বার্থপরতা ও ইন্দ্রিয় চরিতার্থতার মোহ...অনেক বেশী বৃদ্ধি পায় জীবন-সায়াহ্নে। তাই কলিতে অসত্য ত্রিপাদ। তবুও কলির মানুষ সৌভাগ্যবান কারণ ত্রিপাদ অধর্মকে জয় করে চতুষ্পাদ সত্যের প্রকাশ সম্ভব হবে অন্তঃকলির অবসানে।

বইপত্রে কল্কি অবতারের লীলা সম্বন্ধে বিস্তারিত তেমন কিছুই জানা যায় না; তবে যেটুকু জানা যায় তা হল, তাঁর শারিরীক গঠন, কলিযুগের অবসান ঘটানো, অসত্যের সঙ্গে সংগ্রামের পর সত্যযুগকে আবাহন করা ইত্যাদি। এই তথ্যগুলি এতই সাধারণ যে, তা দিয়ে তাঁর লীলা সম্বন্ধে একটা সম্যক ধারণা করা যায় না। কল্কি অবতার অনন্তকালে অনন্ত বিশ্বের গুরু। তাঁর লীলা প্রকৃতপক্ষে গুরুর লীলা। সত্যযুগ হতে কলি পর্যন্ত যে সমস্ত অবতার লীলা করেছেন, তাঁদের সেই সমস্ত লীলা গুরুরই খণ্ড লীলা এবং অন্তঃ কলিতে গুরুর লীলায় সেগুলির সমন্বয় সাধন গুরুই করবেন। তাছাড়া এই চতুর্যুগে যিনি যত সাধনাই করে থাকুন না কেন সাধনফল কেউই লাভ করেন নি। অন্তঃকলিতে গুরু তাঁর কল্কিরূপে লীলায় সেই সাধনফল দান করবেন; যাঁরা মোক্ষ-মুক্তি লাভের যোগ্য তাঁরা মোক্ষ-মুক্তি লাভ করবেন। অন্য কোন যুগে কোন অবতারই গুরুরূপে লীলা করেন নি। যেহেতু পূর্বতন সমস্ত অবতার লীলাই গুরুর খণ্ড লীলা, তাঁর ইচ্ছায় সেই সমস্ত লীলা সম্পন্ন হয়েছে এবং সেই সমস্ত লীলা যাঁরা করেছেন, তাঁরা সকলেই গুরুর প্রতিভূ। ফলে, চতুর্যুগ পরিমিত ঈশ্বরের লীলা প্রকৃত পক্ষে একটিই লীলা — গুরুর একক লীলা।

সত্যযুগ হতে এখনকার কাল পর্যন্ত যত অবতার লীলা করেছেন এবং করছেন, তাঁদের প্রত্যেকের লীলাই প্রকট লীলা। প্রকটলীলা বলতে কেউ কেউ মনে করেন, দেহ থাকাকালিন অবতার যে লীলা করেন, তাই কেবলমাত্র তাঁর প্রকট লীলা এবং তাঁর দেহ চলে যাবার পর যে লীলা চলতে থাকে, তা অপ্রকট লীলা। ধারণাটি যথার্থ নয়। দেহ নিয়ে অবতারের আবির্ভাবের অনেক পূর্বেই তাঁর লীলা সুরু হয়ে যায় এবং তিনি তাঁর কিছু সংখ্যক লীলা সহচর ও সহচরীকে আগেই পৃথিবীতে পাঠান তাঁর লীলায় সহায়তা করার জন্য — যেমন তাঁর পিতা, মাতা, পরিবারের অগ্রজ পরিজনগণ ও অন্যান্য কিছু পার্ষদ। কৃষ্ণের লীলায় তাঁর আবির্ভাবের পূর্বে অনেকেই এসেছিলেন, যেমন বসুদেব-দেবকী, নন্দ-যশোদা, অক্রুর, কংস, সন্দীপন ঋষি ইত্যাদি। চৈতন্য মহাপ্রভুর সময়েও জগন্নাথ মিশ্র, শচী দেবী, অদ্বৈতাচার্য, মুরারীগুপ্ত — এঁরা এসেছিলেন। আবার অবতারের দেহরক্ষার

পর তাঁর একাধিক সহচর-সহচরী তাঁর লীলাকে এগিয়ে নিয়ে যাবার চেষ্টা করেন — যেমন রামের দেহরক্ষার পর বিভীষণ ও হনুমান, কৃষ্ণের দেহরক্ষার পর পাণ্ডব ভাইরা, বুদ্ধের পর আনন্দ, সারিপুত্ত, মৌদগল্যায়ন, মহাপ্রভুর পরে নিত্যানন্দ ইত্যাদি তাঁদের লীলার বিস্তার করেছেন। কিন্তু এগুলির কোনটিই অপ্রকট লীলা নয়। তাহলে প্রকট ও অপ্রকট লীলাকে চিহ্নিত করার উপায় কি? প্রকট লীলা হল মনোজগতের লীলা। তিনি যুগধর্ম অনুসারে জীবের জীবনকে জড়ভাবের নিগড় হতে মুক্ত করে নতুন নতুন ভাবের সহায়তায় ঈশ্বরপথের সন্ধান করার প্রেরণা দান করেন। এর সঙ্গে সঙ্গেই মানব-মানবীকে বিস্মৃতি হতে স্মৃতি পথে আনার প্রেরণা দেন। যুগধর্মকে অনুসরণ করেই যুগের সাধন ব্যবস্থার প্রবর্তন করেন ঐ একই কারণে। এগুলি সবই মনোজগতের ক্রিয়া।

ঈশ্বর যখন লীলা করার জন্য অবতীর্ণ হন তখন তিনি নানাভাবে নিজেকে প্রকাশ করেন। একদিকে তিনি লীলা করেন কখনো ভক্তরূপে, কখনো ভক্ত হওয়ার জন্য আবার কখনো ভক্ত বিরোধীরূপে। অন্যদিকে, তিনি তাঁর ঐশ্বর্যরূপ ছ'টি কলাও মাধুর্যরূপ ছ'টি কলাকে তিনি প্রকাশ করেন তাঁর নিজ সত্তা দিয়ে। এই যে দ্বাদশ কলাকে তিনি প্রকাশ করেন, সেগুলি হল ষড়ৈশ্বর্য যথা শ্রী, বীর্য, ঐশ্বর্য, যশঃ জ্ঞান, বৈরাগ্য এবং সৎ, চিৎ, আনন্দ, সৃষ্টি, স্থিতি, প্রলয়। এদের মধ্যে প্রথম ছ'টি ঐশ্বর্য কলা ও শেষ ছ'টি হল মাধুর্য কলা। এই দ্বাদশ কলাই আদিত্যরূপে তাঁর লীলা বিস্তারে সহায়তা করে।

তবে, অবতারের প্রকটকালে তাঁর দ্বাদশ আদিত্যকে চেনা যায় না। তাঁর অপ্রকট কালে চেনা সম্ভব হলেও হতে পারে।

আনন্দরস ভোগ করার জন্যই তিনি লীলা করেন। এই যে লীলারস তিনি আস্বাদন করেন, তা করেন বৈশ্বানররূপে এবং তাঁর উনিশটি মুখ দিয়ে তিনি সেই আনন্দরস আস্বাদন করেন। সেই উনিশটি মুখ হল পঞ্চ জ্ঞানেন্দ্রিয়, পঞ্চ কর্মেন্দ্রিয়; মন, বুদ্ধি, চিত্ত, অহংকার ও পঞ্চপ্রাণ। আনন্দের আস্বাদ নেওয়ার জন্য জীবের মুখ হল চোদ্দটি। জীব প্রাণ দিয়ে রসাস্বাদন করতে পারে না।

এই যে লীলারস তিনি বৈশ্বানররূপে আস্বাদন করেন, তা করেও তিনি নিরপেক্ষ। তিনি জানেন, জীবদেহ পঞ্চতত্ত্বযুক্ত এবং জীব কর্ম অনুযায়ী ফল ভোগ করে। এসবই তিনি জানেন, কিন্তু কোন উপাধিযুক্ত নন, সাক্ষীস্বরূপ। পঞ্চভূত তাঁর দ্বারা পরিচালিত হলেও তিনি কখনোই তাদের সঙ্গে যুক্ত নন।

তিনি বৈশ্বানর। মুখ তাঁর উনিশটি। কিন্তু তার রূপ কেমন?

তিনি নিরাকার।

তাঁর রূপ নিরাকার হলেও মানবীয় অনুভূতিতে যে নিরাবিল আনন্দ উপভোগ করে, ঐ নিরাবিল আনন্দই তাঁর গুণ। সাধক-সাধিকাগণের সাধনার ফলপ্রাপ্তিরূপ যে আনন্দ তিনি দান করেন সেটিও তাঁর গুণ। সাধকসাধিকাগণকে শুধু আস্বাদনই করান না, সেই আস্বাদন করিয়ে যে আনন্দ পাওয়া যায়, তাও তিনি আস্বাদন করেন। এদিকে সাধক সাধিকাগণ মনে করে যে, আমরাই বুঝি পেলাম।

নিরপেক্ষ থাকা তাঁর ধর্ম।

নিরাবিল আনন্দ তাঁর গুণ।

তিনি নিরপেক্ষ থেকেও সাধকসাধিকাদের নিরাবিল আনন্দ আস্বাদন করার প্রেরণা জোগাচ্ছেন — এটি তাঁর কর্ম।

মানুষের সুখ-দুঃখের মধ্যেও তিনি নিরপেক্ষ থেকে সান্ত্বনা রূপ আশা জুগিয়ে যাচ্ছেন — এটিই তাঁর বিদ্যা।

সাধকসাধিকাগণ তাঁকে যত সূক্ষ্মাতিসূক্ষ্ম অবস্থায় সন্ধান করতে ইচ্ছা করে, তা হতেও সূক্ষ্ম হয়ে তাদের সুক্ষ্মে সূক্ষ্মে যুক্ত হয়ে দর্শনে তিনি প্রবৃত্ত করান। এইটি হল তাঁর স্বভাব।

ঈশ্বরের লীলার সঙ্গে মানবজীবন যদি সম্পৃক্ত না হয় তাহলে সে লীলার তেমন গুরুত্ব থাকে না। এখনো পর্যন্ত আমরা সত্যযুগ হতে কলি পর্যন্ত যে ক'টি লীলা সম্বন্ধে আলোচনা করেছি, সেগুলিকে দুটি ধারায় ভাগ করা যায়। সত্যযুগের অবতারগণের মধ্যে অধিকাংশের লীলাই হয়েছে মানুষের দৃষ্টির

অন্তরালে। আর দুজনের অর্থাৎ নৃসিংহ ও বামনের লীলা সামান্য কয়েক জনের দৃষ্টিগোচর হলেও, সেই সমস্ত স্বল্পায়ু লীলাগুলিকেও দৃষ্টির অন্তরালের লীলাই বলা চলে। যে লীলা কেবলমাত্র বুদ্ধিগ্রাহ্য ও যুক্তিগ্রাহ্য এবং যে লীলার সঙ্গে সর্বাঙ্গীনভাবে সমাজজীবনের যোগ নেই, যা আমাদের স্মৃতিতে নেই, সেই লীলাকে শাস্ত্রে, ধর্মীয় আলোচনায় এত গুরুত্ব দেওয়ার কারণ কি?

যেদিন পিতার বীজ মাতার গর্ভে স্থান পায়, সেদিন থেকে সে বিশ্ব প্রকৃতির অধীন হয়ে পড়ে। তার নিজস্ব কোন পরিচয় থাকে না। এই অবস্থায় তাকে নিয়ে ঈশ্বরের তথা গুরুর যে লীলা — সেই লীলার বক্তব্য তখন তার জন্য নয় বরং উত্তরকালে পৃথিবীর বুকে সে যখন জীবন যাপন করবে, সেই জীবনের জন্য। অন্যান্য যুগে এইসব লীলার স্মৃতি তার মধ্যে ক্রিয়মান থাকলেও কলিতে বিশেষ করে অন্তঃকলিতে সেই স্মৃতি তার বিলুপ্ত। সেই বিস্মৃতিকে স্মৃতিপটে আনেন গুরু তাঁর এই পৃথিবীর বুকে সর্বশেষ লীলায়।

এই প্রেক্ষাপটে মাধবের প্রকট লীলা আজও চলমান। বিজ্ঞানমনস্ক মানুষ যে স্বাভাবিকভাবে এযুগে ঈশ্বর-অনুরাগী হবে না, তা তিনি ভালভাবে জানেন। তাই তাঁর অভিমত হল, জড়বিজ্ঞান অভিভূত না হলে মানুষ অধ্যাত্মপথে আসবে না; আত্মজ্ঞানের পথেও হাঁটবে না। যতদিন যাচ্ছে, জড়-বিজ্ঞানের প্রভাবে মানুষের বহির্দৃষ্টি শনৈঃ প্রসারিত হচ্ছে এবং সেই কারণে ব্যতিক্রমও লাগাম ছাড়া। অতএব এ যুগের মানুষ ত্রিতাপ জ্বালায় জর্জরিত। সে জ্বালার উপশমের কর্তা গুরু। গুরু ব্যতীত আর কেউ ত্রিতাপ জ্বালা হরণ করতে পারেন না। কিন্তু প্রকট লীলা মানবসমাজের পৃথিবীর অতি ক্ষুদ্র এক ভগ্নাংশের মধ্যে সীমাবদ্ধ। অতএব একযোগে সমগ্র মানবজাতির অন্তর্জগৎকে আলোকিত করতে হলে তাঁকে চৈতন্যরূপে অপ্রকট লীলা করতে হয় মানুষের অন্তর্জগতে। মানুষকে আত্মজ্ঞানে ঋদ্ধ করার জন্য তিনি একদিকে যেমন দেহতত্ত্বের জ্ঞান দান করেন, তেমন অন্যদিকে সৃষ্টিতত্ত্বেরও জ্ঞান দান করেন। এই দুই প্রকারের জ্ঞানের অধিকারী হলে মানুষ আত্মজ্ঞানে

স্থিত হতে পারে। দেহতত্ত্বের জ্ঞানের জন্য চব্বিশ তত্ত্বকে জানতে হয় — যে বিষয়ে যথাসম্ভব বিস্তৃত বিবরণ এই গ্রন্থে সন্নিবেশিত।

আর সৃষ্টিতত্ত্বকে জানার জন্য মাধব দ্বাদশ লিঙ্গের কথা বলেছেন। দ্বাদশ লিঙ্গ অর্থাৎ দ্বাদশটি তত্ত্ব। প্রথম হল অদি লিঙ্গ — যে লিঙ্গ হতে অনন্ত বিশ্বের সৃষ্টি, তাকে বলা হয় মহেশ্বর। এই অনন্ত বিশ্বের মধ্যে বিশ্বসৃষ্টি হল চতুর্লিঙ্গে। সেই চতুর্লিঙ্গ হল — উদ্ভিজ্জ, স্বেদজ, অণ্ডজ, আর জরায়ুজ। এই যে চারটি লিঙ্গ — তার মধ্যে জরায়ুজ যে লিঙ্গ তাই হল আবার বিশেষ লিঙ্গ অর্থাৎ পঞ্চম লিঙ্গ। অতএব সবে মিলে হল ষড়লিঙ্গ; এর এক একটি সঙ্গে আর এক একটি লিঙ্গ যুক্ত হয়েছে।

মহেশ্বর হল আদি লিঙ্গ — তার সঙ্গে প্রকৃতি লিঙ্গ যুক্ত হল। তা না হলে প্রকাশ হত কি করে? প্রত্যেকের সঙ্গে একটি করে লিঙ্গ যুক্ত হয়েছে।

উদ্ভিদ — উদ্ভিদ লিঙ্গের সঙ্গে যুক্ত হয়েছে তেজ লিঙ্গ। এক্ষেত্রে এটিই প্রধান। তেজ ব্যতীত উদ্ভিদ বাঁচবে না।

স্বেদজ — এর সঙ্গে যুক্ত হয়েছে রস লিঙ্গ। রস না থাকলে স্বেদজ সৃষ্টি হবে না। পচা জল না হলে মশা, মাছি হতে পারে না। রস লিঙ্গ যুক্ত না হলে স্বেদজ লিঙ্গ প্রকাশ পায় না।

অণ্ডজ — বায়ু ছাড়া অণ্ডজ জীব প্রকাশ পাচ্ছে না, যে প্রসব করছে তাও বায়ু লিঙ্গ; বায়ু ছাড়া ডিম্ব রেখে দিলে বাঁচবে না।

জরায়ূজ — ব্যোম তত্ত্বের মিলন। জরায়ুজের মিলনা-মিলন শূণ্যতা হতে। শূণ্যতাই প্রয়োজন বুদ্ধি জাগায়। পুরুষ, প্রকৃতির মিলনের কারণই হল শূণ্যতা। এই শূণ্যতা হতে জরায়ূতে যা সৃষ্টি হচ্ছে, তাই প্রসব হচ্ছে।

পুরুষ-নারীর যে মিলন, তাও ঐ একই কারণে। সেক্ষেত্রে আরও দুটি লিঙ্গ।

এই হল দ্বাদশ লিঙ্গ। নিজেকে জানতে হলে এই দ্বাদশ লিঙ্গকে জানতে হবে।

এই গ্রন্থের সূচনাতে আমরা কল্পবৃক্ষের কথা বলেছি, যার মূল ঊর্ধমুখী, শাখা-প্রশাখা, পত্রপল্লব নিম্নাভিমুখী। আমরা ঐ বৃক্ষেরই ফল। এটি অমৃত

বৃক্ষ, আর আমরা সেই অমৃতবৃক্ষের ফল। তবে, তা আমাদের বোধে নেই। এই সত্যকে বোধে আনতে গেলে আমাদের গতির দিক পরিবর্তন করতে হবে। আমরা নিরন্তর সম্মুখ পানে ধাবমান। কিন্তু এই সত্যকে বোধে ধারণ করতে গেলে আমাদের গতির অভিমুখ পরিবর্তন করা আবশ্যক অর্থাৎ তাকে পশ্চাৎ অভিমুখী করতে হবে। তা করতে হলে দৃষ্টির দিক পরিবর্তন অবশ্য কর্তব্য অর্থাৎ বর্হিমুখী দৃষ্টিকে অন্তর্মুখী করার প্রয়োজন আছে। অন্তর্মুখী দৃষ্টিতে বিবর্তনের গতির বিপরীতে অগ্রসর হতে পারলে অনন্ত কালে অনন্ত বিশ্বের গুরু কল্পবৃক্ষ রূপটি ধারণ করে আমাদের দৃষ্টির সম্মুখে উদ্ভাসিত হবেন। আত্মার সর্বব্যাপীত্বের উপলব্ধির আলোকে ঋদ্ধ জীবন তখন অমৃতবৃক্ষের ফলরূপেই পরিচিতি লাভ করবে। সমগ্র মানবজাতিকে একযোগে এই পরিণতির দিকে যিনি আকর্ষণ করতে পারেন, তার অন্তর্জগৎকে কর্ষণ করতে পারে এবং বিকর্ষণ দ্বারা মানবের সর্বোত্তম অভীপ্সিত লক্ষ্যে স্থাপন করতে পারেন, সেই মাধব তাঁর অপ্রকটলীলা সুরু হওয়ার বহু বছর আগে একটি ভক্ত সমাবেশে উপস্থিত ভক্তগণের প্রত্যয়কে সুদৃঢ় করার মানসে মাত্র দুটি পংক্তিতে উচ্চারণ করেছিলেন —

এই পৃথিবীতে যেথায় আছে যত ধাম

একদিন সর্বত্র প্রচার হইবে মম নাম।

— মাধব — ১৭.০৩.৬৪

www.ingramcontent.com/pod-product-compliance
Ingram Content Group UK Ltd.
Pitfield, Milton Keynes, MK11 3LW, UK
UKHW021937190726
13853UKWH00004B/1499